O BRASIL NO ESPECTRO DE UMA GUERRA HÍBRIDA

CONSELHO EDITORIAL
Ana Paula Torres Megiani
Eunice Ostrensky
Haroldo Ceravolo Sereza
Joana Monteleone
Maria Luiza Ferreira de Oliveira
Ruy Braga

O BRASIL NO ESPECTRO DE UMA GUERRA HÍBRIDA

militares, operações psicológicas e
política em uma perspectiva etnográfica

Piero C. Leirner

2ª edição

Copyright © 2024 Piero C. Leirner

Grafia atualizada segundo o Acordo Ortográfico da Língua Portuguesa de 1990, que entrou em vigor no Brasil em 2009.

Edição: Haroldo Ceravolo Sereza
Projeto gráfico, diagramação e capa: Danielly Teles de Jesus e Maria Beatriz de Paula Machado
Assistente acadêmica: Tamara Santos
Revisão: Alexandra Colontini
Imagem da capa: Nelson Leirner. Série *Assim é, Se Lhe Parece*, 2003

CIP-BRASIL. CATALOGAÇÃO-NA-FONTE
SINDICATO NACIONAL DOS EDITORES DE LIVROS, RJ

L545B

Leirner, Piero C.
    O Brasil no espectro de uma guerra híbrida : militares, operações psicológicas e política em uma perspectiva etnográfica / Piero C. Leirner. - 2. ed. - São Paulo : Alameda, 2024.
    344 p. ; 23 cm.

    Inclui bibliografia e índice
    ISBN 978-65-5966-101-5

    1. Etnologia. 2. Antropologia. 3. Antropologia política - Brasil. I. Título.

20-64006
CDD: 302.10981
CDU: 572.027(81)

ALAMEDA CASA EDITORIAL
Rua 13 de Maio, 353 – Bela Vista
CEP 01327-000 – São Paulo, SP
Tel. (11) 3012-2403
www.alamedaeditorial.com.br

Sumário

Prefácio   9
Adeus Tocqueville! A Guerra Híbrida e novos sentidos da democracia
Marco Antonio Gonçalves

Introdução   19

1. O lugar do antropólogo   63

2. O lugar da guerra: problemas conceituais e terminológicos   121

3. A cismogênese Dilma — militares e além   187

Conclusão: Blitzkrieg   269

Referências bibliográficas   315

Anexos   335

Agradecimentos   341

Nota à segunda edição

A presente edição apresenta algumas pequenas correções na digitação do texto e de bibliografia, além de, principalmente, alguns acréscimos relativos à chamada "Operação Lava-Jato" e o *lawfare* como uma coluna da guerra híbrida (na Introdução); às ligações da cibernética com as teorias que posteriormente foram incorporadas nas doutrinas militares que aqui estão tratadas, bem como das leituras que militares fizeram de filósofos e cientistas sociais (nos Capítulos 1 e 2); ao papel da Amazônia na versão brasileira de "guerra assimétrica" que depois vai ser transplantada para os cenários atuais (no Capítulo 3). Nada disso altera substantivamente o texto inicial; esta edição não visa produzir uma análise do Governo desde 2019 – quando o texto foi escrito –, mas apenas complementar pontualmente lacunas que percebi que ao menos deveriam estar mencionadas.

Prefácio
Adeus Tocqueville! A Guerra Híbrida e novos sentidos da democracia

Por Marco Antonio Gonçalves
(Professor Titular de Antropologia, PPGSA/IFCS-UFRJ)

"*O povo reina sobre o mundo político americano como Deus sobre o universo. Ele é a causa e o fim de todas as coisas. Tudo provém dele e tudo nele se absorve*" Alexis de Tocqueville[1] ([1835] 2005:68).

Nada mais distante desta epígrafe do que o slogan da campanha para a presidência da república do candidato Jair Bolsonaro: "Brasil acima de tudo, Deus acima de todos". Este livro de Piero Leirner nos faz tomar consciência, de modo intelectual, visceral, existencial e experiencial do impacto da Guerra Híbrida, seus significados, suas práticas, sua emergência sobre a significação de democracia, seus novos contextos, seus abalos, suas descontinuidades.

O livro nos situa nos recentes acontecimentos que se passaram no Brasil e no mundo a partir de novos contextos de "guerra" e de disputa pelo poder em que os militares e suas estratégias exerceram grande protagonismo. Fruto de uma pesquisa em tempo real dos acontecimentos e eventos que precipitaram a retomada do poder pelos militares, o livro é uma etnografia original e uma construção analítica ousada sobre a conjuntura que vivemos hoje: a de estarmos imersos em uma "guerra híbrida" em que a

---

[1] Tocqueville, Alexis de. 2005 [1835]. *A democracia na América*. Vol. 1. São Paulo: Martins Fontes.

própria concepção de "inimigo" se embaralha uma vez que, neste novo contexto de guerra, soldados são cativos e cativos são soldados.

O *Brasil no Espectro de uma Guerra Híbrida* torna-se, assim, um excepcional registro deste momento histórico, das categorias usadas, dos personagens envolvidos. Uma consistente sistematização e compreensão de tudo isso que nem sabemos ao certo ainda o que é e o que será, mas Piero Leirner, ao produzir um desenho deste complexo processo, acaba por esboçar sua concretude, sua estrutura, sua forma organizacional e, sobretudo, tem a oportunidade de formular contundentes proposições interpretativas que permitem ao leitor se situar neste "campo de batalha", nas operações psicológicas e políticas propostas por esta nova engenharia de guerra.

Portanto, os argumentos do livro nos encaminham para uma compreensão precisa desta tomada do Estado brasileiro por forças que, antes, pareciam nebulosas mas que, após a leitura, ganham plena visibilidade. Frases proferidas pelo ministro da economia, Paulo Guedes, e que se replicam nas redes sociais, que acusam o PT de ter "sequestrado" o Estado brasileiro, ganham densidade no cenário da guerra híbrida cuja fórmula consiste em sistematicamente inverter os enunciados. A etnografia detalhada de todo este processo é a chave para uma compreensão inteiramente nova. Entendemos, por exemplo, como foi construída a retomada do poder pelos militares de um modo renovado, sem truculência física, porém com violência de combate, de táticas e estratégias. Os dados apresentados, as intuições etnográficas permitem ao leitor chegar ao centro da problemática "guerra híbrida" como categoria fundante de uma nova significação do voto e do eleitor que passam a fazer parte das maquinações guerreiras, das armadilhas psicológicas, das contendas morais que nos permitem entender a nova significação e configuração de democracia na atualidade.

Ancorado em discussões teóricas sólidas sobre as teorias sociais de guerra e movimentando-se numa vasta bibliografia conceitual, *O Brasil no Espectro de uma Guerra Híbrida* nos faz aceder a um novo avatar da sociedade contemporânea em que a guerra híbrida parece ser o seu fundamento e a sua sustentação. Ao realizar esta etnografia da guerra hibrida em tempo real, Piero Leirner se torna talvez um dos primeiros etnógrafos desse tipo de guerra. Ao assumir uma posição inequívoca no campo de batalha produz um ponto de vista, uma especial intuição proveniente do vivido que o permite avançar interpretações de longo alcance temporal e social a partir de todo o material pesquisado.

A conceituação de guerra híbrida, a etnografia dos acontecimentos, das conjunturas, é extremamente produtiva para se pensar o que se passou no Brasil nestes últimos anos, não apenas pós-impeachment, mas num arco maior em que se situam as relações dos militares com o poder em uma história de longa duração no Brasil. Compreendemos, também, as questões mais de fundo, filosóficas dos diversos *pós* pelos quais o Ocidente passa desde a década de 80, responsáveis por borrar fronteiras, implodir conceitos e oposições milenares como natureza/cultura, animalidade/humanidade, individuo/sociedade configurando, assim, um lugar especial para o híbrido nesta nova configuração em que se produzem mais conceitos *bomba* do que conceitos *tipo*, usando aqui a terminologia de Latour[2] quando qualifica o perspectivismo de Viveiros de Castro como conceito bomba, com efeitos devastadores e impactantes nas concepções dadas e estabelecidas, em oposição ao animismo de Descola, por exemplo, que estaria na chave da tipificação, no velho modo de se produzir ciência.

Neste panorama de desconstrução é que aportamos ao século XXI em que o próprio conceito de híbrido afigura-se como uma categoria filosófica-sociológica que nos aponta para a mutabilidade dos conceitos, espécie de deriva da impermanência, reconhecimento de fraquezas explicativas e um mais agudo senso de que a própria ciência, ao incorporar o híbrido, produz em seu próprio modo de operar questionamentos incessantes a qualquer conceito estabelecido. Temos, portanto, um fundo filosófico dado, uma cultura científica criada nos *pós* que não inclui apenas os militares, Olavo de Carvalho, o Ministro das Relações Exteriores, o negacionismo, o terraplanismo, o PT e a política num sentido mais clássico mas inclui, também, a própria construção do conhecimento nas ciências humanas, em que obser-

---

2 Latour, Bruno. 2011. "Perspectivismo: 'tipo' ou 'bomba'?". *Primeiros Estudos*. São Paulo, n. 1, p. 173-178.

vamos que a maioria dos conceitos são, agora, conceitos transitórios, processuais e, portanto, sempre passíveis de serem questionados. Numa palavra: cultura do híbrido. Se por um lado esta cultura é produtiva, pois gera novos significados e conceituações a partir de questionamentos, por outro apresenta seus riscos, quando transforma o antídoto em veneno. Depende, portanto, das estratégias dos combatentes e dos combates.

A configuração deste panorama mais cultural e filosófico do híbrido, constituído como um modo do pensamento operar, permitiu, por sua vez, a passagem de um híbrido conceitual para um híbrido da ação. Este aspecto ganha farta demonstração na análise empreendida por Leirner que avalia as consequências práticas do híbrido ser assumido por um pensamento esquemático, reducionista, ao modo dos militares operarem com seus pôsteres, powers-points, resenhas e que, ao passar por esta domesticação militar, torna-se instrumento de guerra, de combate, com potencial de produzir contrariedades e contradições, desestabilizações, inversões de raciocínios lógicos com enorme rapidez e eficiência. O híbrido, neste contexto, é esta capacidade de transformação, de inversão dos sinais de mais e menos, de criar possibilidades de mudar de opinião, de ponto de vista, e este é o aspecto mais potente desta nova arma de guerra que se materializa em imagens irradiadoras que viralizam pelos novos meios de comunicação digital e que carregam em si mesmas o poder de produzir um apagamento de seus rastros, tornando a autoria das próprias mensagens híbrida, gerando aí a essência da guerra híbrida que é a negação da guerra e das práticas guerreiras.

O híbrido assim é um estado do ser nesta cosmologia da guerra, pois aposta na condição de sua maleabilidade e transformação. O híbrido engendra a potência do devir autômato, não apenas as máquinas que replicam efetivamente as *fake news*, mas os seres reais, estes mesmos que são capturados, domesticados, tornados exército *pet* e, assim, passam a ser eles próprios máquinas de guerra, replicantes, androides. Chegamos ao ano de 2019, cenário de *Blade Runner*, coincidentemente ano em que o filme se passa. Este processo de devir Bolsonaro parece da mesma ordem de se ter contraído uma transmutação, uma mutação. Seres mutantes que podem estar em qualquer parte, como na "surtada do posto de gasolina", na época que antecedeu o impeachment de Dilma, que enquanto reclamava da gasolina a 2,80 construía cenários imaginários catastróficos que descreviam que os brasileiros não teriam mais comida em suas mesas. Hoje a gasolina está a 4,80 e a "surtada do posto de gasolina" continua manifestando os sintomas de sua mutação.

No epicentro do híbrido e das mutações temos a imagem da estátua da liberdade deslocada de Nova Iorque para o centro de muitas pequenas cidades espalhadas pelo Brasil. Vemos ao seu lado a fachada estilizada e agigantada da Casa Branca e ao fundo lemos a palavra Havan, palavra valise, que segundo algumas fontes é a junção do sobrenome de um dos sócios, Hang com o nome próprio do outro sócio, Vanderlei, mas, quando posto no *google*, Havan é logo associada à palavra NAVAH, sua escrita de trás pra frente, que no hebraico do velho testamento significa em uma de suas acepções: "dar existência a coisas que não existem". Nada mais apropriado para significar o sentido da guerra híbrida. Vemos também ocorrer as mesmas manifestações em idosos, senhoras de bem com a vida, donos da rede de vôlei do posto 5 em Copacabana, que durante as famosas manifestações "verde e amarelo" exibiam mutações ainda mais radicais. Atrizes da Rede Globo vestidas com camisetas da seleção e empunhando bandeiras do Brasil são acometidas pelo mesmo fenômeno. Um vizinho, um amigo de infância, um cunhado, um irmão, um sobrinho, um pai, podem manifestar os mesmos sintomas mutantes. Milhares de pessoas, espalhadas por todo o Brasil, desempenham performances cívico-militares que culminam no empoderamento dos símbolos nacionais: uniformes, hinos e bandeiras.

Um passeio pela barra da tijuca no Rio de Janeiro me parece ser uma das experiências mais contundentes e confirmadoras deste processo. Aglomerações verdes e amarelas se concentram nas principais avenidas e, sobretudo, no agora epicentro de todo este processo mutante, o Condomínio Vivendas da Barra. Neste contexto, a miragem de aportar numa cena de um churrasco de domingo na casa de um dos suspeitos de assassinato de Marielle Franco, morador deste mesmo condomínio, ganha ares de uma alucinação bastante verossímil. Pode-se quase visualizar, como num fotograma imaginário, um grupo de homens comendo carne, sorrindo e fazendo o gesto das arminhas com as mãos, imagem ícone da guerra híbrida à brasileira.

Piero Leirner nos dá a ver que a guerra híbrida tem como uma de suas armas mais potentes de captura o processo de cismogênese que opera como gatilho, detonador e armadilha. A cismogênese, formulada por Gregory Bateson (1936, p. 175),[3] é um processo de diferenciação entre os indivíduos baseada em normas de comportamento que podem produzir tanto oposições quanto convergências a partir de uma acentuada escalada de conflitos e de suas consequentes divisões reforçadas por conflitos já existentes ou criadas a partir de novos conflitos. Neste sentido, o processo de cismogênese desempenha um papel crucial na modelagem dos indivíduos.

Esta definição conceitual nos permite aceder, de forma imediata, à nossa própria experiência no meio social brasileiro: divisões, polarizações, oposições. Deus e o diabo digladiando, não mais na terra do sol, mas nas telas e écrans. O que parecia estar enraizado na guerra evangélica de conversão, nas estratégias híbridas das igrejas neopentecostais se *radicularizou* por toda a sociedade, convergindo para a militarização da política. As teses de Piero Leirner sobre guerra híbrida ganham concretude e veracidade quando percebemos, claramente, as crescentes articulações estratégicas entre evangelismo e militarização na construção da política no Brasil contemporâneo.

Retornamos a esse ponto que me parece importante na análise empreendida por Leirner: o fato deste demonstrar que a tática de guerra cismogênica produz efeitos de captura de modo que as pessoas se tornam reféns desta máquina de guerra, desta armadilha conceitual. Entretanto, trata-se de uma guerra de *soma*. A cismogenese engendra no sujeito um processo de mutação em que uma vez capturado, o cativo torna-se soldado, passando, então, a replicar, como máquina, a própria guerra, ativando memórias, apontando e criando inimigos potenciais e, sobretudo, produzindo IMAGENS.

A guerra opera, determinantemente, por posts condensados em imagens. É nesta concepção imagética que a guerra híbrida se associa à produção de autômatos, cativos capturados "por coisas que não existem" mas que

---

[3] Bateson, Gregory. 1936. *Naven. A Survey of the Problems suggested by a Composite Picture ofthe Culture of a New Guinea Tribe drawn from Three Points of View*. Cambridge: Cambridge University Press.

ganharam existência em imagens e que por serem imagens transbordam seus rastros no real, acionando, assim, a potência das imagens que desde Platão, revelam e enganam, simultaneamente. Os posts, armas por excelência da guerra híbrida, se apoiam justamente na crença da agência das imagens e de seu poder de interferência nas mentes e no comportamento das pessoas. Processo semelhante se deu na União Soviética, quando Eisenstein, antes de ser cineasta, era desenhista e sua missão revolucionária entre 1917 a 1920 era a de viajar para os confins da União Soviética, não apenas para informar ao povo que o regime tinha mudado, mas também para produzir pôsteres que ilustrariam a nova condição social e provocariam debates e engajamentos das pessoas com o novo regime.[4] Em cada cidade que passava, Eisenstein ia para a praça principal, conversava com as pessoas e a partir daí produzia um post desenhado, mais o ou menos ao modo cismogênico: um cartaz que ilustrava personagens concretos e situações reais que geravam comoção social e manifestações por parte das pessoas contra as injustiças, contra o capitalismo ou o czarismo.

A ideia de autômato, de captura pelas imagens, será desenvolvida ao extremo pelo cinema soviético quando o próprio Eisenstein descobre o poder do cinema, o modo como o cinema poderia engajar sensorialmente as pessoas, afetá-las através das imagens, transformá-las. Paradoxalmente, Eisenstein descobre esse poder, e escreve sobre isso, quando visita Walt Disney na Califórnia. Os filmes de Walt Disney permitem compreender que um ratinho desenhado e animado pode conquistar a adoração das pessoas. Se surpreende quando Walt Disney lhe mostra milhares de cartas recebidas das mais diferentes partes dos Estados Unidos, escritas por pessoas 'racionais' (empresários, comerciantes, donas de casa, estudantes), todas endereçadas ao Mickey. Para o choque de Eisenstein as cartas se iniciam com a frase *"Dear Mickey"*, passando, então, a desenvolver uma conversa com o rato desenhado. Eisenstein volta para Moscou, definitivamente convencido do poder das imagens, do cinema, do que veio a conceituar como a "dualidade

---

4   Eisenstein, Sergei. 1987. *Memórias Imorais: uma autobiografia*. São Paulo: Companhia das Letras.

unidade da imagem": é mentira e é verdade ao mesmo tempo. Percebe, assim, que seu poder se estrutura a partir desta dualidade e que mesmo que estejamos conscientes de sua falsidade acreditamos nelas enquanto imagens.

Neste campo de força da guerra híbrida, observa-se a emergência de uma cultura militar-imagética expressando esta nova cena, como a fotografia que Leirner nos apresenta da ritualização das hierarquias militares em que mesmos os civis, como Sergio Moro e Ernesto Araújo, estão em posição de sentido, o que revela esta nova formação do Brasil com o que "sobrou", os militares. Adentramos no teatro militarizado da política. Percebe-se uma insistência nesta teatralização ao observar as ritualizações performatizadas pelo Presidente Bolsonaro quando de sua chegada e saída do Palácio da Alvorada. O presidente mantém uma "proximidade com o povo" e tudo o que diz para a imprensa (tendo o " povo" como testemunho e co-partícipe) são resumos, posters, palavras de ordem, palavras-imagens. Vemos passar os mesmos posts repetidos, redundantes, do mesmo modo que se processa a ritualística das continências e da posição de sentido: Amazônia, índios, comunistas, PT, armas, ongs...

O que o livro de Leirner insiste em nos lembrar é que os instrumentos convencionais para se pensar o mundo social, como a ideia de contexto, análise de conjuntura, estrutura, não são suficientes para se compreender este fenômeno que se passou também em outras partes do mundo e está, agora, em processo de consolidação no Brasil: o devir Bolsonaro. Procurar explicações nos "erros do PT" ou numa formação social que possibilitou a emergência destas questões não parece um caminho profícuo que nos leve a uma compreensão satisfatória. Sabemos, claramente, da importância das formas arcaicas na sociedade brasileira, do racismo, da desigualdade social, da criminalização dos pobres, do problema de gênero e das violências cotidianas que estão sempre presentes e latentes, podendo emergir a qualquer momento, mas o "retorno do recalcado", destas forças arcaicas, não parece suficiente para entendermos a insurgência desta tomada do Estado brasileiro por tamanho arcaísmo.

É neste sentido que este livro, nas suas análises e suas intuições etnográficas, se sobressai num cenário saturado por explicações tentativas que procuram compreender o que se passou no Brasil numa "velha" chave de análise sociocultural da conjuntura brasileira. *O Brasil no Espectro de uma Guerra Híbrida* nos permite, não apenas tomar consciência da existência desta *guerra* e o modo como opera, mas, sobretudo, reorientar nossa perspectiva. Ao apontar para outras direções, para a cultura militar, para sua história, para os micro e macro eventos ocorridos, para as mais ousadas atuações dos militares de modo a criar cenários catástrofes, nos fornece, assim, uma chave criativa para compreender o que se passa no Brasil hoje. A *guerra híbrida* não se empreende apenas com maquinária discursiva, não se trata de mais um discurso paranoico sobre táticas militares de intervenção em sociedades, mas de uma realidade, agora, produzida, induzida, em que se constata seus reais efeitos no mundo. As profecias de Foucault se cumpriram no Brasil, saímos da ordem do mito, do discurso e entramos na ordem da história, da dolorosa *práxis*; experimentamos como laboratório as conspirações digitais, a sociedade de vigilância e de controle, a chamada guerra híbrida.

Estas táticas dos militares lembram as do *dark shamanism*. Os *dark shamans*, antigos feiticeiros ameríndios, ao soprarem seus dardos mágicos têm o poder de transmutar as pessoas afetadas, que passam a viver a partir daquele momento como outros, transformados. Mas a diferença das sociedades dos *dark shamans* com a nossa é que lá tem, como contrapartida, o xamanismo de cura que interrompe os processos de mutação, que *desibridiza* os seres afetados.

No campo brasileiro de batalha contra a guerra híbrida estamos à espera da emergência de algo que desencadeie os processos de *desibridização*. Pode ser o advento de uma nova tática guerreira. Pode ser, quem sabe, os personagens saídos do hino da Mangueira 2019: índios, negros e pobres. Ou ainda o Lunga de Bacural, que por ser ele mesmo um híbrido, como a experiência xamânica comprova, tem o poder de transformar o veneno em antídoto e, assim, restaurar uma relação perdida entre imagem e referente no Estado brasileiro.

Introdução*

De que trata, afinal, este livro? De política? De um golpe? De uma nova forma de guerra? Os elementos dessas perguntas estão imbricados. Sabemos, desde Sun-Tzu, Maquiavel, Hobbes, Marx, Clausewitz, que guerra e política têm forte intimidade entre si. É o que pretendo mostrar nas páginas que seguem, olhando para os acontecimentos ditos políticos no Brasil recente (poderíamos estabelecer a primeira eleição de Dilma Rousseff como uma espécie de marco inicial), e vendo como os militares se envolveram neles. Chegaremos, assim, ao problema que chama aqueles clássicos citados acima para o debate: tudo aponta para um momento em que se diluiu a fronteira entre guerra e política. Talvez essa fronteira de fato nunca tenha existido, ou tenha sido apenas imaginada em bases teóricas. Contra isso é preciso estabelecer uma cláusula: ideias como as do contratualismo servi-

---

* Nota do autor: Este livro é uma versão pouco modificada de uma tese para o cargo de Professor Titular na Universidade Federal de São Carlos, escrita entre julho e setembro e defendida em dezembro de 2019. Os fatos analisados devem ser lidos à luz deste período. Sobre os recursos de grafia neste livro: priorizei não destacar as citações justamente para provocar o "efeito de rede" sobre o modo pelo qual o conhecimento para escrever o texto foi constituído, sem "prioridade epistemológica" da teoria ou dos autores mobilizados, assim como entre as falas acadêmicas e de militares e políticos. No entanto, a fim de dar destaque para informações que não são oriundas necessariamente de trabalhos acadêmicos, deixei os trechos que são falas de militares, comunicações pessoais que constituíram material da tese e entrevistas que concedi em *itálico*. Trechos de diários de campo (como assim imaginei certas postagens em redes sociais) também estão em *itálico*. Conceitos e expressões minhas, mesmo que adaptados de outros, estão entre aspas; conceitos militares também estão em *itálico*.

ram ao mundo ocidental para construir sua forma típica, o Estado nacional; a teoria de Clausewitz, por sua vez, foi uma importante base para os arranjos militares modernos. Ou seja, mais do que interpretações neutras de uma realidade dada, as ideias também atuam no mundo.

Evidentemente estou longe dessa estatura, não pretendo interferir na realidade, criando uma teoria. Mas decidir escrever sobre uma realidade preocupante e em um movimento que parece ser o de uma marcha acelerada tem suas implicações, práticas e teóricas. O fato é que muitos de nós estamos escrevendo sobre isso. Há quem tenha escrito sobre processos que têm no plasma guerra + política termos e conceitos que nos tiram o chão. *O Mundo como Alvo*, de Paulo Arantes; as *Cidades Sitiadas*, de Stephen Graham; a *Doutrina do Choque*, descrita por Naomi Klein; *Hipernormalização*, que tão bem documenta Adam Curtis; há muito mais. As *lives* e *blogs* tornam impossível a tarefa retomar essa discussão da mesma forma que se fazia antes – uma tese ou livro em Ciências Sociais e sua obrigação de contemplar um "capítulo bibliográfico". Nunca tanta gente falou tanta coisa sobre política, militares, economia, direito. De certa forma, as redes sociais permitiram (e conduziram) à pessoa comum – eu inclusive – a constante publicação de nossas opiniões. Parece que voltamos aos tempos da *doxa*, senão mesmo dos "mestres da verdade"; os atingidos de agora – grande mídia, academia, ciência – já deram um nome para isso: *pós-verdade*. De fato, estamos não só numa encruzilhada; estamos, antes, em uma cruzada. Falar sobre política e guerra hoje, de dentro da academia, é arriscar-se. Ninguém está a salvo de ser acusado de produzir a tal pós-verdade. A acusação pode vir de uma banca, o que é tolerável e defensável. Mas também pode vir de instâncias que trouxeram a guerra para dentro da vida cotidiana – e a Universidade não ficou de fora disso.

Uma das principais características dessa nova dinâmica é aquilo que podemos chamar de *grande inversão*. Trata-se de um método dialético: uma constante projeção que certos agentes realizam nos seus inimigos invertendo suas posições. Marx viu que a ideologia tem essa propriedade: uma "projeção" de interesses particulares *como* universais inverte os sinais do real. Dumont (1985) percebeu algo similar com a ideologia individualista, alertando para suas formas perversas quando se projeta sobre um fundo holista ou coletivista (como foi o caso do nazismo); Sahlins (2008) viu isto numa ilusão provocada pela ideia de "natureza humana", outra de nossas ideologias ocidentais que parece inverter um senso antropológico de humanidade. Essas inversões sempre ocorreram, mas agora há algo de distinto nisso. Vemos o tempo todo militares e simpatizantes usando ela. E a palavra ideologia está encoberta numa cortina de fumaça; ela assumiu um tom de "conspiração", e pertence aos "outros". No entanto, ela diz mais sobre si mesma do que sobre os processos que tenta descrever. Ela revela um uso consciente dessas inversões de realidade visando provocar reações inconscientes que afetem o real de forma programada. Psicólogos talvez chamem isso de *gaslighting*. Militares chamam isso de operações de *bandeira falsa* (ou *false flags*), quando o inimigo carrega a culpa que se projetou nele. Claro que cada caso, um caso. Mas tudo isso serviu de *molde* para se perceber algo que se passa no nosso entorno.

A *grande inversão* está em todo lugar hoje. A Rede Globo se tornou uma agente do comunismo internacional. O PT tem um "projeto gramsciano" de dominação cultural, diz Olavo de Carvalho, o não-ideológico. "As ONGs tocam o fogo na Amazônia!". Bolsonaro afirma que as urnas estão fraudadas. O powerpoint de Deltan Dallagnol mais parece o organograma do Ministério Público e sua relação com Sérgio Moro – só trocaram os nomes nos quadrinhos. Os militares são "técnicos" que ocupam despretensiosamente mais de 1000 cargos só no Palácio do Planalto, mais de 1/3 do total e quem aparelha o Estado é o PT. As universidades estão inteiramente infestadas de ideologia, segundo os cientistas da Terra Plana. Para que uma inversão chegue a qualquer um de nós é fácil. Pois, como estamos percebendo, o problema não é só o Ministro, mas o "guarda da esquina", como já alertava o Vice-Presidente Pedro Aleixo, em 1968 quando da decretação do AI-5.[1]

O ponto que desejo desenvolver neste livro diz respeito ao trem de força dessa *grande inversão*. Em princípio chamo – como alguns outros analistas –

---

1 "Presidente, o problema de uma lei assim não é o senhor, nem os que com o senhor governam o país; o problema é o guarda da esquina".

de *guerra híbrida*, ainda que tenha que assumir alguns riscos. Por isso também precisarei passar pela discussão do conceito de guerra híbrida, inclusive no sentido de pensar se o que ocorreu no Brasil pode modificar o que alguns analistas puderam identificar alhures (Hoffman, 2007; Korybko, 2018). Devo confessar que há uma dúvida que é melhor ser compartilhada: o caso aqui é tão novo em termos de um paradigma militar que é difícil decidir se é melhor usar um conceito existente ou inventar um novo. O único elemento para o qual podemos ter algum nível de segurança diz respeito ao fato de estar relacionado ao tema da guerra, porque uma das suas principais características está se impondo primeiramente sobre os militares, e depois destes, para o resto da vida social. Trata-se da premissa de que não há mais distinções entre guerra e política, e portanto entre guerra e paz (Ssorin-Chaikov, 2018).

Um ataque tipificado como guerra híbrida, portanto, não é algo daquele cenário que envolve tanques e soldados em fronts de batalha. Na vertente que estamos assistindo, trata-se de algo que se produz no campo de uma guerra "informacional" (Korybko, 2018), ou "neocortical" (Szafranski, 1994), ou "cognitiva/cismogenética" (Bateson, 1972; 2006; Leirner, 2019). Leva elementos de outras guerras: revolucionária, assimétrica, não-convencional.[2] O "Híbrido", assim, é algo que vem de um mundo de ciborgues, onde os mecanismos e os agentes estão tão mesclados que vivem numa espécie de zona cinzenta, tal qual descrito por Donna Haraway (2013). Um dos

---

[2] O problema dessas terminologias é sua confusão. "A pesquisa conduzida pelo Grupo de Doutrina Conjunta no Centro Comum de Combate, do Comando das Forças Conjuntas dos Estados Unidos, para a realização do estudo especial da guerra irregular, revelou-se pântano doutrinal baseado na falta de coerência, clareza ou consenso, dada a vasta [gama] de sinónimos associados sem hesitação: usada largamente como sinónimo de guerra não convencional, guerra assimétrica, guerrilha, guerra partidária, guerra não-tradicional, conflitos de baixa intensidade, insurreição, rebelião, revolta, guerra civil, guerra insurgente, guerra revolucionária, guerra interna, contra-insurgência, guerra subversiva, guerra dentro da população, guerra intra-estadual, o desenvolvimento interno, segurança interna, defesa interna, estabilidade, lei e ordem, a construção de nação, estado, pequena guerra, operações de paz, manutenção da paz, guerra de quarta geração (4G) e na guerra global contra o terror" (Leal, 2011 https://www.revistamilitar.pt/artigo/671).

principais argumentos que pretendo sustentar aqui é que os processos que envolvem a guerra híbrida são tão mais eficientes quanto mais imperceptíveis. Trata-se de uma guerra subliminar, antes de mais nada. Espero que a dificuldade de demonstrar isso seja superada pelo esforço em deixar visíveis os padrões, recorrências, estruturas e as bases efetivas onde esses processos foram pensados e disseminados, em primeiro lugar, para o grupo ou consórcio que tomou conta do poder no Brasil – que desde já prefiro remeter à ideia de articulação de uma Central de Comando, Controle e Informações, tal e qual se produz numa operação militar –, e depois para isto que foi acionado para replicar seus ataques para o coletivo nacional.

São muitas as palavras que povoam essa nossa guerra híbrida: golpe, crime, governo, exército, arma, rede, dissonância, cismogênese, duplo vínculo, cognição, truque, informação, criptografia, cibernética, célula, terror, guerra psicológica de espectro total (GPET), velocidade, ciclo, observação, orientação, decisão, ação, OODA, ideologia, fake, cortina de fumaça, guerra absoluta, estratégia, tática, blitzkrieg, centro de gravidade, estação de repetição, radar, drone, estratégia da abordagem indireta, movimento de pinça, proxy war, para-raios, viés de confirmação, guerra neocortical, Amazônia, domesticação, invasão, soberania, ataque, defesa, bomba cognitiva/semiótica, teatro de operações, segurança, infiltração, violência, limited hangout, escalada horizontal, dissuasão, dissonância cognitiva, feedback, desenvolvimento, firehose of falsehood, false flag, cabeça-de-ponte, hegemonia, consórcio, Central, alvo, e, possivelmente, esqueci umas tantas e virão tantas outras. Mas calma, não pretendo fazer deste livro um dicionário de conceitos: estes são os que apareceram ao longo disso que vou chamar de uma etnografia da guerra híbrida. Estas são as espécies que habitam esta floresta, e como o povo que será seu objeto de atenção olha para elas será o seu tema.

a) O Contexto

Tudo começou com a percepção de que após 2014 havia algo de muito familiar a elementos que vi em épocas de etnografias mais intensas com militares e como isso se desdobrava no modo como estava analisando os fatos que rondavam a Operação Lava-Jato e o impeachment de Dilma Rousseff. Mas isso era apenas um "gut feeling", algo que não estava vindo à tona. Era fim de 2015 e no Facebook reconectei minhas conversas com minha orientadora, Maria Lúcia Montes. Ambos tivemos então a mesma percepção de que era uma operação dirigida contra o PT, e ela me perguntou, afinal, o que achava que estava acontecendo com os militares naquele momento. Isso me trouxe de volta a um assunto que desejava esquecer. Nesta época, estava com a firme convicção de seguir para um caminho tardio, mas que estava me proporcionando enorme satisfação intelectual, que era trabalhar em torno de temáticas relativas à organização social e hierarquia. Quanto mais próximo da etnologia, melhor. No segundo semestre de 2013 fiz uma pesquisa (pós-doutorado) em São Gabriel da Cachoeira (AM).[3] Ainda que lá tenha conversado com vários militares e ouvido histórias que se repetiam desde o começo dos anos 1990, não ficou evidente então que estava diante de uma panela de pressão. Isso se repetiu de forma mais intensa em encontros posteriores – durante 2014 – que tive no Rio de Janeiro e em Brasília, quando vi oficiais perdendo a calma ao falar sobre a Comissão Nacional da Verdade.[4]

---

3   Não era a primeira vez que ia para lá. Em 2010 fui a convite de Geraldo Andrello, e na ocasião procurei ajudar minha então orientanda de doutorado, Cristina Rodrigues da Silva, a desenvolver sua tese sobre família militar (Silva, 2016). Nesta ocasião houve alguns contatos com pessoal militar de lá, inclusive com visitas a pelotões de fronteira. Voltei nesta ocasião de 2013 com o propósito de estudar a relação que indígenas que estavam no Exército tinham com a hierarquia militar. Após sistemáticas dificuldades em realizar esta pesquisa, resolvi passar meu tempo com um interlocutor privilegiado – um professor Tukano que se dispôs a passar suas tardes discutindo parentesco e hierarquia comigo. Houve ainda muitas outras experiências, compartilhadas, inclusive, com minha mulher – Aline Iubel –, que desenvolvia seu doutorado sobre a relação entre as várias etnias da região, os movimentos indígenas e a política estatal (Iubel, 2015). De certa maneira, tudo isso colaborou para uma percepção sobre como a Amazônia está entrando no atual cenário da guerra híbrida no Brasil.

4   "Comissão Nacional da Verdade (CNV), abreviadamente Comissão da Verdade, foi um colegiado instituído pelo governo do Brasil para investigar as graves violações de direitos humanos ocorridas entre 18 de setembro de 1946 e 5 de outubro de 1988. As violações aconteceram no Brasil e no exterior, praticadas por 'agentes públicos, pessoas a seu serviço, com apoio ou no interesse do Estado' brasileiro" (https://pt.wikipedia.org/wiki/Comiss%C3%A3o_Nacional_da_Verdade).

Evidentemente isso me chamou a atenção. Assim que o processo de impeachment foi disparado na Câmara dos Deputados, procurei fazer uma análise reversa dos fatos tentando sair da polaridade eleitoral entre PSDB e PT, dominante no cenário que circundou outubro e novembro de 2014. Foi nessa época que me deparei com o termo *guerra híbrida* – e colocado justamente por um militar com quem havia conversado sistematicamente na Escola de Comando e estado-Maior do Exército, entre 1992 e 1994 (Leirner, 1997). Numa curiosidade em relação ao que estavam pensando os militares que então conhecera lá atrás – basicamente um grupo de coronéis que posteriormente se tornaram generais –, busquei por eles em redes sociais e no Google. No meio dessas pesquisas, olhando para o que militares estavam pensando sobre a guerra híbrida, achei um texto (Pinto e Silva, 2015),[5] publicado no site defesanet.com.br, que a mencionava como parte de uma estratégia russa na Geórgia e Ucrânia. Este autor é o que mais sistematicamente tem publicado sobre o assunto nos meios militares brasileiros, e até recentemente tem sustentado essa versão: "Muitos estudiosos passaram a chamar a Guerra de Nova Geração de Guerra Híbrida após a intervenção Russa na Criméia, que é composta de uma guerra política" (Pinto e Silva, 2019).[6] No entanto, o termo parece também se basear em casos bem divergentes desse, estando muito mais associado a uma estratégia norte-americana de provocar "revoluções

---

5 http://www.defesanet.com.br/doutrina/noticia/21080/Gen-Pinto-Silva---Capacidades-das-Forcas-Armadas-e-as-Atuais-Ameacas/. Neste texto, ele coloca o seguinte cabeçalho: "Isso quer dizer que caso precise haver emprego da Força, nós poderemos ter problemas? Poderemos. - Gen Ex Villas Bôas".

6 http://www.defesanet.com.br/ffff/noticia/34286/Gen-Ex-Pinto-Silva----Uma-Vitoria-sem-Disparar-um-Tiro-/ . Cabe um adendo aqui. Em 2013 o General Valério Stumpf publicou um texto na *Military Review* (Stumpf, 2013) (em minha opinião muito acima de vários publicados por militares, o que não significa obviamente que não existam outros; aliás, o texto foi originalmente publicado em "Doutrina Militar Terrestre em Revista", e depois republicado no próprio defesanet.com.br), onde a guerra e as ameaças híbridas são consideradas no interior de mudanças na doutrina americana após os conflitos no Iraque a Afeganistão. No entanto seu texto minimiza estas formas de guerra frente ao que considera a real virada doutrinária do século XXI, as *Operações no Amplo Espectro*. Como veremos ao longo deste livro, no entanto, o conceito de *guerra híbrida* não foi tão secundário assim.

coloridas" no entorno eurasiano.[7] Foi neste exato momento que uma primeira ficha caiu: o movimento conhecido como as "jornadas de junho" de 2013 tinha muitas similaridades com o movimento descrito. Quem eu vi primeiro falar de uma guerra híbrida no Brasil[8] foi o jornalista do Asia Times, Pepe Escobar: "No manual da Guerra Híbrida, a percepção da influência de uma vasta 'classe média não-engajada' é essencial para chegar ao sucesso, de forma que esses não-engajados tornem-se, mais cedo ou mais tarde, contrários a seus líderes políticos. O processo inclui tudo, de 'apoio à insurgência' (como na Síria) a 'ampliação do descontentamento por meio de propaganda e esforços políticos e psicológicos para desacreditar o governo' (como no Brasil). E conforme cresce a insurreição, cresce também a 'intensificação da propaganda; e a preparação psicológica da população para a rebelião.' Esse, em resumo, tem sido o caso brasileiro" (Escobar, 2016).

De fato, quanto mais olhamos para 2014 e além, mais fatores levam às coincidências programáticas com "revoluções coloridas" acontecidas no Norte da África, Oriente Médio, Ucrânia, Geórgia.[9] No entanto, o que realmente me chamou a atenção foi a leitura que aquele militar estava fazendo (depois também vi isso se espalhar por outros militares, o que será tema do Capítulo 3), excessivamente focada numa espécie de doutrina conspiratória russa, baseada na falsidade e dissimulação. Associações disso com o PT, que até pouco tempo governava o País, sugeriam que de forma implícita a Comissão Nacional da Verdade teria sido uma tentativa das esquerdas de provocar uma ruptura nas Forças Armadas, e que logo depois do impeachment haveria um movimento orquestrado para provocar uma revolução

---

7   O nome "revolução colorida" tem origem na chamada "Revolução Rosa" da Geórgia (2003) e na "Revolução Laranja" da Ucrânia (2004). Veremos no capítulo 2 algumas variantes desses movimentos incentivados com consultores e dinheiro americano ocorridas no Oriente Médio e Norte da África, nas chamadas "Primaveras".

8   Posteriormente tomei contato com uma excelente monografia, de 2014, que já faz as principais correlações da teoria militar com as revoluções coloridas (Costa, 2014). Especificamente sobre as Revoluções Coloridas e as "Primaveras Árabes" no contexto geopolítico eurasiano, ver Visentini (2012).

9   Ver neste sentido Souza Neto (2018), Escobar (2016) e Korybko (2018).

colorida no Brasil. A leitura militar fazia uma espécie de bricolagem entre vários elementos que compõem as teorias da guerra híbrida, tentando operar a seu favor com a criação de um "inimigo interno", e conclamando setores do Estado – basicamente Justiça e Militares – a defenderem o Brasil. Foi aí que me dei conta de uma movimentação nada usual ocorrendo no interior do Estado.[10] Tratava-se do fato de que vários setores estavam agindo de forma disruptiva, produzindo movimentos de choque com outros setores do Estado. Esta foi uma percepção que então comecei a compartilhar com minha parceira de "antropologia do Estado" de longa data, Ciméa Beviláqua (cf. Beviláqua e Leirner, 2000), e que levei (para voltar ao ponto de onde parti) para as "conversas de chat e de Facebook" com Maria Lúcia Montes. Crise de hegemonia? Anomia? Golpe? Várias cartas estavam na mesa.

Uma certa familiaridade com militares não me deixava tirar da cabeça algo que estava no texto do General Pinto e Silva: as guerras híbridas visam, segundo ele, o ataque ao centro de "credibilidade" das Forças Armadas de um País. Como isso se encaixa em todo script é algo que vou tratar daqui para frente. Um dos pontos principais deste livro toca então em um tema sensível: ao contrário de uma típica guerra vinda a partir do exterior, me parece que aqui alguns militares provocaram, eles próprios, uma guerra híbrida, e este processo começou, por incrível que pareça, com uma distorção do próprio conceito e o modo como ele foi incorporado enquanto visão de mundo nas Forças Armadas. Digo distorção propositadamente, porque me parece bastante perceptível que as teorias da guerra híbrida foram manipuladas, antes de serem aclimatadas. Para entender a dimensão do que estou dizendo, que se tenha claro qual é o teor da discussão: para estes militares a guerra híbrida era e é realizada pelo PT (e esquerda em geral, categoria cada vez mais ampla), inclusive quando este era... Governo! Dito de outra maneira, eles acusaram o Governo de provocar disrupções em série no Estado, o que, salvo engano, é exatamente o que eles estavam fazendo, em um lento processo. De novo, a *grande inversão*.

---

10 Sobre como o direito também fabrica rupturas e ganha autonomia, ver Beviláqua (2008) e Lewandowski (2017).

Então, a guerra híbrida no Brasil, se não começou, ao menos teve uma importante etapa de seu desenvolvimento quando alguns militares procuraram desenvolver uma doutrina da guerra híbrida à brasileira.[11] Trata-se, assim, de uma meta-guerra: a produção do conceito visando a sua própria aplicação. Evidentemente o leitor pode se questionar como esse movimento "cola" em uma instituição das proporções das Forças Armadas. Aqui estão pontos que terei que desenvolver neste livro: como um conhecimento é gerado e disseminado entre militares; de que forma isso se torna uma *instrução*; e de que maneira outros elementos que já estão plasmados no estoque simbólico, ritual, valorativo, doutrinário e cosmológico se acoplam a uma proposição nova. Este é um processo bastante complexo, que certamente não conseguirei esgotar aqui. Mas, pelo menos, conseguirei elencar pistas, fundadas em elementos que venho colocando desde meu doutorado, em 2001. No universo militar, toda proposição obedece a 3 princípios: uma noção binária de *amigo/inimigo*; uma adesão a posições e absorção de formas de organização e conceitos em função dessa noção, colocando toda a guerra como uma *relação em sistema*; e, finalmente, uma organização hierárquica desta relação, fundamental para entender a adesão das pessoas a esse sistema, em suas relações cotidianas (Leirner, 2001). Voltarei a isto, mas gostaria de deixar como caução a ideia de que estas relações se aplicam àqueles que estão em relação com o mundo militar, e, portanto, como antropólogo, percebi que a própria etnografia foi realizada como "uma extensão da guerra por outros meios" (Leirner, 2009).

Também imagino que o caminho que estou propondo possa levar a um questionamento da ideia de que os processos políticos brasileiros, se indexados pela guerra híbrida, concentrem uma agência excessiva nas mãos de militares; ou, pior ainda, nas mãos de poucos militares que teriam esse "poder divino" de manipular a realidade a seu favor. Como todo mundo sabe

---

11 A "doutrina militar" pode ser resumida como o conjunto de valores, conceitos, concepções, normas, métodos e processos, que tem por finalidade orientar a organização, o preparo e o emprego das Forças Armadas. Não seria pouco dizer que ela é uma descrição do "estado da arte" de uma determinada Força, ou de um modo pelo qual ela vai atuar em resposta a uma determinada situação. Uma "doutrina da guerra híbrida" é, assim, o modo como se lê e se responde a uma guerra híbrida, bem como se a realiza.

(ou, pelo menos, todo mundo que quer saber), foram vários os atores que podem ser associados ao processo que a esquerda em geral chama de "golpe". Judiciário, imprensa, empresariado, mercado, classe média, igrejas, milícias, políticos, o "agro"... Enfim, há muita gente boa vendo as dinâmicas políticas que convergem para esta guinada conservadora ou mesmo reacionária, inclusive na antropologia (para mencionar alguns, da antropologia: Dent e Pinheiro-Machado, 2013; Almeida, 2019; Almeida e Toniol, 2018; Feltran, 2019; Kalil, 2018; Cesarino, 2018; Solano e Rocha, 2019; Schwarcz, 2019). Não creio que cada movimento desses atores tenha sido milimetricamente mapeado e consequentemente tenha sido manobrado por quem quer que seja. Mas, de certa forma, vários elementos elencados por essa enorme quantidade de atores chegaram como uma tempestade perfeita para um grupo de militares – justamente o pequeno consórcio que começou a guerra híbrida dentro da caserna, e depois realizou suas operações "abroad".

Nesse sentido, a novidade no caso brasileiro é que a guerra híbrida, ou pelo menos o que estou entendendo por ela, começa no núcleo militar e depois se espalha, ao contrário dos processos onde ela havia ocorrido. Se junho de 2013 tem de fato elementos que apontam para uma típica revolução colorida, penso que não foi aí que se instalou em efetivo os elementos da nossa guerra híbrida. Até para pensar o nosso "nacionalismo CBF" (que foi o "fator rua" decisivo do nosso caso, pois foi com este que se derrubou Dilma e elegeu Bolsonaro),[12] é necessário ver como uma série de movimentos militares foram gerando mensagens subliminares para a sociedade. Já nos "casos clássicos", que envolvem as "revoluções coloridas", elas aparentemente começavam em movimentos identitários/protestos e seguiam minando a estrutura do Estado adentro, sendo as Forças Armadas a penúltima etapa até se chegar às lideranças. Segundo Korybko (2018, p. 28-29):

"O objetivo de uma Revolução Colorida, uma vez iniciada, é tomar o poder e derrubar a liderança do Estado. Ela é muito eficiente para essa finalidade uma vez que une a população em um enxame (...) e faz com que ela subjugue as instituições públicas que representam o governo. O anel mais externo, portanto, une-se (ou, mais importantemente, dá a impressão

---

12 Ver aqui Toledo, 2019.

de unir-se) para atingir diretamente o anel interno, driblando os demais. Se as forças armadas/polícia vierem ao socorro do anel-núcleo liderança e forem bem-sucedidas em repelir a ofensiva, está armado o cenário para uma Guerra Não Convencional".

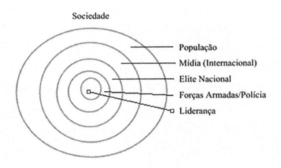

Elaboração própria, a partir de Korybko, 2018

O meu próprio mapeamento desses fenômenos sugere que aqui os militares produziram uma "operação psicológica interna", e depois encontraram um terreno aberto para agir em uma espécie de modo invasivo em relação a outros setores do Estado. De certa maneira, foi sintomático que os militares tivessem encontrado eco nas operações da Justiça contra o PT, uma "música para seus ouvidos", confirmando teses que eles vinham construindo há anos. Acoplar a guerra híbrida a isso foi uma questão de tempo, num movimento homólogo àqueles que Sahlins descreve como a realização de uma "estrutura da conjuntura" (Sahlins, 1990).[13]

b) Olavo de Carvalho, Joaquim Barbosa e a Lava-Jato: música para uma plateia militar

Evidentemente os eventos que culminaram em pelo menos três grandes processos – impeachment de Dilma Rousseff, prisão do Ex-Presidente Lula e eleição de Bolsonaro –, de tão complexos, envolvendo tantos agenciamentos diferentes, não podem ter uma única explicação. Em um progra-

---

13 Esta seria, grosso modo, a síntese ente "estruturas prescritivas" – ou categorias que já estão dadas – e "estruturas performativas" – que se expressam nos eventos históricos.

ma de televisão do ex-deputado Fernando Gabeira no Canal Globonews, na época do impeachment, ouvi um Senador dizer que todo esse processo é como um acidente aéreo: não pode ser explicado por uma causa única. Para ele, estávamos em um momento em que se galvanizaram uma série de interesses que sentiram uma brecha para ganhar poder, aproveitando-se de erros de cálculo, azares e alianças mal construídas por parte do poder executivo chefiado por Dilma. Nessa época nem ele nem quase ninguém do Legislativo sonhava que o Deputado do chamado baixo clero, Jair Bolsonaro, chegaria onde chegou.

Será possível que podemos estender até 2019 essa causalidade baseada apenas em erros, ilusões, loucuras? Ou um surto maníaco-depressivo do Estado/Nação? Ou, ainda, tudo foi resultado de um espontaneísmo popular? Da classe média reacionária? De uma ação dos americanos? E, será que podemos nos contentar com o argumento de que se tratou de uma reação ao aumento das incertezas por parte das elites, que acionaram um enredo individualista-liberal para preservar justamente sua posição, que a marca como a tal "elite do atraso" pensada por Jessé de Souza (2017)? Como bem lembrou Angela Alonso, num artigo recente[14] sobre o 13 (de maio, do PT, no imaginário), desde o século XIX já se colocava que terminar a escravidão, embora louvável do ponto de vista ético, poderia ser catastrófico para as contas nacionais. Este, por incrível que pareça, era o argumento dominante entre a maior parte dos anti-abolicionistas. O argumento das contas apareceu em muitas outras ocasiões. As mais evidentes, 1937, 1964, 1992, 2016, mostravam que sempre ao lado de um problema político (ético), havia um tal de "conjunto da obra": desorganização das contas. Este mesmo argumento tem sido sistematicamente usado ainda hoje, pós-impedimento, e sobrealimenta um conjunto de especulações que vivemos diariamente. Mas é preciso ter muita cautela em relação às tais sobredeterminações econômicas.

Nenhuma das perguntas acima conduz a uma resposta satisfatória para entender o conjunto de elementos que se sucederam após o impeachment. Mas todas elas apontam para uma mesma direção. O que era bem sólido –

---

14 Alonso (2016).

que bastava tirar o PT do poder – se desmanchou no ar. Dilma, Lula, Dirceu, Odebrecht, Palocci, Cunha, Temer, Aécio, o PT, o PSDB, o PMDB, todos derreteram. Apareceram como antípodas Barbosa, Dallagnol, Moro. A "derrota dos poderosos" não é exatamente uma novidade em nossa história. Como d'antes, quem se lembra do fato que para "pegar" Collor, foi necessário "apenas" um motorista e uma Fiat Elba?[15] De certo modo, Eduardo Bolsonaro intuiu "corretamente", argumentando que um poder da República hoje vale menos que um jipe com um cabo e um soldado. Afinal, promotores do Paraná e um Juiz de piso conseguiram abrir o processo de prisão do ex-presidente Lula – aquele duas vezes eleito e que se notabilizou por eleger sucessores. O que fica claro é que o lado reverso da moeda em que tantos atores jogaram foi a possibilidade aberta para que alguns indivíduos aparecessem como janelas de oportunidade para "mudar o sistema". Para esta análise o problema não está na sobrecarga de significado nem nas competências que indivíduos assumiram para realizar grandes operações – embora muitas delas tenham sido desempenhadas por indivíduos que ocuparam posições centrais. O que conta, ou pelo menos o que quero dizer que contou para os militares, foi a narrativa gerada pelos eventos associados a esses personagens.

    Afinal, que dinâmica é essa que fez o Estado parecer um simples jogo de pingue-pongue, com a abolição de quase toda hierarquia? E que, de modo sintomaticamente conectado, comecem a aparecer super-personagens em conferências coletivas, apresentações para a imprensa, programações ininterruptas de telejornais, discursos em praça pública? Como sabemos, este é o caso da Lava-Jato, de Sergio Moro, delegados, de uma figura apocalíptica como o "japonês da Federal", do "lenhador da Federal", de Janaína Paschoal – que desde então até se arrisca em investidas sobre a geopolítica russa[16] –, de Olavo de Carvalho, dos Generais tuiteiros, e, por

---

15 Claro, lembrando que tudo começou em casa. Como argumentei em outra ocasião, o doméstico parece entrar mais na política do que contabilizamos nos acordos da "política oficial" (cf. Leirner, 2013).

16 http://politica.estadao.com.br/blogs/coluna-do-estadao/janaina-paschoal-alerta-que--russia-esta-a-um-passo-de-atacar-o-brasil/. (acesso em 27/10/2016).

que não, até da surtada do posto de gasolina?[17] De certa maneira, tais fatos podem ser ligados do seguinte modo: a emergência desses indivíduos como pontos de desestabilização do establishment estatal esteve dialeticamente conectada com a construção da ideia de que o Estado foi tomado por uma organização de tipo holista, a saber, uma "quadrilha" (e novamente voltamos à *grande inversão*).

De algum modo, este foi o movimento mais visível, o front do cenário. Para certos grupos de militares, foi a consagração de uma conjuração que vinha se montando há muitos anos. Antes do STF produzir seus disparos no julgamento do Mensalão – hipostasiando a ideia de que o PT seria uma organização criminosa –, os militares prepararam um teatro de operações que chegaria a uma reação em cadeia ao Governo Dilma e – com a ajuda dela própria, que agiu em *cismogênese simétrica*[18] em relação a eles (Bateson, 2006) –, e aos poucos retiraram toda a cadeia de proteção do Executivo. Para além disso, abertamente construíram oposição, e, inclusive, produziram um processo de aproximação e obtenção de hegemonia com outros setores da sociedade, destacando-se aí o próprio Poder Judiciário. Cursos, visitas, palestras, medalhas, condecorações e toda sorte de reuniões fizeram parte deste expediente. Se estivermos certos, isto tudo se cristaliza como parte de um processo que começou relativamente antes da "Operação lava-Jato", e está relacionado a elementos geopolíticos mais amplos do que aqueles restritos às fronteiras do Brasil. Vamos ter no nosso horizonte o fato de que doutrinas que remetem às guerras híbridas ganham especial força dentro do mundo militar (não somente norte-americano, mas em "efeito cascata" espalham mundo afora) depois do 11 de setembro de 2001 e daquilo que o Pentágono enunciou como a "Guerra ao Terror".

Como se sabe, a resposta legal ao ataque nos EUA foi o chamado "patriot act", de outubro de 2001. Um dos seus principais pontos foi o englobamento e reformulação de uma outra lei, de 1978, a FISA - Foreign Intelligence Surveillance Act (ou Lei de Vigilância de Inteligência

---

17 O vídeo do surto: https://www.youtube.com/watch?v=dUxoHY2ChGY
18 Isto será tema do Capítulo 3.

Estrangeira, em tradução literal) inicialmente se restringia à espionagem eletrônica e telefônica (Zanin *et Al*, 2020, p. 44-45). O que ocorreu em 2001 foi a ampliação da coleta de informações para objetivos "não especificados" que se enquadrassem naquilo que poderia ser tomado como "ameaça". Há uma razão para essa generalização, que vem do fato de que no mesmo ano de 2001 o DoD (Department of Defense) já havia produzido seu termo de "guerra de espectro total" (Engdahl, 2009), sintomaticamente alinhado com a leitura chinesa de "guerra irrestrita" (Liang & Xiangsui, 1999), que 2 anos antes apontava para uma nova forma de produção de ameaças: "assassinatos econômicos" (isto é, a guerra através de corporações) e "jurídicos" (a guerra através de acordos legais internacionais, acionamento de cortes e instâncias como a ONU, Tribunal de Haia, etc).

Um dos pontos mais relevantes no processo de captura dessas "dimensões irrestritas" pelo Patriot Act americano foi justamente sua simbiose com um corpo de leis que diziam respeito aos "caminhos do dinheiro". Se a visada inicial era a identificação das redes de financiamento ao terrorismo, muito tempo depois isso se mostrou um meta-mecanismo de regulação de condutas políticas e econômicas estrangeiras, especialmente englobando o chamado FCPA - Foreign Corruption Practices Act. Curiosamente, foi a "leitura reversa" de um texto de 2001 de um então Coronel da Força Aérea Norte-Americana, Charles Dunlap Jr. (Dunlap, 2001), que produziu uma resposta à ideia de "guerra irrestrita" em termos de uma nova arma, o *lawfare*, literalmente a junção de "law + warfare". Este termo foi usado pela primeira vez em 1975 (Carlson & Yeomans, 1975), mas foi o texto de Dunlap que o conceitualizou e o popularizou. Se em um primeiro momento Dunlap teve uma visão "contrária" ao lawfare, por ele ser uma "arma dos fracos" em suas apelações às cortes internacionais, posteriormente foi justamente no bojo do Patriot Act que ele mudou de posição e passou a entender que neste conceito residia uma arma eficaz, com gastos e perdas humanas muito menores (Zanin *et Al*, 2020, p. 18-19).

O modo como o FCPA foi ampliando seu escopo e funcionando como uma máquina de captura de todos os interesses geopolíticos norte-americanos está notavelmente reconstruído por Cristiano Zanin (o advogado de Lula) em seu livro Lawfare (Zanin *et Al*, 2020). Para nós interessa saber aqui que foi no bojo desta lei que se criaram ainda no começo dos anos 2000 uma série de instâncias de cooperação internacional e de leis cujo objetivo inicial era rastrear a lavagem de dinheiro que financiava o terrorismo. No Brasil o ponto de partida destes acordos se iniciou ainda no primeiro ano do Governo Lula, através de projeto concebido pelo então Ministro da justiça Marcio Thomaz Bastos, que formalizou a instância que posteriormente iria estabelecer inúmeras cooperações com o DoJ (Department of Justice), Procuradoria, FBI e CIA nos EUA. A instância daqui foi especialmente a ENCCLA (Estratégia Nacional de Combate à Corrupção e Lavagem de Ativos), envolvendo principalmente o Ministério da Justiça, Procuradorias Federais e Estaduais, Judiciário em seus vários níveis, Polícia Rodoviária Federal, Polícia Federal e Ministério da Defesa (que, lembre-se, então era comandado por um civil).

No centro das preocupações da ENCCLA estava justamente – e coincidentemente – a região conhecida como "Tríplice Fronteira" (que no Brasil está localizada na região de Foz do Iguaçu, PR), que para eles se constituía em um epicentro de tráfico de drogas, armas e remessas de ativos (lembre-se do caso Banestado, da década de 1990, conduzido por Procuradores que posteriormente comporiam o "time" da lava-Jato e julgado pelo juiz Sergio Moro);[19] e para os EUA, por sua vez, se constituía numa filial avançada de organizações terroristas variadas, da Al-Qaeda ao Hezbollah, das FARC (Fuerzas Armadas Revolucionarias de Colombia–Ejército del Pueblo) ao Ejército del Pueblo Paraguayo. Segundo eles, todas essas organizações se constituíam "formas rizomáticas" que estavam por trás do terrorismo internacional, tal como foi identificado por comandantes militares israelenses nos anos 2000 (Weizman, 2006; Ssorin-Chaikov, 2018; Leirner, 2020; voltarei a isto).

Desde antes de 2001 os EUA – e Israel, é preciso frisar – já liam a região da Tríplice Fronteira como "problemática". Segundo Licio Monteiro, "Antes dos atentados de 2001, Ciudad del Este, no Paraguai, tinha sido as-

---

19 Para saber mais sobre este caso e as suas implicações atuais, veja o excelente artigo de Romulus Maya: https://duploexpresso.com/?p=113655

sociada ao terrorismo internacional a partir dos ataques terroristas ocorridos na Argentina em 1992, na Embaixada de Israel, e em 1994, na Asociación de Mutuales Israelitas Argentinas (AMIA). As cidades gêmeas de Foz do Iguaçu, no Brasil, e Ciudad del Este, no Paraguai reúnem a segunda maior comunidade árabe na América do Sul e, nessa condição, foram vistas com desconfiança, como supostos foco de operação e financiamento de grupos terroristas internacionais ligados aos atentados. No rescaldo do 11 de setembro de 2001, as medidas de controle foram intensificadas na Tríplice Fronteira porque se presumia a existência de bases operacionais da Al-Qaeda nessas cidades fronteiriças. A principal resposta a essa situação foi a criação da Comissão 3+1 para a Segurança na Área da Tríplice Fronteira, que junta Brasil, Argentina, Paraguai e Estados Unidos, com o foco em atividades de inteligência" (Rego Monteiro, no prelo: s/n). Houve muita especulação no período, inclusive com as sempre supostas ramificações de uma rede terrorista internacional, que estendia a ação do Oriente Médio para organizações nativas da América do Sul, como as FARC da Colômbia (como veremos à frente, esta leitura vai ressurgir no Brasil de 2018). Esses pontos são relevantes para se entender de que modo se consolidou uma engenharia por trás da *sinergia* entre militares e Judiciário, que ficou mais evidente somente por volta de 2018. No entanto, este é um ponto demasiado complexo para ser desenvolvido aqui, e julgo estar parcialmente contemplado em artigo mais recente (Leirner, s/d). Neste livro, contudo, me aterei ao aspecto mais ideológico que produziu a cooptação de setores do Estado – nem sempre explícita e nem sempre consciente – pelos "comandos" militares.

Uma das hipóteses que sustento aqui é que todo o processo da Lava-Jato "casou" com a preparação de terreno que os militares realizavam, mas também foi avaliada por eles. Este não foi um processo construído de uma hora para outra. O anti-comunismo dos anos 1930-1970 se desdobrou em anti-petismo;[20] hoje, este se desdobra também em anti-ambienta-

---

20 Aliás, o anti-comunismo parece ter transformado o petismo em comunismo: "Não há dúvida que a candidatura Bolsonaro se amparou na tradição anticomunista, que foi reapropriada e adaptada aos novos tempos, o que contribuiu de maneira central para a construção do antipetismo. Há semelhanças e singularidades entre antipetismo e

lismo, anti-onguismo, anti-identitarismo etc. (veremos isto no Capítulo 3). Como exemplo dessa movimentação, constatamos que esta figura absurda de Olavo de Carvalho encontra seu primeiro acolhimento dentro da caserna, bem antes do Mensalão. Em 23 e 24 de abril de 2019 publiquei no Facebook dois textos, com trechos que retomo aqui como uma espécie de *diário de campo* (reproduzido em extenso abaixo em *itálico*, e de acordo com sua forma original na rede):[21]

Como mostra a dissertação de Eduardo Heleno dos Santos (2009, p. 70-71), o comando do Exército não estava alheio ao que se escrevia na imprensa sobre a memória de 1964. Ele pede uma atuação mais enfática do General Helio Ibiapina, Presidente do Clube Militar em 1999, para juntar as células (termo meu) e produzir material para uma 'batalha da memória', para usar a expressão de Aline Prado Atassio (2009). O ponto era fazer isso chegar à imprensa. E quem estava nela esperando? Olavo de Carvalho, na época um completo outsider dentro das redações (Folha de S. Paulo, Jornal da Tarde, O Globo). Em 19 de janeiro de 1999 ele escreveu, em artigo no O Globo, que 'tendo em vista o preço modesto que esta nação pagou, em vidas humanas, para a eliminação daquele mal e a conquista deste bem, não estaria na hora de repensar a Revolução de 1964 e remover a pesada crosta de slogans pejorativos que ainda encobre a sua realidade histórica?'[22]*./ Não era exatamente isso que os militares – do comando do general Zenildo aos grupos da Reserva – estavam procurando? É aqui que voltamos, assim, ao convite para Olavo falar no Clube Militar, em 1999 (suponho que ele já tinha conexões anteriores, mais*

---

anticomunismo, que alguns propagandistas de direita procuram sintetizar (de maneira simplória) com a fórmula comuno-petismo (...) Apesar das muitas novidades que encontramos nos discursos antiesquerdistas atuais, claramente existe forte conexão com as tradições passadas, de que eles se nutrem e de que extraem parte da sua força. A base argumentativa das denúncias atuais sobre o perigo vermelho é essencialmente a mesma dos anos 1920-30, que, por sua, vez foi reapropriada e reciclada nos anos 1960 e no golpe de 1964." (Motta, 2018, p. 3).

21 À frente, ainda nesta Introdução, discutirei o papel desta rede na guerra híbrida e nesta pesquisa.
22 Citado na Epígrafe de Santos (2009).

esporádicas, que facilitaram essa ligação; em 1992 ele fez uma palestra no Centro Brasileiro de Estudos Estratégicos, Cebres, espécie de think tank militar sediado no Rio de Janeiro.[23] *Na sua fala ao Clube, Olavo introduz o tema da política via uma leitura própria de Carl Schmitt. Nela, ele diz: 'Um dos grandes teóricos da política no século XX foi Carl Schmitt. Ele se perguntou qual a essência da política, o que distingue a política de outras atividades, o que distingue a política da moral, do direito da economia etc. E ele diz o seguinte: quando um conflito entre facções não pode ser arbitrado racionalmente pela análise do conteúdo dos conceitos em jogo e quando portanto o conflito se torna apenas confronto nu e cru de um grupo de amigos contra um grupo de inimigos, isto chama-se — Política'. Mais à frente, ele equaciona a isto uma leitura de Napoleão: 'E o que significa a politização geral? Significa que todos os conflitos já não poderão mais ser arbitrados pela análise dos conteúdos dos termos em questão, mas serão resolvidos sempre por um confronto de forças entre o grupo dos amigos e o grupo dos inimigos. Ou seja, terminou a civilização e começou a barbárie. A politização geral de tudo é simplesmente a barbárie, a violência institucionalizada, seja sob a forma de violência física, seja como a violência moral da mentira imposta como verdade obrigatória'./ Aqui se pode ver a base da primeira estratégia retórica do discurso de Olavo de Carvalho: demonização da política. Sabemos onde isso deu. Seu passo seguinte é evidentemente falar de cooptação. Aí começa a história do 'marxismo cultural'.*[24] *Vale a pena notar que ele percorre um caminho tortuoso para chegar aí. Ele elenca os méritos de 1964, no sentido de que 'apenas com 6 mortos' (nos primeiros dois anos) e depois com '500' o Regime evitou uma enorme guerra civil – de um lado os comunistas prestes a começar uma guerra a partir do campo, replicando a estratégia soviética para a América Latina; de outro lado os grupos para-militares constituídos por Adhemar de Barros em São Paulo e Carlos Lacerda no Rio de Janeiro. A partir daí, ele salienta como o comunismo*

---

23 Conforme experiência própria, o Cebres fornece cartilhas resumindo vários 'pontos' de autores que interessam ao Exército. Por exemplo, sua leitura da guerra revolucionária de Lenin era feita a partir de uma interpretação 'estilo power point' feita pelo Cebres.

24 Estes elementos podem ser encontrados em "Reparando uma injustiça pessoal", fala de Olavo no Clube Militar. O texto todo com a fala transcrita está na internet.

se constituiu na maior barbárie já vista pela humanidade. 'Maior que a Peste Negra'. É a condição levantada por Carl Shcmitt levada ao seu extremo. O 'x' da questão é que, para ele, o regime militar foi, ao contrário do comunismo, um exemplo de humanismo./ No entanto, ele deixou escapar algo: 'todas estas coisas óbvias que estou dizendo parece que foram perdidas de vista, que se tornaram invisíveis e incompreensíveis, ofuscadas por tantas mentiras e tanto falatório comunista recompensado a peso de ouro por empresários de imprensa venais e irresponsáveis. E tudo isso foi perdido de vista por um motivo muito simples: esse governo militar, que era não opressivo, que não era um governo fascista, não tinha um dos principais traços que caracterizam todas as ditaduras e todos os movimentos fascistas: ele não tinha a menor vontade de inculcar uma ideologia na população'./ Ele literalmente acusa Golbery do Couto e Silva de ter deixado uma 'válvula' para que a 'panela de pressão' não explodisse. Essa válvula foi o aparelhamento cultural. É aí que entra Gramsci: 'Era só o que os comunistas queriam. Era só o que eles queriam para fazer da sua derrota militar a sua vitória política, porque naqueles anos estavam começando a entrar no Brasil as obras do ideólogo italiano Antonio Gramsci. Este dizia adeus à teoria leninista da insurreição e criava uma nova estratégia baseada em duas coisas: de um lado, aquilo que chamava de Revolução Cultural, ou seja, o domínio do vocabulário, o domínio dos automatismos mentais, de modo que as pessoas, sabendo ou não, passem a falar e pensar como os comunistas e acabem aceitando o comunismo, com ou sem esse nome, como se fosse a coisa mais natural do mundo; de outro lado, o que ele chamava de a longa marcha da esquerda para dentro do aparelho de Estado, ou seja: ocupar todos os postos da burocracia. Lentamente, com muita calma, através de ocupação de espaço, de nomeações, até mesmo de concursos, por exemplo, o governo abre um concurso para a Polícia Federal e, quando você vai ver, noventa por cento dos candidatos que se apresentam são comunistas, foram mandados ali para isso'./ Se me permitem um palpite, foi esse simples trecho que propagou a ideia. Ninguém leu Gramsci no Exército. Maria Lucia Montes, através do Oliveiros Ferreira, falou para militares, anos antes, sobre Gramsci e Maquiavel. Nada a ver com uma teoria da dominação comunista, mas enquanto uma teoria sobre como as elites organizam a hegemonia: 'consenso mais força', ou 'só consenso' (daí a importância da 'cultura'). Heleno estava lá, e não me lembro de ouvir grandes objeções a Gramsci. Pelo contrário, eu mesmo e Maria Lúcia fomos escalados para fazer um 'mapa' de como se organizavam as 'expressões culturais do poder nacional como poder militar'. Ou seja, pediram para que, com base em Gramsci, explicássemos para eles como 'Exército era cultura'. Foi assim que tive acesso ao meu campo de pesquisa, em 1992 (curiosamente, o então Coronel que foi responsável pela minha 'orientação', quando promovido a General de Brigada ficou incumbido de chefiar o recém-criado Departamento de Cultura do Exército). Ninguém ali pensava nessa conspiração./ Essa ideia de Olavo de Carvalho simplesmente 'casou' com demandas que estavam sendo construídas por grupos de militares – que operavam como células [como será visto no capítulo 3, adiante] – desde a abertura política que se seguiu depois do regime militar. Em 2001 começa-se [no Exército] a "abraçar" a tese de Olavo de Carvalho sobre um 'projeto gramsciano' de poder da esquerda, podendo incluir nele o próprio FHC (Fernando Henrique Cardoso, então Presidente da República). Podemos achar que é uma bobagem (e é), mas o efeito disso foi "juntar a fome com a vontade de comer". Olavo de Carvalho já tinha trânsito entre o pessoal do Clube Militar, e com gente dos porões da ditadura que fazia parte dos tais grupos (tipo 'Ternuma/Ustra'), tanto que ganhou a Medalha do Pacificador em 1999. Mas ele entra mesmo dentro da caserna a partir de 2001, nesses três eventos: 1) 'Censura e desinformação', conferência no Clube Naval do Rio de Janeiro, 27 de novembro de 2001. 2) 'Sobre a defesa nacional', conferência no I Simpósio sobre Estratégia da Resistência e Mobilização da Vontade Nacional, promovido pelo Comando Militar da Amazônia em 7 de dezembro de 2001. 3) 'Sistemas políticos contemporâneos', conferência na Escola de Comando e Estado-Maior do Exército, 2 de maio de 2002./ Além disso, ele participou do 'Projeto de História Oral do Exército Brasileiro na Revolução de 1964, em 2002' (esse projeto é uma reação à primeira tentativa de revisão da Anistia feita por Fernando Henrique Cardoso, se não me engano em 1999; some-se a isso os depoimentos realizados ao CPDOC (D'Araújo, Soares e Castro, 1994a, 1994b e 1995), que jogaram água no discurso militar de que nunca teria havido tortura (ver também Atássio, 2009). Depois, com a eleição de Lula, Olavo vai pros EUA".

Retomei toda essa história de Olavo de Carvalho para chegar à seguinte questão: ele de fato teve um papel que subsidiou os militares no ponto em que eles se encontram hoje? Em parte, sim. O que ele fez, trocando em miúdos, foi perceber a brecha ideológica que se abria e emplacar exatamente o que acusa o "gramscianismo" de fazer com as brechas deixadas pelo Regime Militar. Para resumir a ópera em termos militares, ele realizou uma *Operação Psicológica* (Opsi) entre os militares. Ou seriam os militares que, nele, encontraram um agente operacional para fazer a sua própria Opsi? De certa maneira, diria que ambas as coisas ocorreram. O resultado disso foi que as ideias de Carvalho ganharam corpo, passando a andar sozinhas dentro dos muros militares. Finalmente, isso se completa no que depois viria a ser uma gigantesca operação de *false flag*.[25] Nela, consolidaram-se três ideias - a) O PT dividiu o Brasil produzindo a "luta de classes"; b) O PT aparelhou o Estado para realizar uma "revolução gramsciana"; c) O PT se transformou numa organização criminosa que enredou as elites empresariais utilizando os dois meios acima, respectivamente através de chantagem e coação. Como pudemos ver, essas noções nasceram precisamente lá atrás nas palestras do Olavo de Carvalho, e ganharam autonomia porque entre militares funciona assim: "se me disseram que disseram que disseram, então eu digo". Assim é a cadeia de comando.

c) O Processo

Como podemos notar, este foi um processo bastante opaco. A caserna é impermeável, e, parece que repentinamente os militares apareceram "do nada" e estão predominando na cena política brasileira. Evidentemente, Olavo de Carvalho continuou a espalhar essas ideias, e alimentar a paranoia a respeito do "Foro de São Paulo" como uma conspiração comunista gramsciana para quem quisesse ouvir. E não só ele; chegamos em

---

25 Complementando o que disse acima, "Uma false flag é uma operação secreta projetada para enganar; o engano cria a aparência de que uma facção, grupo ou nação em particular é responsável por alguma atividade, disfarçando a sua fonte real" (https://en.wikipedia.org/wiki/False_flag#References).

2019 com essas noções aparelhando o senso-comum, o que mostra que o "gramscianismo" de Carvalho e outros foi bem eficaz. Não consigo mensurar o quanto os próprios militares foram eficazes na disseminação dessas ideias, embora saiba que eles realizaram isso a partir de uma estrutura muito bem montada. A Escola Superior de Guerra, por exemplo, é um poderoso meio de transmissão dessas ideias, tanto para dentro das Forças Armadas quanto para fora, uma vez que seus cursos são abertos a civis convidados. Há algum tempo, inclusive, ela instalou painéis permanentes, em lugares como a FIESP (Federação das Indústrias do Estado de São Paulo).[26] Com tudo isso, o ponto que quero destacar não é exatamente a potência desta *agência de retransmissão*; trata-se mais de salientar o fato de que essa correia ideológica funciona em mecanismo de retroalimentação, e quanto mais os militares enxergarem ela ocorrer fora de seus muros, mais ela ganha espaço dentro dos quartéis.

Nesse sentido, não podemos ignorar o fato de que a maior ressonância deste processo ocorreu especialmente a partir do acionamento do Judiciário como linha de frente no combate ao PT. Muitos analistas entendem que o momento crítico desse efeito cascata do atual estouro é 2013, ano em que o Estado começa a dar seus sinais mais claros de que ele próprio estava envolvido por uma inflação de bolhas de credibilidade e soberania de poderes (Singer, 2015; Alonso, 2017). É nessa hora que alguns eventos plasmaram o desenho de uma situação que ocorre até agora. Em 22 de abril daquele ano, o STF publicou o acordão do julgamento mais longo de sua história, da Ação Penal (AP) 470, com 8.405 páginas. Tratou-se do desfecho do Mensalão, onde foram empacotados num só corpo e julgados simultaneamente 37 réus, com base na "teoria do domínio do fato", isto é, supondo-se que haveria um "conhecimento público" que autorizava a sentença.[27] Algo nunca antes feito. Como disse Barbara Gancia

---

26 Cabe lembrarmos o papel que militares desempenharam com a ESG, Ipes e Ibad nos anos 1960, ainda antes do golpe de 1964. A expertise já existia: ver Dreifuss, 1986.

27 A "teoria do domínio do fato" foi elaborada de início na Alemanha, por Hanz Wetzel, e depois desenhada por Claus Roxim. No Brasil, o STF teve o seguinte entendimen-

na época, "Joaquim Barbosa, super-herói da nação, salvador da pátria varonil, azul e anil, não admite hipótese que assegure os direitos dos 37 réus que ele reuniu em um só corpo e julgou simultaneamente. Batman quer jogar todos na cadeia já. Caso contrário estaríamos incorrendo em privilégio de poucos, estaríamos entrando no terreno da "impunidade". Mas, vem cá: foram quatro os juízes que levantaram dúvidas razoáveis acerca da culpabilidade dos réus, não foram? E, que se saiba, há mais de 800 anos a possibilidade de recurso vem sendo assegurada por lei, certo? Não será a entrada desenhada de luva de Barbosa em campo na disputadíssima contenda do Fla-Flu que irá satisfazer a sede de punibilidade a qualquer custo por parte da torcida, não?".[28]

Joaquim Barbosa foi um gatilho. Com seu expediente totêmico – toma os indivíduos pela classe –, ele curiosamente se sobressaiu nessa jogada como herói civilizador, apogeu do triunfo de um sujeito que sai lá de baixo e põe na berlinda os poderosos. Esse é um script quase estrutural, que ressoa em outro que se enquadra perfeitamente nessa mitopoética nacional: quem foram os réus? Eram muitos e variados, mas, grosso modo, foram vinculados a uma sutil "desilusão", pois o PT era visto como um homólogo barbosiano reverso, tomado um dia como "aqueles que saíram de baixo" para transformar o país. A raiva anti-petista começou cedo, e, como vimos, tinha uma matriz mais atuante, com filiais espalhadas por todo território. Nesse sentido, Barbosa replicou uma célebre versão da história nacional, puniu aqueles que "saíram da linha", mas só aqueles que efetivamente "deveriam estar na linha", e não todos. Seja como for, ele alavan-

---

  to: "não obstante as condutas criminosas tenham sido executadas por 'laranjas' ou pessoas alheias à estrutura política do país, os detentores dos cargos públicos ligados à Presidência da República
e, portanto, controlavam a prática delitiva, ainda que não praticassem os atos de mão própria, podendo, inclusive, determinar a cessação dos atos a qualquer momento" (https://canalcienciascriminais.com.br/teoria-do-dominio-do-fato/). Popularizou-se a ideia de que "obviamente eles sabiam", e assim ela quase se tornou sinônimo de senso comum.
28 http://www1.folha.uol.com.br/colunas/barbaragancia/2013/05/1280040-so-teatro.shtml. (acesso em 29/10/2016).

cou uma situação claramente liminar – e que, como vimos, tem seus ecos passados no Exército –, e não é à toa que de repente toda e qualquer manifestação de rua que se vinculasse às ordens coletivas clássicas (partidos, sindicatos, etc.), começou a ser sistematicamente repudiada.[29] Para mim, na época pelo menos, foi clara a ligação entre essa movimentação política e a adoção popular de um duplo ufanista – militar e nacional –, com a ideia de que somente as Forças Armadas passaram imunes à degradação do País. Se isto passou pela cabeça de muita gente que se manifestava com a camiseta da CBF, passou mais ainda pela cabeça dos militares, que começaram a se enxergar de fato como paladinos da salvação nacional. Se naquele momento a ideia de "Orcrim"[30] se restringiu ao PT, mais tarde se espalhou para vários outros setores, de modo que os militares saíram ilesos como protagonistas deste movimento.

Talvez nenhuma outra imagem deste processo todo, que chamei antes de "síndrome de Barbosa" (Leirner, 2017), seja mais potente do que a famosa apresentação em *powerpoint* do Procurador Deltan Dallagnol, um dos heróis da Lava-Jato que replicava até pouco tempo atrás, como ninguém, o "good guy". Sem qualquer prova factível, sem um enredo baseado em evidências, sem uma peça jurídica minimamente plausível, ele, em conjunto com outros procuradores e super-delegados de Curitiba, realizaram uma coletiva bombástica para imprensa, replicada aos ventos, com uma nova "estética da documentação", para usar a expressão de Annelise Riles (2006), baseada em uma imagem capaz de demonstrar o absoluto holismo operacional da "quadrilha de Lula".

---

29 E quem se retro-alimentou das manifestações pós 2013? Em momentos diferentes, PF, MPF, Receita Federal, as várias instâncias do judiciário, imprensa, igrejas, institutos, neo-movimentos proto-fascistas, FIESP; todos tentaram em algum momento dizer que "a rua" estava consigo. Mas isso é por demais de heterogêneo, e por fim, como veremos adiante, todas essas máquinas se auto-engoliram. Exceto os militares.

30 Acrônimo para "organização criminosa".

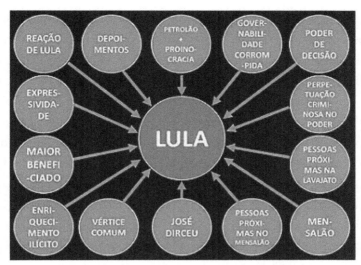

O Famoso "PowerPoint"/ Reprodução/MPF/PR

Nesse caso, o que garante a eficácia desse tipo de documento no contexto seria sua empatia em relação a padrões sociais, uma prática da estética da documentação (*idem*, *ibid*.) que redunda em percepções instantâneas, quase que mnemônicas, que instruem a leitura da realidade. Isso está cotidianamente colocado em nossa burocracia, com carimbos, selos, cabeçalhos, como bem demonstrou Danilo Souza Pinto em sua notável dissertação sobre cartórios (Souza Pinto, 2007). No caso acima, Dallagnol inovou no contexto, mas não na forma: trouxe à baila esse novo tipo de documentação, que é absolutamente farta em sua forma de apresentação em meios empresariais, gerenciais, acadêmicos, e, claro, militares.

Curiosamente, ele também havia apresentado algo semelhante, mas com outros conteúdos, em outras ocasiões: palestras para a Maçonaria, Igreja Batista, ou em seminários promovidos por entidades empresariais. Assim se cria a redundância. E é desse modo que este tipo de documento ganha sua eficácia, típica de uma *audit culture*, como bem viu M. Strathern (2004). De certa forma, ainda seguindo as pistas de Riles, o que a rede de Dallagnol acaba revelando, na sua montagem, é uma *rede ao avesso*: a sua própria. A denúncia de um crime econômico, enfim, se distancia cada vez mais de um argumento econômico para a denúncia, ao se aproximar a um argumento policial: "existe uma rede; existe uma quadrilha; existe um chefe". A "síndrome de Barbosa" se tornou operacional: era tudo o que militares precisavam ver e ouvir.

Se voltarmos para tempos mais recentes, até o impeachment de Dilma Rousseff, ouvíamos o então comandante do Exército, General Villas Bôas, falar na defesa das Instituições, e na necessidade de se evitar traumas para a democracia. De outro lado, internamente, permitia-se que Bolsonaro fizesse campanha eleitoral dentro dos quartéis e se distribuíam condecorações a juízes e promotores ligados às investigações que denunciavam o PT. De fato, repetia-se com vários agentes o mesmo tipo de procedimento que foi realizado com Olavo de Carvalho – "trazer a conspiração para dentro".[31] De certa maneira, este campo de batalha político-ideológico parece operar como uma espécie de protoplasma da guerra híbrida. Parece exagero pensar que algo tão difundido hoje em dia – a ideia que o PT é uma organização criminosa – tenha ganhado forma e substância primeiramente dentro dos quartéis. De certa maneira, seu backup é imprescindível para se pensar em como o Executivo de Dilma foi atacado sem haver qualquer reação. Como tudo ficou na aparência de uma trama jurídica (houve ou não houve ilegalidade, etc.; tudo o que se disponibilizou foi a "defesa" de José Eduardo Cardozo), ao fim e ao cabo os militares praticamente não assumiram em momento algum a explicitação dos seus atos – agiram através de procuradores, terceirizando sua abordagem – e, isto sim, tem a ver com essa nova forma de guerra que é a guerra híbrida. Se meu argumento está certo, esta é uma maneira de se realizar, seguindo os parâmetros de uma guerra híbrida, uma ação por procuração, seguindo a *estratégia da abordagem indireta*. Portanto, em certa medida, vários setores do Estado começaram a entrar em ressonância ao mesmo tempo. Colocar-se atrás do pano simplesmente foi a maneira pela qual os militares puderam operar sem serem notados.

Assim, embora sejam algo diferentes e envolvam instituições distintas, todos copiam o mesmo enredo: trata-se de um setor, ou bolha, que se infla colocando em xeque a bolha do poder vizinho, alegando que a superfície

---

[31] É notável como em várias de suas colunas do Valor Econômico, Maria Cristina Fernandes tem notado esta enunciação conspiracionista entre os militares.

que lhe dá forma é mera ilusão, não tem fundamento sólido. Isto serviu para quando o PT ainda era Governo, mas, como estamos vendo, continua sendo replicado *ad nauseam*. Como várias bolhas do Estado começaram a copiar o expediente, os resultados mais expressivos foram acontecendo como uma reação em cadeia. Depois do impeachment denúncias aparecem por todos os lados. A lista foi diária. Aliás, notavelmente esse processo opera a partir de uma lógica auto-fagocitante. Barbosa mudou-se para Miami; Cunha, depois que articulou o impeachment foi preso; Temer, depois que terminou seu Governo, foi preso; Gilmar Mendes, outrora herói que impediu a posse de Lula na Casa Civil, hoje é o inimigo público número 1. Nem o "Japonês da Federal" saiu ileso. O STF, que parecia se formar como o guardião da República, está anômico. Vários medalhões da política não se elegeram. A Lava-Jato está sob suspeição. Sergio Moro murchou. Sobraram os militares, intactos. É preciso, antes de tudo, se perguntar o porquê.

d) Militares e Guerra Híbrida

Há algo a ser considerado aqui de modo insistente: a dinâmica de uma guerra híbrida consiste justamente em disparar algumas *operações psicológicas* e deixar os diversos atores sociais operarem a seu favor, construindo por si só aquela que é sua principal característica: a (acima citada) *estratégia da abordagem indireta* (Korybko, 2018).[32] De certa maneira, advogando a favor desta concepção está o fato de que, ao fim e ao cabo, hoje (agosto de 2019), podemos nos perguntar: quem ganhou, efetivamente, com todos os processos que se abriram desde o impeachment de Dilma Rousseff? Para mim, apesar de muita gente estar em ascensão, não há nenhum setor mais beneficiado, e que de fato é quem governa o país, que não seja o setor militar. Não se trata apenas de uma questão numérica de *aparelhamento* do Estado, mas também de um processo de construção de uma hegemonia (isto é, de imposição de valores e símbolos) que os coloca no centro da sociedade. Não sei se o leitor já reparou, mas a *continência* extrapolou o quartel, e agora

---

32 O termo é adaptado da concepção de Liddel Hart (1954); veremos nos Capítulos 2 e 3 como isso é construído.

se impõe como rito de apresentação de vários níveis de governo: prefeitos, governadores, ministros civis marcham e batem continência.

O "padrão continência"/ Foto: Marcos Corrêa/Presidência da República

Como veremos na conclusão deste livro, trata-se de um processo de *domesticação* do Brasil, que, aliás, não é exatamente novidade na história do País.

No entanto, o que é sim uma novidade, é que isso está sendo realizado sem um tanque sequer na rua. Nesse sentido, vale ilustrar com um exemplo que resume um pouco o estado das coisas tal como imagino. Entre outubro de 2018 e março de 2019 participei de três mesas com cientistas políticos; em todas as ocasiões eles disseram que o Governo Bolsonaro fracassará se não compuser com uma gama setores da política – particularmente partidos –; em todas as ocasiões discordei, argumentando que não se trata de um governo civil, e que quem de fato governa não quer "compor" com absolutamente ninguém. Ou se está apoiando, ou se está correndo um risco. Um dos pontos que gostaria de colocar em evidência pode ser resumido com uma simples pergunta: há poucos anos atrás, quem é que estava prestando atenção nos militares? Basta ver onde eles estão agora, que, no mínimo, podemos também nos perguntar o que eles fizeram para chegar no aqui, agora.

Ao longo deste livro procurarei esclarecer estas posições, inclusive tentando entender qual é o papel do próprio Presidente Bolsonaro frente ao consórcio militar. O ponto é que a *estratégia da abordagem indireta* parece ter operado antes, durante e depois das eleições. Se estiver correto, este é um governo de *abordagem indireta*, isto é, Bolsonaro é uma espécie de para-raios onde recaem todas as energias – pró e contra – mas, de fato, a usina que as produz vem do consórcio militar. Contradições, bate-cabeças, absurdos, e toda sorte de mal-entendidos que são produzidos por todo entorno governista – e me parece que a Amazônia é um dos mais potentes, uma verdadeira "bomba de fragmentação" (como diz Romulus Maya;[33] exploraremos isto na Conclusão) – são parte da dinâmica da guerra híbrida. Trata-se de uma dinâmica de guerra, e não de uma maquinação militar sem maiores efeitos. Por isso mesmo, mais uma vez, é importante que tenhamos em mente – e espero convencer ao fim que isto é possível – que a guerra híbrida justamente consiste na obliteração dos reais agentes que a acionam. Talvez justamente ela não tenha um comando identificável: trata-se de um modo de socialidade, como procurarei desenvolver adiante.

Voltemos ao modo como isto se colocou recentemente para mim, para que não pareça que vi o que mais ninguém viu. Longe disso: como disse, fui forçado a retomar elementos sedimentados na minha trajetória a partir de fins de 2015. E isto aconteceu – novamente é preciso que se registre – por conta do fato de Maria Lúcia Montes ter me requisitado a pensar com ela sobre política. Após alguns meses de conversas trocadas, ela me pediu que sintetizasse uma reflexão para enviar a um amigo dela, Romulus Maya, que atuava como articulista do jornal GGN, e poderia tentar publicá-la nesta mídia (o que ocorreu).[34] Foi quando juntei elementos de uma apresentação que fiz no PPGAS/UFSCar, durante o processo de impeachment, onde expus vários dados que cruzavam fluxo monetário de capitais entre o Brasil e o exterior, a aliança entre o Governo (PT) e as empreiteiras (e sua bancada no Congresso), elementos geopolíticos e, enfim, como a Lava-Jato entrava como eixo de desarticulação de alianças que rivalizavam com o setor finan-

---

33 Logo à frente esclareço esta referência, que é o pseudônimo de Romulo Brillo, advogado radicado na Suíça, especializado em direito internacional e com experiência nas áreas de energia, óleo e gás.

34 https://jornalggn.com.br/analise/a-energia-de-dilma-por-piero-leirner/. Publicado em 27/jun/2016.

ceiro. De maneira muito sumária, minha suposição então foi de que haveria uma aliança entre os setores de Construção Civil, Energia (nuclear, elétrica e óleo e gás) e Estado (numa estrutura armada pelos governos petistas) e uma oposição a ela, que envolvia de lobbys internacionais ao setor financeiro. Basicamente, quanto mais consolidada a aliança entre PT e esses setores estratégicos, mais os bancos e setores de oposição reagiam, numa clara visão de que este movimento poderia significar a perpetuação do PT no poder ao "modo PRI mexicano".[35]

Após isto, as discussões no Facebook começaram a se tornar mais densas, até o momento que Romulus centralizou elas em um grupo fechado, o "Amigos de Romulus". Ao mesmo tempo ele passou a repostar essas discussões no seu próprio Blog (criado alguns meses antes) – o "romulusbr.com" – e as discussões do grupo frequentemente passaram a ser publicadas. Em modo caótico, com intervenções de várias pessoas, houve uma explosão de publicações discutindo política em tempo real. Havia procuradores, cientistas sociais, advogados e advogadas, executivos de multinacionais, donas de casa, psicólogas, engenheiros e engenheiras, arquitetos e anônimos. Uns mais, outros menos, juntando várias experiências e trazendo uma análise em rede. Quase todos tinham conhecidos e conhecimentos em setores do Estado, e traziam relatos de processos que estavam sendo associados ao impeachment, e, principalmente, à Lava-Jato. Eu e Maria Lúcia, particularmente, nos esforçávamos para entender qual era o jogo das Forças Armadas. Em discussões mais concentradas e densas, houve um "núcleo duro"[36] que começou a pensar também as relações entre militares e setores do judiciário naquilo que estava ocorrendo.

Estou retomando esta pequena descrição de minha inserção neste processo mais com o intuito de mostrar que não tirei, não estou tirando e não tirarei nenhum coelho da cartola. Muito de minha percepção vem de

---

[35] Como veremos nos capítulos seguintes, o problema vai além, embora a reação ao PT esteja no centro dos acontecimentos.

[36] De minha parte, ainda levava para o interior do grupo várias discussões realizadas com colegas do PPGAS/UFSCar, especialmente Igor Machado e Luiz Henrique de Toledo (que também passou a participar do grupo "Amigos de Romulus", no Facebook).

uma trajetória de pesquisa etnográfica com militares que data do começo dos anos 1990, mas o que estamos vendo aqui nesse texto é bastante devedor de ter colocado este conhecimento na mesa com uma rede que nasceu como reação ao "golpe", e que em parte também absorveu elementos que vieram da minha experiência, em um ciclo de alimentação e feedback. E qual a relevância disso para este livro? Como sabemos, muito na dinâmica política do que vivemos hoje foi processado no interior das redes sociais (Cesarino, 2018; Solano, 2019). Tanto no ataque, quanto na defesa, as redes viraram um campo de batalha. Os meios são muito variados, os dispositivos também; colocar-se na rede permite, entre outras coisas e caso tenhamos este interesse, encará-la como uma *situação de campo*. Isto é diferente de uma etnografia das redes sociais, é algo que se aproxima um pouco daquilo que Igor Machado chama de "etnografia ex-post-facto" (Machado, 2019). No meu caso, especificamente, foi a coincidência de perceber que estava falando de *guerra híbrida* justamente a partir deste que é reconhecidamente um de seus principais campos de atuação, que são as redes sociais. Mais uma vez, reparei que estava produzindo "etnografia da guerra por outros meios".

e) Etnografia, Guerra Híbrida e Redes Sociais

Andrew Korybko, norte-americano radicado na Rússia, escreveu um(a) dos(as) melhores livros(teoria) sobre a guerra híbrida atualmente: "Guerras Híbridas: das revoluções coloridas aos golpes" (2018).[37] Vamos desenvolver melhor este conceito no capítulo 2, mas, o ponto é que ele reúne o entendimento de vários autores vinculados ao Pentágono que desenvolveram uma *doutrina* da guerra híbrida, e que percebem as redes sociais como equivalente bélico do que era o *terreno* nas guerras clássicas. Ele segue a percepção de um Coronel dos US Marine Corps em um texto seminal, "Neocortical Warfare", de que a chave mais importante para se ganhar a guerra nos dias de hoje é um ataque à cognição a partir de operações que

---

37 O título original, assim traduzido para o português, não menciona a palavra "golpe": "Guerras Híbridas: a abordagem adaptativa indireta para troca de regime"; ("Hybrid Wars: The indirect adaptive approach to regime change").

visam impor reações no córtex do alvo (populacional) (Szafranski, 1994). As redes sociais não só servem perfeitamente para a execução dessa estratégia por conta da análise de parâmetros que elas permitem – como ficou explícito depois do escândalo da *Cambridge Analytica*[38] – mas, principalmente, porque permitem a disseminação de "bombas cognitivas" através de um padrão de enxame ou manada (Korybko, 2018, p. 79).[39] Isto, aliás, era algo que militares americanos já desenhavam nos primórdios de sistemas em rede – primeiro de comunicações (Baran, 1962), depois de computadores (Arquilla e Ronfeldt, 1996).

---

38 "Cambridge Analytica (UK), Ltd. (CA) foi uma empresa privada que combinava mineração e análise de dados com comunicação estratégica para o processo eleitoral. Foi criada em 2013, como um desdobramento de sua controladora britânica, a SCL Group para participar da política estadunidense. Em 2014, a CA participou de 44 campanhas políticas. A empresa é, em parte, de propriedade da família de Robert Mercer, um estadunidense que gerencia fundos de cobertura e que apoia muitas causas politicamente conservadoras. A empresa mantinha escritórios em Nova York, Washington DC e Londres. Em 2015, tornou-se conhecida como a empresa de análise de dados que trabalhou inicialmente para campanha presidencial de Ted Cruz. Em 2016, após a derrota de Cruz, a CA trabalhou para a campanha presidencial de Donald Trump, e também para a do Brexit, visando a saída do Reino Unido da União Europeia. O papel da CA e o impacto sobre essas campanhas tem sido contestado e é objeto de investigações criminais em andamento tanto nos Estados Unidos quanto no Reino Unido" (https://pt.wikipedia.org/wiki/Cambridge_Analytica).

39 Segundo o Coronel Alan Campen (2001), "Investidas por enxame são caracterizadas por ataques pulsantes vindos de todos os lados geralmente lançados por um oponente inferior porém evasivo. Elas são bem-sucedidas por causa de elementos táticos tais como objetivos limitados, armamento e comunicações adequados, táticas sob medida para o terreno e consciência situacional superior. Isso permite a derrota nos detalhes de forças que jamais poderiam ser superadas pelas massas ou por manobras militares. A sinergia desses elementos é tida por alguns analistas como um fator consistente na aplicação tanto tática como estratégica dos enxames – no passado, no presente e também em nosso futuro pós-Guerra Fria. Nenhum desses elementos exige necessariamente tecnologia de ponta. Todos eles podem ser combinados em uma tática particularmente eficiente para confrontar um exército com aparato moderno em um conflito de baixa intensidade e guerra não convencional"(www.afcea.org/content/?q=node/559. Acesso em 13 de julho de 2014).

Não se trata de uma descoberta, por parte do Pentágono e suas instituições afiliadas, de como *aproveitar* as redes sociais para uma guerra. O que a rede social mostrou, para eles, foi um espelho de como as organizações militares operavam já há algum tempo, quando, pelo menos desde a 2ª Guerra Mundial percebeu-se a vantagem de *operações em célula* e descentralização de forças em unidades semi-autônomas tipo *commandos* ou forças especiais (Leirner, 2001). É o que um interlocutor, Coronel Heraldo Makakris tem chamado – com boa dose de humor – de imposição de um "padrão Rambo". Trata-se daquilo que vemos em várias produções hollywoodianas, algo como "solta os caras na missão e, junto com o objetivo, vem a instrução: você jamais recebeu esta ordem, nunca nos vimos antes". É uma caricatura que de certa maneira retrata um esboço do que é a *estratégia da abordagem indireta* tomada no seu pronto-emprego (ou no que poderíamos ver como nível tático, isto é, da ordem da batalha).

Para Korybko (2018, p. 51), "John Arquilla e David Ronfeldt da RAND Corporation[40] publicaram um livro em 1996 chamado *The Advent of Netwar*. Eles propuseram haver um novo tipo de conflito social no horizonte, onde redes 'sem líderes' compostas principalmente por atores desvinculados do Estado aproveitar-se-iam da revolução da informação (isto é, da Internet) para travar uma luta amorfa de baixa intensidade contra o Establishment (...). Eles descrevem que as guerras em rede focariam no poder brando, em especial em 'operações de informação' e 'administração das percepções'. Numa clara demonstração de contribuições da Teoria do Caos e da abordagem indireta de Liddel Hart, eles afirmam que essa forma de guerra encontra-se 'na extremi-

---

[40] "RAND Corporation (Reserach ANd Development) é uma instituição "think tank", sem fins lucrativos. Criado originalmente como Douglas Aircraft Company, atua como uma entidade que desenvolve pesquisas e análises para o Departamento de Defesa dos Estados Unidos. Atualmente, os seus trabalhos contribuem com a tomada de decisões e a implementações políticas no sector público e privado. Cerca de 51,8% de sua receita é mantida por sectores militares do governo americano (Departamento de Defesa dos Estados Unidos 24,1%; Força Aérea dos Estados Unidos 14,8%; Exército dos Estados Unidos 12,9%), e 20,7% de outros sectores que estão directamente ligados ao governo (como o departamento de saúde e outras agências estatais)" (https://pt.wikipedia.org/wiki/RAND_Corporation). Ver também à frente, próximas 4 páginas.

dade menos militar, de baixa intensidade e social do espectro' porque é mais 'difusa, dispersa, multidimensional, não linear e ambígua'".

Baseados em estudos de redes, os autores da RAND perceberam então uma enorme similaridade entre os pressupostos de organização das redes sociais e o modo de operação que passou de figurante a ator principal no século XXI. Como procurarei mostrar mais à frente (no Capítulo 2), foi o casamento das ciências sociais e psicologia com a máquina militar, desde a 2ª Guerra, que gerou formas de "inteligência, informação e guerra psicológica" que se tornaram os protoplasmas da guerra híbrida. São as *teorias cognitivas* de John Boyd, os formados para a ação norte-americana no Oriente Médio após o 11 de setembro,[41] a *Guerra Neocortical* de Richard Szafransky, e, finalmente, a ideia de uma *guerra híbrida*, que se destacam de outros prototipos ou gerações de guerra, com a indistinção entre guerra e política (Hoffman, 2007; Ssorin-Chaikov, 2018). Nesse processo menos importa pensar o que veio primeiro, o ovo ou a galinha, se a rede social deu a ideia para a guerra híbrida ou se a guerra híbrida era o próprio terreno fértil para a rede social. O fato é que parece haver aqui uma possibilidade de superposição de estruturas que não necessariamente nascem *ad hoc*, até porque o princípio da abordagem indireta possibilita que os próprios meios se escondam atrás de fins que aparentam algo completamente diferente. A descentralização do "padrão Rambo" permite, sobretudo, criptografia e dissimulação. Em tese, isso ocorreria de maneira perfeita naquilo que os estudiosos da RAND chamaram de "rede multicanal":

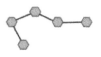

Rede em cadeia   Rede em estrela   Rede multicanal

Padrões de rede/ Fonte: Korybko, 2018, p. 52 (adaptado de Arquilla e Ronfeldt, 1996).

---

41 Voltarei a discutir o Human Terrain System no Capítulo 1

Para Korybko, "a rede multicanal satisfaz o modelo de 'descentralização tática', que ocorre quando 'os membros não têm que recorrer a uma hierarquia porque 'eles sabem o que têm que fazer'. Isso faz das unidades individuais 'uma só mente' e impõe um desafio extremamente difícil de contrapor por causa de todo o 'turvamento' entre ações ofensivas e defensivas. Os autores dissertam sobre como a guerra em rede 'tende a desafiar e transcender as fronteiras, jurisdições e distinções padrão entre Estado e sociedade, público e privado, guerra e paz, guerra e crime, civil e militar, polícia e forças armadas, e legal e ilegal'. Eles atribuem isso até certo ponto à guerra neocortical de Szafranski, reconhecendo que ela pode 'confundir as crenças fundamentais do povo acerca da natureza de sua cultura, sociedade e governo, em parte para instigar medo mas, por que não, principalmente para desorientar o povo e perturbar suas percepções'" (2018, p. 52).

Se estou correto em minha hipótese, tanto mais eficaz a guerra híbrida quanto menos perceptível ela for. Que a partir de 2018 as percepções de que havia algo errado se acentuaram muito, isso é fato. A imprensa começou a correr atrás de explicações para o tal fenômeno das *fake news* associadas a Bolsonaro, e esbarrou em um outro conceito da RAND que visava explicar como algo similar ao que havia acontecido na eleição de Donald Trump nos EUA, em 2016. Trata-se da ideia criada por dois de seus pesquisadores, Christopher Paul e Miriam Mathews, de (Paul e Mathews, 2016), que, ao que me parece, mais soou como um contra-ataque ao modo como os russos acusavam os EUA de promover guerras híbridas no seu entorno. Isso porque esta teoria da RAND (este mesmo think tank que produziu pencas de material sobre operações psicológicas, guerra neocortical, etc.) oblitera a própria ideia de guerra híbrida (que aparece apenas numa nota de rodapé, como referência), mas porque acusa o *firehosing* de ser um "método russo": "Caracterizamos o modelo russo contemporâneo de propaganda como 'firehose of falsehood' [mangueira de fogo da falsidade] por causa de duas de suas características distintivas: alto número de canais e mensagens e uma disseminação desavergonhada de verdades parciais ou ficções totais. Nas palavras de um observador, 'A nova propaganda russa diverte, confunde e domina a audiência'." (idem, ibid., p. 1).

Em dezembro de 2018 fui procurado pelo Le Monde Diplomatique para explicar a relação do firehosing com Bolsonaro.[42] Acredito que isso tenha ocorrido porque dei algumas outras entrevistas sobre as táticas de campanha (ainda antes das eleições), onde falava sobre elas como um "modelo de guerra híbrida". Na matéria em questão suprimiram minha resposta sobre o antagonismo RAND-Rússia, ou talvez uma guerra conceitual para tratar do problema. Acho interessante retomar aqui parte da resposta para se entender melhor como ambas perspectivas estão conectadas:

"[Pergunta] Que aproximações e distanciamentos você vê entre os conceitos de 'firehosing' e 'guerra híbrida'? [Resposta] *A teoria [de Korybko, da guerra híbrida], grosso modo, pretende dar conta de entender uma estratégia de guerra indireta (ou 'terceirizada'), mas cujo agente provocador é basicamente os EUA. Ela é 'híbrida' pois trata de uma junção das [a] chamadas 'primaveras' (Argélia, Egito, Jordânia e Iêmen, mas depois Europa central e do leste, e finalmente hoje, depois de rever a teoria, Américas Central e do Sul); e [b] seguidas de intervenções baseadas em 'guerras não convencionais' ou 'assimétricas', caso necessário. No primeiro ponto, ele identificou primeiramente o uso de pautas identitárias associadas a bandeiras genéricas ('liberdade', 'democracia'). Boa parte desta teoria nasceu para explicar o tabuleiro geopolítico de duas áreas sensíveis nas tensões entre EUA e Rússia, a Síria e a Ucrânia, que foram os desdobramentos dos primeiros movimentos das 'revoluções coloridas' anteriores, que foram uma espécie de campo de testes. No final das contas, isso é, em termos de uma 'longa duração' das teorias da guerra, um deslocamento dos confrontos diretos cuja matriz poderia ser grosso modo atribuída a Clausewitz, para uma teoria mais baseada em Sun-Tzu, cuja ideia é maximizar os ganhos com o mínimo de enfrentamento. Já os pesquisadores que propagaram esse termo, 'firehosing of falsehood' ou, como foi traduzido sinteticamente, 'mangueira de falsidade' – Christopher Paul e Miriam Mathews –, são cientistas sociais da RAND Corporation, e seu relatório diz*

---

42 https://diplomatique.org.br/firehosing-por-que-fatos-nao-vao-chegar-aos-bolsonaristas/. Publicado em 14 de janeiro de 2019.

respeito à 'interferência russa' na eleição norte-americana. Similarmente à 'guerra híbrida', podemos ver nesse 'método' um desdobramento de uma série de doutrinas baseadas em 'operações psicológicas' que existem de maneira mais consolidada desde a 2ª Guerra Mundial. Trata-se, aqui, de propagar um jogo de informações e contrainformações que desestabilizam os poderes constituídos, para posteriormente reorganizar as forças sociais a partir de um segundo movimento de ordenação cognitiva, apostando que o desdobramento final não necessitará de um desdobramento 'direto' (uma 'guerra assimétrica), mas se dará dentro de um jogo institucional, como a 'justiça' ou as 'eleições'. Ao fim podemos dizer que ambos são uma espécie de 'espelho' um do outro; na verdade, o conceito da RAND é uma espécie de contra-ataque (acadêmico, conceitual) ao de 'guerra-híbrida'. Por isso mesmo, seria interessante pensar, antes de mais nada, afinal, o que é a RAND? Trata-se de um think tank americano, que tal como outros (como o Wilson Center, por exemplo), que a vida toda produziu conhecimentos e ligações visando criar esferas de influência em processos políticos nos EUA e em outros países. Estão intimamente ligados aos setores do 'deep state' que orbitam o Partido Democrata, aos militares, a um setor financeiro que Steve Bannon chama de 'clube de Davos' e seus satélites, com órgãos multilaterais como o FMI (veja a entrevista dele à Folha de São Paulo). Perceba então que nessa 'guerra conceitual' temos não somente Rússia e EUA, mas também setores opostos dentro do complexo industrial-militar-financeiro mundial e seus diferentes projetos e extensões". (dezembro de 2018)

Quero chamar atenção para o fato de a RAND ter procurado em certa medida apagar o conceito que ela própria ajudou a criar. E que, juntando muito material, foi posto em prática, em diversas ocasiões, a partir de diversas *covert operations* – "operações militares destinadas a ocultar a identidade do patrocinador (ou permitir a negação plausível) e a criar um efeito político que pode ter implicações nas áreas militar, de inteligência ou de aplicação da lei – afetando tanto a parte interna da população de um país ou indivíduos fora dele" (Wikipedia). Mas por que estou falando isso? Para explicitar ao leitor que a percepção deste processo – que assumo ser uma guerra híbrida – não foi imediata. Embora já tivesse lido o artigo seminal do jornalista Pepe Escobar (com quem mantenho interlocução desde 2018) que identificava o Brasil como alvo de uma guerra híbrida ainda em 2016 (Escobar, 2016), ainda não estou totalmente convencido da ideia de que passamos em 2013 por uma revolução colorida que depois se desdobrou nos movimentos que levaram até onde estamos. Aliás, resisto mais à ideia do *desdobramento* rumo à guinada reacionária do que à ideia de que se tentou aqui uma revolução colorida: me parece, mais uma vez, que houve uma "tempestade perfeita" para que militares impulsionassem seus propósitos, inclusive através de grupos que deixavam nos protestos de 2014 em diante mensagens subliminares que operavam a seu favor – e Bolsonaro foi um agente fundamental nessa operação.

Esta percepção só me ocorreu após começar a experimentar nas redes sociais – particularmente o Facebook – a ideia de que estava em curso algo como uma guerra híbrida. Para Korybko esta rede é um dos melhores "estudos de caso" de guerra híbrida aplicada: "visto que o Facebook lida com a administração das percepções e engenharia social, ele tem, portanto, utilidade como ferramenta para operações psicológicas" (2018, p. 55). Para mim, ocorreu o que deve ocorrer a um antropólogo quando precisa fazer sua pesquisa: foi a entrada em campo, a participação efetiva num dos fronts em que a guerra é travada. Tudo começou, se não me engano, com uma postagem no dia 11 de junho de 2017:

> *Cabe prestar atenção nisso. Esse artigo, publicado pelo defasanet,[43] que vem replicando essa história de que estamos em 'guerra híbrida'. Como esperado, o militar da reserva (Carlos Alberto Pinto Silva, General de Exército da reserva / Ex-comandante do Comando Militar do Oeste, do Comando Militar do Sul, do Comando de Operações Terrestres, Membro da Academia de Defesa e do CEBRES),[44] localiza no PT e na esquerda um forte componente de in-*

---

43 (http://www.defesanet.com.br/ghbr/noticia/26069/GenEx-Pinto-Silva---Negros-Horizontes-para-o-Brasil/) .

44 Recentemente o General Pinto e Silva publicou um texto onde se lê o seguinte trecho: "Quando a era do conhecimento e da tecnologia passa a ser o recurso econômico crucial e as redes eletrônicas e os meios de comunicação tradicionais se convertem em uma estrutura crítica, *aqueles que dominam o conhecimento e os meios de comunicação tradicionais e eletrônicos se apoderam de grande poder político.* (...) Quanto ao meio eletrônico, no Brasil assistimos e participamos do trabalho em rede que possibilitou a

surgência. Para ele, no fim, seria o PT que estaria causando todo o cenário de 'anarquia' no Brasil. (...) Como vocês poderão ver, ele retira vários trechos de Lenin e alguma coisa de Marx. O ponto é o seguinte: eles leem apenas fichamentos, onde excertos são tirados de contexto para servir ao propósito doutrinário. Ele não tem ideia do que está falando de fato, mas sabe muito bem que ele tem um papel tático na criação da invenção de que estamos numa guerra híbrida. E espalha isso pelas academias militares, para a ESAO e ECEME, para o CPEAEx (essas são as instituições de formação e os motores da promoção na carreira dos militares). Vejo como se fosse ontem: a essas alturas, o clima lá dentro deve ser de 'certeza'. É assim que a tese do 'inimigo interno' vai ganhando da tese do 'inimigo externo' (esse é o dualismo fundamental nas FFAA; o segundo campo quase sempre foi minoritário). O que estou dizendo há algum tempo é que Villas Bôas tá fazendo um jogo duplo: a declaração para 'fora' não é condizente com um esforço de abrandamento dessa tática paranoide lá dentro. No meu ponto de vista, estamos pisando em ovos...

A partir desse dia, foram centenas de postagens tentando interpretar quase que cotidianamente os elementos da nossa conjuntura a partir de desdobramentos de noções militares que acompanham a guerra híbrida, especialmente a de "operações psicológicas". Sobre estas eu tinha alguma noção, vinda de muito tempo atrás quando frequentei em algumas ocasiões sessões "psi" durante meu campo, e depois em contatos com militares do "Centro de Estudos de Pessoal" – que basicamente é um dos locais onde se desenvolve a "pós-graduação" em "Opsis" no Exército. Some-se a isso o fato de que em minha própria etnografia havia tido a percepção de ser "alvo" constante desse tipo de "operação", e que foi justamente isso que anos depois me levou a pesquisar e escrever sobre os *Human Terrain Systems* e o uso de psicólogos e cientistas sociais em operações militares (Leirner, 2009).

---

vitória do presidente Bolsonaro" – grifos do autor. (http://www.defesanet.com.br/ghbr/noticia/34209/Gen-Ex-Pinto-Silva---Disputa-pelo-Poder-no-BRASIL-e-a-Brigada-da-Melancolia/). Imagino que este "assistimos e participamos" não seja genérico, mas que talvez se refira a uma participação efetiva de militares na campanha presidencial.

O Facebook se tornou, assim, para mim, algo que é muito semelhante à máquina que ele é para os militares: uma estação de retransmissão, uma maneira de produzir "interações em campo" e depois processar os dados, como se fosse em um *serviço de inteligência*, para depois tentar fazer a tradução disso em termos antropológicos e acadêmicos. O que começou a acontecer foi um crescimento considerável de minha rede, que, em parte, também passou a atuar na *linha de contato*. Diariamente sou suprido com logística informacional, feedbacks, operações de pessoas que levam minhas informações para campos que não estou conectado e, posteriormente, voltam com os resultados. Este foi um movimento que transbordou esta rede social, se tornando, ele próprio, uma "rede multicanal". Certamente pequena perto das de agentes de influência na nossa sociedade; mas, nem por isso deixou de me dar os parâmetros de por onde poderia ler a conjuntura.

Este livro é, portanto, resultado do modo como consigo captar esta rede, seus mecanismos, seus agenciamentos, e, enfim, seus desdobramentos em torno de uma análise conceitual do que estamos passando. Embora não pretenda ser resultado de uma "experiência pessoal" – no sentido individualista que isso pode acarretar – traz certos ecos de pesquisas anteriores. Como se verá nos capítulos que seguem, o material que agora trago retoma coisas que escrevi e pensei desde que o tema entrou em minha vida, em 1991, quando construí meu projeto de mestrado. Eram os tempos turbulentos de Fernando Collor na Presidência, o segundo ano da experiência (frustrante) de uma eleição majoritária para Presidente. Mas não eram somente eu e meus amigos os decepcionados de então. Encontrei uma parcela significativa deles nos meus interlocutores de pesquisa, os militares. Assim, este também é um livro sobre eles.

No entanto, antes de passarmos aos próximos capítulos, cabe uma nota para esclarecer algo a respeito destes "militares", que são uma categoria muito ampla. Os leitores notarão que utilizo ora o termo "alguns militares"; ora "consórcio militar"; "militares", genericamente; e ainda, "Exército", particularmente. Há uma razão para isto: embora se trate de pessoas atualmente posicionadas em círculos muito bem definidos, ao protagonizar ações políticas – e no "espectro de uma guerra híbrida" – as fronteiras ficam muito mais porosas.

Como espero deixar mais claro a seguir, não acho que as Forças Armadas realizaram um golpe aos moldes de 1964, quando ficou bem evidente como a cadeia de comando respondeu às ordens que eram dadas ao topo. Aqui, agora, o jogo da dissimulação impera. Há sim protagonismo de alguns personagens vitais – que hoje estão no Governo – e outros que produziram uma *operação psicológica* para dentro das Forças Armadas, que no seu grande conjunto operam como força dissuasória de oposição ao atual regime, o que, enfim, é percebido aqui como uma guerra híbrida em curso. Isso não significa que todo mundo entre de forma consciente nesse processo. Como muitos outros, militares foram jogados a certas posições. Não *todos* os militares, mas, me parece a partir do que me chega de informação "nativa", militares suficientes para que não haja qualquer discordância acolhida entre seus pares. Acima de tudo, militares que tem ameaçado com intervenções o fazem livremente e sem maiores problemas desde 2014 pelo menos; e, até onde pude constatar, os que se colocaram contrários a isto foram rechaçados, e talvez uma maioria opere em silêncio consentindo com os primeiros. O *Central* que comanda uma frente da guerra híbrida definitivamente está vencendo.

1. O lugar do antropólogo

a) O Início

Este capítulo consiste em uma nota etnográfica, para se entender como cheguei à noção de que há uma guerra híbrida operada em várias escalas no Brasil – inclusive no interior das próprias Forças Armadas –, que por fim viabilizou a chegada de Bolsonaro à Presidência, e, com ele, de um grupo de militares que está no núcleo de poder. Gostaria de mostrar como certos processos foram construídos ao longo de várias pesquisas. Somadas a elas, há um conjunto de reflexões inéditas que ocorreram bem recentemente. De certa maneira, e em um tom algo conclusivo, diria que minha experiência com militares aponta para o fato de que elementos da guerra híbrida, ou pelo menos de seu núcleo central – as *operações psicológicas* (Opsis em português, ou, quando as referências estão em literatura norte-americana, PsyOps, ou às vezes Opsys) –, sempre estiveram presentes. Portanto, a guerra híbrida não é exatamente uma novidade: pode ser considerada um desdobramento de elementos que já existiam, como pretendo mostrar. Evidentemente isso não é uma conclusão que retiro *a partir* da minha experiência, mas, ao contrário, acho que ela própria foi permeada por uma "opsi", como escrevi em "A Etnografia como Extensão da Guerra por Outros Meios" (Leirner, 2009).

A maior parte das informações que trago vem de percepções acumuladas ao longo de mais de 25 anos estudando o tema e realizando etnografia com militares. Esta trajetória teve momentos mais intensos de pesquisa, entre 1992-1996, e depois em 2010 e 2013, em múltiplos locais. Foram várias conversas e vivências em que os temas "política" e o "papel dos militares" acabaram sendo o foco principal, mesmo quando não se tratava disso. Isto é a base de como construí o caminho que vai da política à guerra, e desta de novo à política. Fundamental lembrar, novamente, que uma definição de guerra híbrida passa pela eliminação da fronteira entre estes dois planos: não há "continuação por outros meios", uma é o meio da outra. Antes disso, como veremos, vários desses campos foram (e são) constantemente embaralhados. No entanto, embora isso não seja um aspecto óbvio, quando comecei minhas pesquisas o problema parecia ser justamente o contrário: separar os militares da política, dado que saíamos de um longo período marcado pelo regime militar – e isto era o mainstream temático das ciências sociais que trabalhavam com o tema.

Um dos maiores problemas que então se enfrentava era o contraste com o tipo de bibliografia sobre militares de que dispúnhamos. Excetuando-se uma única monografia antropológica sobre militares (Castro, 1990), todos os outros trabalhos que encontrávamos eram na área de ciência política e, sem nenhuma exceção, eles tratavam do fenômeno da intervenção militar na vida pública, através, principalmente, de golpes de Estado. Apesar da enorme diversidade de interpretações a respeito desta temática, constatamos um pano de fundo comum em todos estes trabalhos, dado pela natureza do fenômeno que eles investigam, que é a ligação histórica e sociológica dos militares com a política. Dentro desta disciplina, as variáveis interpretativas se constroem geralmente em função das ligações, evidentemente problemáticas, entre a constituição do Estado e das Forças Armadas no Brasil. Ainda assim, era notável que a maior parte das interpretações orbitava a ideia de que tais intervenções – e, aliás, a própria noção de "intervenção" o supõe – indicavam que este movimento pressupunha algum nível de *anomalia da política* (Zaverucha e Teixeira, 2003; Ferreira, 1988).[1] Oliveiros Ferreira, grande conhecedor dos problemas militares brasileiros, parece ter

---

1 Aqui vou me referir à excelente análise sobre o golpe de 1964 realizada por René Dreifuss (1986). Com uma ênfase particular nos (des)arranjos das elites locais, populismo e clientelismo, com setores estrangeiros, o livro não difere de outras análises quando o assunto diz respeito ao papel dos militares como *suplemento a algo que está*

levado essa concepção ao ponto mais radical: "Aberta a crise de hegemonia, suceder-se-ão as crises de governo até que, esgotadas todas as possibilidades de afirmação de um grupo social sobre os demais, um dos instrumentos organizados do Estado é chamado a ocupar o vácuo de poder resultante" (1988, p. 55; grifo meu); e, indo além, ele sugere que "aliás, poder-se-ia dizer que a história mostrou serem as Forças Armadas mais permanentes do que o Estado, pois elas criaram o Estado de 1891, o de 1934, o de 1946 e o de 1964 em diante, enquanto continuavam 'permanentes'".

Apesar de ter alguma ressonância com uma noção de guerra híbrida – especialmente o seu resultado, que é transformar a guerra em estado permanente – é preciso notar que a intervenção tem um problema básico, que é a ideia que ela é *chamada por alguém*. Assim como supõem os cientistas políticos, golpes acionam mudanças de regime político: "O golpe de estado não é um golpe no Estado ou contra o Estado. Seu protagonista se encontra no interior do próprio Estado, podendo ser, inclusive, o próprio governante. Os meios são *excepcionais*, ou seja, não são característicos do *funcionamento regular das instituições políticas*. Tais meios se caracterizam pela *excepcionalidade dos procedimentos e dos recursos* mobilizados. O fim é a mudança institucional, uma *alteração radical na distribuição de poder entre as instituições políticas*, podendo ou não haver a troca dos governantes. Sinteticamente, golpe de estado é uma mudança institucional promovida sob a direção de uma fração do aparelho de Estado que utiliza para tal medidas e recursos excepcionais que não fazem parte das regras usuais do jogo político" (Bianchi, 2016; grifos meus).

Arriscaria dizer aqui que as intervenções e golpes militares foram tão indexadas a uma espécie de falha política que talvez inexista análise que *parta* da guerra para entender as movimentações militares em processos ditatoriais, pelo menos na América do Sul. "Democracias incompletas", "ausências", enfim, boa parte dos problemas indexa suas explicações numa

---

faltando. Isso também encontra eco nas poucas análises que a ciência política também dispende sobre o tema geral do *golpe*.

concepção – talvez algo weberiana[2] – de separação a priori entre guerra e política – de modo que na incompletude da última se encontra a explicação para o preenchimento da primeira. Voltamos à ligação da guerra com a política e o vínculo dos militares com a constituição do Estado nacional. Cabe se perguntar, inclusive, por que, pelo menos no terceiro quarto do século XX, mais da metade das nações tiveram algum tipo de golpe de Estado envolvendo militares (às vezes mais de uma vez), totalizando aproximadamente quatrocentos eventos catalogados (Luttwak, 1991, p. 181-199). Diga-se de passagem, Edward Luttwak, autor de *Golpe de Estado* (1991) – atual fonte de inspiração para alguns analistas que definem 2016 como um *golpe* (Perissinotto, 2016; Miguel, 2016) –, explica "quando um golpe de Estado é possível" na mão da incompletude/anomalia: atraso econômico, dependência externa, concentração de poder, disfuncionalidade burocrática (1991, p. 35 e ss.). Será mesmo que a hipossuficiência de "metade do mundo" é suficiente para explicar por que afinal essa é uma solução quase óbvia? Permitam-me deixar claro que não entendo isso como uma deficiência das análises dos anos 1980 e 1990.[3] A literatura da época estava predominantemente voltada para a formação dos exércitos profissionais, seu processo de burocratização e racionalização (Huntington, 1957; Janowitz, 1967). Nesse mesmo sentido, tal e qual muitas análises sociológicas que enfatizavam os problemas do desenvolvimento e da modernização no Brasil,

---

2   A se lembrar da premissa de que a guerra precisa ser expulsa da sociedade para dialeticamente existir a emergência do Estado. Veremos isso com mais propriedade no Capítulo 2.

3   Segundo Edmundo Campos Coelho (1990, p. 336), haveria no Brasil uma tendência "de 'politizar' estes personagens, vê-los pelo mesmo ângulo que se vê Getúlio Vargas ou qualquer outra eminência civil. De certa forma, a 'politização' produz a 'paisanização' dos militares, despindo-os da forte marca da instituição castrense. O processo parece ser análogo ao do exorcismo ou da psicanálise: é como se os estudiosos, sofrendo de algum profundo trauma com os símbolos, marcas, hábitos, mentalidade e procedimento das instituições militares, necessitassem revelar a sua dimensão mais 'familiar' (ou 'paisana') dissolvendo nela a outra zona: a do perigo, da ameaça, do desconhecido".

centrava-se o foco na ideia de que os militares apareciam no vácuo de nossas "distorções" políticas.[4]

Há um problema sociológico colocado neste viés – com algumas exceções que ora trataram do problema institucional do *controle* e do *papel* dos militares no escopo das relações "civis-militares" (Oliveira e Soares, 2000), ora buscaram ver uma dinâmica mais "internalista" das Forças Armadas (por exemplo Castro, 1995; Martins Filho, 1995; Chirio, 2012)[5] –, que, independente de sua grande diversidade, muitas vezes procurou mostrar aspectos que ligam os militares a outros níveis da realidade: interesses econômicos, interesses de classe, determinismos socioculturais mais amplos, conjunções institucionais da história – como processos de modernização, racionalização, burocratização ou profissionalização –, ou, o que é mais complicado de se tratar, fatores e determinações políticas da constituição do Estado. Tudo isto leva a crer que, para explicar os militares, digamos, no Brasil, seria preciso ter como horizonte, antes de mais nada, distorções nas instituições, no *ethos*, no caráter ou na formação do Brasil. De certa maneira, José Murilo de Carvalho detectou algo semelhante quando se trata das análises sobre o Golpe de 1964 (Carvalho, 2005, p. 120-121). Como veremos no capítulo seguinte, talvez o problema deste tipo de análise resida no seu pressuposto, que está na maneira como se equaciona guerra e política. Tenho a impressão que se continuarmos tratando os militares como um subcampo de ele-

---

4 Ver o ensaio bibliográfico de Zaverucha e Teixeira (2003) para um panorama. É preciso dizer que as análises variam quanto ao *tempo* (pré-condições das intervenções; situação política na intervenção; durante o regime; após o regime) e na qualidade dos atores envolvidos. Só para citar duas análises que trabalham em focos um tanto diferenciados, podemos pensar desde uma "grande angular" no livro de Dreyfuss (1986), por exemplo, que partindo de uma concepção gramsciana pensa na articulação de blocos para pensar 1964 como um "golpe de classe"; até o livro de J. Martins Filho (1995), que numa lente "macro" pensa a dinâmica *interna* das cisões (políticas) militares e sua dinâmica no regime de 1964.

5 Para uma crítica à ideia de "relações civis-militares", ver a excelente análise de Celso Castro, para quem "civil" é uma categoria que só faz sentido se falada *a partir dos militares* (Castro, 2009).

mentos que transcendem a eles próprios continuaremos com dificuldades para entender seus movimentos.

Do mesmo modo, não custa adiantar a precaução: acho bastante complicado afirmar categoricamente que tudo que aconteceu aqui é fruto de uma conjuntura global e de forças internacionais que conspiraram para colocar Bolsonaro no poder. Isto retira completamente a agência – e a responsabilidade – que vários atores domésticos têm, entre eles e talvez principalmente, os militares.[6] Neste sentido, fico com a mesma avaliação que Carvalho teve sobre antes, porém discordando de seu final, se fosse aplicado aos dias atuais: "A responsabilidade principal pelo golpe foi dos que o deram e não dos que o sofreram. Os vencedores contaram, no entanto, com a ajuda dos perdedores. Como um Ulisses às avessas, a esquerda tinha criado suas próprias sereias a cujo canto sucumbiu. Não foi preciso um Zeus para as enlouquecer" (2005, p. 126).

Carvalho reconhece até certo ponto que Jango foi cúmplice do Golpe. "Examino o caso do principal ator, o presidente da República. Foi grande na época nossa irritação com a atuação de Goulart. Ainda hoje, dispondo de maiores informações, ela me parece difícil de entender. O presidente parecia fazer tudo o que seus adversários pediam a Deus que fizesse para facilitar o golpe. Depoimentos de pessoas próximas a ele, como Amaral Peixoto e o chefe do Serviço Federal de Informações e Contra-Informações (SFICI) do governo, o capitão de mar-de-guerra Ivo Corseuil, mostram que Goulart não dava atenção aos frequentes alertas que lhe faziam sobre os riscos políticos de muitos de seus atos. Nomeava generais não confiáveis para o comando de postos-chave, como o do III Exército, mantinha, às vésperas do golpe, no Ministério da Guerra, um general hospitalizado e, no Gabinete Militar, um outro vítima de alcoolismo a que fora levado por crise familiar, não ouvia os conselhos para agir com mais firmeza na manutenção da disciplina militar ameaçada por rebeliões de sargentos e marinheiros. Sobretudo, Goulart não

---

6 O que evidentemente não descarta que agenciamentos estrangeiros foram acionados *a partir* daqui, como ficou bem claro nas colaborações entre a Lava-Jato e os Departamentos de Justiça e de Estado dos EUA.

atendeu aos apelos dramáticos de Tancredo Neves e outros amigos no sentido de não comparecer à festa dos sargentos da Polícia Militar do Rio de Janeiro, realizada no Automóvel Clube a 30 de março. Respondeu que devia muito aos sargentos e não podia decepcioná-los. Não só compareceu à festa como abandonou o texto escrito do discurso e falou de improviso, em tom exaltado, para um auditório de que fazia parte o famigerado 'cabo' Anselmo. Como se sabe, o discurso precipitou o início do golpe. Ao ouvi-lo, o general Mourão Filho decidiu deslocar suas tropas de Juiz de Fora em direção ao Rio de Janeiro. Nas palavras de um dos conspiradores, muitos militares dormiram legalistas a 30 de março e acordaram revolucionários no dia seguinte. A atitude do presidente diante dos movimentos dos sargentos e marinheiros era tudo o que faltava para que os conspiradores militares conseguissem o apoio da maioria de oficiais que hesitava em aderir a seus planos. Corroer as bases da disciplina era inaceitável para qualquer oficial, mesmo para os que apoiavam as reformas propostas pelo presidente" (2005, p. 123-124).

No entanto, 1964 parece ter uma diferença fundamental em relação aos dias de hoje. Volto à análise de Carvalho: "A corrida para a polarização e o fechamento de alternativas por parte do presidente e de grupos mais à esquerda talvez se possa explicar de maneira mais simples. O povo invadira a política republicana ao final do Estado Novo e, sob o regime democrático, ampliava constantemente sua capacidade de intervenção. Essa novidade quebrara o padrão tradicional de fazer política" (2005, p. 125). O que acontece agora parece ser o inverso. Depois de anos de ampliação da base sociopolítica com políticas de inclusão no Governo Lula, em 1º de janeiro de 2015, na posse do 2º mandato, Dilma reverte o ciclo e sinaliza que seu governo vai ter – como teve – uma guinada pró-mercado e pró-grandes corporações. Muita gente na esquerda ficou com a sensação de que ela cometeu um estelionato eleitoral; ou, se não foi isso, de que ela nem realizou uma aliança interclassista, nem mobilizou os trabalhadores (Singer, 2015). Isso talvez explique em parte a falta de reação das bases, petistas inclusive, ao impeachment. Há algo como o suicídio político de Goulart, sem drama nem glória (Carvalho, 2005, p. 125). E, pelo andar da carruagem hoje em dia, devemos mesmo voltar a esta literatura sobre 1964. No entanto, me parece que há uma novidade no ar. A forma como Dilma entrou em ressonância com a "conspiração militar" parece, sim, ter ecoado a fórmula de Zeus: "Diziam os antigos que aqueles a quem Zeus queria perder antes os enlouquecia (*Quos Zeus vult perdere prius dementat*)" (*Idem.*, p. 125). Como sustentarei ao longo deste livro, houve um processo de "cismogênese" acionado numa guerra híbrida.

Bateson (1972) sabia que a cismogênese atuava em processos como a esquizofrenia. Em 2016, propus entender isso como um "Estado Bipolar" (Leirner, 2017), mas não identifiquei o problema de imediato como algo que tinha sido induzido por uma *relação* que estava no centro de um ataque do tipo "guerra psicológica" (Szafranski, 1994). Para perceber isto, é preciso estar aberto à possibilidade de um outro tipo de entendimento da guerra: "O objetivo da guerra é, simplesmente, forçar ou encorajar o inimigo a fazer o que você afirma ser uma escolha melhor, ou escolher o que você deseja que o inimigo escolha". (*Idem*, p. 397). Porém, "e se encarássemos as guerras não como aplicação de força física, mas como busca de controle metafísico? E se buscássemos a possibilidade de que a guerra tenha tanto ou mais a ver com a ideia de (força de) vontade e não-luta do que com a ideia de poder físico e de luta? Lembre-se, a avaliação de Sun Tzu foi de que 'subjugar o inimigo sem lutar é o auge da destreza'." (*Idem*, p. 399).

Orientado neste sentido, pretendo mostrar, então, a *parte da guerra* que nos cabe neste latifúndio. Isto pode ser uma análise complementar a muitas outras, talvez mais realistas, não porque mais verdadeiras, mas porque estão em terreno mais conhecido. Tais interpretações ganharam fôlego hoje em algumas análises mais sistemáticas sobre o Estado e o problema da governabilidade desde as crises do impeachment, como por exemplo as de André Singer (2015) quando discutiu os atritos entre Dilma e setores do capital financeiro; de Marcos Nobre (2018; 2019), quando tratou das coligações que (não) produzem a governabilidade desde a crise; de Fernando Limongi (2017), quando mostra as tensões de dentro do próprio Governo e as inúmeras linhas de força que o derrubaram. Todas elas, contudo, pressupõem "um antes e um depois" que por sua vez pressupõe uma mudança nas regras do jogo. Nesse sentido, é notável que algumas análises que se debruçaram em torno do problema do *golpe* tenham se concentrado mais nos fatos que se relacionam à saída de Dilma em 2016, e a *ruptura* esteja associada mais a este evento do que outros tantos (Perissinotto, 2016; Miguel, 2018).[7]

E este é um ponto que não vejo acontecer quando olho para os militares *em filigrana*, como costumava dizer Maria Lúcia Montes. Afinal, como veremos ao longo deste livro, os militares nunca abandonaram sua verve política. Como notaram Ortega e Marin (2019, p. 31 e ss.), os militares por aqui, não de hoje, pecaram por acionar um "medo hobbesiano" que leva à sobreposição da política pela segurança e ordem internas. Assim eles lembram uma passagem bem sugestiva de Golbery do Couto e Silva em *Geopolítica do Brasil*: "Hoje ampliou-se o conceito de guerra e não só – como reclamava e calorosamente advogou Luddendorff [Erich Ludendorff, general alemão formulador do conceito de guerra total, publicado em 1935 sob o título *Der Totale Krieg*] em depoimento célebre – a todo o espaço territorial dos Estados beligerantes [...] confundindo soldados e civis, homens, mulheres e crianças nos mesmos sacrifícios e em perigos idênticos e obrigando à abdicação de liberdades seculares e direitos custosamente

---

[7] Interessante notar que tanto as análises de Renato Perissinotto quanto as de Luis Felipe Miguel fazem tabela com as definições conceituais de Golpe de Bianchi (2016), em muito tributária de Luttwak (2001). Nesse sentido, o evento de Dilma parece ter dado munição inclusive para se discutir a abrangência do conceito de golpe: "A grande maioria dos cientistas sociais respeitáveis – isto é, que são levados a sério por seus pares – sustenta que ocorreu, em 2016, uma ruptura ilegal da ordem liberal-democrática então vigente no Brasil. Mas é necessário reconhecer que, até por conta da ofensiva intensa e por vezes agressiva do governo e de seus apoiadores para impedir que se fale em "golpe", o debate ainda está vivo. Tenta-se impor o uso de impeachment como termo "neutro", mas – como costuma acontecer – a neutralidade tem lado. Ao tomar a forma pela essência, o uso de impeachment, sem qualquer outra qualificação, representa uma efetiva negação da existência de um golpe. / Para que o debate avance, é preciso construir um conceito de golpe político que não seja arbitrário – isto é, que seja sensível à especificidade das circunstâncias, mas também esteja fundado no uso historicamente estabelecido da expressão. Afinal, como dizia Wittgenstein, o significado de uma palavra se busca no seu uso. Um conceito assim nos permitirá diferenciar as situações concretas. Mais ainda, creio que, construído de forma rigorosa, este conceito permitirá a caracterização do impedimento da presidente Dilma Rousseff, em 2016, como 'golpe', no sentido que a (boa) ciência política deve dar à palavra" (Miguel, 2018).

adquiridos, [...] de guerra estritamente militar passou ela, assim, a guerra total, tanto econômica e financeira e política e psicológica e científica como guerra de exércitos, esquadras e aviações; de guerra total a guerra global; e de guerra global a guerra indivisível e – por que não reconhecê-lo? – permanente" (citado por Ortega e Marin, 2019, p. 32-33).

Como veremos no Capítulo 2, aqui se abre algo fundamental para pensarmos a guerra híbrida, pois, está parecendo agora, afinal, que os militares atualizaram a definição de hibridização entre guerra e política a novos patamares. É preciso ter em mente que estas não são só palavras de um "gênio militar" como Golbery, isto tem ecos no cotidiano da caserna. Aliás, como sugeri há mais de duas décadas, também aparecia desde os primeiros tempos de minha etnografia.

Retomando o que disse acima, comecei minha pesquisa com militares em 1992. Era, então, o segundo antropólogo no Brasil a fazer pesquisa dentro da instituição militar,[8] seguindo os passos de Celso Castro e sua pesquisa na Aman (Academia Militar das Agulhas Negras; ver Castro, 1990). Neste princípio de pesquisa estava preocupado sobretudo com a *questão amazônica* e o modo como ela operava, no interior do Exército, uma série de mobilizações e políticas institucionais, que, de acordo com minhas hipóteses de então, revelariam intersecções entre faces institucionais, públicas, e interesses específicos que diziam respeito a dinâmicas internas dos militares. O ponto era entender a *política sem intervenção*. Foi com este projeto, a partir de contatos com militares passados pelo Professor Oliveiros Ferreira (USP) a minha orientadora (Maria Lúcia Montes), que cheguei aos militares, numa condição "permeada por uma lógica 'semi-integrativa', em que o 'outro' pode ser um afim mas jamais chega a ser um dos *nossos*. Nesse sentido, o civil[9] pode ser considerado um *amigo* do Exército — alguém que pode

---

8 E possivelmente o terceiro no mundo, já que concomitantemente se desenvolvia a pesquisa de Eyal Ben-Ari com as forças de defesa de Israel (Ben-Ari, 1998).

9 Note-se que "civil" é uma categoria que só pode existir sobre um ponto de vista militar (cf. Castro, 2009; ver nota 5, acima).

sobretudo representar a possibilidade de concretização de uma proposta ou um projeto político comum" (Leirner, 1997, p. 22).

A chave para que esta relação se iniciasse era uma ideia um tanto repetida nos primeiros contatos – a de que era hora no Brasil de se produzir um estreitamento de laços entre diferentes instituições com os militares. Para se entender o que os motivava a isto, talvez valha a pena recordar um trecho em que descrevi tal processo, ainda na minha dissertação de mestrado:

"Neste caso, a resultante do choque inevitável entre ser instituição nacional e um grupo que forja uma identidade própria, consegue ser exatamente mediada por um tipo relação peculiar a um 'grupo de interesse', que faz com que a instituição se 'abra', mas de uma forma ainda restrita - ou 'privada' -, com articulações estratégicas e fragmentadas, de grupo a grupo, tentando abarcar setores representativos da sociedade. Como 'grupo de interesse', o Exército sintetiza os dois planos contraditórios de sua existência e traz à realidade sensível a capacidade de operacionalizá-los, traduzindo a realidade, através de uma mediação eficaz, em termos de uma leitura e uma ação políticas. Assim, o *estreitar os laços* não é somente parte de uma retórica; é, antes, uma necessidade de sobrevivência desta lógica, que no seu horizonte ideal, seria a articulação de toda a sociedade, este amontoado de arquipélagos fragmentados, pelo Exército. Vale lembrar um trecho de um célebre discurso do General Lyra Tavares a um regimento de obuzes, de 1967, muito repetido em publicações do Exército até hoje: *O Exército, já o assinalamos, foi desde o início da nacionalidade, a grande armadura que sustentou a unidade da Pátria, preservando-a das ameaças de fragmentação, assegurando a coesão daquela espécie de províncias que tendiam a isolar-se em compartimentos autônomos, dentro das suas peculiaridades, sob a ação de forças desagregadoras, muitas vezes alimentadas pelo inimigo externo. / O quartel representou, na formação do Brasil, a presença do poder central sobre toda a periferia e o interior do imenso território. Era a grande força que defendia e aglutinava, criando e preservando o espírito nacional*" (Leirner, 1997, p. 24; grifos meus).

Foi nesta moldura que nós procuramos então estabelecer uma espécie de "relação de troca" com a *Universidade*. Muitas vezes ela era tomada assim mesmo, no singular. A ideia passava mais por ela como *Instituição*, mas pode revelar um equívoco de parte a parte. Do nosso ponto de vista, quando falamos em *Instituição Militar* também consideramos seu conjunto com um bloco, menosprezando as muitas variáveis que cotidianamente fazem esses aproximadamente 700.000 homens e mulheres terem experiências das mais diversas. No entanto, é preciso levar em conta que eles servem a algo que, de fato, tem uma estrutura organizacional de subordinação que faz toda essa diversidade apontar para a ideia de um *conjunto*. Talvez, da parte deles, o equívoco contrário seja a leitura de que há hierarquia (nos seus termos) no mundo universitário. Ou pelo menos *deveria haver*, já que, como bem mostra Celso Castro (1990), a "Universidade" frequentemente é utilizada como (contra)exemplo em relação aos valores militares.[10] Deste modo, não deixa de ser interessante que eles tenham procurado estabelecer esta ligação, talvez na esperança de *domesticar* estas relações (como, aliás, é um vetor geral em suas relações com o mundo *de fora* [cf. Capítulo 2, à frente]), talvez, como pensei à época, no intuito de mostrar o "verdadeiro papel" do Exército e desfazer os supostos "maus entendidos" que nós civis tínhamos sobre eles.

Eles me acolheriam e teoricamente me "formariam" em estudos militares desde que eu me engajasse em um projeto que, no fim, serviria para galvanizar um processo que desse conta de estabelecer um outro, bem maior, "projeto para o Brasil" (Leirner, 1997). Na avaliação dos oficiais com quem tive contato (que me parece que pouco mudou entre oficiais em geral desde então), o Brasil carecia de elites que conseguissem ter força e articulação suficientes para se tocar um projeto nacional de fato. O lugar para se realizar isto foi a ECEME – Escola de Comando e Estado-Maior do Exército, que hoje forma os oficiais em nível de doutorado. Trata-se de um *locus* da elite militar,[11] e, como eles mesmo definem, um *laboratório de ideias*. Pelo que me lembro, eram constantemente convidados políticos, jornalistas, aca-

---

10 Ver, nesse sentido, suas considerações sobre a ideia de "paisano" (Castro, 1990 [2004], p. 47-48).

11 Para se chegar ao generalato no Brasil é necessário passar por esta Escola. Todo ano mais ou menos 1000 oficiais, que estão no posto de major, tentam a seleção, e apenas aproximadamente 100 ingressam.

dêmicos, empresários e profissionais liberais. Os "ciclos de estudo" eram um constante modo de atrair pessoas para lá visando o *estreitamento de laços*, que ocorria com outros convites, cafés, trocas de cartões e intercâmbios por ventura mais duradouros.[12] De minha parte, via inicialmente isto como um passo para depois ir à Amazônia, algo que nunca se realizou. "Meu lugar era ali", pois este é um "ponto de contato" entre nossos mundos. E, de certa maneira, todo processo etnográfico foi atravessado por um sentido político, que em parte se desfez quando de fato estabeleceram-se as formalizações para um intercâmbio maior entre a USP (Universidade de São Paulo, através do departamento de Ciência Política) e a ECEME.

Embora o fim desse padrão de relação tenha produzido um "efeito colateral" (Leirner, 2013), que foi meu interesse em pesquisar os temas relacionados à hierarquia e guerra, vale dizer que durante algum tempo refleti sobre o processo etnográfico e suas consequências no modo como passei a perceber não só os militares, mas também a política e o mundo que cercava o Estado a partir do ponto de vista deles. Muito disso se deveu ao fato de que boa parte do que ocorreu durante a etnografia só foi decantado algum tempo depois, quando já me encontrava distante de militares. Uma das consequências imediatas da publicação da minha dissertação, em 1997, foi o corte de relações e o fechamento do Exército para os civis que desejariam fazer uma pesquisa em suas instalações por tempo indeterminado, o que teve consequências principalmente sobre os meus orientandos que queriam seguir desdobramentos de minha pesquisa.[13]

Desde o começo de minha entrada no meio militar ficou patente que o mundo é pensado em termos de uma categoria primordial, que é a dicotomia *amigo/inimigo*. Como disse acima, ela é algo que lembra muito uma posição de afinidade, ora se aproximando "dos nossos", ora comutando para o campo alternado, portanto em larga medida é sempre situacional. O mais

---

12 Até onde posso perceber, ainda hoje este é o expediente.
13 No entanto, é preciso dizer: muda o comando, e tudo parece voltar à "estaca zero". Alguns anos depois o Exército se abriu novamente para outros pesquisadores, inclusive orientandos meus.

interessante é sua operacionalidade multi-escala: vale para uma pessoa, para uma Instituição, para uma Força Armada estrangeira, para um País, para uma ideologia[14]. Sempre estive na berlinda dessa chave, e definitivamente entendi que com o término da minha pesquisa tinha passado da chave *amigo* para a de *inimigo*, não exatamente por *falar mal* do Exército, mas talvez por expor alguns elementos que deveriam ficar implícitos – trata-se, afinal, de um risco próprio da atividade etnográfica.[15] Se não tive exatamente uma explicação nativa sobre porque isso ocorreu, uma série de reflexões, que retomaram o processo de coisas que aconteceram, me ajudou a chegar a uma conclusão. Para entendê-la cabe voltar rapidamente aos mecanismos que são acionados quando os militares operam como essa espécie de "máquina de captura" dos civis.[16]

O primeiro ponto que posso evocar diz respeito ao modo pelo qual os militares produzem um constante movimento de domesticação do mundo

---

14 "De certa maneira, essa indistinção de escala pode ser entendida como um dos principais efeitos da cadeia de comando, por isso abrange do etnógrafo ao exército alienígena. Mas o que ela revela principalmente é que a categoria "amigo/inimigo" está imbricada à cadeia de comando, isto é, que ela pode ser percebida como uma 'extensão da guerra por outros meios'" (Leirner, 2009, p. 72).

15 E, a meu favor, lembrava constantemente aos meus interlocutores que desejava fazer com eles o mesmo que Celso Castro havia feito com os cadetes da AMAN. Como mostro em Leirner (1997, p. 41-42), foi só no contato efetivo com Castro, dentro do Exército e na minha presença, um ano e meio depois da pesquisa ter se iniciado, que eles "entenderam" qual era a proposta: "A consequência, para mim, foi uma certa 'exorcização' da condição de pesquisador ainda incompreendido em minhas intenções. Este foi o começo de uma compreensão diferenciada do papel da minha própria pesquisa, já que agora possuía esta outra referência a referendá-la, inclusive para esclarecer 'o que é' um antropólogo. Seria este também o começo do rompimento da 'leitura estritamente política' de meu papel, dando aos poucos lugar à ideia de que eu queria fazer mesmo uma pesquisa que falasse a respeito do mundo deles, sem posteriormente 'difamar o Exército' - como alguns oficiais se referiam à certas pessoas".

16 Estou usando esta referência deleuziana propositalmente, por se conectar à ideia de domesticação que se desdobrará no Capítulo 2. E, como pretendo sugerir ao fim desta tese, o projeto militar é, no fim das contas, um projeto de domesticação da sociedade, no sentido de torna-la o mais próximo possível de uma projeção de si próprio.

de fora (Leirner, 2013). A engenharia social que realiza esse feito baseia-se sobretudo em um dia-a-dia ritualizado, inteiramente marcado pela repetição de um ordenamento da realidade. Tal fato é traçado por uma diagramação constante dos horários e dos modos de conduta; de reconhecimento automático de dispositivos de ação, como ordens, posturas corporais e etiqueta, assim e também como o reconhecimento de símbolos e notações, como os emblemas e os sinais que se estampam nos uniformes, e, finalmente, de uma terminologia marcada pelo emprego de uma linguagem cifrada por meio de siglas e termos nativos (Leirner, 2009). Trata-se de um mundo cifrado, onde as categorias precisam ser apreendidas até se tornarem naturalizadas. Aceitar e absorver essa "criptografia dos sinais" é uma parte vital do treinamento militar: ordem se obedece, não se explica.

Quando comecei minha pesquisa entrei na ECEME como uma espécie de "orientando" de dois coronéis que lá eram instrutores. Aliás, essas categorias, "aluno", "orientando" e "estagiário" eu ouvi algumas vezes, quando se referiam a mim. Durante pelo menos dois anos me foram passados textos para resenhar (sobre o Exército; sobre organização militar; sobre estratégia; sobre Clausewitz; textos programáticos e doutrinários; regulamentos), apostilas para decorar e muitos, mas muitos gráficos e "charts" que hoje lembrariam em muito uma certa apresentação de PowerPoint. Frequentemente tinha que decorar sinais de unidades militares em jogos de guerra, fazer meus próprios gráficos a partir de textos para depois apresentá-los, copiar gráficos e decorar elementos que vinham de regulamentos.

Incorporar isso parecia ser um primeiro passo, uma vez que já tinha "perdido muito tempo", como me dissera certa vez um coronel. Eu sempre fiquei impressionado com o fato de que às vezes, quando passava este material de volta para meus "orientadores", eles, sem ler, demonstravam saber de cor vários de seus elementos. Conversei sobre isto com um amigo, ex-oficial da Cavalaria que depois se tornou um dos meus principais interlocutores, e ele me explicou que era "pensamento mnemônico".[17] Mas, mais do que

---

17 Segundo Hannah Arendt, "no início da história ocidental, a distinção entre a mortalidade dos homens e a imortalidade da natureza, entre as coisas feitas pelo homem e

isto, tratava-se de um problema entre "mente e corpo", conforme pensei então: "O que nos leva a refletir sobre um sentido de 'aprender de cor': aprender através do coração, que é onde as frases devem ser guardadas, mais do que na memória. Neste sentido, trata-se de levar os conceitos ao corpo, naturalizá-los, a ponto de se tornar uma unidade indissociável de si. Eis uma característica fundamental de uma instituição baseada na disciplina, quando se pensa que é imprescindível justamente para se manter a unidade da corporação, transformar representação em norma de conduta, unir o espírito militar à ação militar" (Leirner, 1997, p. 39 n.34).

Mas, para além disso, hoje penso que guardar o conteúdo no corpo evoca também a ideia de um silêncio, a internalização de algo que não precisa mais ser falado para ser compartilhado. É muito em torno disso que se forma um espírito de corpo entre militares, onde um mundo codificado e cifrado precisa se tornar (justamente) "corpo", naturalizado. Evidentemente isto demanda tempo e uma série de elementos de expiação, que são constantes na vida militar (não se restringem às academias, onde há evidentemente um processo intenso de rotinização destes procedimentos, conforme nos mostra Celso Castro [1990]). Creio que esta era uma aporia que enfrentaria de qualquer modo na etnografia, não só porque não sou um militar e nem pretendia sê-lo, mas também porque no final das contas a ideia era justamente trazer à tona o que não precisa estar à mostra. Não sei se como resultado desta contradição de início ou se simplesmente porque procuravam me tratar do jeito que era possível pensando "como faríamos para este antropólogo entender o que é ser um militar?", fato é que houve um padrão

---

as coisas que existem por si mesmas, era o pressuposto tácito da Historiografia. Todas as coisas que devem sua existência aos homens, tais como obras, feitos e palavras, são perecíveis, como que contaminadas com a mortalidade de seus autores. Contudo, se os mortais conseguissem dotar suas obras, feitos e palavras de alguma permanência, e impedir sua perecibilidade, então essas coisas ao menos em certa medida entrariam no mundo da eternidade e aí estariam em casa, e os próprios mortais encontrariam seu lugar no cosmo, onde todas as coisas são imortais, exceto os homens. A capacidade humana para realizá-lo era a recordação, Mnemosine, considerada portanto como mãe de todas demais musas." (1992, p. 72).

de constante expiação em relação a mim.[18] Para que isto ocorresse fui submetido a uma constante série de tratamentos contraditórios, de "furos", de inversões quanto a elementos combinados, de tentativas de imputação a mim de erros propositalmente concebidos. Tudo isso foi exposto na minha etnografia, e creio que por isso mesmo depois notei que "não havia percebido como se portar como um deles" (Leirner, 2009), e que ao invés de dissimular essa série recorrente de "testes" que eram realizados comigo eu decidi expô-los como parte de um processo de tentativa de indução à "paranoia, perseguição e acusação".

Por fim, embora não tenha espaço para explorar em maiores detalhes estes movimentos aqui, cabe dizer que posteriormente isso me chamou a atenção para um movimento geral em termos etnográficos: tratou-se em geral de uma *inversão de princípios*, onde o etnógrafo era o "pesquisado". Isso ocorreu o tempo todo, passei por inúmeras sessões que pareciam um interrogatório: "O mais interessante é, sem dúvida, o deslocamento em relação a quem interroga e quem responde. Normalmente chamamos nossos interlocutores de "informantes"; na linguagem militar, isto significa alguém que "trabalhe" para eles, infiltrado nas linhas inimigas. Muitas vezes me senti neste papel: era comum passar pela sabatina relacionada às minhas intenções, à minha carreira, à minha instituição de pesquisa, o que achávamos (a instituição, os antropólogos) da Amazônia, dos índios, se éramos comunistas e, principalmente, qual era a visão que tínhamos do exército. Em muitas ocasiões percebi técnicas de interrogatório, com perguntas idênticas sendo

---

18 "Assim, imagino, também são vividos e codificados os sinais externos que se produzem em eventos, como uma pesquisa etnográfica sobre eles (para não fugirmos do assunto). Codificar e ritualizar a vida do etnógrafo é, nesse sentido, um dos maiores sinais de que se entrou para a vida nativa e que, de alguma maneira, já se faz parte da "tribo", seja como amigo, seja como inimigo. Para voltar aos "efeitos colaterais" dessa relação, sua "afetação", como sugere J. Fravet-Saada (2005), emite vários sinais que podem ser detectados nas transformações do etnógrafo: no meu caso, paranoia, mania de perseguição, sensação constante de estar sendo vigiado. Por exemplo, não foram poucas as vezes que percebi interferências em ligações telefônicas; fiquei particularmente suscetível às histórias de bases secretas sob o Lago Norte de Brasília, conspirações internacionais e uma constante impressão de que o mundo estava por um fio" (Leirner, 2009, p. 74).

repetidas algumas vezes em momentos intermitentes. O mesmo se pode dizer de cartas, projetos e intenções de pesquisa: eu e meus alunos passamos várias vezes por um processo que incluiu reescrever a mesma coisa, 'especificar melhor', dar mais detalhes etc." (Leirner, 2009, p. 77).

Mas, mais do que qualquer outra coisa, fui perceber algum tempo depois que sempre houve uma "operação padrão" cotidianamente estabelecida, que era a relação, sempre, com dois militares ao mesmo tempo: um com um papel mais compreensivo e "amigo" e outro com uma postura mais fechada, cética e "belicosa". Este é um modus operandi básico, algo como a estratégia *good cop/bad cop* dos interrogatórios policiais.[19] Além disso, pelo menos no meu caso, mas imagino ser algo comum, sempre houve um oficial de Inteligência – ou S2 – escalado para ser meu interlocutor. A constante produção de contradições, dualidades, ambiguidades, é algo prevista em manuais. Mais uma vez é preciso ressaltar este ponto, pois imagino que ele tem ressonância com elementos que estão acontecendo hoje; nada disso é ao acaso. Tenhamos em mente que assim como fui levado a "decorar" uma série de elementos da vida militar, essas relações de informação e contra-informação passam também por rotinas que encontram alguma prescrição. Não por acaso, fui encontrar elementos delas descritos nas "operações psicológicas" em vários manuais militares. Por exemplo, este aqui diz o seguinte:

---

19 "A rotina 'policial bom/policial mau' [good cop/bad cop], também chamada de Mutt e Jeff, interrogatório conjunto ou amigo e inimigo, é uma tática psicológica usada em negociações e interrogatórios. As táticas de 'policial bom/policial mau' envolvem uma equipe de dois interrogadores que adotam abordagens aparentemente opostas ao assunto (...). O 'policial mau' adota uma postura agressiva e negativa em relação ao sujeito, fazendo acusações gritantes, comentários depreciativos, ameaças, e, em geral, criando antipatia entre o sujeito e a si mesmo. Isso prepara o palco para o 'policial bom' agir de forma simpática, parecendo solidário e compreensivo e, em geral, demonstrando simpatia. O policial bom também defenderá o sujeito do policial mau. O sujeito pode sentir que pode cooperar com o policial bom por confiança ou por medo do policial ruim. Eles podem então buscar proteção e confiar no policial bom, e fornecer as informações que os interrogadores estão buscando." (https://en.wikipedia.org/wiki/Good_cop/bad_cop).

"Do ponto de vista psicológico, o interrogador deve estar ciente dos seguintes princípios comportamentais. As pessoas tendem a:

* Conversar, especialmente após experiências angustiantes.
* Mostrar deferência quando confrontados por autoridade superior.
* Racionalizar os atos pelos quais se sentem culpados.
* Não terem a capacidade de aplicarem ou lembrarem as lições que podem ter sido ensinadas sobre segurança quando confrontadas com uma situação estranha ou desorganizada.
* Cooperar com aqueles que têm controle sobre eles.
* Dar menos importância a um tópico sobre o qual o interrogador demonstre ter experiência ou conhecimento idêntico ou relacionado com os seus.
* Apreciar elogios e exoneração de culpa.
* Se ressentir de ter alguém ou algo que eles respeitam menosprezado, especialmente por alguém de quem não gosta.
* Responder à gentileza e compreensão durante circunstâncias difíceis.
* Cooperar prontamente quando receber recompensas materiais, como alimentos extras ou itens de luxo para seu conforto pessoal.

A variedade de técnicas é limitada apenas pela iniciativa, experiência, imaginação e engenhosidade do interrogador. As abordagens que se mostraram eficazes são 'orgulho e ego acima; orgulho e ego abaixo'; 'fatalidade, amor à família' [nota: fazer se sentir culpado pela sua ausência em relação à família], 'mais medo, menos medo', 'direcionamento da sua identidade' [nota: afirmar e questionar a veracidade e falsidade da identidade do interrogado] e 'Mutt e Jeff' [nome alternativo para good cop/bad cop, cf. nota 19, acima]". (United States Army Intelligence Center: INTERROGATION OPERATIONS. Subcourse Number IT 0606. 1995, p. 1-7).

Estes manuais não chegaram a mim gratuitamente. Algum tempo depois do período de minha primeira pesquisa de campo com militares, em 1995, comecei a ter contato com oficiais do CEP – Centro de Estudos de Pessoal do Exército. Lá alguns deles estudavam e aprendiam a aplicar as tais Opsis, tendo, nesta época, seu trabalho voltado principalmente para a formação do setor de "relações públicas" e "comunicação social". Até hoje estas são áreas centrais das Opsis, mas, pelo menos desde o começo dos anos 2000 elas sofreram uma notável reviravolta. Fui perceber isto em um movimento que ocorreu anos depois, ainda que motivado pelas mesmas questões que me afligiam no campo mais de uma década antes: "O cenário atual (pós-11 de setembro), aliás fundado em uma enorme dissimulação do campo da guerra, bem como uma centrifugação dificilmente previsível das forças mostram que as OPSi têm sido um dos principais recursos das várias máquinas de guerra espalhadas pelo mundo e, sem querer extrapolar demais os "efeitos colaterais" de etnografar militares, me pergunto também o quanto de 'operação psicológica' é utilizado nas táticas de atração e conversão de antropólogos e seus trabalhos" (Leirner, 2009, p. 79).

O sentido deste movimento me foi despertado justamente por conta do fato de que desde meados dos anos 2000 o uso de antropólogos em campo de batalha foi parte programática da doutrina militar norte-americana, o que teve ressonância imediata com a função de "contra-informação" que me era solicitada muito tempo antes. Evidentemente por aqui as coisas eram bem diferentes, o padrão, como vi na própria experiência etnográfica, era o da "articulação". Ainda que de fato tenha ouvido uma ou duas vezes que "dava tempo de ingressar no Exército", por aqui essas carreiras paralelas são muito limitadas (por idade, e por área – geralmente os vínculos "complementares" são nas áreas de exatas e saúde),[20] e estão longe de ter o mesmo tipo de status que existe nos EUA. Em certo sentido, aliás, é notável que na época em que estava fazendo pesquisa de campo pela primeira vez ficava absolutamente patente a indiferença entre as disciplinas das ciências sociais, o que importava mesmo era o *estreitamento de laços*, muito mais do que o aproveitamento de qualquer tipo de conhecimento específico. Diga-se de passagem, houve

---

20 Trata-se do "Quadro Complementar de Oficiais": "O Quadro Complementar de Oficiais (QCO) é composto por oficiais com curso superior, realizado em universidades civis, em diferentes áreas do conhecimento e especializações técnicas necessárias ao Exército. Esses oficiais são formados na Escola de Formação Complementar do Exército, que matricula anualmente quase uma centena de alunos" (http://www.eb.mil.br/armas-quadros-e-servicos/-/asset_publisher/W4kQlILo3SEa/content/quadro-complementar-de-oficiais).

O Brasil no espectro de uma Guerra Híbrida   83

pelo menos um episódio em que meus "orientadores" ficaram inconformados quando eu disse que não reportava o andamento de minhas pesquisas a nenhum professor da Ciência Política, pois estava vinculado a um Programa de Antropologia. Isto ocorreu dentro do Prédio de Ciências Sociais da USP, o que tornava as coisas mais confusas ainda.

Também é verdade que depois do início dos anos 1990 as coisas mudaram um tanto no contexto brasileiro. Além de muita gente ter passado pelas salas da ECEME, vi com meus próprios olhos várias vezes militares frequentando espaços dentro da Universidade. Além disso, como me relatou Celso Castro (comunicação pessoal), os cadetes que ele entrevistou subiam na hierarquia e não se esqueciam dos efeitos de ter um pesquisador paisano dentro da AMAN, bem como seu livro passou a ser amplamente lido dentro da caserna. Sob esse mesmo aspecto, aliás, testemunhei um *feedback* interessantíssimo, entre 2002 e 2003, sobre o meu próprio trabalho, que havia sido parte do currículo da formação dos cadetes da PM de São Paulo (Leirner, 2006). Não duvido que estas primeiras iniciativas acabaram tendo com um dos seus efeitos colaterais uma certa atenção para as disciplinas de humanas, mas, de forma sintomática, as coisas seguiram um rumo inusitado. Permitam-me detalhar rapidamente uma parte final de minha pesquisa nos anos 1990.

Depois que uma certa apatia se abateu sob a pesquisa – por volta de dois anos depois de seu início –, insisti muito com meus "orientadores" (que já não estavam mais na ECEME, um deles "sumiu" e o outro acabei encontrando em Brasília) na ideia de retomar o problema da Amazônia. Fui direcionado a um outro oficial, que "entenderia minha linguagem e o que eu precisaria saber". Tratava-se de um oficial S2 (a referida Seção de Informações de alguma subseção do QG, não sei qual era), também *Forças Especiais*, e que tinha entre seus atributos estar cursando o mestrado em sociologia na UnB. Foi um dos meus contatos mais sistemáticos, e mesmo depois de alguns anos terminada a pesquisa continuei tendo contato com ele, especialmente quando se fazia presente nas reuniões da ANPOCS (Associação Nacional de Pós-Graduação em Ciências Sociais). Se em princípio qualquer um poderia argumentar que, afinal, ele era da área de sociologia e por isso estava no congresso, isto ficava desmentido de forma patente quando se via que toda manhã ele fazia um briefing com mais alguns militares,[21] que se levantavam quando ele chegava à mesa. Todos à paisana, eles passavam o dia espalhados pelos GTs. Depois de um tempo, e conversando isso com Celso Castro, chegamos à conclusão mais óbvia de que ele era "o sujeito" plantando pelo Exército para mapear o mundo das Ciências Sociais. Não sei exatamente qual era o intuito disso, uma vez que nada era feito de forma disfarçada ou "infiltrada". Tendo a pensar que se tratava, muito mais, de um "cabeça de ponte"[22] que visava atiçar as posições no campo das ciências sociais com o intuito de se descobrir o que afinal poderia ser útil para o Exército dali para frente.

Algum tempo depois este oficial também "sumiu" (no primeiro semestre de 2019 soube que ele foi designado pelo Governo para atuar na Comissão da Verdade), e passei a encontrar com uma frequência bem mais esparsa um ou outro oficial do CEP (Centro de Estudos de Pessoal, vide acima). Diferentemente dos especializados em psicologia, estes oficiais estavam interessados em Ciência Política, Sociologia e Antropologia, e por vezes cursavam pós-graduações nessas áreas. Isso tem sido uma constante desde então, e talvez explique o fato de que já em fins da década de 1990 os manuais de "Operações Psicológicas" no Brasil atentassem para a necessidade de se ter analistas em Ciências Sociais nos seus quadros, como se vê aqui, no Manual C 45-4, "Operações Psicológicas", Edição de 1999:

---

21 Vi isto em duas situações, em ambas ele estava com mais três pessoas.

22 "Cabeça de Ponte ou Testa de Ponte é um termo de terminologia militar referente a uma posição provisória ocupada por uma força militar em território inimigo, do outro lado de um rio ou do mar, tendo em vista um posterior avanço ou desembarque". Trata-se assim de enviar um sinal para o "outro lado" e fazê-lo revelar suas posições (https://pt.wikipedia.org/wiki/Cabe%C3%A7a_de_ponte). No "Glossário das Forças Armadas Brasileiras" (MD35-G-01, ed. 2007, p. 47), é descrito como "Área ou posição, na margem inimiga de um curso de água obstáculo (ou desfiladeiro), que uma força conquista na ofensiva ou mantém na defensiva, a fim de assegurar as melhores condições para o prosseguimento das próprias operações ou para as operações de outra força". Em termos de gíria militar, já vi a expressão ser utilizada em sentido próximo ao popular "boi de piranha" – alguém que se torna um "chamariz" para revelar a posição do inimigo.

"Em princípio, as qualificações necessárias para o trabalho com as OpPsico, de uma maneira geral, podem ser as seguintes: (1) conhecimento da administração pública e das normas oficiais do governo nacional, de modo que possam ser corretamente interpretados seus objetivos e planos; (2) conhecimento das normas de ação militares e do funcionamento dos estados-maiores, a par de uma suficiente compreensão da arte da guerra, para ajustar a produção da propaganda às situações militares; (3) conhecimento profissional de publicidade, de jornalismo (com experiência no mínimo em um veículo de comunicação) ou de algum setor estreitamente correlato; e (4) compreensão profunda e de teor profissional de uma dada área geográfica, com base em trato pessoal dos problemas, conhecimento da língua, tradições, história, política corrente e costumes. *Além das quatro qualificações citadas, pode haver ainda uma quinta, para tornar perfeito o indivíduo: (5) compreensão científica, de nível profissional, da psicologia, antropologia, história, ciência política...*" (p. 1-3 a 1-4, grifos no original).

Hoje este processo se radicalizou, e a "5ª qualificação" parece ter entrado para o centro operacional. Por que isso ocorreu? Meu palpite tende a ser respondido por outra passagem deste mesmo manual: "A *experiência adquirida por oficiais brasileiros nos cursos realizados no exterior*, nos planejamentos de Exercícios de Grandes Comandos, nas atividades de Comunicação Social, de Inteligência e de Estudos de Pessoal, aliada ao permanente acompanhamento da evolução das sociedades nos planos interno, regional e global permitiu o estabelecimento de bases doutrinárias próprias de Op Psico, adequadas à realidade e coerentes com as características psicossociais e com os valores éticos e morais da Nação brasileira" (p. 1-2; grifos meus). Isto vinha a partir do diagnóstico que "Atualmente, a importância das Op Psico tem aumentado em função da evolução dos métodos científicos de atuação sobre a motivação humana e do desenvolvimento dos meios de comunicação social de alta tecnologia, *que já tornaram desprezíveis as distâncias, os acidentes do terreno e as massas líquidas.* Ou seja, as fronteiras físicas já cederam lugar à fronteira psicológica. Nesse contexto, a opinião pública assume papel relevante na tomada de decisão nos níveis político, governamental ou militar" (p. 1-2; grifos meus).

Se estou certo, temos aqui – mais uma vez se repetindo na nossa história – uma expertise norte-americana sendo transferida para oficiais daqui. Este diagnóstico, que tende a minimizar o aspecto "geo" e maximizar o aspecto "político" da equação militar é algo que produziu a tal espécie de "virada ontológica" que desaguou na noção de guerra híbrida: predominância de Forças Especiais antes das grandes massas; operações psicológicas precedendo ação de infantaria; análise de inteligência e uso de meios automatizados de fogo, como drones; inteligência artificial e simulações antes de manobra e combate; dissuasão antes de emprego; ciberwar e informações antes de desembarque; Sun-Tzu e Boyd antes de Clausewitz. No Capítulo 3 veremos como o Exército Brasileiro operou uma transição para esses termos, até chegar no caso concreto da guerra híbrida que estamos sofrendo. Como de fato tudo aponta para mais uma dessas "transferências" de "engenharia mental" dos EUA para cá, convém pelo menos mostrar como este processo foi se formando lá – continuando na temática do contato entre militares e cientistas sociais.

b) Cultura entre Armas

Embora a antropologia já discutisse há um bom tempo as motivações coloniais da disciplina, suas ligações com os aparelhos administrativos,[23] e, de outro lado, a vocação do aparelho estatal na administração do conhecimento sobre populações indígenas e como isto se dá sob um diagrama militar (Souza Lima, 1995), aparentemente o que aconteceu nos Estados Unidos em meados dos anos 2000 não tem precedente: um emprego de antropólogos "vestindo a farda" e atuando diretamente em unidades de combate. Suas funções eram ser uma espécie de "unidade avançada", a primeira linha de contato em locais onde se prospectava uma futura operação. A ideia era chegar "diretamente na aldeia, na vila", mapear a população e suas lideranças e realizar o "divide e impera". Para isto, a doutrina então parecia preparar o terreno para anexar a antropologia no que seria o centro de atenção das ciências militares – as guerras irregulares, não convencionais

---

23 Ver, neste sentido, o excelente volume editado por L'Estoile, Neiburg e Sigaud (2005).

ou híbridas –, e se fazia isso inclusive motivando uma série de antropólogos a se mobilizar:

"Em 15 de Dezembro de 2006 o Exército dos Estados Unidos divulgou um novo manual de contrainsurgência, o FM 3-24 [Field Manual 3-24; deve-se corrigir: ele é uma publicação conjunta do exército e do corpo de fuzileiros navais].[24] É o primeiro manual dedicado exclusivamente à contra-insurgência em mais de 20 anos. Pelo menos uma antropóloga desempenhou um papel na elaboração deste documento de 282 páginas: Montgomery McFate, uma antropóloga norte-americana, coautora de um capítulo intitulado 'Inteligência na Contra-insurgência', escrito em conjunto com um especialista em inteligência militar. Além disso, o Pentágono adaptou o trabalho de David Kilcullen, um oficial de infantaria australiano, em um apêndice intitulado 'Um guia para a ação'. Embora os meios de comunicação tenham amplamente relatado que Kilcullen é um antropólogo, ele de fato é doutor pela Faculdade de Política da Universidade de Nova Gales do Sul" (González, 2007, p. 14).

Mais adiante, Gonzáles afirma que "o interesse militar pela cultura coincide com uma grande mudança dentro do Pentágono – a ascensão ao poder de 'um pequeno grupo de guerreiros-intelectuais' na era pós-Rumsfeld, liderado pelo General do Exército Norte-Americano David Petraeus, o novo comandante no Iraque. [Comandante no Iraque desde o começo de

---

24 O *Field Manual* 03-24 (código do exército; ou MCWP 3-33.5, código dos fuzileiros navais), editado por Petraeus e James Amos e publicado pelos quartéis generais do exército e fuzileiros, Não somente foi lido nos EUA, como – assim me disse um coronel – foi lido por aqui, inclusive em versão traduzida pelo Departamento de Estado dos EUA. Sua base é o "conhecimento cultural do inimigo", frisando-se aí esta noção de "cultura", francamente uma apropriação de noções da antropologia, e a ideia de que o conhecimento deve ser originado em uma pesquisa "de tipo" etnográfico. Sua aplicação deve ser feita por uma equipe, o citado HTT, mista de cientistas sociais civis, e supervisores militares. Portanto, é preciso ter em mente que quando se fala em "conhecimento da cultura local", que isso de alguma forma deverá ser depurado em um conjunto de informações destiladas por uma estrutura analítica previamente estabelecida, processada pela lógica da cadeia de comando, que finalmente a devolverá sob a forma de ação. Trata-se, assim, de conversão de "cultura" em prática militar.

2007, Petraeus foi promovido em abril de 2008, assumindo o comando de toda uma área que inclui Iraque, Afeganistão e Somália. N.A.]. Petraeus, que tem um doutorado em relações internacionais por Princeton, recentemente formou uma equipe de doutores em ciências sociais, que tiveram sua importância aumentada quando a administração Bush passou a tentar desesperadamente melhorar a situação no Iraque. Esta iniciativa tem recebido ampla cobertura midiática, incluindo um simpático perfil do círculo íntimo de Petraeus na capa do Washington Post, nomeadamente de Kilcullen, que se encontra 'a título de empréstimo' do governo australiano para os militares Norte-Americanos" (Idem, p. 17).[25]

Este processo diz respeito a teorias militares que ficaram mais em evidência para os antropólogos depois da implementação, nos EUA, do chamado *Human Terrain System* (HTS) – um complexo doutrinário que institui como principal parâmetro de ação operações de inteligência que utilizam como apoio a psicologia, a linguística e a antropologia.[26] O engajamento

---

25 Petraeus atuou na Bósnia-Hezergovínia; depois no Iraque; depois no comando central (USCENTCOM) na Flórida, até que em 2010 foi nomeado diretor da CIA (cargo que deixou precocemente, devido a um escândalo afetivo), coroando uma estratégia que começara anos antes e parece ter transcorrido paralelamente aos movimentos eleitorais: o foco na inteligência militar-estatal, aprimorando um sistema combinado de expertise militar, informações de agências de segurança, e expertise acadêmica nas áreas de ciências sociais e linguística. Kilcullen, um tenente-coronel que com seus artigos sobre contra-insurgência, e especialmente suas referências a T.E. Lawrence havia chamado muito a atenção de Petraeus e outros comandantes, passa a ser figura presente na Casa Branca. McFate, que tem uma vida saída da contracultura californiana, depois de defender uma tese sobre o IRA, começa a realizar trabalhos para a CIA e, casando-se com um militar, finalmente tem acesso à caserna, e posteriormente a Washington (cf. Gezari, 2013). A combinação desses três personagens, embora possa não ter sido condição suficiente, foi pelo menos uma condição necessária para a realização dessa nova fase na relação entre a antropologia e a máquina de guerra.

26 O HTS propriamente dito teve uma versão embrionária anterior, e começou a ser desenhado ainda em 2005, especialmente a partir dos três personagens acima. Ver especialmente Roberto González, 2008: "Human Terrain: Past, Present and Future Applications". Anthropology Today 24 (1), p. 21–26. doi:10.1111/j.1467-8322.2008.00561.x); e o volume de González *American Counterinsurgency: human science and human terrain* (2009), mostra que junto com outros militares, a

de antropólogos foi algo especificamente debatido por uma série de acadêmicos entre os anos de 2006 até os dias de hoje,[27] motivando inclusive uma série de estudos a recuar no tempo e ver de fato como os antropólogos colaboraram desde cedo com a inteligência militar. As discussões e denúncias sobre o HTS ficaram praticamente restritas aos EUA, e de forma mais intensa até 2014, quando, depois de um crescente declínio de suas atividades, a partir de 2010, o programa foi encerrado. Não por acaso, as guerras híbridas parecem ter assumido certo protagonismo com a decadência do HTS, o que me leva a supor que um foi substituído por outro; e, assim, passou-se do uso direto dos antropólogos-militares para o uso indireto da inteligência antropológica pelos militares e suas agências. Assim, depois de alguns anos, os próprios militares alavancaram uma certa expertise em etnografia (que já existia até antes do HTS) e passaram a introduzir seus oficiais de inteligência a ela (Leirner, 2016) – movimento, aliás, que lembra bastante este que vemos por aqui. Agora, notadamente o movimento que sucedeu ao HTS, este mesmo das guerras híbridas, está sendo praticamente ignorado pela antropologia norte-americana. Com uma única exceção – russa, aliás –, não vi nada além de um único artigo publicado sobre o assunto em periódicos da área (Ssorin-Chaikov, 2018). Isto colide – e só torna a atual lacuna mais estranha ainda – com o fato de que muito já se falou sobre a expertise antropológica na guerra, e como isto foi usado especialmente nas "operações psicológicas", na "propaganda de guerra", na "análise de informações" e na formação das próprias agências de inteligência.

---

versão produzida pelo HTS pretendia de início ser uma atualização de um programa anterior - Civil Operations and Revolutionary Development Support (CORDS) – a counterinsurgency program developed by the US military during the Vietnam war (ver Kipp, Jacob; Grau, Lester; Prinslow, Karl; Smith, Don., 2006. The Human Terrain System: A CORDS for the 21st Century. Foreign Military Studies Office (Army) Fort Leavenworth Ks. Acesso em 30 jan. 2015: http://oai.dtic.mil/oai/oai?verb=getRecord&metadataPrefix=html&identifier=ADA457490. No entanto, como veremos, essa história é bem mais longa do que isso.

27 Ver, entre outros, Gusterson, 2007; Price, 2008; 2011; González, 2008; 2009; Network, 2009. Eu mesmo publiquei sobre isso: Leirner, 2009; 2016; 2018.

As relações entre antropólogos e militares vêm de longa data, sendo seu emprego mais sistemático realizado como uma prática institucional realizado desde a 2ª Guerra. Embora as agências militares tenham de início ignorado a antropologia como "boa para guerrear", ficou claro que o habitat existente nos campi universitários mais hora menos hora favoreceria esse contato. As experiências britânicas atestavam isso há tempos: E. Evans-Pritchard lutou na Etiópia e Sudão; Nadel no Sudão; Firth trabalhou para a inteligência naval britânica; Tom Harrison integrou uma unidade clandestina de treinamento em guerrilha e espionagem chamada Z-Special Unit. Atuou no Ártico e na Melanésia, mas sua ação mais impressionante foi em Bornéu, onde seus artigos resultaram em uma operação "airborne",[28] E. Leach, como se sabe, comandou uma unidade kachim na Birmânia, como capitão. No fim de 1942 ele fez parte de uma de 6 companhias que operavam em base de táticas de guerrilha, cada uma com 125 recrutas. As táticas eram das mais rudimentares: paus-punji, explosivos conectados a fios camuflados, emboscadas até fossos, etc. Este pequeno grupo havia sido responsável pela morte de milhares de japoneses (Price, 2008, p. 59).

A central de informações não perdeu tempo em detectar isto. De certa maneira, o campo boasiano, com sua preocupação linguística, proveu o primeiro interesse dos militares para essa conexão:[29] várias línguas de competência dos antropólogos eram agora faladas em teatros de guerra. Logo depois de Pearl Harbour foram criados nada menos que duas dúzias de cursos de línguas que, estrategicamente, também ofereciam de maneira colateral a oportunidade para estreitar uma série de ligações entre civis e militares.

---

28 Ao entrar em contato com nativos Kelabits, os britânicos se identificaram como "parentes" de dois outros antropólogos que por lá estiveram nos anos 1930, e os nativos imediatamente se aliaram a eles, fornecendo detalhadas informações sobre as posições japonesas. Em troca de roupas e armas que "caíam dos céus", os Kelabits começaram a montar uma extensa base militar na Ilha de Sarawak. Toda invasão de Bornéu foi coordenada por Harrison; vários Kelabits lutaram, usando armas leves ou até mesmo zarabatanas. A operação foi um sucesso (Price, 2008, p. 56-57).

29 O quadro específico da "antropologia aplicada" realizado pela "Escola de Cultura e Personalidade" é analisado por Neiburg e Goldman (1997).

Ademais, também foram realizados "pocket language guides" que eram tratados como segredo de Estado, distribuídos aos soldados apenas em alto-mar (alguns desses se tornaram inclusive guias Berlitz). Em pouco tempo se estabeleceu um programa do Army Specialized Training Programs (ASTP) que ensinava línguas e um breve "cultural rapport"; de um início de 15 universidades abrangidas, já em 1942 passaram a ter 227 colleges e university campus abrangidos. Desses, em 10 universidades se estabeleceram cursos de "foreign cultures" para oficiais das Forças Armadas para uso específico em combate. Clyde Kluckhohn e Margareth Mead foram os principais protagonistas da antropologia em encorajar as aulas de etnografia e "teoria da cultura" nos ASTP. Houve inclusive vários memorandos insistindo que locais que estavam sob o domínio japonês no Pacífico deveriam ser pré-estudados para a melhor gerência americana quando eles fossem conquistados (Price, 2008, p. 81-2) Houve um real programa de treinamento em "gerência cultural" elaborado por Mead, e as melhores universidades americanas logo adotaram isso nos programas de treinamento por elas realizados. Cursos sobre o Pacífico Sul foram dados por R. Linton, e também por G. Murdock, este já oficial da marinha. *Idem* para R. Redfield, Fred Eggan (Capitão), Murray Wax e muitos outros.

Este foi um movimento que precipitou a efetiva captura da antropologia pela máquina de guerra, embora seja recomendável ter bastante cautela quanto ao seu "adesismo". Entre outras coisas, o Intitute of Human Relations, da Universidade de Yale e sob a direção de G. Murdock, elaborou uma lista com todos os antropólogos americanos que poderiam contribuir para o esforço de guerra e os mandou para o exército e a marinha. A partir de então, começou a receber vários aportes, dentre os quais, da Rockfeller Foundation. O ambiente era de cerco, e foi especialmente afetado depois que vazaram para imprensa os relatórios (OPNAV) que consideravam o potencial da antropologia como "arma de guerra" (Walker, 1945, *apud* Price, 2008, p. 95). Financiamentos e instituições entraram no jogo, e, imagina-se, ficar de fora dele traria consequências em muitos níveis para quem o fizesse.

Foi assim que o *The Ethnographic Board* (TEB), pertencente ao Smithsonian Institute, teve uma série de aportes da Rockfeller Foundation e da Carnegie Corporation em 1942 e depois. Por exemplo, uma série de dúvidas do exército, como "repelentes usados por primitivos", eram endereçadas ao TEB. Ele constituiu 6 subcomitês: African Anthropology; Anthropology of Oceania; Asiatic Geography; Investigative Language Program; Latin American Studies; Smithsonian War Comitee. Em princípio a função primária do TEB foi conectar pessoas com expertise aos militares; por questões de confusão burocrática, ainda em 1943 essa tarefa estava bastante descoordenada. Mesmo assim, eles conseguiram produzir uma lista com nada menos que 10650 pessoas que poderiam oferecer ao menos assistência linguística aos militares (curiosamente, 1600 eram especialistas em América Latina; cf Price, 2008, p. 100). Além disso, foram produzidas várias sub-listas, incluindo-se aí algumas confidenciais, e outra de antropólogos que moravam especificamente na área de Washington, para rápida mobilização. Por exemplo, o TEB fez uma série de conferências confidenciais reunindo especialistas e militares: a primeira, com especialistas em África, reuniu, em 21 de setembro de 1942, no Cosmos Club de Washington, membros dos seguintes grupos: TEB, Board of Economic Warfare, Office of Strategic Services (OSS), Military Intelligence, State Department, Department of Commerce. Um dos resultados mais expressivos do TEB foi um guia intitulado Survival on Land and Sea, um livro à prova d'água que no fim de 1944 já havia distribuído mais de 970.000 cópias, com itens dedicados especificamente ao tema "natives" (Idem, p.102-104).

Neste ponto, várias sub-máquinas da máquina de guerra começaram a operar simultaneamente. O Office of War Information (OWI) centralizou informações de vários outros órgãos. Elmer Davis, da rede de comunicação CBS, assumiu sua direção, e colocou uma série de cientistas sociais na sua equipe. Um dos mais importantes foi Paul Lineabarger, que no pós-guerra chegou a escrever um texto clássico na área – Psychological Warfare – onde se vê um dos paradigmas militares da ideia de primeiro entender a cultura para depois manipulá-la (Price, 2008). Foram contratados aproximadamente 30 antropólogos (Idem, p. 172), visando sobretudo o estudo e a manipulação do moral japonês. Com materiais como filmes, livros, artigos, e, principalmente, mais de 5000 diários (que foram traduzidos) de soldados capturados durante as batalhas do Pacífico, foram produzidos vários relatórios onde aspectos psicológicos da cultura eram a figura central (as características se pautavam principalmente pelo "tipo de personalidade" japonês: auto-disciplina, vergonha, grupalismo, senso de dever ao Estado representado pela honra do Imperador). Logo, figuras centrais da "escola de cultura e personalidade", como Ruth Benedict e John Embree foram importantes para o OWI. Como sabemos, Benedict produziu uma série de discussões que levavam em conta principalmente o papel da vergonha, do fatalismo japonês e do seu sistema de obrigações. Entre outras coisas, ela analisou como deveria ser feita a rendição japonesa, e o que fazer com o Imperador. Algumas das passagens desses estudos, inclusive, se tornaram parte do famoso *O Crisântemo e a Espada* (1946).

Mas este processo foi muito mais amplo, e ocorreu com uma série de agências militares e coligadas. Isto ocorreu na OSS (Office of Strategic Services, que depois se tornou a CIA), no FBI, no Office of Naval Intelligence, na War Relocation Authority, na Millitary Intelligence Division, no Office of War Information, no US Dept. of State, diretamente na Casa Branca, e em fundações que cooperavam diretamente com o Departamento de Estado e com o esforço de guerra, como o Smithsonian Ethnographic Board e a Rockefeller Foundation. Estima-se de que metade dos antropólogos trabalharam *full-time* no esforço de guerra, e que outros 25% em tempo parcial (Price, 2008). Em 1943, toda agência governamental possuía ao menos um antropólogo. O escopo de suas atividades era simplesmente gigantesco. Alguns exemplos: trabalho de antropólogos no pós-guerra tentando convencer soldados japoneses isolados em ilhas do Pacífico a se render; antropólogos na inteligência militar na região da Nova Guiné; na administração de campos de prisioneiros japoneses; no tratamento e testes psiquiátricos e sociológicos em veteranos de guerra; no planejamento econômico do pós-guerra em embaixadas pelo mundo; trabalhando em setores de ergonomia de equipamentos de guerra química desenvolvidos no MIT; trabalhando diretamente para a OSS e depois para CIA em operações disfarçadas; no Special Army Training Program; na Inteligência da USAF e da Marinha; nas divisões de línguas e criptografia da CIA e das inteligências militares;

no Strategic Bombing Survey analisando o impacto de bombardeios aliados entre civis e militares; alguns entraram em combate em linhas inimigas na Indochina; pelo menos dois cuidaram de compilar uma lista completa de uniformes, insígnias e hierarquia de vários países e Forças; vários antropólogos conduziram estudos de "cultura e personalidade" para o Office of War Information (OWI); no US Departament of Agriculture's War Board; treinamento de sobrevivência na selva na US Army Combat School; escrevendo uma série de pocket-books sobre treinamento e sobrevivência nos trópicos para cursos de combatentes de forças especiais (Price, 2008).

Houve ainda uma participação que me pareceu ser decisiva na história de como a máquina militar capturou a antropologia. Trata-se do caso de Gregory Bateson, antropólogo britânico que se radicou nos EUA durante a Guerra. Em princípio recusado no serviço militar britânico, ele foi aos EUA e junto com Mead e Benedict se aproximou do então diretor do OSS, Bill Donovan. Bateson chegou a ter experiência de combate, infiltrado numa operação de resgate de prisioneiros com uma unidade de Forças Especiais por 10 dias aproximadamente. Mas seu papel mais relevante foi com análise de informação e contra-informação da máquina de guerra. Suas habilidades foram amplamente reconhecidas, e, embora ele tenha mostrado bastante preocupação com o uso aplicado das Ciências Sociais, foi muito de seu conhecimento que ajudou a formular a transição entre o OSS e a CIA, sendo esta, em princípio, pensada como uma agência de inteligência para o Pacífico (Price, 1998). A despeito de ter tido papel atuante na 2ª Guerra, Bateson não se tornou um entusiasta do uso da antropologia pela máquina de guerra. Em 1942, ele dizia que "não é um exagero dizer que esta guerra é ideologicamente sobre isso - o papel das ciências sociais. Devemos assim reservar as técnicas e o direito de manipular as pessoas como privilégio de alguns indivíduos com planejamento, orientados para objetivos e sedentos de poder, para quem a instrumentalidade da ciência faz um apelo natural? Agora que temos técnicas, estamos então a sangue frio, tratando as pessoas como coisas?" (Bateson 1942, *apud* Price, 1998, p. 380).

Ainda assim, as coisas parecem ter saído do controle – algo a que toda etnografia, e todo conceito antropológico estão sujeitos. Mais ainda, Bateson parece ter, ao fim da guerra, consciência de que as agências de Inteligência *deveriam* usar os métodos que foram testados durante a 2ª Guerra. Sua posição, segundo Price, permaneceu nos anos após a 2ª Guerra bastante ambígua: "A orientação geral das quatro recomendações pontuais de Bateson[30] é que, no período pós-guerra, as agências de inteligência dos Estados Unidos devem reunir tanta inteligência quanto possível, relativas aos modos de vida da Índia e da sua cultura pop. Então, os formuladores de políticas americanas poderiam usar essas informações – como os soviéticos usavam na Sibéria - para controlar a direção dos movimentos sociais e políticos nativos. Aqui, Bateson prefigurou o tipo de abordagem psywar, culture-cracking, que foi popularizada pelo agente da CIA Edward Landsdale no Vietnã e nas Filipinas do pós-guerra (ver Blum 1995; Jeffreys-Jones 1989). Esse tipo de abordagem – onde líderes nativos legítimos eram subjugados pelas atenções educadas de instituições e pessoas ligadas às agências de inteligência - se tornaria uma das técnicas-padrão de 'subversão e conquista' da CIA" (Price, 1998, p. 382).

Alguns de seus conceitos vieram a ser usados de forma aplicada em experimentos da inteligência militar norte-americana, particularmente o de "cismogênese" – usado em experimentos conhecidos como a "operação MK-Ultra"[31] – e aqueles que remetem ao problema do *feedback* em ciberné-

---

30 "Bateson recomenda que: primeiro, a OSS colete o máximo de inteligência possível de fontes britânicas - enquanto a aliança de guerra estiver em vigor; segundo, eles precisam realizar uma análise detalhada da cultura pop - especialmente em termos de análise de conteúdo dos filmes populares indianos - como uma maneira de avaliar o sentimento popular; terceiro, e mais importante, os Estados Unidos precisam aprender com os sucessos da Rússia na conquista de minorias étnicas elogiando e cooptando aspectos de sua cultura - nesse ponto, ele sugere especificamente que talvez seja possível cooptar alguns componentes semelhantes ao capital simbólico que Gandhi usou com tanto sucesso; e, finalmente, Bateson sugere que a OSS do pós-guerra não deixe de continuar com seus programas de educação em tempo de guerra para as autoridades coloniais. Obviamente, a OSS foi dissolvido no final da guerra. Ou, mais precisamente, foi transformada na Agência Central de Inteligência [CIA] - a agência que manteve a cópia do relatório de Bateson até que eu ganhei uma cópia dele sob a Lei da Liberdade de Informação" (Price, 1998, p. 382).

31 Operação da CIA que visava o controle mental a partir do uso de psicoativos. Sobre este ponto, Price diz que "De fato, o próprio Bateson foi um dos primeiros participantes

tica que estão em *Mind and Nature*. Voltarei a este problema, especialmente quando retomar o pensamento de Boyd e sua função na guerra híbrida. Como nota um de seus melhores comentaristas, (Coronel) Frans Osinga, "Até mesmo em Patterns of Conflict [a principal obra de Boyd], que é, no fundo, um survey de história militar e para o qual ele estudou obras sobre história e estratégia, a lista de fontes que ele consultou inclui vários livros de outras disciplinas científicas. Curiosamente, uma versão de 1981 de Patterns of Conflict lista Dawkins, E.O. Wilson e Gregory Bateson como os poucos estudos notáveis não diretamente relacionados à história e estratégia militar" (Osinga, 2005, p. 166). O ponto, que fica como mais relevante para mim aqui, é que militares como Boyd chegaram a Bateson não por suas expertises em ciências sociais, mas, antes, porque ele já fazia parte do repertório dos serviços de inteligência norte-americanos.

Osinga também reconstrói os caminhos que ligam Boyd a Bateson e outros pelo interesse especial na cibernética. Logo depois da 2ª Guerra esta despontaria como área de interesse acadêmico – e militar. A história de como este campo adquire sua densidade inicial é bem conhecida, e começa ainda durante a guerra: um conjunto de intelectuais de diversas áreas passou a gravitar em torno de um solo comum que atendia aos interesses da máquina militar norte-americana.[32] Um dos principais nomes que articulam suas

---

de algumas das experiências da CIA com LSD na década de 1950. Foi o funcionário da CIA [Harold] Abramson [quem] deu a Gregory Bateson, ex-marido de Margaret Mead, seu primeiro LSD. Em 1959, Bateson, por sua vez, ajudou um amigo poeta conhecido como Allen Ginsberg a arranjar e tomar o medicamento em um programa de pesquisa localizado fora do campus de Stanford" (1998, p. 383, n. 4).

32 Como coloca Bateson, "Agora quero falar sobre outro evento histórico significativo que aconteceu em minha vida, aproximadamente em 1946-47. Este foi o crescimento conjunto de uma série de idéias que se desenvolveram em diferentes lugares durante a Segunda Guerra Mundial. Podemos chamar o conjunto dessas ideias de cibernética, ou teoria da comunicação, ou teoria da informação, ou teoria dos sistemas. As ideias foram geradas em muitos lugares: em Viena por Bertalanffy, em Harvard por Wiener, em Princeton por von Neumann, nos laboratórios da Bell Telephone por Shannon, em Cambridge por Raik e assim por diante. Todos esses desenvolvimentos separados em diferentes centros intelectuais lidaram com problemas de comunicação, especial-

relações é o do matemático Norbert Wiener, que durante o ano de 1943 passa a se dedicar aos mecanismos de trajetórias balísticas incertas em artilharia antiaérea junto com o fisiologista mexicano Arturo Rosenblueth (Wiener, 2017, p. 27). Seu objetivo era a *previsão* sobre um movimento incerto, e a interação entre mecanismos humanos e máquinas que resultaria em eficiência no combate antiaéreo. Isso os aproximou do engenheiro Julian Bigelow, que então passou a colaborar em um "estudo de um sistema eletromecânico destinado a usurpar uma função especificamente humana – no primeiro caso, a execução de um complicado padrão de computação e, no segundo, a predição do futuro" (*idem*, p. 28).

Rosenblueth, Wiener e Bigelow, em um artigo de 1943[33] parecem ter dado ao *feedback* o estatuto que permitiria abrir os poros para os campos da matemática, engenharia e comportamento humano começarem a se comunicar. A ideia – que colocaremos aqui de maneira um tanto esquemática – é que os sistemas de *inputs* e *outputs* se constituiriam na chave para o entendimento de como tudo que é mensurável – uma trajetória, um comportamento ou um conflito – pode ser fundamentado em termos de sistemas que buscam algum tipo de auto-regulação. Este processo, por sua vez, corresponde à mecanismos de *comunicação* entre o que "entra", "sai" e "entra novamente" nesses sistemas. Por isso, *ruídos e excessos na quantidade de informação* podem influenciar o feedback em termos de um comportamento "homeostático" ou rumo ao seu colapso. O que Wiener e seus colegas procuravam eram justamente padrões duplicados de comunicação homem-máquina no mesmo sentido dos padrões máquina-homem. De certa forma, o modelo de *feedback* era, ele próprio, servo dos circuitos que imagina, seu modelo cria um mundo que funciona como uma espécie de profecia autorrealizáel.

Nesse sentido, as reuniões de intelectuais de diversas áreas que passaram a ocorrer no pós-guerra, a partir de 1946, eram elas próprias uma espécie de réplica do modelo ciborgue que se almejava. Foram as *Macy*

---

mente com o problema de que tipo de coisa é um sistema organizado" (1972, p. 334). Logo após a guerra este grupo vai se efetivar, como veremos..

33 Behavior, Purpose and Teleology. *Philosophy of Science*. Vol 10. 1943, p. 18-24.

Conferences que produziram o campo que convergiu computação, matemática, ciências da vida e sociais para o campo comum da *cibernética*. A explicação de Wiener para a adoção desta terminologia para uma "teoria de tudo" não poderia ser mais elucidativa: "Decidimos designar todo o campo da teoria do controle e da comunicação, seja na máquina ou no animal, pelo nome de *Cibernética*, que formamos do grego γυβερνήτης ou timoneiro. Ao escolher este termo, queremos reconhecer que o primeiro trabalho significativo sobre mecanismos de feedback é um artigo sobre governadores, que foi publicado por Clerk Maxwell em 1868,5 e que governador é derivado de uma corruptela latina de γυβερνήτης" (Wiener, 2019, p. 18).

Devemos prestar atenção ao fato de que há uma correspondência com a própria ideia de "governo" que a etimologia buscada por Wiener sugere. Os nomes – e ideias – que se colocaram no "centro de gravidade" destes eventos (que ocorreram até sua 10ª edição, em 1953) são famosos pela sua intersecção com a máquina de guerra dos EUA e aliados. Como colocou o organizador do material das Macy Conferences, Klaus Pias, "Já na primeira conferência em 1946, foi estabelecido com firmeza quais ingredientes seriam necessários para formular uma teoria geral [da cibernética]: os princípios da atual geração de computadores, os últimos desenvolvimentos da neurofisiologia e, finalmente, uma vaga combinação 'humanística' de psiquiatria, antropologia , e sociologia. Essa ideia determinou mais ou menos o cronograma das palestras, que se baseou no duplo tratamento dos temas (a segunda palestra de cada painel foi chamada de 'exemplificação'). Von Neumann falou sobre máquinas computacionais, e Lorente de Nó respondeu com uma analogia da biologia; Wiener falou sobre dispositivos de busca de objetivos, e Rosenblueth forneceu uma analogia biológica; Bateson discutiu a necessidade de teoria nas ciências sociais, e Northrop ofereceu comparações da física. Por fim, alguns 'problemas em psicologia e psiquiatria' foram abordados à luz da teoria matemática dos jogos" (Pias, 2016, p. 11-12). Adicione-se a eles Claude Shannon, dos laboratórios Bell e Alan Turing, que desenvolveu a máquina de criptografia que se tornou uma das bases para os computadores tal qual conhecemos.

É nesse contexto que Bateson afirma que "Eu acho que a cibernética é a maior mordida do fruto da Árvore do Conhecimento que a humanidade tomou nos últimos 2000 anos" (1972, p. 481). Em algumas passagens Wiener deixa claro que a sinergia entre ele, Turing, Bateson e Von Neumann/Morgenstern (os criadores da teoria dos jogos) hipostasiaria os fundamentos do almejado hibridismo entre ser humano, animal e máquina (p.ex. Wiener, 2019, p. 18). Ainda segundo Pias, "Claro que é verdade que, desde o início, houve um interesse pela cibernética como um modelo para meios sociais, econômicos ou políticos de controle ou intervenção, ou seja, como um modelo para *machines* à *gouverner* que prometiam atender às necessidades mutáveis de o governo pós-1945. Dito isto, o interesse pelas agendas das Conferências Macy parece ter sido disperso por várias disciplinas além das ciências sociais" (2016, p. 12).

Como bem mostra Osinga (2005), isto foi além das relações entre ciências sociais e ciências militares. Tênues e complicadas também foram as relações entre cientistas sociais e militares propriamente ditos . Não cabe aqui retomar todas elas, e especialmente as filigranas da relação de Bateson com os serviços de inteligência – no mais, elementos já bastante explorados em uma série de artigos de David Price e Roberto Gonzáles. Eles, aliás, são parte de uma reação a este movimento bastante eloquente, que começou décadas antes. Este foi o caso do que AAA (American Anthropological Association) começou a esboçar diante da continuidade na aproximação entre antropólogos e agências militares após a 2ª Guerra. A associação realizou uma série de críticas contra o aproveitamento de antropólogos pelas agências de informação na contra-insurgência no sudeste asiático e na América Latina, na década de 1960,[34] somadas às preocupações crescentes

---

[34] Após a Guerra Fria, uma série de denúncias sobre o uso de antropólogos em operações da CIA no sudeste asiático são tornadas públicas (cf. Wakin, 1998; Price, 2011b, p. 67-72). Isto ainda veio de encontro ao chamado "Project Camelot", criado para dar subsídios a contra-insurgência latino-americana (Horowitz, 1967). O quanto esses episódios são um prelúdio ao que está acontecendo hoje, é algo que a bibliografia produzida pelos antropólogos que compõem a *Network*...[ver logo à frente, na página seguinte], bem como de outros que se envolveram no debate (p. ex. a coletânea de McNamara

que a guerra do Vietnã trazia para os circuitos intelectuais das ciências sociais. Nessa mesma época, a antropologia norte-americana entendeu que era o momento de se organizar uma sistematização de pesquisadores para dar um impulso ao entendimento de fenômenos como guerras, conflitos, violência etc. (como veremos adiante, no Capítulo 2). Ainda assim, o passo mais decisivo que tornou esta tensão explícita só veio depois, com o HTS e sua publicização por conta de uma "baixa". O ponto que pretendo mostrar, daqui em diante, é que a publicidade que o HTS teve na verdade foi só a face mais visível de um processo que vinha caminhando em paralelo desde os anos 1990, que é a centralização doutrinária das "Opsis". Vejamos antes de entrar propriamente nas teorias que marcam este processo como foi que a "vitrine" do HTS chamou a atenção de muita gente.

O dia 4 de novembro de 2008 guarda uma curiosidade para quem se dedica a pensar as relações entre antropólogos e militares: de um lado, as eleições norte-americanas transcorriam para consagrar Barack Obama, filho de uma antropóloga, como alguém que poderia fechar, ou mudar de maneira sensível, o ciclo republicano de intervenções no Oriente Médio. De outro lado, no mesmo dia, no Afeganistão, um episódio chamaria a atenção pública sobre o emprego de antropólogos em setores de inteligência militar na prospecção e atuação das tropas tanto nesse local, como no Iraque: Paula Loyd, uma bacharel em antropologia, que fazia parte de uma dessas equipes, denominadas de Human Terrain Teams (HTT), era queimada viva com gasolina por um afegão que, logo depois, foi alvejado na cabeça por um dos companheiros de sua equipe.[35] O evento teve repercussão internacional. Inicialmente, gostaria de dizer que um dos efeitos deste processo foi o fato de que o debate sobre o uso de uma antropologia como armamento também se explicitou no meio acadêmico. Evidentemente, há posições mais, ou menos, contrárias, e outras mais, ou menos, favoráveis a essa relação.

& Rubinstein, 2011; Lucas Jr, 2009) dá uma noção interessante, ainda que possamos estar vendo apenas a ponta do iceberg.

35 Em Maiwand, distrito a oeste de Kandahar, no Afeganistão, numa patrulha acompanhando um pelotão do 2º batalhão, 2º regimento da 1ª divisão de infantaria do exército americano.

Não quero rotular aqui grupos, pessoas ou posturas, mas para quem está de fora, me parece suficientemente claro que a discussão se polarizou: de um lado estão antropólogos e cientistas sociais que compõem a "Network of Concerned Anthropologists", uma rede inicial de 11 antropólogos surgida em 2007 para fazer frente ao HTS (ver o volume *Network...*, 2009); de outro lado, antropólogos que trabalham em academias militares ou agências de segurança, além dos poucos que relataram suas experiências no HTS.[36] Mas o que todas estas pessoas falam sobre o HTS, afinal?

Embora de maneira geral se credite a certas pessoas a elaboração e efetivação do HTS, é preciso ter em mente que este processo não é tão simples quanto às vezes é pintado: um Estado monstruoso, com agências manipuladoras, coopta e conquista antropólogos que passivamente trabalhavam em suas atividades pesquisando nativos de um mundo a ser conquistado. Mesmo que se admita, por um instante, que os papéis de uma antropóloga, com muitas conexões no Pentágono, como é o caso de Montgomery McFate, tenham assumido importância crucial para concretização do HTS, seria preciso levar em conta pelo menos duas outras condições para que tal processo se implementasse: a primeira, que certos conceitos e teorias da antropologia tomassem a forma necessária para serem apropriados como instrumento dessa política de Estado; a segunda, que houvesse antropólogos, e militares, dispostos a fazê-lo. Se de fato os argumentos de Price e outros nos convencem de que há uma

---

36 Esses dois pontos de vista podem ser encontrados nos seguintes volumes, que mostram o debate: dos antropólogos contrários ao HTS, me parece que a bibliografia mais saliente, que aparecerá ao longo do presente texto, é a de David Price e Roberto González, somando-se à de Catherine Lutz (2001; 2009) e Hugh Gusterson (2007). Do outro, destaca-se Kelly; Jauregui; Mitchell & Walton (2010), e McNamara & Rubinstein (2011), além de uma discussão pretensamente neutra proposta por Lucas Jr (2009). Há ainda um lado explícito de uma "antropologia militar": ver Rubinstein; Fosher & Fujimura (2013), e o incipiente texto editado por Frese & Harrell (2003). Para uma visão paralela e alternativa desse processo, ver o volume editado por Carreiras & Castro (2013); no Brasil, o volume editado por Castro e Leirner (2009). Duas referências sobre a bibliografia do tema "antropologia e inteligência" podem ser encontradas em Maximilian Forte (2010), e no post de Linda Wynn e Nikki Kuper: https://culturematters.wordpress.com/2008/08/21/annotated-bibliography-on-hts-minerva-and-prisp/..

certa continuidade entre as relações que começaram na 2ª Guerra Mundial e o HTS, hoje é vital para entendermos que o "terreno humano" já estava se preparando para tomar o centro das doutrinas militares antes do 11 de setembro, e antes do advento das redes sociais, porém de maneira mais silenciosa. Ou seja, o HTS apareceu no contexto de uma teoria que já vinha adquirindo centralidade doutrinária nos EUA, e que mesmo tendo passado pelo "terreno humano" hoje se encontra como uma espécie de "virada ontológica" militar. De certa maneira, o HTS foi apenas um braço visível deste processo, muito mais profundo, de rearranjo das concepções sobre a guerra propriamente dita. Fico, inclusive, com a questão que permanecerá em aberto aqui, se o HTS não apareceu justamente para encobrir o que realmente se preparava, que era a base doutrinária das guerras híbridas.

c) A Antropologia na era da Guerra Híbrida

Como disse acima, é notável a atual falta de interesse dos antropólogos sobre a guerra híbrida. Procurei mostrar, pontuando elementos da minha própria etnografia, como cheguei a este ponto. Não vou dizer que no começo da década de 1990 os militares estavam com a guerra híbrida na cabeça, nos termos em que ela se coloca hoje. No caso brasileiro, pelo menos naquilo que podemos ver no manual de *Operações Psicológicas* da década de 1990, este tipo de operação era muito mais subsidiária do que central:

"Em caso de conflito, pode-se dizer que, basicamente, as Op Psico visam a obter vantagens militares sem a utilização da força militar. Naturalmente, nesse caso, a propaganda deve ser empregada em associação com outras medidas operacionais de caráter militar, econômico ou político. *As Op Psico devem ser entendidas como uma parte importante do sistema militar e nunca como o centro do processo.* Nos conflitos mais recentes, as Op Psico bem realizadas comprovaram ser eficazes na diminuição de perdas humanas" (Manual C 45-4, p. 1-2; grifo meus).

No entanto, já havia a percepção de que o "terreno humano" tendia a se sobrepor às "terras e águas". O contexto da informação e da comunicação são os principais elementos das operações psicológicas, e, não à toa, quase a totalidade do manual "Opsi" se dedica à "propaganda", "informação" e "notícias". Como bem mostra Korybko no seu livro sobre guerras híbridas, "a espinha dorsal básica para iniciar e difundir uma Revolução Colorida é a disseminação da informação entre a população, seja uma demografia específica dela ou a sociedade como um todo. Devido à necessidade de disseminar determinada mensagem (no caso das Revoluções Coloridas, uma que incentive as pessoas a derrubar o governo), é imprescindível discutir a famosa obra (de) Edward Bernays (...). As relações públicas são em grande parte uma fusão dos princípios da publicidade e da projeção à população em massa, ambos os quais figuram proeminentemente na comunicação da mensagem de uma Revolução Colorida, permitindo concluir que 'Propaganda' exerceu importante influência nas Revoluções Coloridas. (...) O principal método que Bernays defende para contaminar as massas com ideias de fora é a abordagem indireta (isto é, a aplicação social da teoria de Liddel Hart), que ele discute em seu ensaio de 1947 The Engineering of Consent [A Fabricação de Consenso]. Ele instrui que 'fábricas de consenso' interessadas deem início a uma pesquisa minuciosa de seus alvos muito antes do início de sua campanha de informação multifacetada. Isso ajudará a entender a melhor maneira de se aproximar do público. As notícias devem ser fabricadas artificialmente para que a campanha de publicidade seja mais eficiente, e os eventos envolvidos devem ser 'imaginativos' (isto é, não lineares) (...). O principal objetivo da campanha de informação é que o alvo internalize as ideias que lhe são apresentadas, dando a impressão de que os próprios manifestantes chegaram a suas conclusões (induzidas por fora) por conta própria" (Korybko, 2018, p. 45-46).

Para Korybko (*idem*), todo esse mecanismo pensado para fabricação das revoluções coloridas centra-se assim em dois aspectos: a abordagem indireta e a ação por indução. Tudo é produzido para que os agentes "da ponta" trabalhem sem saber para *meu* objetivo. O ponto central desta teoria é a noção de "OODA loop" que ele retira de John Boyd. O OODA pretende ser basicamente um dispositivo de explicação do funcionamento humano, e fundamentalmente replica elementos de teorias cibernéticas que estão adaptando noções de *input e output* para a mente: "A ideia era que a mente é como um programa, e o cérebro é o hardware no qual o programa é executado. A mente se assemelhava a um computador na medida em que a cognição, o processo de conhecimento, pode ser definida como processamento de informações, um recurso incluído no ciclo OODA de Boyd. Isso levou ao funcionalismo, ou seja, um foco na organização funcional da matéria e nas operações de input e output da mente. O modelo computacional de atividade mental tornou-se a visão predominante das ciências cognitivas e dominou todas as pesquisas sobre o cérebro pelos próximos trinta anos" (Osinga, 2005, p. 107).

Um dos principais elementos do seu "modelo cibernético" reside na reunião de elementos evolutivos – e, portanto, tem um fundamento natural –, com aspectos cognitivos – que assim dizem respeito à psique humana –, e culturais, ou seja, também opera numa base transcendente que fundamenta a interação entre as pessoas. A fusão desses três aspectos é retirada sobretudo de um autor que nos é bastante familiar – ele novamente –, Bateson:

"Boyd mergulhou profundamente na literatura que mapeia essa revolução cognitiva que começou no final da década de 1950 e decolou completamente nas décadas de 1960 e 1970, mostrando a influência e a relevância da cibernética para a compreensão dos processos do pensamento humano. De fato, o modelo de Boyd pode, em parte, remontar a ciberneticistas como Gregory Bateson. (...) Bateson desenvolveu um modelo de mente baseado em princípios teóricos de sistemas. Sua lista de critérios mentais inclui o seguinte: / 1. Uma mente é um agregado de partes ou componentes em interação / 2. A interação entre partes da mente é desencadeada pela diferença (ou mudança), que é mais relacionada à negentopia e entropia do que à energia (ou seja, a informação consiste em diferenças que fazem a diferença); / 3 O processo mental requer cadeias circulares (ou mais complexas) de determinação (e Bateson inclui desenho cibernético de um motor a vapor regulado por um governador); / 4 No processo mental, os efeitos da diferença devem ser considerados como transformações (isto é, versão codificada) de eventos que os precederam" (Osinga, 2005, p. 108).

Levando em conta as observações de Osinga, chegamos à conclusão que o esquema de Bateson usado em *Mind and Nature* em alguma medida parece ter ajudado a dar a forma de "loop" para o OODA (Observe, Orient, Decide, Act). Abaixo o *slide* do OODA loop feito por Boyd em *Essence of Winnin and losing* (Boyd, 1995):

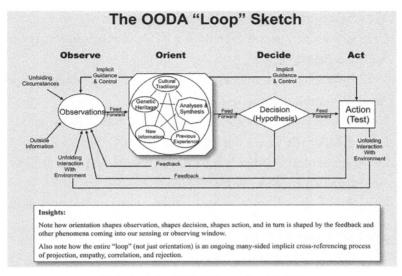

Slide do ciclo OODA/ Fonte: Boyd (1995)

Mas para se entender como ele chega ao "OODA Loop" e qual é sua consequência para o mundo militar, vejamos um pouco algumas referências sobre seu autor. Boyd era um Coronel da USAF (U.S. Air Force), que lutou na guerra da Coreia e na década de 1960 trabalhou em projetos de aviões de Caça como o F-15. Um de seus maiores problemas na concepção e engenharia dos caças era pensar justamente a percepção dos pilotos, sua capacidade de resposta e de que modo isto poderia conduzir os pilotos inimigos a erros. Seus cálculos visavam sobretudo a noção de que a aeronave era uma espécie de extensão do aparelho cognitivo do piloto, e que as soluções deveriam aparecer de modo integrado, entendendo que partes como o cockpit e a asa deveriam "trabalhar em conjunto" (Ford, 2010). Na década de 1960 ele é enviado ao Pentágono, e lá começa a pensar em problemas mais amplos relacionados à estratégia, tática, à arte da guerra e como isso poderia estar relacionado com um entendimento "antropológico-filosófico" da condição humana. Um breve quadro de sua biografia foi elaborado por Osinga (2005, p. 41), que transcrevo aqui:[37]

---

37 Podemos achar mais referências a Boyd em Coram (2002), Osinga (2005), Ford (2010), Richards (2012), Costa (2014), além dos próprios slides e papers de Boyd, disponíveis em vários sites da internet.

1927 Nasce em Erie, Pensilvânia;

1946 Convocado para o exército dos EUA, serviu com forças de ocupação no Japão;

1952 Participou do treinamento de pilotos da USAF na Base da Força Aérea Williams, Arizona;

1953 Realizou 22 missões de combate no Sabre F-86 na 51ª Ala Interceptadora de Caças durante a Guerra da Coréia;

1954 Frequentou o Curso de Instrutor da Escola de Armas de Combate e permaneceu como instrutor na escola;

1957 Publicado o 1º artigo sobre combate aéreo no Boletim da Escola de Armas de Caça;

1960 Estudo de ataque aéreo é publicado pela primeira vez;

1961 Frequentou a Georgia Tech University, recebeu bacharelado Engenharia Industrial (1962);

1962 Serve na Eglin AFB, Flórida, como engenheiro. Conceitos desenvolvidos em *energia de manobra*;

1966 Enviado ao Pentágono para começar a trabalhar no projeto de caça FX, que se tornaria o F-15 Eagle;

1970-1975 Trabalhou no Gabinete do Secretário de Defesa (OSD). Começou a trabalhar no Movimento de Reforma; Aposentado do serviço ativo em 1975;

1975 Continuou trabalhando como civil em OSD. Começou a estudar e escrever sobre conflitos e guerras;

1976 Completa Nova concepção de combate ar-ar;

1976 Concluído o primeiro rascunho de *Destruction and Creation*;

1977 Concluído o primeiro rascunho de *Patterns of Conflict*;

1982 Concluído o primeiro rascunho de *Organic Designs for Command and Control*;

1986 Primeiro rascunho de *The Strategic Game of ? and ?* concluído;

1987 Versões finais do *Organic Designs for Command and Control* e *The Strategic Game of ? and ?* complete;

1987 divulgação disseminada de A *Discourse on Winning and Losing*, que inclui trabalhos anteriores;

1992 *Conceptual Spiral* foi concluída e adicionada ao *Discourse*;
1995 *The Essence of Winning and Losing (The Big Sqeeze)* foi concluída;
1997 Coronel Boyd morre, em 9 de março

Depois de sua aposentadoria, em 1975, ele começa a estudar como autodidata assuntos que iam da física, como a teoria da incerteza, à filosofia e antropologia, como os paradigmas de Kuhn e o estruturalismo de Lévi-Strauss, juntando com cibernética, evolução, Bateson, teorias da guerra, Clausewitz e história militar. Foram anos estudando e elaborando um punhado de papers e drafts (ver quadro acima), sendo estes últimos praticamente o que hoje entendemos por apresentações de *slides* de Power Point. Suas teorias geralmente eram apresentadas em encontros e congressos, jamais foram consagradas em uma grande obra. No entanto, aparentemente nada foi tão impactante para o mundo militar no século XX como elas. Não é possível dizer se elas oferecem uma descrição tão realista do mundo e das guerras que de fato não há como sair do esquema que elas projetam ou se o fato delas terem se consagrado – devido ao nível de complexificação e de incerteza das guerras ter aumentado muito – acabou transformando a própria guerra num campo boydiano. Ou ambos: tudo se passa como se fosse uma espécie de "profecia auto-realizável" (cf. Merton, 1949), que, por sinal, incorpora um dos vetores do próprio OODA Loop, que é o seu "viés cognitivo". Não deixa de ser irônico, deste modo, que o OODA provocou, ele próprio, uma interferência no OODA militar norte-americano, e por consequência do resto. O fato, como bem mostra Osinga (2005, p. 4), é que uma vez que a potência hegemônica adotou os esquemas de Boyd, é imperativo que isso se exponha como o desenho das guerras que viriam depois. Estamos falando dos anos 1990 e sua virada para 2000, quando o grande teste foi a Segunda Guerra do Golfo, no Iraque (precedendo em 3 anos o lançamento do Programa HTS).

Não por acaso, é nesta mesma época, basicamente durante e após as experiências Norte-Americanas no Iraque e Afeganistão, que começa a aparecer o termo "guerra híbrida" em documentos militares. A primeira sistematização mais ampla é sem dúvida o texto *"Conflict in the 21st Century: the rise of the hybrid wars"*, de Frank Hoffman (2007). Em sua definição, a guerra híbrida se aproxima das guerras "selvagens", mistura capacidades de "guerra convencional com formações e táticas irregulares", e até técnicas terroristas e criminais (p. 29). Outro ponto levantado pelo autor é a indistinção (blur) entre guerras estatais e não-estatais, que torna os conflitos "generalizados": não há mais fronteira entre "guerra e paz", "civis e militares" (p.27), e basicamente podemos estar em guerra sem percebê-lo. Tudo isto aponta para um quadro de superação do que seria um esquema tal como esboçado por William Lind (2001) de "guerra de 4ª Geração", somada à "guerra irregular", "assimétrica" e "não-convencional". A "híbrida" seria ou um desdobramento destas, ou um "salto" para a 5ª Geração, dependendo do autor.

Colocando aqui de maneira muito esquemática, para Lind, a 1ª Geração é "massa", típica guerra pós paz de Westfalia (1648), com aquelas "colunas" de gente (ex, guerras napoleônicas); a 2ª seria "poder de fogo", rifle, metralhadora, sendo o protótipo a 1ª Guerra; a 3ª seria a já mecanizada, "manobra", cujo eixo estaria no "carro de combate", como na 2ª guerra; a 4ª seria a da computação, dos sistemas conhecidos como C3I (Comando, Controle, Computação e Inteligência).[38] A "guerra irregular", por si, en-

---

38 Que são a complexificação do conceito-matriz de "comando e controle", que é basicamente o "sistema militar" em funcionamento: "COMANDO E CONTROLE – 1. Ciência e arte que trata do funcionamento de uma cadeia de comando. Nesta concepção, envolve, basicamente, três componentes: a autoridade legitimamente investida, apoiada por uma organização, da qual emanam as decisões que materializam o exercício do comando e para onde fluem as informações necessárias ao exercício do controle; a sistemática de um processo decisório que permite a formulação de ordens, estabelece o fluxo de informações e assegura mecanismos destinados à garantia do cumprimento pleno das ordens; e a estrutura, incluindo pessoal, equipamento, doutrina e tecnologia necessários para a autoridade acompanhar o desenvolvimento das operações. 2. Constitui-se no exercício da autoridade e da direção que um comandante tem sobre as forças sob o próprio comando, para o cumprimento da missão designada. Viabiliza a coordenação entre a emissão de ordens e diretrizes e a obtenção de informações sobre a evolução da situação e das ações desencadeadas" (Glossário das Forças Armadas, Ed. 2007, MD35-G-01, p. 58). Atualmente, nos EUA, a sigla deu mais um "salto": C4ISR: *command, control, communications, computers, intelligence, surveillance and reconnaissance*. A ideia é que ela chegue a uma espécie de "estado de consciência situacional": "CONSCIÊNCIA SITUACIONAL – Percepção precisa dos fatores e condições que afetam a execução da tarefa durante um período determinado de tempo, permitindo ou proporcionando ao seu decisor, estar ciente do que se passa

globa uma quantidade enorme de fenômenos, que vão de "guerrilhas" ao "terrorismo", e caracteriza-se por métodos combinados de emprego da força. Segundo a definição norte-americana no United States joint doctrine, trata-se de "uma luta violenta entre atores estatais e não estatais por legitimidade e influência sobre as populações relevantes ". Já a "guerra assimétrica" se define pelo conflito entre forças com poder de fogo e/ou táticas extremamente diferenciadas, usualmente caracterizadas por forças regulares ou convencionais de um lado (Exércitos profissionais) e irregulares (guerrilhas, insurgentes, etc.), de outro. A "guerra não-convencional" pode ser definida como "o apoio de um movimento de insurgência ou resistência estrangeira contra seu governo ou uma potência ocupante. Enquanto a guerra convencional é usada para reduzir a capacidade militar do oponente diretamente através de ataques e manobras, a guerra não convencional é uma tentativa de alcançar a vitória indiretamente, por meio de uma força por procuração",[39] caracterizando-se, sobretudo, pela *abordagem indireta*.

A "guerra híbrida", assim, associa várias dessas características "irregulares" e "não-convencionais" à guerra de 4ª Geração de Lind. De certa maneira, a força está englobada na sua principal característica, que reside em um conjunto de plataformas, ações e coordenadas que se colocam no plano da comunicação/informação. Como bem coloca D. Haraway, "nas ciências da comunicação, podemos ver exemplos dessa tradução do mundo em termos de um problema de codificação nas teorias de sistema cibernéticas (sistemas controlados por meio de feedback) aplicadas à tecnologia telefônica, ao design de computadores, ao emprego de armas de guerra ou à construção e à manutenção de bases de dados. Em cada caso, a solução para as questões-chave repousa em uma teoria da linguagem e do controle

---

ao seu redor e assim ter condições de focar o pensamento à frente do objetivo. É a perfeita sintonia entre a situação percebida e a situação real" (Glossário das Forças Armadas, Ed. 2007, MD35-G-01, p. 64). Em termos práticos, o DoD (Departamento de Defesa Norte-Americano) pretende com o C4ISR *integrar várias plataformas ao sistema das forças armadas, especialmente as agências de inteligência e informação*.

39 "Glossary". The Irregular Warrior. 2015-09-29. Retirado de https://en.wikipedia.org/wiki/Unconventional_warfare .

(...). A informação é apenas aquele tipo de elemento quantificável (unidade, base da unidade) que permite uma tradução universal e, assim, um poder universal sem interferências, isto é, aquilo que se chama de "comunicação eficaz". A maior ameaça a esse poder é constituída pela interrupção da comunicação. Qualquer colapso do sistema é uma função do estresse. Os elementos fundamentais dessa tecnologia podem ser condensados na metáfora C3I (comando-controle-comunicação-inteligência) – o símbolo dos militares para sua teoria de operações" (2013, p. 64-65). Finalmente, é possível se pensar "híbrida" em outros termos, porque combina a computação com a "abordagem indireta", "dissimulação" etc., fora o uso de inteligência artificial, resultando num ideal "não-letal" da guerra (Korybko, 2018).

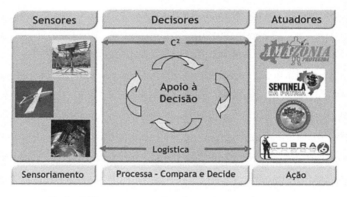

Ciclo C3I tipicamente boydiano/ Fonte: documento "Processo de Transformação do Exército", 3ª Ed (Brasil, 2010).

Estas noções são fundamentais para entendermos o que vem se montando nesta mesma época, o tal "ontological turn" da doutrina norte-americana, que finalmente faz uma guinada de uma matriz antes baseada em Clausewitz para outra baseada em Sun-Tzu (este, aliás, é um ponto que Boyd insiste consideravelmente em seus *slides*). Resumidamente, a ideia passa a ser predominantemente atuar sobre a "vontade do inimigo", dissuadindo-o de lutar até a rendição. O aparato militar passa então a agir em conjunto, ou mesmo em função, de uma "ofensiva cognitiva" sobre o inimigo. Isto casa perfeitamente com as teorias de Boyd, e, me parece, o display do

OODA loop vira uma espécie de "manual universal de instruções" que depois vai ser replicado de forma expandida caso a caso. É assim que podemos ver que os "FM" (Field Manuals) que prescrevem operações em "guerras não convencionais", "contra-insurgência", "MOUT" (Military Operations in Urban Terrain), "operações psicológicas", "forças especiais" e "inteligência e contra-inteligência em conflitos assimétricos".

Para se entender como estes diagramas são aplicados, devemos levar em conta que um ponto central da teoria emergida do display boydiano é a ideia de se atacar justamente a intersecção dos dois primeiros elementos do ciclo, "observação e orientação" do inimigo, produzindo *cismogênese* em um sentido batesoniano.[40] Atuando no "ciclo OODA" do inimigo consegue-se em primeiro lugar produzir a desorientação ou "dissonâncias cognitivas", para, enfim, aumentar a escalada do conflito. Uma vez estabelecido este passo, envio os sinais que manipulo de modo a produzir um "viés de confirmação",[41] e a partir daí, passo a comandar as decisões e ações alheias sem

---

40 A cismogênese será descrita no Capítulo 3. Por enquanto, peço que sigamos com a ideia de que a cismogênese é um processo de diferenciação que pode ora produzir direções opostas - e aí ela é "complementar" -, ora direções convergentes e que aumentam a intensidade da competição - aí ela é "simétrica" (cf. Bateson, 2006). Nas duas situações ela tende a aumentar a escalada do conflito ora acentuando as divisões e envolvendo mais grupos e pessoas, ora acentuando um conflito já existente reforçando vieses constituídos.

41 O "viés de confirmação" é um dos "vieses cognitivos", tal como estudado pela psicologia social e cognitiva a partir dos anos 1960. Em linhas bem gerais, é a tendência a procurar – com um erro de raciocínio indutivo – uma confirmação de elementos que já estavam dados, através da seleção de elementos postos na hipótese inicial. De maneira mais ampla, "um viés cognitivo é um padrão sistemático de desvio da norma ou racionalidade no julgamento. Os indivíduos criam sua própria 'realidade social subjetiva' a partir de sua percepção do input. Uma construção da realidade social do indivíduo, não seu input objetivo, pode ditar seu comportamento no mundo social. Assim, os vieses cognitivos às vezes podem levar à distorção perceptiva, julgamento impreciso, interpretação ilógica ou o que é amplamente chamado de irracionalidade" (https://en.wikipedia.org/wiki/Cognitive_bias). Os primeiros estudos sobre vieses cognitivos foram realizados por dois psicólogos israelenses - Amos Tversky e Daniel Kahneman. Ambos foram oficiais do IDF – Israel Defense Force.

que se saiba. Para Boyd, isto é um desdobramento de duas estratégias e suas táticas respectivas: blitzkrieg (inspirada pela estratégia alemã na batalha da França de 1940), a partir de "manobra", "infiltração" e "velocidade" combinadas (cf. Ford, 2010, p. 31-36),[42] ambas possíveis graças a um conjunto de ações que produz um ambiente de dissimulações, confusões, "caos controlado" e contradições.

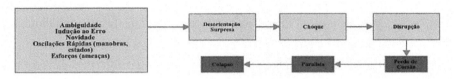

Essência da Guerra de Manobra, baseada em Osinga (2005, p. 212)/ Figura elaborada por Costa (2014, p. 35).

Segundo um dos comentadores do debate boydiano, "A velocidade é certamente importante e fornece um atalho conveniente para discutir o OODA loop. Robert Coram, por exemplo, disse a mesma coisa em uma entrevista na televisão: 'se você puder percorrer o circuito mais rápido que um adversário, causa ambiguidade, confusão, desconfiança em sua mente... Então você está entrando no ciclo de decisão dele, e ele fica confuso. Ele se vira para dentro ao invés de para fora. Ele colapsa mentalmente" (citado em Ford, 2010, p. 29). A velocidade e infiltração devem ocorrer com concentração de força no "centro de gravidade" do inimigo, numa fórmula de muita pressão em pontos estreitos, criando falhas ao longo de sua linha de continuidade.

---

42 Uma "matriz" deste tipo de ação pode ser relacionada aos paraquedistas alemães da Fallschirmjäger, que foram imprescindíveis na tomada da Fortaleza Eben-Emael na Bélgica, em 1940. Foram 500 paraquedistas para derrubada de uma fortificação que estava defendida por mais de 2000 homens (Lucas, 1988), numa ação "surpresa" que fazia parte da estratégia maior da blitzkrieg na invasão da França. Esta "ponta tática", com relativa autonomia de uma unidade que segue a estratégia mas decide por si os procedimentos é um dos fundamentos da principal teoria que abastece as formulações de Boyd.

O Brasil no espectro de uma Guerra Híbrida 113

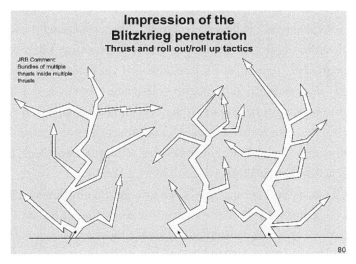

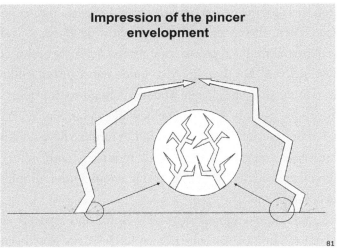

A blitzkrieg e a tática de pinça, que, como veremos é constante nas Opsis brasileiras./
Fonte: slides 80 e 81 de "Patterns of Conflict" de Boyd (1995).

Como sugeri acima, o desenvolvimento "em campo" das teorias de Boyd ficou bem claro tanto nas operações do Iraque em 2003 quanto na ocupação do Afeganistão – dois cenários, aliás, nos quais as forças americanas precisaram adotar "táticas-espelho" em relação às células insurgentes que operavam na região, entre elas a própria Al Qaeda. Fundamentalmente, tratou-se de constituir uma sobrevalorização de unidades tipo "Forças

Especiais" ou "Comandos", com relativa autonomia tática e desprendimento decisório em relação à cadeia de comando. De certa maneira isso já havia sido testado com algum sucesso por forças israelenses no Líbano, naquilo que Weizman (2007; *apud* Ssorin-Chaikov, 2018) chamou de "guerra rizomática", em uma menção ao conceito deleuziano. Sua origem está de fato nos movimentos de guerrilha pela independência de Israel (Ben-Ari, 1998; Leirner, 2001) e, para Ssorin-Chaikov já dá sinais de uma matriz operacional do hibridismo: "mistura de roupas civis e militares, confusões, emboscadas, codificações" em múltiplos níveis (2018, p. 260).

Não à toa, as "forças especiais" se encarregaram em vários lugares, aqui inclusive, de sediar ou englobar em seu âmbito os "batalhões de operações psicológicas". A natureza dissimulada que essas operações exigem não pode ser "passada de ponta a ponta" pela cadeia de comando: é necessário que ela opere no registro de uma célula, para garantir a eficácia de sua codificação criptografada. Além disso, seguindo os preceitos de Boyd, a "velocidade" é um fator fundamental – é preciso que minha ação disruptiva corra mais rápido que o ciclo OODA do inimigo a fim de conseguir se infiltrar nele.[43] Ao mesmo tempo, para atingir este objetivo não posso empregar unidades ou dispositivos que estejam sujeitos à velocidade da burocracia da cadeia de comando. Por isso mesmo, o ataque ao OODA inimigo deve ser feito rapidamente, com vários códigos sobrepostos (de modo a garantir uma cobertura ou criptografia que não denuncie que há um ataque), em múltiplas direções e de forma celular.

A dissimulação e a sobreposição são, assim, dois aspectos centrais da "confusão" entre "guerra e paz" que está no núcleo deste tipo de guerra, particularmente a híbrida.[44] Toda sorte de "blends" passa a ser assim parte de um

---

43 Se o leitor estiver se perguntando se isso tem a ver com essa avalanche de acontecimentos que estamos vivendo, onde cada dia parece que somos acometidos por algo que vai virar o mundo de ponta-cabeça, diria que possivelmente há algo que afetou nosso "ciclo OODA" e produziu a "dissonância cognitiva". Interessante notar que em outra ponta P. Virilio entendeu que a velocidade é o elemento crucial da guerra moderna (Virilio, 1997; Virilio e Lotringer, 2003).

44 Ssorin-Chaikov [2018], inclusive, usa o conceito de "paz híbrida".

desdobramento estratégico, cuja característica principal é produzir um ambiente contaminado por um "espectro total" de informações dissonantes. Por isso a vantagem é sempre de quem detém a "chave criptográfica" das "bombas semióticas" (W. Ferreira, 2017) que são lançadas.[45] Como já intuía Haraway, "eles [os Ciborgues] são – tanto política quanto materialmente – difíceis de ver. Eles têm a ver com a consciência – ou com sua simulação. (...) Em última instância, a ciência "mais dura" tem a ver com o domínio da maior confusão de fronteiras – o domínio do número puro, do espírito puro, o C I, a criptografia e a preservação de poderosos segredos" (2013, p. 44). Contradições em sequência respondem talvez à ponta de uma estratégia mais ampla de intervenções "multi-nível", onde o emissor inicial do ataque "desaparece" por conta do estabelecimento de uma série de operadores que agem "por procuração". São "procuradores" que subcontratam outros "procuradores" e assim vai: aqui se estabelece uma *proxy war* (Korybko, 2018; Maya e Leirner, 2019). Para resumir, a guerra híbrida ideal é aquela em que teoricamente as pessoas sequer notam que estão no meio de uma guerra. Segundo Korybko, desdobrando a teoria de um outro Coronel da USAF, Richard Szafranski, trata-se da evolução de uma "Guerra psicológica de espectro total" para a de uma "guerra neocortical", infiltração no aparelho cognitivo da população:

"A guerra neocortical é uma guerra que se esforça por controlar ou moldar o comportamento dos organismos inimigos sem destruí-los. Para tanto, ela influencia, até o ponto de regular, a consciência, as percepções e a vontade da liderança do adversário: o sistema neocortical do inimigo. Dito de maneira mais simples, a guerra neocortical tenta penetrar nos ciclos recorrentes e simultâneos de 'observação, orientação, decisão e ação' [o 'OODA Loop'] dos

---

45 O conceito de "bomba semiótica" aqui usado é próximo àquele elaborado por Wilson Ferreira: "Bomba semiótica é um fenômeno determinado no tempo e no espaço. Sua eficiência, ou seu 'meio material', se dá porque seu poder explosivo está na atual cultura midiática viral – explode por contágio em uma, por assim dizer, semiosfera marcada pelo tempo real das redes. (...) Bomba semiótica é um fenômeno de ocupação e intervenção política novos, em sintonia com a cultura midiática viral: ela não visa a propaganda doutrinária, mas a contaminação viral pelo pânico, boatos, rumor, fake news e assim por diante" (W. Ferreira, 2018).

adversários. De maneiras complexas, ela esforça-se por munir os líderes do adversário – seu cérebro coletivo – de percepções, dados sensoriais e dados cognitivos projetados para resultar em uma gama de cálculos e avaliações estreita e controlada (ou predominantemente grande e desorientadora). O produto dessas avaliações e cálculos são escolhas do adversário que correspondem às escolhas e resultados que desejamos. Influenciar os líderes a não lutar é imprescindível" (Szafranski, 1994, *apud* Korybko, 2018, p. 49).

É preciso ter cautela aqui quanto à ideia de que estamos rejeitando as formas militares propriamente ditas. Como vimos, as Opsys vêm de longa data, pelo menos desde a 2ª Guerra. As teorias de Boyd e Szafranski tiveram ressonância com uma leitura na qual se adaptava o conceito de "Guerra Psicológica de Espectro Total" (GPET), aplicada à ideia de disrupção da trindade clausewitizana Exército – Estado – Povo. Os norte-americanos começaram a entender que a antiga propaganda sozinha era insuficiente para causar uma disrupção nos processos decisórios. Seria preciso aliar meios militares aos processos de ataque cognitivo, visando atingir a trindade como um todo, naquilo que compreenderia uma "dimensão total" da guerra, tal como já fora interpretada pela Alemanha na 2ª Guerra (vide a leitura de Golbery, acima). Como bem observou Costa (2014, p. 14), trata-se de juntar o "espectro total de Luddendorff" com todo arsenal "psi" que vinha sendo trabalhado desde aquela época, como vimos: "Desse modo, a Guerra Psicológica de Espectro Total seria aquela em que se utiliza de elementos de guerra psicológica, que buscam afetar a moral e a capacidade cognitiva do governo e da população, além das Forças Armadas. O conceito de GPET difere da Guerra Psicológica clássica na medida em que considera também o uso da força como forma de produzir efeitos psicológicos. O uso da força física é utilizado de modo a produzir imagens e impressões que causem uma perturbação no processo cognitivo, colapsando o ciclo de decisão". Isto é, me parece, o núcleo central da tal doutrina do "choque e pavor" (*shok and awe*), utilizada em larga escala no Oriente Médio desde a primeira Guerra do Golfo (1991).[46]

---

46 Segundo Costa (2014, p. 38-39), "Com os avanços na tecnologia e com o desenvolvimento de munições guiadas de precisão a seleção de alvos ganhou ainda mais importância como parte da estratégia do poder aéreo. Agora, torna-se possível atingir com

Não por acaso, "é possível observar na doutrina estadunidense a ocorrência do termo "espectro total", no conceito de Operações de Espectro Total. Ele foi elaborado originalmente para o Manual de Campo de Operações do Exército dos EUA, em 2001 (Department of Army, 2001). Em 2008 foi plenamente incorporado à doutrina, com uma atualização do Manual de Campo de Operações de 2001 (Department of Army, 2008). As Operações de Espectro Total são aquelas em que o inimigo não é mais exclusivamente elemento do Estado, mas pode estar na população, como insurgente, terrorista, entre outros termos utilizados para designar o fenômeno de guerra irregular complexa" (Costa, 2014, p. 15). É aqui que estamos falando de uma junção propriamente dita com as teorias de Hoffman sobre a guerra híbrida. Antes de mais nada, quando a forma adversária está imbricada na população, é preciso que os três vértices de Clausewitz sejam espremidos numa única forma sintética. Não se distingue mais o que é uma operação militar de uma operação psicológica, portanto.

Note-se que estamos falando aqui de um conjunto de estratégias que pressupõe, antes de mais nada, o conhecimento de como opera o OODA inimigo. Nesse sentido, entendo que a experiência do HTS foi mais uma nesta direção. Estou sugerindo que podemos entender que uma série de elementos foram se aglutinando até intoxicar e transformar a visão doutrinária do *Império*. Como disse, essas coisas foram chegando por aqui a conta-gotas e de maneira muito pouco perceptível, pelo menos para quem não é militar. Como veremos no Capítulo 3, há razões para considerarmos que no final das contas o "sistema da guerra" opera essas transferências e produz adaptações locais (cf. Leirner, 2001). E, tal como sugere o nosso "Manual C 45-4", parece mesmo caminhar junto a estágios de nossos militares no exterior. Por exemplo, cabe se perguntar como neste mesmo Manual podemos observar esta chave C3I-boydiana de interpretação do "processo comunicacional":

> precisão qualquer alvo, a fim de causar o tipo de efeito desejado, destruição do inimigo, efeitos morais paralisantes, inviabilização da rede de comando e controle, etc. Manteve-se a importância dos alvos civis para cumprir o objetivo do ataque: causar efeitos morais e não só diminuir a capacidade direta do combatente de lutar. A ideia principal por trás da seleção desses alvos é causar a paralisia, através do terror".

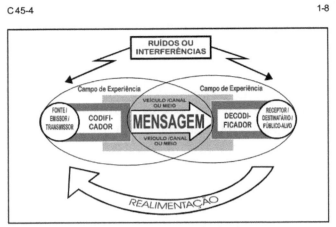

Fig 1-2 - Processo comunicacional

Visão do processo comunicacional/ Fonte: manual C 45-4, Exército Brasileiro, p. 1-8

Sendo assim, embora o casamento das Opsis e o "conhecimento antropológico" tenham um recuo mais longo no tempo (tanto no exterior como aqui), me parece que estas ações só assumem um lugar mais central nas decisões militares recentemente. Seu uso de fato começou como disciplinas de apoio, e, me parece, na guerra híbrida passa a ser literalmente o cérebro das operações. Foi isso que chegou ao Brasil, de maneira intensa e mesclando elementos doutrinários que operavam nas nossas escolas militares desde pelo menos os anos 1960, sobretudo de guerra revolucionária. Como bem mostra J. Martins Filho (2008), essas teorias e doutrinas "se aclimatam" e criam suas vertentes locais, e no caso brasileiro vemos como as opsis tiveram um papel no modo como eles concebiam os teatros de operação:

O Brasil no espectro de uma Guerra Híbrida

Fonte: EMFA (1969), c-20-69.

Operações Psicológicas, EMFA, 1969/ Fonte: Martins Filho (2008, p. 48).

Eis que, se nos Estados Unidos, afinal, o uso das Opsy e a guerra híbrida estão intimamente conectados com um complexo aparato de vigilância eletrônica e meios de se fazer guerra eletrônica, além de instituir o *drone* como arma que libera o uso da Infantaria (Chamayou, 2015),[47] é preciso ver o quanto por aqui não se adaptaram os princípios fundamentais da abordagem indireta e ação por indução. Estamos falando, novamente, de termos como "infiltração", "blitzkrieg", "produção de dissonâncias" e "viés de confirmação". E, assim, voltando ao propósito deste capítulo: não era disso que tratava, afinal, o "efeito colateral" dessa "etnografia como extensão da guerra por outros meios"?

---

47 "A guerra por drones mistura a distinção entre guerra declarada e assassinato secreto, tornando possível escalar a guerra no exterior sem muita percepção do público e apuração doméstica" (Ssorin-Chaikov, 2018, p. 254).

2. O lugar da guerra: problemas conceituais e terminológicos

Em certo sentido, as guerras sempre foram algo híbridas.[1] Isso é diferente de dizer que a guerra híbrida sempre existiu. O que gostaria de sustentar nesse capítulo é que a guerra "clássica", aquela que se separa da política ou tem nesta um limite que demarca duas ontologias, é uma invenção – e por este termo penso em um movimento criativo (cf. Wagner, 2010), não pejorativo. A ideia de que em determinado dia uma instituição chamada Estado expulsou a guerra da sociedade e jogou ela para os limites exteriores, se não tem autor e data, encontra suas duas maiores expressões em T. Hobbes e na paz de Westfália,[2] no século XVII. Há uma linha de continuidade deste mundo e seu pensamento operando, por exemplo, nas mais consagradas conceituações da guerra e do Estado, sejam elas em Clausewitz ou Weber; tal ideia em parte ajuda a definir uma ciência da política (Montes, 1983), e sofreu tantas análises e intervenções até decantar para o senso comum. Ninguém duvida da distinção *tempo de paz/ guerra*. As relações, den-

---

[1] Este capítulo contém elementos que são desdobramentos de minha tese de doutorado (Leirner, 2001), e que por sua vez foram também trabalhados em dois outros artigos (Leirner, 2006; Leirner, 2013). Trata-se assim de algo que está sendo pensado há tempos, como espero ter deixado evidente acima.

[2] A Paz de Westfália pode ser compreendida como o resultado dos Tratados de Münster (conhecido como Tratado Hispano-Neerlandês, que pôs fim à Guerra dos Oitenta Anos) e Osnabruque (conhecido como Tratado de Westfália, assinado entre Fernando III, Imperador Romano-Germânico, os demais príncipes alemães, França e Suécia; ele pôs fim ao conflito entre estas duas últimas potências e o Sacro Império; encerrando a Guerra dos Trinta Anos). É aqui que se reconheceu formalmente a soberania dos Estados sobre seus territórios.

tro desta distinção, entre interioridade e exterioridade, amigo e inimigo, nós e os outros, são absolutamente coincidentes com uma ideia de Estado e o que ele faz da política.

Esta é uma hipótese com a qual alguns antropólogos vêm trabalhando pelo menos desde os anos 1960, quando o tema da guerra voltou a suscitar um interesse mais sistemático enquanto *objeto* da disciplina. Para Clastres (1980), este é um movimento que começa com a *polis grega* e a própria ideia de emergência do Estado enquanto uma divisão na sociedade – é o Um[3] se impondo à multiplicidade da vida social –, ao contrário de toda uma tradição ocidental que entende o Estado como ente unificador e universal que expulsa a guerra do interior da vida social. Clastres, leitor de Hobbes e Lévi-Strauss nos dá uma pista: ao capturar a potência da guerra primitiva que permitia às sociedades viverem como autarquias (no sentido etimológico, como governos de si) o Estado domesticou e instituiu uma guerra permanente em um corpo social *agora* dividido. O Estado é a guerra vista sob os mil olhos do tirano e seus tiranetes. Há algo familiar aqui: um Estado que captura e domestica, traz para dentro, canibaliza; digere. Vimos, no Capítulo 1, como a antropologia se tornou *sujeito* da guerra. Agora veremos como a reação a isto – que de certa maneira foi um modo de resistência e contra-ataque – pôde torná-la também um *objeto* da disciplina.

A emergência do campo chamado "antropologia da guerra" não se deu, contudo, sem seus problemas e contradições. Veremos neste capítulo que as guerras – sobretudo as chamadas "primitivas" – também acabaram por acentuar uma espécie de "mitologia estatal", sustentando a ideia de que o Estado representa uma espécie de divisor de águas na história humana. O *grande divisor*, termo consagrado por Jack Goody nos anos 1970 para demar-

---

3   O termo Um pode nos confundir. Mas ele é apenas uma unificação de si, uma máquina narcísica de canibalização do múltiplo, em um jogo de eterno retorno a si mesmo. É preciso entender aqui a ideia que o Um divide, como Clastres apontava, retomando La Boétie. É a figura do tirano, que gera seus tiranetes, e esses os seus, espalhando a tirania (hierarquia) por toda a vida. No fim, aqueles que não podem tiranizar – para La Boétie, os animais e as mulheres, não à toa as próprias imagens do *doméstico*, que se exprime como contraditório do *político*.

car uma diferenciação qualitativa entre sociedades, é também uma sofisticação acadêmica para algo que está profundamente enraizado no nosso senso comum. Aliás, colabora para este. A ideia de que o Estado é o polo regulador frente ao caos é tão potente que talvez de fato – e mais uma vez – seja aí que o Estado tenha obtido êxito em projetar para o mundo a ideia de que sua ausência provocaria uma regressão à guerra e ao primitivismo. Quem, afinal, nunca ouviu falar que a "ausência do Estado" é causa de violência nas favelas, na Amazônia? E não estou falando em um simples truísmo. Existe um considerável número de trabalhos acadêmicos que se prestam a repetir esta profecia autorrealizável. Como veremos, talvez esta fórmula tenha suas origens inclusive em formações arcaicas, e esteja imbricada no próprio modo como estruturamos nossa linguagem e nossos conceitos, que produzem convergências entre as origens do Estado e a civilização.

Estamos, portanto, em terreno bastante movediço, e não desejo ir além do propósito de mostrar que o "hibridismo" é um risco imanente à guerra. A guerra híbrida é um modo de explicitar algo que a mitologia estatal sempre pretendeu esconder com a ideia do *grande divisor*: a de que no fim das contas o próprio Estado induz ao *caos* que ele visa combater. É claro que ele não faz isso "como um todo", nem que isto é uma "operação orquestrada" – como de fato é na guerra híbrida –, mas creio que a geração do caos é parte da sua própria estrutura. Isto tem ficado cada vez mais perceptível, e às vezes há nomes para dizê-lo: *deep state* e "espectro total de dominação" (Engdahl, 2009) são, em certo sentido, formas atuais para aquilo que o gigante C. Wright Mills descrevia como o "complexo financeiro-industrial-militar" em *Elite do Poder* norte-americana, nos anos 1950 (Mills, 1956). Em épocas de franco avanço do neo-liberalismo, o Estado inclusive não deixa mais escondido que "desregula" o mercado e as "forças invisíveis" com o intuito claro de transferir renda para 0,1% da população, para os "donos dos papéis". O que dizer então dele como "polo regulador" da guerra? Por que seria diferente daquilo que ele já faz em outras áreas da vida? "Full spectrum dominance" é só mais um jeito de dizer que o Estado procura ser um operador do "fato social total" contemporâneo, para utilizar a expressão de Marcel Mauss (1974).

Foucault já teria antevisto isso na sua discussão sobre o neoliberalismo em O *Nascimento da Biopolítica* (Foucault, 2008). Aliás, antes disso, quando pensa as formas de regulação do Estado, ele atenta para seu caráter paradoxal: "ora, esses mecanismos de intervenção econômica não introduzem sub-repticiamente tipos de intervenção, acaso não introduzem modos de ação que são, eles próprios, pelo menos tão comprometedores para a liberdade quantos essas formas políticas visíveis e manifestas que se quer evitar?" (*idem*, p. 94).

No neoliberalismo, o Estado passa para um outro tipo de regulação, retirando-se do governo direto da vida das pessoas e aparentemente ajudando a investir nos processos de diferenciação (sobretudo das empresas), e obliterando-se numa forma onde se regula o *ambiente*: "o que aparece não é em absoluto o ideal ou o projeto de uma sociedade exaustivamente disciplinar em que a rede legal que encerra os indivíduos seria substituída e prolongada de dentro por mecanismos, digamos, normativos. Tampouco é uma sociedade em que o mecanismo da normalização geral e da exclusão do não-normalizável seria requerido. Tem-se, ao contrário, no horizonte disso, a imagem ou a ideia ou o tema-programa de uma sociedade na qual haveria otimização dos sistemas de diferença, em que o terreno ficaria livre para os processos oscilatórios, em que haveria uma tolerância concedida aos indivíduos e às práticas minoritárias, na qual haveria uma ação, não sobre os jogadores do jogo mas sobre as regras do jogo" (*idem*, p. 354).

Esta é uma imagem – a do controle do ambiente, da manipulação criptografada das regras – que se aproxima bastante daquela da *estratégia da abordagem indireta*. Tudo é feito para levar a acreditar que os indivíduos agem em pleno desfrute de sua liberdade, e que, no limite, eles e ela são as alavancas que impulsionam a democracia e as transformações sociais. Ao mesmo tempo, Paulo Arantes nos mostra – em um pequeno e fenomenal livro – através daquilo que se principia na noção de *alvo* algo assombroso, que surge de uma metafísica militar antevista por Wright Mills já nos anos 1950 e radicalizada na fusão de um mundo que passou por Bretton-Woods, McNamara, Chile e suas experiências após 1973 (como também salienta Naomi Klein em *A Doutrina do Choque*), as *Cidades Sitiadas* de Graham, as aproximações entre os modelos automáticos de dispositivos bancários e sistemas militares, Friedman, OTAN, drones, e por aí vai (Arantes, 2019). O *mundo-alvo* é o mundo do tribunal, da sentença, do governo do *targeting*, da *militarização do pensamento* (*Idem*, p. 36-39).

Há algo que nos soa bem familiar aqui. Nunca antes na história deste País fomos tão enganados, com a ideia reinante de que todo processo que vivemos foi resultado de: 1) uma democracia vibrante, que surgiu a partir da voz das ruas; 2) instituições que funcionaram no pleno sentido de suas atribuições, com o Congresso, Judiciário e as Forças Armadas agindo de forma independente; 3) uma imprensa livre, que cumpriu seu papel ao informar às pessoas o que se passava nos subterrâneos do Estado; 4) formas de comunicação direta, autêntica, via redes sociais; 5) um desenjaulamento do mercado, antes preso numa camisa de força colocada pelo Estado socialista. Muitas das pessoas – pelo menos a maioria que votou em Bolsonaro – de fato imaginaram-se empoderadas, pois livres; e de fato parecem sequer ter percebido que setores do Estado entraram em um "shifting scale" e começaram a manipular as regras, como ficou absolutamente claro nos processos relativos ao mensalão e à Lava-Jato: "eu não tenho provas, mas a literatura me permite condenar...".[4]

Como disse antes, ainda na Introdução, esta foi uma "tempestade perfeita". O neoliberalismo é mais um dos conjuntos que se associa a isto, pois, do ponto de vista dos agentes do Estado que protagonizaram os processos que estamos vinculando à guerra híbrida (estou falando de setores militares e jurídicos), ele permite sua retirada para um plano profundo de manipulação de regras emulando uma sensação de liberdade plena dos indivíduos. Tenho a impressão que isto explica em parte uma pergunta que muita gente se faz, do por que os militares têm aceitado com tanta facilidade este tipo de viés econômico (e espero responder isto ao fim deste livro). O neoliberalismo, como prática e ideologia, ajuda a pavimentar a estrada que leva

---

4   A frase correta, de Rosa Weber, usada no julgamento do Mensalão foi "Não tenho prova cabal contra Dirceu – mas vou condená-lo porque a literatura jurídica me permite". Posteriormente, atribuiu-se à Deltan Dallagnol, o Procurador da Lava-Jato, a ideia de "não tenho provas, mas tenho a convicção...".

ao estabelecimento de uma *guerra permanente* tal qual é a guerra híbrida. Aliás, no limite, o que seria ela senão justamente o estabelecimento de um estado de guerra permanente? Não é exatamente disso que se trata quando falamos em indistinção entre guerra e paz, e entre guerra e política? Aliás, alguma vez se experimentou uma militarização tão radical no Estado? Será que na ditadura tivemos tal aparelhamento da máquina? E sempre com o argumento que se trata de quadros "neutros e técnicos"? Fico me perguntando o que significa, exatamente, este parágrafo da "Política Nacional de Desenvolvimento de Pessoas – PNDP", instituída no Decreto 9991/2019, de 20 de agosto de 2019: "*Plano de Desenvolvimento de Pessoas – PDP* (...)/ Art. 3º (...) III - atender às necessidades administrativas operacionais, táticas e estratégicas, vigentes e futuras".

Necessidades "operacionais, táticas e estratégicas" são, em essência, os módulos de atuação do planejamento das Forças Armadas. Este, e outros tantos decretos – como veremos na Conclusão – mostram claramente que é a estrutura militar de ocupação que está atualmente em marcha, definindo como funcionarão as demais instâncias do Estado. E isto é feito pensando em um estado permanente de guerra, ou guerra híbrida. Pois, seu princípio é exatamente este: se instalar para não sair mais. Por isso mesmo, apesar de todas as guerras terem componentes híbridos – conforme mostraremos neste Capítulo –, somente a guerra híbrida tem algo que nenhuma outra conseguiu tornar explícita: a ideia de que não existe mais um ponto final para ela própria. Afinal, mesmo o mais cético dos pacifistas concorda que um dia a 2ª Guerra terminou, e que se na manhã seguinte a Guerra Fria começou, tratava-se de outra coisa.

O que se pretende com a guerra híbrida é estabelecer uma síntese de todos os processos que víamos como anteriores a ela: é a síntese entre guerra e paz, e entre a guerra e a política. Não é a volta à guerra primitiva de Clastres; é, antes, a síntese perfeita do processo de domesticação da guerra feito pelo Estado, a ponto de tentar dissolver qualquer rastro dos seus processos anteriores. O Estado é agora a descrição de La Boétie: um tirano, seus tiranetes e os mil olhos que vigiam tudo. E tudo isso sem que se note que no final das contas, é isso que sempre se fez: trouxe a guerra *para dentro* da sociedade. Nesse sentido, ela só prolongou as guerras de 1ª, 2ª, 3ª e 4ª geração, e as dissimulou em um campo imperceptível à primeira vista. Há, assim, algo a dizer, para além da ideia estereotipada de que a guerra é *fogo*. Esta é a ideia deste Capítulo: mostrar estes processos ligados à guerra e ao Estado, de modo a entender como a solução da guerra híbrida nos impõe um problema à parte para se pensar o que aconteceu no Brasil. Para começar a estabelecer os parâmetros do que estou querendo sustentar, não pretendo aqui fazer uma história da guerra; muito menos fazer um balanço autoral sobre ela. Vou tentar situar a questão do "estadocentrismo" e suas implicações para a leitura daquilo que estou entendendo por guerra, e guerra híbrida em particular. Vejamos então, primeiramente, o problema da domesticação estatal – pois esta é a chave para o processo de captura da guerra pelo Estado.

a) Breve digressão etimológica: o doméstico e o estatal

A ideia de um Estado que domestica a guerra está, conforme uma série de autores mostra, intimamente ligada ao processo de separação entre público e privado, e isto é algo que reconhecemos quase que naturalmente em várias instâncias da nossa sociedade (o direito, as forças militares, a própria ideia de Governo, etc.). Ao mesmo tempo, este é um processo que surgiu concomitantemente a uma ideia de separação entre "guerra e paz". Clastres (1980) intuiu corretamente como sendo um problema que tem sua armadura na noção de *Polis* – e em certo sentido na equivalência entre a política, a diplomacia e a paz. Aqui estamos ligados à ideia da guerra como uma violência externa, entre povos (Gat, 2006), que ganha força no mundo grego. Isso já está na ideia de Aristóteles, na *Política*, que a paz é um fim último da guerra. Tal noção se desenvolve nos Estóicos, e atinge uma maior maturidade em Cícero, para quem a guerra só deve existir – como justa – depois de esgotados todos meios diplomáticos (Fiori, 2018, p. 80). Estas não são ideias soltas no ar. Estão em íntima ligação com o processo de gênese e conversão do Estado na sua forma-*Polis*.

Na montagem da *Polis* uma série de conceitos assume a centralidade e toma os espaços que antes eram de outros. M. Dettiene mostra (1988; 2008), entre outros conceitos, que a *alétheia* – traduzida como verdade – que era propriedade do sensível, aos poucos foi sendo capturada como peça chave das assembleias, e, associada primeiramente ao diálogo, se tornando depois instrumento da razão, produto do inteligível. Coroada por essa chave poderosa de associação que é a natureza (*phýsis*) e o justo (*dîke*) torna-se, finalmente, instrumento do triunfo do Um sobre o múltiplo (Cf. também Vernant, 2011, p. 48-51).[5] É preciso notar, inclusive, que tais vetores de unificação também dependeram de uma expulsão de conceitos concorrentes, *desidero* e seu substantivo *sidera* (plural), *considerare* e *desiderare*, destino e fortuna incertas, ou, antes, dependentes do adivinho, do poeta ou do mestre-da-verdade (Chauí, 1990, p. 22-23),[6] mas também a *doxa*, *opinião* dos chefes militares nas (antes) assembleias dos guerreiros que foram substituídas pela assembleia política na ágora, local do *arkhé* (governo, mas também princípio). Sintomático também que *krátos*, antes força do corpo e vigor físico, passe a ser força do chefe e finalmente poder, propriedade do governo.

---

5 Note-se, também, que esses conceitos vão mudando suas significações *dîke*, em um primeiro momento remetia a "costume, modo de agir"; depois assume a forma de "justiça"; o mesmo vale para *nómos*, primeiro "partilha", depois "costume" e finalmente "lei"; *krátos* também é dessas palavras curiosas: primeiro "força ou vigor do corpo", depois passa a ser *krátia*: poder "político".

6 Interessante notar que este verbo – desidero – que está na origem da palavra destino (o substantivo sidus, que também remonta ao que hoje concebemos como sideral e siderúrgico, vinha do fato de que o céu noturno, que comandava o destino, era uma espécie de calota de ferro com furinhos que deixavam a luz passar, precisamente as estrelas, planetas, lua), também esteja na bela origem da palavra desejo (Chauí, *op. cit.*). Este que, precisamente, no longo processo de requalificação do vocabulário de nossas instituições, passa a estar intimamente ligado ao duplo negativo do político, o afetivo, o feminino, e, como não poderia deixar de ser, o doméstico. Vide as concepções juralistas da antropologia britânica de Fortes & Cia, com sua clara oposição entre jurídico e afetivo (por exemplo, Radcliffe-Brown, "O Irmão da Mãe na África do Sul"). Claro, esta também pode ser mais uma decorrência do movimento geral do mundo grego que realizou o triunfo da *pólis* (agora tomaremos o destino nas nossas próprias mãos), precisando expulsar toda essa parcela da realidade (que não seria propriamente o óikos, mas talvez o *genos*, uma mais ampla realização do poder doméstico, origem inclusive para a noção de déspota) para um plano inferior (Detienne, 1988).

Mas isso nem sempre foi assim: o poder, o Estado, a dominação começaram como forças *domésticas*. A *domesticação* delas pelo Estado – que elimina a concorrência de grupos privados – determina a montagem de um mundo que converge para sua forma e semelhança. No fim das contas, é preciso se perguntar o quanto a construção dessa imagem de um *Estado-Um* serviu para dar conta da ideia de que existe um ente que não admite contradição, exceto aquela que ele visa domesticar.[7] Como bem lembra C. Fausto (1997, p. 149), pensando a dicotomia público/doméstico, "ou bem, a dicotomia é inescapável porque estamos tão impregnados dela que a reencontramos em todos os cantos do globo; ou então, ela de fato corresponde a um modo objetivo e bastante difundido de constituição da sociedade. Temos, assim, ou um resultado inteiramente negativo – a dicotomia não é senão a reflexão de nossa ideologia sobre outras culturas –, ou inteiramente positivo - a dicotomia é um universal abstrato, com colorações diversas conforme a sociedade". Mas, como ele mesmo lembra, as duas soluções para a dicotomia – a negativa e a positiva – acabam por celebrar, respectivamente, ou o terreno da falsa aparência, ou uma realidade objetiva universalmente posta (*Idem*, p. 149-150), e ambas parecem apelar para uma solução meramente especulativa. A saída proposta viria então da ideia de que "a esfera política é o lugar de uma posição de uma totalidade una, mas afetada de sua própria negação" (*idem, ibid.*).

Quando falo em *domesticação* estou pensando justamente neste processo: um Estado que canibaliza a multiplicidade do mundo tornando-a aparentemente uma invenção sua. Deste modo, me parece que o Estado age, no fim, com os próprios termos que antes eram das *casas*: seu Governo aplica os mesmos processos que antes eram aplicados pelo chefe de um *genos* – o chefe militar de uma *casa*. Porém, ele *apaga* este rastro quando cria a ideia de

---

7   E é assim que o Estado *precisa* do mundo, da multiplicidade, para continuar seu processo. Bem se intuiu em *Matrix* que o mundo povoado por clones do Agente Smith faria a multiplicidade brotar no seu próprio interior... Será que é isso que estamos vendo? O Estado finalmente assumiu que sua única forma de sobrevivência é ser tomado de volta por forças privadas, constituindo-se em uma multiplicidade perversa? Vou deixar esta questão em aberto, imagino que ela seja algo para outro trabalho.

que existe uma coincidência entre o "público e o político" (Herzfeld, 1997; Strathern, 1988). O privado passa assim a ser algo que supõe justamente uma privação, uma subtração. Olhar a etimologia dos termos da domesticação pode nos ajudar a desnaturalizar a ideia de que a realidade separa por si só a dimensão do público como Um e do privado como uma multiplicidade residual no quadro conceitual que dá forma à nossa sociedade.

A domesticação aparentemente tem uma origem comum tanto grega como latina. Tudo isso que conhecemos como propriedades da "casa", muitas vezes esteve associado a um vocabulário institucional com significado político mais amplo. Em um primeiro momento, é possível distinguir o *dómos* grego e o *domus* latino, sendo o primeiro entendido como uma "construção-casa" e o segundo no sentido mais próximo do "lar-casa", aproximado no grego à *genos*. É verdade que a clássica oposição mais conhecida é aquela que se refere a uma espécie de fratura entre a *polis* e *(w)óikos*; interessante notar, contudo, que o latim *uīcus* também foi uma derivação próxima do grego *dómus*, pois, aparentemente, no vocabulário homérico essa distinção entre óikos e *dómos* era irrelevante, sendo o nome-raiz **dm* o gerativo das formas **dem* e **dom*. "O grau zero de **dem*, isto é, **dm-*, habitualmente é identificado no homérico *mesó-dmē*, no ático *mesómnē*, que designa a viga central que une dois montantes, dois pilares no interior da casa" (Benveniste, 1995, p. 294, I). É notável que posteriormente esta mesma raiz **dm-* servirá para dois elementos bastante associáveis, o *despótes* grego e o *dominum* latino. Ambos estão imbricados à forma de "senhor da casa" (*idem*, p. 294 e ss, I), que efetivamente é a unidade social que nas *genos* gregas vai ser o portador do diálogo como prática das assembleias que são a base institucional de uma série de noções associadas à política.

No entanto, um olhar mais próximo embaralha essas noções em um ponto inesperado. A distância que o *dómos* grego como construção assume em relação ao *domus* latino como unidade moral da casa rebate em uma outra derivação do vocabulário. "O grego dispõe de um verbo *oiko-domeīn*, denominativo composto *oiko-dómos*" (*idem*, p. 296, I), cujo equivalente em latim é a tradução *aedificare*. "Assim, a gr. –*domeín* corresponde lat. *facio*", que, por sinal, é a raiz do verbo fazer, que tem como derivação a fazenda. Este é o território que aproxima o latim *domāre* e o grego *damáō* (que no hitita vem como *damaš* – usar de violência, coerção, sujeição), que "indicava inicialmente o amansamento de cavalos" (*idem*, p. 303, I). Curiosamente, "o adjetivo grego derivado de *agrós* 'campo' é *ágrios*, que significa 'selvagem, agreste', e que de certa maneira nos oferece o contrário daquilo que em latim se diz *domesticus*, por aí nos reconduzindo ao *domus*" (*idem*, p. 310, I). Não só *ágrios* pode estar na origem de "agressão", como sabe-se que em grego tal termo também designava aquilo que estava do lado de fora do habitado, o matagal, o campo inculto, que em latim deriva *foresticus, forestis*, daí forasteiro, estrangeiro. Ora, o estrangeiro também é objeto de consideração de Benveniste, que, apoiado em Dumézil e Mauss, vai mostrar que está implicado em um outro vocabulário institucional problemático para nós. Trata-se do "hóspede", de cuja raiz, *hos-pets*, tanto vem uma noção daquele que se converte em amigo a partir de uma dádiva recíproca, quanto no inimigo, cuja raiz indo-européia também levou inicialmente ao inglês *foreigner*.

Mais uma vez, é notável que essa oposição latina *domus/foris* ainda pode ser remetida a um problema grego crucial para nós, que na época homérica se remetia ao termo mais conhecido, *doûlos*, o nome do escravo, que em Homero encontra-se em palavras como *dms*. Mas o escravo era aquele que justamente pertencia à casa, estava sujeito ao *dēspotes*, do mesmo derivado *potes*, cuja raiz greco-latina vai acarretar em *pot-sedere*, ao mesmo tempo "poder" e "possuir". A posse e o poder estão, assim, algo vinculados com o *domus*, cuja noção remete ao mesmo tempo ao "dentro", unidade doméstica por excelência, e ao domínio, em seu duplo sentido, de pertencimento e dominação, coerção. Escravos e mulheres eram o "objeto" de domesticação grega por excelência, e, sabemos, aí a crítica feminista de M. Strathern (1988) começa a sua problemática de questionar a associação da noção de "político" a um estatuto superior, verdadeiro, ontologicamente relevante nas ciências sociais, tendo, aliás, representado isso que (um tanto genericamente) a antropologia tem definido como o "pensamento ocidental". Mas isso ainda não é tudo.

Esse vocabulário permite mais uma órbita. O mundo do *genos*, da casa no sentido moral, como também nos mostra Benveniste, vai de novo no latim estar associado a uma outra imagem, a de *infans*, os que não falam, a infância, que, em nosso vocabulário também se desenvolveu como "criança". Ora, esta última volta ao tema, tem a mesma raiz de criação, criativo, criar e cria. Mas também de criado, aquele que ocupa posição similar ao doméstico (vide a forma moderna do português, "doméstica"), tendo uma transformação significativa quando o universo da *polis* expulsou tais termos para as franjas do vocabulário institucional da sociedade grega. O volume *Sobre a Guerra*, organizado por J. Fiori (2018) mostra em diversas passagens como houve uma sistemática tentativa na história em mostrar como este processo reaparece cada vez que falamos em um movimento de sociogênese do Estado.

Aquilo que entendemos como a dimensão própria do poder, do político, e do Estado foi significativamente concentrado nessa nova área de atuação, e suprimido do doméstico, que, ainda mais, sofreu um maior deslocamento nesse mesmo vetor com a invenção contratualista que opunha "laços de sangue" e "laços de solo", e, sob essa, gerenciava toda uma engenharia conceitual que efetivou o domínio da sociedade como sinônimo do político, público etc. O Estado e sua suposta centralidade, assim, seria um duplo-inevitável dessa forma reversa do doméstico. No processo moderno (tão bem analisado por Norbert Elias em várias de suas obras), o que antes era mosteiro passa a ser a fortificação; sua roça, o estábulo; seu campo de caça, o território. Uma curiosidade: veja-se o estábulo. Mais uma vez o vocabulário institucional ligado a ele oferece uma arqueologia incrível. O termo de origem é provavelmente uma das palavras gregas com uma prole das mais importantes – *hístanai*. O verbo significa "fazer ficar em pé", donde *statós*, que em latim se manifestou no verbo *stare*, "estar". Muito vem daí, de "estátua" a "Estado"; de "status" a "estável"; e, claro, estábulo (em grego, *staulou/stablou*; em inglês, *stable*; em francês, êtable; em alemão, *stabil*). Embora se coloque que o Estado tenha "aparecido" com este termo apenas n'O Príncipe (1513), associado ao latim *status* – estar firme, sólido – nota-se ligações anteriores que apontam para oficiais de Estado relacionados à coleta de impostos já nos Impérios Romano e Bizantino, os "Condes do estábulo" (Kazdhan, 1991). Inicialmente estes coletores de impostos eram coletores de cavalos, e o estábulo permanecia como uma espécie de cofre onde se intermediava essa operação.

Quando olhamos então para a sociogênese do Estado em alguns lugares da Europa Ocidental, podemos ser levados à conclusão de que se trata de um processo sociológico genérico, ou até uma fatalidade evolutiva. Mesmo quando, por exemplo, P. Clastres trata de mecanismos de conjuração do Estado em sociedades "primitivas", fica a suspeita de que uma vez que ele emerge, é um caminho sem volta. Tanto na *Arqueologia da Violência* (1980) quanto nos ensaios da *Sociedade Contra o Estado* há uma sugestão implícita de que o Estado é uma forma obliterada, sempre pronta a aparecer. Talvez seja o caso mesmo de se cogitar a hipótese de que a dicotomia público/doméstico elaborada inicialmente no contexto grego acabou produzindo uma armadura para nosso pensamento, e a partir disso projetamos ela em todos lugares (ver C. Fausto, acima), sempre dispostos a fabricar um Estado com a mesma armadura conceitual – ou nosso "mito de Estado". A potência desta projeção produziria uma medida universal, sendo que a realização plena desta dicotomia serviria como uma pedra roseta para a leitura da história – tendo na dicotomia seus ângulos congruentes, e a emergência do Estado como monopólio seu ângulo de base. No mais, não é incomum ver a ciência política articular supostas falhas neste processo – vistas em fenômenos como a violência interna dos Estados, os golpes, as crises – como resquícios de sociedades tradicionais, como defeitos que tornam este processo incompleto, sem considerar, no limite, sua lógica interna. É sintomático, assim, que a própria noção de modernização, associada ao processo de sociogênese do Estado, tenha pressuposto a ideia de domesticação das forças militares, que, subtraídas da sua condição privada, passam a ser nacionais-domésticas. O Estado, assim, é o aparelho canibal de um super-*domus*.

b) Hobbes, Clausewitz e a sociogênese do Estado

Nas ciências sociais, a ligação entre a guerra (ou o exército) e o Estado parece uma banalidade: ela é parte de uma espécie de senso comum acadêmico. Mais uma vez é preciso se perguntar o quanto disso não foi resultado de uma invenção da filosofia política e das próprias ciências sociais, o quanto isso é parte de uma estruturação espontânea do Estado, e, juntando as peças – o que me parece mais provável, já que os três grandes campos do Estado – o Direito, as Forças Armadas e a Burocracia – se fundaram a partir de "doutrinas" e "referências" –, o quanto isso não é uma espécie de "profecia auto-realizável" das próprias "ciências de Estado", tomando de empréstimo o termo de Bourdieu (1996).[8] Tendo isto em mente, o nosso ponto de partida deve considerar que o problema do equacionamento entre guerra e política nasceu e se cristalizou de uma espécie de "estadocentrismo" ou "naciocentrismo" (como bem colocou F. Neiburg, 1999).[9]

A matriz que orienta muitos daqueles que se dedicaram a pensar a guerra é a sociogênese do Estado, que, para um sem número de correntes, vai representar uma passagem qualitativa que determina uma espécie de

---

8   Especialmente da mais conectada ao problema, que é a ciência política. Embora não seja o caso – por incompetência minha e por exceder os objetivos deste livro– de fazer uma genealogia da ciência política como uma "ciência de Estado", julgo que não há nada de errado na afirmação aparentemente simplista de que o Estado é o horizonte sobre o qual a ciência política trabalha, e, portanto, a existência desta disciplina como um campo específico de saber deve-se à ideia de que o Estado merece uma atenção à parte pela sua magnitude e sua capacidade de atrair os outros fenômenos para si. Neste ponto, a ciência política vai projetar seu *corpus* teórico diretamente sobre a análise das instituições políticas, correspondentes, em última análise, ao próprio Estado, ou então ligar o Estado às determinações de outros campos, mas ainda assim olhando a partir do horizonte deste: "Se a política pode reivindicar para si o título de 'ciência' é porque, pressupondo uma homogeneidade entre o método de investigação e a realidade investigada – isto é, uma racionalidade intrínseca ao modo de existência do poder – acredita-se capaz de desvendar suas estruturas e os mecanismos do seu exercício, quer enfatize como lugar privilegiado para tal análise o campo das instituições políticas de uma sociedade, quer, ao contrário, a própria estrutura dessa sociedade, enquanto base de sustentação de distintos interesses em luta." (Montes, 1983, p. 14-15).

9   Para Neiburg, "o processo de nacionalização e de estatização dos conceitos de civilização e cultura tem consequências mais amplas nas ciências sociais: ele sugere que todos os conceitos (como sociedade ou identidade, por exemplo) que designam unidades sociais (e unidades de análise) definidas a partir da existência de fronteiras territoriais têm conteúdo estatizante e naciocêntrico – pois eles contêm, e descrevem, ideias de homogeneidade e equilíbrio que legitimam a existência de um mundo que se representa como pacificado, integrado e dividido em unidades com fronteiras bem delimitadas." (1999, p. 48).

divisor na humanidade. Tal visão é de longa duração e fica mais patente no ramo da sociologia que discute a chamada "gênese da modernidade", como, por exemplo, a que se vale de uma concepção weberiana de monopolização da violência e dos aparelhos jurídicos de controle das tributações (como fica claro em *Economia e Sociedade*), e segue nesta linha de investigação em concepções tributárias a esta como a de Norbert Elias e Charles Tilly, como por exemplo sugere Bourdieu (1996, p. 100 e ss.).[10] Ainda para Bourdieu (*idem, ibid.*), a concentração do capital de força física como viés para explicação da gênese do Estado também abrange os marxistas. Neste sentido, certas leituras de Marx permitem esboçar a sugestão de que o Estado aparece como um "concentrador de violência" ao tomar para si o conflito inerente à luta de classes (cf. Ruy Fausto 1987, p. 302). Seja como for, o aparecimento de uma nova modalidade de relações sociais, conjugando uma série de ligações entre economia e Estado (que cada clássico vai equacionar de um jeito,

---

10 Como sugere Sergio Miceli, "em vez de cravar no primado do monopólio fiscal, militar e policial, o desígnio de Bourdieu mobiliza as evidências e as razões capazes de deslindar o caráter e a eficácia dos poderes de violência simbólica exercidos pelo Estado, espécie de metapoder por cujo controle e apropriação se defrontam os grupos de interesse aptos a atuar no campo político. Norbert Elias e Charles Tilly privilegiaram a constituição do monopólio duplo, da violência física por meio do exército com jurisdição sobre um território, e da arrecadação fiscal, como precondição à passagem do monopólio privado vigente no Estado dinástico ao monopólio público do Estado moderno. Os recursos amealhados pelo imposto, ao financiarem a força militar, garantem a arrecadação. Duas faces do mesmo arranjo" (Miceli, 2014, p. 21). Como exemplos de ideias tributárias a Weber não tomo somente as duas que Bourdieu analisa mais detidamente em "Espíritos de Estado" e nos seus cursos sobre a gênese do Estado que estão em *Sobre o Estado* (2014) (focadas na ideia de "processo civilizador", de N. Elias (1990; 1993 [1939]), da ligação entre coerção, capital e formação dos Estados europeus, para Tilly [1996]), mas podemos incluir também a de "construção nacional" de Bendix (1996 [1964]), isto sem falar em grande parte de estudos sobre "sociologia militar" que debatem o problema em termos da formação de "tipos-ideais", como racionalização, burocratização e profissionalização dos exércitos e sua consequente ligação com a política, por exemplo, em Janowitz, 1967 e Huntingnton, 1957 - sobre profissionalização e autonomia -; Mills, 1956 sobre a burocratização e circunspecção em "círculos de poder"; Harries-Jenkis & Moskos Jnr., 1981 – sobre características contemporâneas da socialidade militar.

assim como as suas "linhagens" derivadas), vai servir de mote para se pensar na marcação entre dois domínios tomados como radicalmente diferentes, o "tradicional" e o "moderno".

De maneira sintomática, há outros divisores que procuram recuar no tempo, oferecendo uma espécie de caixa de ressonância que valida a ideia de "dois tipos" de sociedade: "O esquema de maior produtividade no pensamento ocidental, entretanto, foi o dicotômico, que se presta melhor a descontinuidades fortes. Traduzindo a polaridade conceitual entre *universitas* e *societas* em termos de uma oposição real, as dicotomias tipológicas destacam aspectos variados de um contraste em última análise redutível a 'Nós' versus os 'Outros', constituindo o núcleo de teorias do Grande Divisor que singularizam o Ocidente moderno frente às demais sociedades humanas. Entre as dicotomias mais famosas – todas contendo alguma referência aos pares primitivo/civilizado ou tradicional/moderno – podemos enumerar: parentesco/território (Morgan); status/contrato (Maine); solidariedade mecânica/orgânica (Durkheim); comunidade/sociedade (Tönnies); sociedades simples/complexas (Spencer); dom/mercadoria ou dom/contrato (Mauss); tradicional/racional (Weber); holismo/individualismo (Dumont); história fria/quente, pensamento selvagem/domesticado (Lévi-Strauss)" (Viveiros de Castro, 2002, p. 307).[11]

Tais divisões não por acaso ecoam uma concepção clássica contratualista, especialmente hobbesiana, e, de certo modo, Hobbes pode oferecer um ponto de partida para algumas visões contemporâneas da equação entre guerra e política (Arendt, 1985). Há aqui uma fórmula de transição da guerra para a política que nem de longe anuncia um dualismo trivial. As teorias do grande divisor simplificam, mas não resolvem por completo, o problema de que mesmo os Estados parecem viver à sombra de uma guerra potencial permanente. Se for evidente a "domesticação" do estado de natureza, é preciso levar em conta que este processo se dá ao mesmo tempo através de uma

---

11   É possível ir ainda mais longe, evocando o primeiro "grande divisor" entre uma Grécia arcaica (e o "mito") e a da *Polis* (da alethéia). Voltarei a isto.

solução de ruptura e de continuidade,[12] enunciando, como bem mostra M. Sahlins, uma ambiguidade: "a 'guerra de todo homem contra todo homem', frase espetacular, esconde uma ambiguidade; ou pelo menos em sua insistência na natureza do homem, ignora uma estrutura igualmente impressionante da sociedade. O estado de natureza descrito por Hobbes também era uma ordem política. É verdade que Hobbes estava preocupado com a sede humana de poder e disposição à violência, mas ele também escreveu sobre uma alocação de força entre os homens e sua liberdade para empregá-la. A transição, no *Leviatã*, da psicologia do homem para a condição primitiva parece, portanto, ao mesmo tempo contínua e disjuntiva. O estado da natureza era *sucessor* da natureza humana, mas também anunciava um novo nível de realidade que, como política, não era mesmo descritível nos termos da psicologia. Essa guerra de todos contra todos não é apenas a disposição de usar a força, mas o *direito* de fazê-lo, não apenas certas inclinações, mas certas *relações* de poder, não apenas uma paixão pela supremacia, mas uma sociologia do domínio, não apenas o instinto de competição, mas também a legitimidade do confronto. O estado da natureza já é um tipo de sociedade" (Sahlins, 1972, p. 171-172; grifos do autor).

Esta visão do contrato de Hobbes não foi exatamente a que mais rendeu para o pensamento posterior sobre a guerra (especialmente o da ciência política). Prevaleceu a visão que a guerra cede lugar ao *Leviathan*, que, à forma de um indivíduo, vai, agora sim, para fora de suas fronteiras, se portar como "dois homens que estão de pé um na frente do outro, a espada na mão e os olhos fixos um no outro"(Hobbes *apud* Foucault, 1999, p. 103). Isto encontra ecos na ideia de que o Estado "pacifica" a socialidade e "expulsa" a guerra para o exterior, como sugerem vários autores que indexaram a guerra ao problema da sociogênese do Estado moderno. No entanto, me parece, as coisas não são tão dicotômicas assim. O problema é justamente a *perma-*

---

[12] Tenho minhas dúvidas se tal visão se encaixa com facilidade em pensadores como Montaigne e Rousseau, por exemplo. Inclusive, é preciso levar em conta se pelo menos Rousseau não dissocia a política da "violência" se voltando para algo como uma "arena pública" da construção do consenso (Arendt, 1985). Pode ser que esta ligação tenha reflexos em formulações bem posteriores, como as de Durkheim e mesmo de Lévi-Strauss.

nência da guerra em um estado latente. Para Foucault, "o que caracteriza o estado de guerra é uma espécie de diplomacia infinita de rivalidades que são naturalmente igualitárias. Não se está na 'guerra'; está-se no que Hobbes denomina, precisamente, 'o estado de guerra'. Há um texto em que ele diz: 'A guerra não consiste somente na batalha e nos combates efetivos; mas num espaço de tempo – e o estado de guerra – em que a vontade de se enfrentar em batalhas é suficientemente demonstrada'. O espaço de tempo designa, pois, o estado e não a batalha, em que o que está em jogo não são as próprias forças mas a vontade, uma vontade que é suficientemente demonstrada, ou seja, [dotada] de um sistema de representações e de manifestações que é operante nesse campo da diplomacia primária" (*idem*, p. 106).

Mais do que isso, podemos pensar, retomando uma breve digressão a partir de *Medo, Reverência, Terror* de Carlo Ginzburg (2014), na ideia de um Estado que produz o medo que ele diz dissipar. Hobbes pega de Tácito o *"fingebant simul credebanqte"*, "aqueles que imaginam acreditam em suas imaginações". Para Ginzburg é um indício de que em Hobbes o Estado tem um componente igual ao da religião, o *medo*, "*awe*" (tal como em "choque", "espanto").[13] Trata-se de pensar o Estado como uma entidade artificial que deve "*dobrar* com o terror a vontade de todos e de *dirigir* a vontade de cada um". *Dobrar* é a aposta de uma profecia auto-realizável, que se abate como uma espécie de tecnologia de governo sobre cada indivíduo. E *dobrar* tem um duplo sentido: fazer sua força parecer duas vezes maior (como quem "dobra uma aposta" em um blefe), e como fazer o outro "se dobrar" (tal como "se curvar").[14] Aliás, talvez como uma profecia foucaultiana, seria

---

13 Neste ensaio Ginzburg está se referindo às notícias falsas e à doutrina do "choque e pavor" (shock and awe).

14 Poderia tentar ir mais longe e abrir uma ponta com a *dobra* deleuziana, pensando numa curvatura de "fora para dentro" e em um poder que afeta "a si mesmo", constituindo (a partir do exemplo grego) uma nova subjetividade: "é um poder que se exerce sobre si mesmo dentro do poder que se exerce sobre os outros" (quem poderia pretender governar os outros se não governa a si próprio?)" (Deleuze, 2005, p. 107). Talvez esta seja mesmo uma discussão que deva pensar na subjetividade, e na própria noção de um tipo de indivíduo como contrapartida de uma montagem que depois vai se manifestar no barroco, e no contexto do absolutismo. Porém, vou me limitar aqui a

preciso pensar aqui, com Hobbes, se o horizonte último do Estado não é justamente produzir uma guerra infinitesimal. O Estado, a política, seriam o disfarce, a própria "notícia falsa" que deve realizar o mesmo tipo de função que a religião, a produção da crença.

Se a leitura de Foucault estiver certa, podemos pensar na guerra como uma potência que de modo algum é suprimida. No entanto, não há como ignorar que se esta é uma ilusão vivida, ela tem sua eficácia. Por um minuto, então, nos deixemos conduzir pela leitura de que a potência terrível do Estado não elimine a guerra, mas que talvez ela seja conjurada. E isto é bem diferente dela ser expulsa, como veremos com os weberianos. Sua conjuração me parece estar em um ponto semelhante àquele levantado por Clausewitz mais de um século e meio depois, a famosa "guerra como extensão da política por outros meios". Sabemos que Clausewitz foi leitor de Montesquieu, de Kant e Hegel (Paret, 2008), mas não pode ser considerado um tributário de Hobbes. Mas há algo de Hobbes que persiste: como não há nada acima do soberano, é preciso saber o que fazer quando não existe um "soberano dos soberanos". Qual poder poderia arbitrar uma disputa entre Estados? Kant chega a sugerir uma solução para o dilema hobbesiano e pensa algo como uma "liga" *Para a Paz Perpétua* (2006). E o pensa em um teatro em que Westfália começa a dar sinais de esgotamento. Não cabe aqui uma genealogia de autores, e sim mostrar que o *tempo* deles era este da sociogênese do Estado enquanto categoria central do mundo – um mundo de Estados concorrentes e em conflito constante, como bem mostra C. Tilly (1996). E Clausewitz foi um leitor de seu tempo, aquele que começava a colocar em xeque a redundância entre a regulação da guerra ("prístina") e a "guerra regulada". É notável que esta era a imagem das batalhas táticas dos séculos XVII e XVIII, com seus blocos enfileirados e disposições de força visíveis. E, de fato, as Guerras Napoleônicas apresentaram, diante desse cenário, um desafio de entendimento (para Clausewitz) que não é outra coisa a não ser uma tentativa de *domesticar conceitualmente* aquilo que ele estava vendo como um novo paradigma de *fogo*.

---

pensar esta dobra de forma mais relacionada ao problema do poder ou da dominação com uma inspiração em La Boétie.

Ainda em 1805 Clausewitz[15] fez seu primeiro artigo, com uma forte crítica a Heinrich Von Büllow (até então um dos maiores teóricos da guerra), que acreditava em fórmulas matemáticas para definir a guerra. Para Clausewitz uma definição realista considera a batalha plena de incertezas, e a relação com o inimigo cheia de fatores subjetivos. A guerra embute o caos. Porém, me parece que somente depois da invasão da Rússia por Napoleão, em 1812, que Clausewitz tem a plena condição de armar seu entendimento pleno da guerra. A mobilização napoleônica produziu um conceito chave para pensar a gramática própria da guerra, que é a interdependência dos três elementos (e suas qualidades) que em tese produzem uma condição *absoluta* para ela: o Povo (chance, acaso), o Estado (razão) e o Exército (força):

"A guerra é um verdadeiro camaleão, que adapta suas características ligeiramente a cada caso particular. Enquanto fenômeno integral, suas tendências dominantes sempre fazem da guerra uma trindade paradoxal, composta de violência, ódio e inimizade primordiais [haveria aqui um eco contratualista?], que podem ser tratadas como uma força natural cega, do jogo do acaso e probabilidade, onde o espírito criativo está livre para vagar; e de seu elemento de subordinação, de instrumento político, que a faz subordinada apenas à razão./ O primeiro destes três aspectos diz respeito principalmente ao povo; o segundo ao comandante e ao seu Exército; o terceiro, ao governo. As paixões que devem ser inflamadas na guerra já devem estar presentes no povo; a liberdade de ação que a coragem e o talento terão no campo das probabilidades e do acaso depende do caráter particular do comandante e do de sua força; mas os objetivos políticos são província exclusiva do governo" (Clausewitz, 2008, p. 89).

Toda guerra tem sua unidade cimentada por um elemento exterior a si própria, que é a *política*. Por isso mesmo nenhuma guerra coincide com sua abstração inicial, jamais é absoluta pois é limitada pelo "real" que está representado justamente pela ideia de "extensão da política por outros meios".[16]

---

15 Carl Phillip Gottlieb von Clausewitz (Burg, 1 de junho de 1780 — Breslau, 16 de novembro de 1831).

16 Voltando assim à ideia de guerra como "extensão da política", todo *index* tende a se dar pela última. Vale apontar para o que dizem dois dos melhores leitores de Clausewitz em

Talvez por uma certa inflexão kantiana, a ideia da razão como uma espécie de delimitador do caos da guerra absoluta nos remete ao ponto que quero chegar, sem maiores rodeios: a razão, o Estado, são uma camisa de força que domesticam a guerra. E a política é a inteligência (razão) de Estado personificada. Por mais que pensemos em continuidade entre um plano e outro (política e guerra) é sintomática a positividade com a qual Clausewitz encampa a noção de que no fim das contas o Estado é uma espécie de "juízo sintético a priori", única entidade capaz de intervir no plano do caótico. Se substituíssemos "guerra absoluta" por "estado de natureza" voltaríamos a Hobbes. Mas é preciso levar algo em consideração. Se a política intervém no que em princípio seria a guerra absoluta, é porque ela em algum ponto compartilha da mesma natureza, e de outra maneira não seria possível qualquer *continuação* entre uma e outra. Clausewitz não tem somente um tratado sobre a guerra; tem sobre a política.

Clausewitz estava na transição da formação de Estados na Europa e as guerras estatais, vendo a força que a trindade Povo-Estado-Exército tinha ante as guerras que "paravam" e ficavam em "stand-by" até seus comandantes entrarem em acordos tácitos. Não se tratava exatamente de por fim à paz de Westfália, mas do desdobramento desta numa forma "total". Note-se que não estou falando em "total" aqui no sentido de "guerra total" versus "guerra limitada", algo que foi pensado em Clausewitz como uma noção de "guerra real" (e não "absoluta"). É verdade que esta é uma maneira bem ortodoxa de

---

terras brasileiras: "Essa distinção [entre guerra e política] supõe a validade de uma ideia refutada cabalmente por Clausewitz em *Da Guerra*: a ideia de que ações militares são diferentes das ações políticas e segundo a qual, uma vez iniciadas as hostilidades, a política deveria sair de cena para que as considerações pretensamente 'puramente militares' pudessem presidir a todo o esforço de guerra ou que as ações militares pudessem ser conduzidas segundo critérios 'puramente militares'. Na verdade, não existem considerações ou critérios 'puramente militares', e qualquer decisão relacionada ao emprego ou à possibilidade de emprego de força armada tem, inevitavelmente, aspectos não apenas táticos e estratégicos, mas também políticos. (...) Armamentos e forças armadas são parte de um contínuo de meios de diálogo entre os Estados, na paz como na guerra, tendo, como disse Clausewitz, sua própria gramática, mas não a sua própria lógica. A lógica das armas é uma lógica política." (Proença Jr. & Diniz, 1998, p. 49-50).

ler Clausewitz, já que a guerra absoluta não teria uma contrapartida sociológica, mas apenas lógica. Mas isso seria verdade se fosse aberta a Clausewitz a possibilidade de ver ("etnografar") uma guerra primitiva? Ou se, ao invés de Montesquieu, ele tivesse se fiado a Hobbes? É verdade que a linha que estou procurando seguir aqui embute um problema que é a projeção de uma leitura ocidental sobre a guerra e a política, pois, no limite, essas narrativas e teorias "estadocêntricas", antes de mais nada, são "egocêntricas", tomando como ponto de vista referencial aquele da história do Ocidente europeu moderno. Há pontos divergentes em relação à aplicabilidade da teoria de Clausewitz aos dias de hoje, aparecendo em torno de problemas pontuais, como, por exemplo, em quando se procura entender o reaparecimento de entidades não estatais na guerra (Van Creveld, 1991), ou mesmo uma ideia de guerra como "cultura" que a supõe como uma atividade endêmica, sem começo nem fim (Keegan, 1993).[17] Porém, é preciso ter bastante cautela em relação a este ponto, pois a leitura mais atenta tanto de Hobbes quanto de Clausewitz não parece endossar a ideia de que o Estado simplesmente cessa a guerra. Em certo sentido, o que vejo em ambos os autores é o reforço da ideia de que o Estado produz um outro tipo de guerra, assim como produz um outro tipo de sociedade.

É importante que fique claro que o problema para mim não é a descrição da guerra feita por Clausewitz, mas as condições que levam as leituras de *Da Guerra* reforçarem o "estadocentrismo", e de que modo isto oblitera

---

17 Como veremos, embora haja uma aproximação com a ideia de "guerra como cultura", discordo da visão de Keegan simplesmente porque nas suas referências ele não vai abandonar completamente o *grande divisor*, isto é, aplicado à guerra ele vai supor que existe uma espécie de fronteira entre "guerras rituais" e "guerras políticas". Uma outra crítica a Keegan, e defesa de Clausewitz está em Ortega e Marin (2019, p. 85-98). Diga-se de passagem, os autores têm uma interessante sugestão de se considerar também uma linha de continuidade do pensamento de Boyd com o de Clausewitz: "O pensamento de Boyd deve abertamente às concepções da Blitzkrieg, tendo como central o conceito de Schwerpunkt (momento crucial; centro de gravidade), o que por sua vez fundamenta essas doutrinas mais novas de Quarta e Quinta Geração. Clausewitz não despreza os níveis mais baixos ou o plano tático, ele só acha que o comandante não deve se ocupar da administração desses níveis ou se afogar em detalhes, por isso mesmo é conveniente que os oficiais mais baixos sejam bem preparados" (*idem*, p. 96).

um outro campo de possibilidades para se pensar a guerra tal como ela se faz de forma híbrida. Quantas vezes não vemos um Clausewitz adaptado ao realismo nas relações internacionais, produzindo quase que uma versão 2.0 da paz de Westfália? Aliás, tal não seria também a leitura ortodoxa de Hobbes que Ginzburg (2014) e Foucault pretendem superar? Vivemos embebidos em uma proposição do pensamento ocidental, que acabou por produzir a ideia de que o Estado funciona como uma espécie de pedra de toque e tradutor universal de todas as variáveis da vida humana porque ele é um *divisor de águas*. Isto vale tanto para a política como para a guerra, mas é preciso estar atento que é aqui que "acreditamos nas nossas imaginações". Portanto é um problema maior que as teorias de a, b ou c. Esta é a base que faz convergir a racionalização instrumental dos meios políticos e a fabricação do conhecimento dos próprios meios políticos: tudo se passa como se a fórmula do contrato se sedimentasse no Estado e ela própria viesse a ter poder sobre este, que agiria de forma redundante no mundo visando confirmar sua própria teoria. Uma espécie de "materialismo simbólico", para voltar a uma ideia de S. Miceli a respeito de Bourdieu (2014).[18]

O leitor pode estar se perguntando a essas alturas por que estou, afinal, fazendo tamanha digressão, e é preciso esclarecer isto antes de continuá-la. Trata-se de dois pontos: 1) quero pelo menos realizar a tentativa de desnaturalizar a ideia de que o Estado é uma máquina de domesticação da guerra (embora ele o pretenda ser, e não só dela, como veremos) e que consiga, a partir disso, confinar ela e a política em campos opostos; 2) e faço isso no intuito de mostrar que quando a guerra supostamente pretende invadir o campo da política ela não o faz por conta de uma anomalia desta, mas porque estas atividades humanas são em princípio imbricadas. A guerra híbrida, nesse sentido, é a forma mais acabada que dispomos hoje de uma forma social que pressupõe a atração entre estes supostos campos. Um dos objetivos deste livro é mostrar, então, através do caso brasileiro, algo que estaria marcando uma tendência mais geral, como talvez tenha mostrado

---

[18] Para uma excelente discussão sobre como conceitos inócuos das áreas de segurança, defesa e relações internacionais ganham materialidade e formam uma "política", ver Saint-Pierre (2011).

Foucault tanto no *Em Defesa da Sociedade* (com a ideia de que a política é uma extensão da guerra) quanto no *Nascimento da Biopolítica*, quando ele discute os problemas de segurança na governamentalidade neoliberal. No entanto, apesar de eu não estar aqui falando grandes novidades, o que queria chamar atenção é que talvez tenhamos que colocar entre colchetes e suspender temporariamente a ideia de "extensão *por outros meios*" de Clausewitz e Foucault.

c) Weber e Além: público/privado e a política da guerra

A imagem do tempo/espaço das guerras estatais foi absoluta para consolidar essas noções de longa duração que estou retomando, a ponto de se pensar por que grande parte das teorias sociológicas sobre guerras e militares se colocou dentro de uma camisa de força institucional e agora se espanta com a aparente desregulação de tudo. Para que se entenda este processo, creio ser necessária mais uma digressão, em torno do cânone weberiano sobre a sociogênese do Estado e seu lugar para a guerra. Se é verdade que para Weber a temática do poder, que, visto a partir da construção de tipos de autoridade se torna o cerne da política (cf. Weber, 1993, p. 56 e ss.),[19] sabemos que esta então funda-se na construção de um consentimento legítimo sobre o uso dos meios de violência: "A violência não é, evidentemente, o único instrumento de que se vale o Estado – não haja a respeito qualquer dúvida – mas é seu instrumento específico" (Weber, 1993, p. 56). Isto fica mais claro quando Weber sai propriamente do terreno das definições sobre política e busca a compreensão da sociogênese da "forma histórica Estado", como em *Economia e Sociedade* (e também quando posteriormente a sociologia militar weberiana vai se interessar pela ligação entre forças armadas e construção de autoridades políticas nacionais que pela ligação entre forças armadas e guerra, como veremos adiante).

A ideia é que a gênese do Estado se dá enquanto um processo de circunspecção e monopolização da violência que passa a ser gradualmente

---

19 Aproximando-se assim da temática rousseauniana sobre a ligação entre "vontade e dominação" (cf. Montes, 1983, p. 12).

o centro de gravidade da vida social. Conforme Weber, "para nossa consideração, cabe, portanto, constatar o puramente conceitual: que o Estado moderno é uma associação de dominação institucional, que dentro de determinado território pretendeu com êxito monopolizar a coação física legítima como meio da dominação e reuniu para este fim, nas mãos de seus dirigentes, os meios materiais de organização, depois de desapropriar todos os funcionários estamentais autônomos que antes dispunham, por direito próprio, destes meios e de colocar-se, ele próprio, em seu lugar, representado por seus dirigentes supremos" (1999, p. 529).

Tudo isto estaria acompanhado de um intenso processo de racionalização da vida social, no qual a burocracia estatal seria o protótipo exemplar. Weber vê este construto histórico em oposição às formas que ele denomina de tradicionais, e isto fica particularmente claro quando ele fala dos exércitos: "Também o moderno exército de massas é um exército burocrático, e o oficial representa uma categoria especial de funcionários, *em oposição ao cavaleiro, condottiere, cacique ou herói homérico*" (*idem, ibid.*; grifos meus).

Esta oposição não vem ao acaso. Está historicamente fundada em um processo de concorrência, tanto econômica, na forma de tributação, quanto política, na forma da guerra, que induz à formação do monopólio que por fim vai ser a marca dos Estados nacionais. Deste modo, embora não haja o corte hobbesiano do contrato projetado na concretude histórica, há uma continuidade lógica deste pensamento a partir da ideia de que o Estado representaria uma pacificação da sociedade, ao tomar para si o monopólio da violência.[20]

---

20 É verdade que, à exceção de poucos (por exemplo, H. Arendt 1985), dificilmente se encontra quem explicitamente vincule o pensamento de Weber ao contratualismo de Hobbes, o que certamente tornaria nossa tarefa de propor uma linha de continuidade entre eles muito mais fácil. Não vi nenhuma menção que explicite isto em alguns dos mais conhecidos comentadores de Weber (Jaspers, 1977; Bendix, 1962; Cohn, 1979), que, no mais, vão apenas mencionar uma certa atitude "anti-rousseauniana" em seu pensamento (embora, a nosso ver, a temática da construção da legitimidade e da autoridade remeta ao problema da transposição das "liberdades naturais" para o plano da moralidade em Rousseau, conforme Montes, 1983, p. 12 e ss). Independente disto, no *Leviathan* o tema do "monopólio" aparece: "Ninguém tem a liberdade de resistir à es-

Isto fica bem claro nas teses de N. Elias, que retomam Weber: "Há, para citar um único aspecto da história da formação e estrutura do Estado, o problema do 'monopólio da força'. Observou Max Weber, principalmente por questão de definição, que uma das instituições constitutivas exigidas pela organização social que denominamos Estado é o monopólio do exercício da força física. Aqui, tenta-se revelar algo dos processos históricos concretos que, desde o tempo em que o exercício da força era privilégio de um pequeno número de guerreiros rivais, gradualmente impeliu a sociedade para essa centralização e monopolização do uso da violência física e de seus instrumentos. Pode-se demonstrar que a tendência para formar esses monopólios nessa época passada da nossa história nem é mais fácil nem mais difícil de compreender que, por exemplo, a forte tendência à monopolização em nossa época. Daí segue-se que não é difícil de compreender que, com essa monopolização da violência física como ponto de intersecção de grande número de interconexões sociais, são radicalmente mudados todo aparelho que modela o indivíduo, o modo de operação das exigências e proibições sociais que lhe moldam a constituição social e, acima de tudo, os tipos de medos que desempenham um papel em sua vida" (Elias, 1990, p. 17).

Continuando nessa direção, Elias sugere que ao mesmo tempo em que se caminha para o monopólio, também se caminha para uma desprivatização do poder: "Quanto mais pessoas são tornadas dependentes pelo mecanismo monopolista, maior se torna o poder do dependente, não apenas individual, mas também coletivamente, em relação a um ou mais mono-

---

pada do Estado, em defesa de outrem, seja culpado ou inocente. Porque essa liberdade priva a soberania dos meios para proteger-nos, sendo, portanto, destrutiva da própria essência do Estado" (Hobbes, 1974 [1651], p. 134). Este tema da soberania aparece assim, segundo Foucault (1999), em praticamente toda a filosofia alemã do século XIX, a mesma que em várias fontes vai inspirar a sociologia weberiana (Bendix, 1962; Fleischmann, 1977). A sugestão de que uma certa "imagem de boa sociedade" como sinônimo de "sociedade política" permeia tanto o pensamento de Hobbes como o de Weber e Elias pode ser encontrada em Neiburg (1999, p. 48-49). Tudo isto me leva a pensar que há algo de comum, ou um mesmo substrato, nesta ideia da política como pacificação e monopolização, que merece ser explicitada como uma modalidade única, quando se trata do equacionamento entre guerra e Estado.

pólios. Isso acontece não só por causa do pequeno número dos que galgam a posição monopolista, mas devido à sua própria dependência de cada vez mais dependentes, para preservarem e explorarem o potencial do poder que monopolizaram. (...) De uma forma ou de outra, o poder inicialmente adquirido através da acumulação de oportunidades em lutas privadas tende, a partir de um ponto assinalado pelo tamanho ótimo das posses, a escorregar das mãos dos governantes monopolistas para as mãos dos dependentes como um todo, ou, para começar, para grupos de dependentes, tais como a administração monopolista. O monopólio privadamente possuído por um único indivíduo ou família cai sob o controle de um estrato social mais amplo e se transforma, como órgão central do Estado, em monopólio público" (Elias, 1993, p. 100-101).

Voltamos a Hobbes: "a soberania assim constituída assume a personalidade de todos" (Leviatã, cap. XVIII). Sahlins tem uma imagem interessante para pensarmos neste processo. No Havaí, a sociedade se baseia na ideia de que ela resulta da chegada de um deus estrangeiro horroroso, que, ao se deparar com uma população local, é domesticado a partir de sua devoração e renascimento sob a forma de um deus local, de beleza exemplar. Para os havaianos a domesticação seria, assim, um ato canibal (Sahlins, 1990), onde este estrangeiro já é um "eu potencial", daí o sentido de se converter algo que vai se constituir num exemplo para sua própria autoimagem. De certa forma, a leitura que estou propondo para pensar a relação entre Estado e guerra vai em um sentido próximo a este: o Estado retira do *domus* a matéria prima de sua constituição, e por isto mesmo guerra e política são seus "building-blocks" dispostos em forma de continuidade. Se for verdade que em certo momento o Estado construiu a imagem de separação entre o público e o doméstico, trata-se de pensar o quanto esta dicotomia não precisa ser reatualizada. Afinal, se a cada momento as coisas precisam ser explicitadas para mostrar que são como são, é porque há algo que insiste em aparecer, revelando que por algum motivo está latente. Por isso mesmo, de minha parte, vou insistir em mostrar como o público e o doméstico sempre estiveram sintetizados, e esta é uma operação em alguma medida artificial. O resultado disso – espero que fique claro – é a potencial emergência da guerra no interior da política, o que é afinal o ponto da guerra híbrida.

d) A Sociologia Militar

O chefe do *super-Domus* deve, assim, voltar-se para o mundo de fora como o guerreiro fazia com a *floresta*. Não é à toa que Clausewitz associava o Estado à razão, o Chefe militar ao gênio e o povo à incerteza. A domesticação do chefe guerreiro é um processo contraditório: a razão sempre deve limitar a incerteza da guerra absoluta, e, imagino, se fosse usar os termos dele para desenhar o problema que estamos analisando neste livro, diria que é aí que vemos que todo gênio militar tem o potencial de se voltar contra o próprio povo. Tal é, para voltar ao nosso ponto, o mote de várias análises da chamada sociologia militar, que buscam ver os compassos e descompassos entre os militares e a sociedade a partir da justa medida da racionalização dos meios de monopolização da violência, ou, a bem dizer, da instituição do *grande divisor* que é o Estado. Assim, ou bem os militares estão à frente da realidade e são seus agentes modernizadores, ou bem a sua própria modernização não foi completada, e por isto eles agem disfuncionalmente. Deste modo, algumas temáticas aparecem e são mais proeminentes no campo específico da sociologia militar, e golpes e ditaduras acabam tendo atenção especial desta literatura. É claro que há muita variação nesses estudos, até porque os casos empíricos são bem diferentes entre si. No entanto, conforme vemos em levantamentos bibliográficos (por exemplo, Harries-Jenkins & Moskos, 1981; Nuciari, 1994), é notável a convergência em torno de certos cânones explicativos.

A maior parte dos estudos sociológicos se concentra na área que envolve a questão da profissionalização militar, e têm sua inspiração em duas análises (Huntington, 1957; Janowitz, 1967) que vão colocar a questão da profissão militar em tipos-ideais divergentes (serão brevemente comentadas logo abaixo). Tais tipos vão ser estabelecidos em função principalmente da questão do monopólio militar em contraste com outras profissões, rebatendo nos processos de modernização e burocratização mais genéricos, incluindo variáveis tão amplas como mudança social, padrões de industrialização e teorias das elites, que formaram um dos grandes motes das análises sociológicas weberianas (cf. Boudon, 1991). Mais tarde, tais processos entrarão em evidência junto com outro campo de análise, próprio da ciência política, e evidenciado em 1941, com a publicação do artigo *The Garrison State*, de H. Lasswell, que se colocava no campo de discussões sobre a militarização do Estado e da sociedade. Este tema, que posteriormente ganha força a partir de estudos comparados sobre golpes e ditaduras militares, encontra uma ampla ressonância no tipo de padrão daquelas análises weberianas – incluindo-se aí a questão da modernização e burocratização do aparelho de Estado – para explicar a "questão política" que envolve os militares.[21]

É quase regra que, na base de estudos de "sociologia militar", encontramos tanto os trabalhos de Janowitz como de Huntington. Janowitz (1967) vai colocar, ao enfocar o exército americano, que o militar tende a um enquadramento burocrático que o leva a uma "civilinização", em um processo similar a outras profissões e que estaria dentro de uma modernização mais ampla e genérica, tal como descrita no tipo-ideal burocrático de Weber. Huntington (1957), de outro modo, tende a ver a profissão militar como um "tipo único", graças ao seu vínculo funcional, que repousa sobre o monopólio. Estes dois estudos refletem um contraponto que posteriormente se desdobra nas dissidências dentro da sub-área: se estas maneiras de construir a profissão e a organização militar ajudam ou não a um "controle" político – i.é., do Estado – em relação à sua suposta "autonomia". Evidentemente, isto vai ser lido em dois cenários diferentes. De um lado, está aquele dos países "industrializados" e "democráticos", onde a questão vai se colocar na chave da ligação entre militares e outras elites dirigentes, formação de complexos industriais-militares, política científico-militar, entre outros (cf. Harries-Jenkies & Moskos 1981, p. 11-43; são centenas de trabalhos que vão discutir nesta chave).

A partir disso, entram alguns dados vitais que ajudam na compreensão do fenômeno, tais como o recrutamento ou comparações entre a origem

---

21 No Brasil, bem como na maior parte dos países que viveram sob ditaduras militares, este foi o campo de discussões mais amplo que envolveu análises sociológicas sobre militares. Aqui, estas análises são de quase exclusividade da ciência política.

social dos militares e a pirâmide social global, coalizão entre o capital e o Estado, e, principalmente, a formação institucional mais global dos Estados em questão. No outro cenário, dos países "subdesenvolvidos", e que geralmente é mais complicado, vai-se apelar para toda uma sorte de faltas ou falhas no chamado processo de modernização para explicar o porquê de os militares aparecerem justamente como atores políticos, verdadeiros "partidos fardados" – tomando como referência forças de segurança em geral – ou "partidos militares", restritos às Forças Armadas (Ferreira, 1988; Rouquié (org.), 1980). Como parâmetro mais recente (pelo menos desde os anos 1990), está a ideia de um pós-modernismo militar, que pensaria os exércitos (nessa condição) como estruturas enxutas, mais "ocupacionais" do que "institucionais" (i.é., aproximando-se de uma visão "mercadológica"), integradas ao mundo civil (e aí com integração plena de quadros femininos e homossexuais), e atuando em conflitos sub-nacionais. Em parte, isto deriva inclusive de uma proposição de Exército como "força constabular" ["constabulary force", i.é, como "polícia internacional"], como já colocava antes Janowitz (1967; ver sobretudo também Moskos, 2000 e Ben-Ari *et al* 2010, p. 13; para uma análise em relação ao caso brasileiro, Kuhlmann, 2007).

Toda esta discussão, se colocada em um quadro comparado, leva à ideia da completude dos militares enquanto agentes da política: se nos Estados ditos consolidados eles são apenas mais uma parte da burocracia que opera para isolar a guerra do bom funcionamento institucional da política, e aí se inclui a própria atualização da política no sentido do firmamento do poder nacional dos Estados (e é claro que a concepção que leva mais a cabo este tipo de visão é aquela que deriva desta sociologia toda uma visão geopolítica da realidade, onde os Estados em expansão seriam a matéria-prima da existência social mundial), nos Estados não consolidados eles assumem a própria política como uma espécie de contra-prova de que a guerra não pode passar da política regida por outros meios, sendo uma questão de "vácuo institucional". Nem é preciso dizer que a maior parte destas perspectivas apontam para o fenômeno histórico-institucional que liga a especificidade de um Estado ou de uma região a uma determinada forma de intervenção da vida militar na política. Curiosamente, a guerra passa a ser um tema colocado em segundo plano, talvez até evidenciado pela gigantesca quantidade de golpes de Estado, se comparada à quantidade de conflitos entre Estados (Luttwak, 1991). Neste caso, o fenômeno empírico dos golpes, de um lado, e da associação entre militares e setores industriais e tecnológicos, de outro, de fato colocaria em evidência a série exército-política como sociologicamente mais relevante e justificaria a virtual ausência da guerra nestes estudos.

É evidente que, quando analisamos um golpe, uma crise, temos que entender por que uma lacuna na produção do consenso leva ao suplemento do uso da força. E, aí, os fatores em jogo estão dados no âmbito dos chamados problemas nacionais. Mas uma outra classe de elementos surge quando os militares não entram na cena como uma força suplementar e de forma explícita. O que acontece quando a política aparece completamente embaralhada com uma força que se apresenta apenas enquanto um *estado*, uma *ameaça*? Note-se, aqui, que parecemos voltar à Hobbes, e em certa medida precisaremos mandar as teorias da "modernização incompleta" para escanteio. Os cálculos conjunturais e dimensões extramilitares da vida militar não me parecem explicar a contento esta subtração da guerra do seu sentido primeiro: o problema está na "burocratização"; o problema está na "profissionalização"; o problema está na "pretorização". Isso quando o problema não está bem longe dos militares, como se eles pudessem ser acionados cada vez que os poderosos precisam de marionetes. E, pode-se aí, frente a esta diversidade de problemas, tentar resolvê-los com quase tudo, menos com aquilo que lhes é próprio.

É preciso se perguntar, assim, por que na atual situação que nos encontramos os militares decidiram tomar o rumo que tomaram: "vamos conquistar o Estado porque ele está anômico", eles nos lembram com certa frequência. Porém, não vamos tomar este discurso pelo seu valor de face, já que a ele se contrapõe outro: "as instituições estão funcionando, especialmente as Forças Armadas, que são o núcleo mais vital e permanente do Estado". Se a guerra é mesmo paradoxal em sua gramática, como nos diz um especialista em estratégia (Luttwack, 1987), não há por que duvidar que ela o seja também como que um problema para se pensar a política.

Vamos, então, a algumas outras soluções possíveis para a questão da ligação da guerra com a política.

e) Marchando para o grande divisor

Como bem coloca Bourdieu (1996), uma primeira lição que deve ser apreendida para se estudar o Estado é que há um risco eminente em assumir seu pensamento e aplicar categorias produzidas e garantidas por ele, e, consequentemente, não compreender a sua verdade mais fundamental e um de seus principais poderes: o de produzir e impor as categorias de pensamento que ele próprio aplica a todas as coisas do mundo. Por isto mesmo julgo necessário remeter a nossa leitura sobre a guerra a um conjunto de teorias radicalmente diferente, e que assim o é por tratar-se de algo que é fundamentado em sociedades muito diversas da nossa. É por uma tentativa de estabelecer uma conexão conceitual que pretendo levar à frente meu argumento de que a guerra híbrida aparece como uma espécie de síntese entre campos que foram artificialmente separados, como estes da guerra e da política. Ela atravessa o Estado e a sociedade, e a novidade é que ela parece não dar bola para categorias e convenções que diziam que guerra é uma coisa e política outra. De certa maneira o "inventor" do termo, Coronel Frank Hoffman, intuiu bem o problema ao afirmar que elas têm um componente que lembra as guerras primitivas (Hoffman, 2007). Mas não devemos aproximar estas como *termos* e suas características substantivas (aquilo que ele supôs ser uma *falta de regras*). Seu ponto de semelhança (resemblance) está no fato que ela ignora a "autonomia das esferas" (voltando a um tema caro a Weber), pois atua como uma espécie de "fato social total" (Mauss, 1974), que parece por em síntese elementos que em princípio consideraríamos desconectados entre si. Trata-se de uma guerra "ambiental, física, psíquica e social" que está ocorrendo aqui e agora, embaixo do nosso nariz.

É assim que gostaria de trazer à tona alguns modos pelos quais a antropologia tratou das chamadas guerras primitivas, e como isso desaguou em teorias da guerra que sugerem algo totalmente diferente daquilo que sugeri estar iluminado pelas proposições ocidentais. Para fazer isto vou primeiro passar por um conjunto de teorias que de certo modo ainda estão demasiado presas à equação weberiana, e que ora atribuem às guerras primitivas uma causa exterior a elas próprias, ora as rebaixam a um estatuto de "teatralidade" ou "falsidade" que lhes tira qualquer possibilidade de uso numa reflexão *geral* sobre a guerra. Isto me parece um passo necessário para entendermos como as formas particulares de guerra híbrida se relacionam com aspectos gerais daquilo que estou tentando elaborar como sendo a relação entre guerra e política, e sua efetivação na vida social. Pois, se a guerra híbrida aqui é encarada como uma espécie de síntese de diversos elementos, a primeira coisa a ser considerada é que ela não *nega* as demais formas de guerra. Portanto, cabe pensar em alguma medida em um substrato comum a tantos contextos e níveis para que possa pelo menos ao final deste capítulo responder, afinal, o que estou entendendo como uma guerra. Vejamos, assim, em resumo, como a antropologia seguiu uma linha de argumentação, senão diretamente colada nos problemas do Estado, ao menos paralela em relação ao que vimos ocorrer com a sociologia política do Ocidente moderno. Nesse sentido, o que se vê em várias leituras da chamada antropologia da guerra são equacionamentos, ainda que de diferentes maneiras, das três variáveis hobbesianas acima mencionadas: a natureza, o Estado (a Política) e a guerra.

Embora o tema da guerra primitiva tenha aparecido de maneira esporádica desde o século XIX, tanto em manuais de antropologia como no *Notes and Queries* de 1874 do *Royal Anthropological Institute* (Vincent, 1990, p. 58), quanto em trechos de Morgan (1985 [1877] *apud* Carneiro, 2003, p. 67) sobre a barbárie, ou em Tylor (1888, p. 258-259 *apud* Otterbein, 2000, p. 795) sobre a função da guerra na passagem dos matriarcados para os patriarcados, é notável que sua importância só tenha sido de fato notada pela antropologia nos anos de 1940, talvez justamente pela coincidência com a eclosão da 2ª Guerra Mundial. É justamente nesse contexto que vemos uma espécie de matriz conceitual vital para o construto teórico da geração que irá se ocupar do tema na década de 1960, ainda que, como vimos no capítulo anterior, nesta mesma década a reação a uma instrumentalização da antropologia tenha se feito sob esses termos. Diante de um conflito sem precedentes de guerras nacionais como a 2ª Guerra, as guerras primitivas passaram a ser vistas em muitos casos como conflitos "não sérios", "não militarizados" ou hipostasiados em rituais. Não que houvesse uma simples resposta reativa ao modus operandi do conflito mundial, mas, de certa maneira, pode-se dizer que ele reforçou os aspectos que já se colocavam pela teoria sociológica (como visto acima). O Estado continuou a ser um paradigma para medir o fenômeno.

Malinowski (1941), por exemplo, definiu a guerra conforme a condução do conflito de "comunidades políticas organizadas". As guerras primitivas mais se assemelhariam a uma espécie de protótipo do comportamento criminoso, e a guerra como instrumento da política nacional seria o modelo mais bem-acabado de conflito armado. Ideia semelhante foi desenvolvida contemporaneamente por um dos primeiros teóricos que se dedicaram ao tema, H. Turney-High (1942) em seu estudo *The Practice of Primitive War*. Curiosamente, apesar do título, logo no prefácio o autor alerta que "esse trabalho trata apenas da guerra primitiva, um termo que brevemente se revelará contraditório. A verdadeira guerra não é a primitiva" (*Idem*, p. i). Logo, ele desenvolve a "teoria do horizonte militar", partindo de uma série de exemplos etnográficos. Postula que os níveis de complexidade da guerra estariam associados a certo grau de eficiência, associada aos planos tático, estratégico, logístico e político (que inclui as noções de comando/controle e de representação coletiva como "motivação" coletiva). Assim, na prática, as únicas sociedades capazes de passar o "horizonte militar" são aquelas que possuem um Estado (*Idem*, p. 21-2).

Ainda desenvolvendo esse argumento, numa linha próxima à weberiana, Turney-High indexa a existência do Estado à guerra, estabelecendo que, apesar de uma aparente universalidade desta, é apenas quando se passa de uma guerra primitiva para uma "guerra verdadeira" que teríamos a condição de emergência de um Estado. Embora as sociedades primitivas contassem com certo grau de violência e de disposição para organizá-la, através da produção de armamentos e ritualização das formas de combate, somente a divisão do trabalho guerreiro – através de um corpo de combatentes permanente e institucionalizado – fornece a chave para um processo de domesticação da guerra. Por isso, as verdadeiras guerras fazem os Estados, e os Estados fazem as verdadeiras guerras. Portanto, sociedades que não realizavam tal "guerra verdadeira" acabam por ter seus conflitos rotulados como rixas, contendas ou vendetas. Tal oposição vai ainda se desdobrar em outras que, no limite, apresentam similar rendimento teórico, como a oposição entre *feuding* (combate armado no interior de uma comunidade) e *warfare* (combate entre comunidades políticas), tal como sugerido por Otterbein (1973). Desta maneira, defendo aqui a noção de que essa oposição atualiza para a subárea da "antropologia da guerra" outras tipologias que vemos ocorrer desde o evolucionismo, como, as clássicas oposições categóricas que Eduardo Viveiros de Castro listou (cf. supra). Note-se que os níveis suscitados para diferenciação entre feuding e warfare diferem justamente na ideia de opor conflitos familiares a sociais/estatais.

Nessa linha, como bem apontou Fausto (2001, p. 268-70), vemos toda uma série de problemas em se definir o fenômeno "guerra". Pelo menos para alguns antropólogos norte-americanos que vieram a se formar no pós-guerra, o uso da ideia de "fases" ou diferenças radicais no modo de se fazer e conceber a guerra tornou-se claro. Por exemplo, seguindo uma clássica distinção entre parentesco e política (que está presente desde Maine até os antropólogos britânicos do campo africanista da primeira metade do século XX), Otterbein (1968) procura demonstrar que as alianças de guerra baseadas no parentesco tendem a se desfazer conforme aumenta a complexidade da organização política. Service (1971) distingue os conflitos entre bandos de guerras entre Estados. Vayda (1976), que realizou pesquisa entre os marings da Nova-Guiné no começo dos anos 1960, polarizou sua guerra em diferentes fases, das quais as duas principais seriam lutas "de nada", ou meramente rituais, e lutas "verdadeiras". Essa ideia de guerra primitiva como "ritual", ou mesmo "jogo", já havia sido relativamente popularizada pela etnografia de Hart e Pilling (1960) sobre os tiwi do norte da Austrália. Tais modelos tendem, como mostrou Fausto (1999, p. 256), a "naturalizar" o campo da guerra. Isso se dá, possivelmente, por uma certa persuasão em encontrar um selvagem contratualista, que, como coloca Otterbein (2000), mostraria uma antropologia que ora acredita no "mito do bom selvagem" (Keeley, 1996), ora no do "selvagem guerreiro" hobbesiano (Hobbes, 1974 [1651]). Acredito que tal visão ocorre, particularmente, na combinação de dois fatores.

Em primeiro, a perspectiva norte-americana da sub-área tem uma tendência predominantemente evolucionista, buscando sintonizar o problema da guerra em termos de "origens" ou "passagens" de estados. Daí, talvez, essa fixação em classificar guerras como verdadeiras ou falsas, encontrar tipologias, partir de definições e emoldurar processos sociais em termos de matizes socio-históricas. Vale ainda dizer que esse campo também se vê obrigado a discutir com visões bastante popularizadas da etologia que buscam fundamentos instintivos para a agressão e defesa territorial (Lorenz, 1966); e também da sociobiologia e seus mecanismos de seleção natural (Wilson, 1975); ou da psicologia pós-freudiana e suas explicações baseadas no binômio frustração/agressão (cf. Ferguson, 1984, p. 10-14). Suas teorias, portanto, têm que se preocupar em lidar com esse tipo de argumentação.

Seguindo essa linha, a meu ver, o segundo fator que condiciona a subárea da antropologia da guerra está em tratar o Estado como uma medida, baliza ou referência universal para situar o problema da guerra, se ligando à propensão evolucionista acima citada na medida em que leva à combinatória entre guerra e Estado insistindo em vê-los como passagens redundantes (Cohen, 1984). Ou seja, novamente retomando premissas contratualistas, o Estado serve como medida para se pensar também a relação natureza-cultura diante da guerra. De certa forma, essas ideias têm sido dominantes no cenário norte-americano desde fins dos anos 1960 até hoje. Por isso, um ponto que quero realçar aqui, reside na problemática da guerra primitiva geralmente aparecer associada a um motivo transcendente. Quando as explicações não se contentam em explicar a guerra a partir de fatores diretamente naturais (biologia, ecologia), apoiadas na ideia de que os "primitivos" seriam mais próximos a um estado natural, elas de fato acabam impondo a sombra do Estado como contrapeso ao impulso primordial para a guerra. De todo jeito, é curiosa a associação a essa outra figura, que no mais, não tem indicativo nenhum do porquê deva aparecer nessa história, a não ser que acreditemos de fato que o Estado é algo que sempre esteve presente na história e na sociologia humanas, só esperando pelo momento certo para se manifestar.

Tal ponto chega a ser diretamente levantado pelas teorias mais influentes do gênero, que sustentam uma relação direta entre um Estado e a guerra primitiva. É o caso, por exemplo, de R. B. Ferguson (Ferguson e Whitehead, 1992), e sua *tribal zone theory*. Ele argumenta que a guerra (por exemplo, no caso yanomami) vem de uma situação externa, a partir da expansão de um Estado (europeu) que gera uma pressão de múltiplas variáveis – ecológica, econômica, cultural – na população prístina. Mais do que isso, é a introdução de novos meios (materiais), como o metal, que, devido à sua escassez, provoca a fissão e a luta pelo controle social. Desse modo, a guerra – assim como a história (Fausto, 1999, p. 256) – obedece a um princípio transcendente que, no limite, segue a mesma lógica da argumentação naturalista-ecológica, combinando-a, porém, com a emergência/expansão do Estado, que vem acompanhada de uma racionalidade inerente à eficiência dos meios militares.

De maneira simétrica a Ferguson, porém com efeito inverso, R. Carneiro (1970, 1978, 1988) também pensa a guerra ligada ao fenômeno da expansão territorial, só que em função dos seus limites (sobretudo de terras aráveis, mas também de pressão populacional). Para ele, é a "circunscrição" social que leva à guerra (*circumscription theory*), e essa à formação do Estado (Carneiro, 1970). Um de seus argumentos vem do fato de que vários Estados se desenvolveram de forma independente em partes desconexas do mundo, e que, portanto, somente uma pressão inerentemente contrária a todo movimento de expansão resolveria o fato empírico de que "guerras fazem Estados". Assim, a guerra – acentuada sobretudo pela competição interna –, acelera o processo de subjugação dos grupos até estabilizar-se em grandes unidades políticas, autoridades centralizadas.

O grande problema disso tudo é que esta parafernália não resolve uma questão muito simples: se o problema for mesmo de escala, intensidade, quantidade, antes da guerra é preciso definir o que é uma sociedade, uma comunidade, um grupo, um segmento etc. Porém, as coisas não param por aí. O grande problema desta série de visões sobre a guerra primitiva é sua associação com a ideia de que ela é realizada em um contexto de sub-nível de organização sociopolítica.[22] Fundamentalmente a ideia de um *feud* ou mesmo a que se tem de guerra primitiva emula a noção de grupos privados em estado concorrencial: ou seja, temos aqui mais uma projeção de uma "ciência de Estado", vestindo uma carapuça medievalista em sociedades que não estão com uma trajetória apontada para a modernidade. Sabemos que tais noções têm sido amplamente questionadas pela antropologia, que talvez agora marche *contra o grande divisor*, e não ao seu encontro. Cabe assim se perguntar se esse tipo de questionamento não vale também para o problema da guerra, e aqui oferecer pistas para pensar a guerra a partir de outros parâmetros. É isso que pretendo esboçar, seguindo não só uma "lógica qualitativa" (cf. Fausto, 1999, p. 274), mas também pensando qual o rendimento em tratar a guerra como conceito antropológico.

f) O grande divisor na mira

Parece que os cenários políticos contemporâneos têm ajudado um tanto a sustentar uma teoria que supõe uma volta da ligação entre guerra e política. Não é novidade que nos últimos anos muito tem se falado a respeito de uma certa inoperância do conceito de Estado-Nação para analisar vários eventos contemporâneos, entre eles a guerra. O fim da guerra fria, a dissolução de vários Estados, o terrorismo, as células independentes de combate, as forças mistas internacionais, a ideia dos Estados Unidos formando uma espécie de "polícia mundial", entre outros fatores, foram pensadas como um enfraquecimento do Estado enquanto "monopólio legítimo da violência", e acabaram produzindo, como contraefeito, mudanças na própria ideia de guerra. Hardt & Negri (2005), por exemplo, numa versão para esses "conflitos pós-modernos", localizam nesse momento uma mudança de paradigma: agora teríamos, ao invés de guerras, apenas conflitos localizados no interior do Império (mundial).

Note-se, por exemplo, o caso paradigmático da guerra da Iugoslávia (1991). Uma excelente descrição está em Ortega e Marin:

---

22 Isso quando não replica esquemas neo-evolucionistas, como os de Elman Service (1971), que classificam os "tipos sociais": bandos, tribos, cacicados e Estado.

"- Uma federação se fraturou em conflitos étnicos-nacionais multifacetados, não-lineares, com vários atores não-estatais./ - Ênfase nos atores não-estatais armados: milicianos, grupos políticos, militantes, mercenários e terroristas (incluindo uma base da Al Qaeda na Bósnia). / - O território iugoslavo foi engolido por uma série de conflitos sucessivos, 'um atrás do outro', diferentes porém encadeados. Foram pelos menos seis guerras. / - Foram abertas diferentes frentes de batalha, uma dentro da outra. Na Bósnia, por exemplo, existiam bolsões de bosniaks, croatas e sérvios, em um território salpicado por milícias que por vezes estavam em vilas vizinhas. As milícias sérvias na Bósnia se filiaram a uma entidade política para-estatal que buscava reconhecimento, a República Serpska. No conflito croata, os sérvios de Krajina abriram uma frente independente e separatista, também com uma entidade política que aspirava a autonomia, com vínculos limitados a um estado consolidado (da Sérvia). / - Sem bipolarização política - a multidimensionalidade do conflito também estava no campo internacional. / - Países como os Estados Unidos participavam da multidimensionalidade e não elegiam 'campeões', podendo dar apoio direto ou indireto a forças que eram inimigas entre si num curto espaço de tempo./- Países, inclusive aliados de dentro da OTAN, apoiando forças opostas com base em cálculos de interesse sem precedentes na Guerra Fria, solidariedade étnica, cultural e religiosa. Grécia apoiando os sérvios, Turquia apoiando os bósnios. O Vaticano, um micro-estado, foi ativo na criação e no armamento de um estado croata independente" (Ortega e Marin, 2019, p. 89-90).

Como disse no capítulo anterior, a questão que se impôs a nós em dado momento é se essa fragmentação da guerra foi fruto de uma mudança na doutrina, se esta foi adaptada para uma realidade exterior que se formava, ou se, enfim, o que parece ser mais plausível, estas forças estão dialeticamente conectadas. Quero chamar a atenção para o problema de considerar tudo isso como uma passagem, indicando uma mudança de rumo que está mais no fato que não estávamos querendo enxergar algo que já estava lá. Boyd apareceu antes da balcanização. As guerras primitivas, antes de Boyd. Porque realmente o estatuto "não-político" da guerra pode ser uma armadilha estadocêntrica, é preciso se perguntar antes se há ou não necessidade imperiosa em tratar o problema primeiramente pela dicotomização da série política-guerra, ou se ela pode ser (mas não necessariamente é) um ponto de chegada como síntese. Penso que o ponto não está só em projetar o parâmetro estatal para outras culturas, mas, também, em projetá-lo para outros conceitos. Seriam então séries como guerras "de mentira" / "verdadeiras", "feud"/ "warfare", e assim por diante, projeções conceituais do famoso par "tradição"/ "modernidade" (e assim por diante, cf. Viveiros de Castro [supra])? E se desmontarmos a guerra de seu indexador estatal-monopolista, o que sobra?

Algumas abordagens da antropologia têm mostrado aquilo que podemos chamar de uma perspectiva relacional para a guerra; isto é, sem reificá-la em um outro conceito, a ideia passa a ser pensar a guerra como *relação*, e não como um *termo*. Partiremos assim das reflexões de Lévi-Strauss e Clastres, que nos remetem aos papeis da reciprocidade e da troca na constituição da vida social, para pensar a guerra no interior desta. Mesmo que escritas com mais de 30 anos de diferença (Lévi-Strauss escreveu seu primeiro ensaio dedicado ao tema em 1942 [1976], e Clastres em 1977 [1980]), as reflexões de ambos apontam para um diálogo que ecoa em um horizonte diverso daqueles que vimos nas soluções de caráter hobbesiano, ainda que de maneira divergente entre os dois. A ideia que liga a guerra à troca e afasta, provisoriamente, essa problemática da medida universal do contrato visto através do Estado, irá apresentar duas soluções.

Em Lévi-Strauss, que se utiliza do exemplo etnográfico indígena sul-americano (especialmente o nambikuára), a guerra é tomada como contrapartida de um processo lógico que opera nos fundamentos da socialidade; trata-se de uma falha das relações de troca (não uma "troca concreta" qualquer, mas a troca como regra positiva relativa à proibição de se fechar no próprio entorno consanguíneo). Por ser primeiro "lógica" para depois se concretizar como uma operação "sociológica", de certo modo a guerra fica indexada ao plano estrutural da troca. Neste caso, ela aparece como moeda dentro de uma cláusula universal reversível: "as trocas comerciais representam guerras potenciais pacificamente resolvidas, e as guerras são consequência de transações mal sucedidas" (Lévi-Strauss, 1976 [1942], p. 337). Tal leitura supõe, portanto, que guerra e troca estão fundamentalmente ligados à vida social, sendo ambos operadores estruturais dela. Desse modo, "os conflitos guerreiros e as trocas econômicas não constituem unicamente, na América do Sul, dois tipos de relações coexistentes, mas antes os dois aspectos, opostos e indissolúveis, de um único e mesmo processo social" (Idem, p. 338).

Porém, a noção de que há uma falha que desdobra guerra e troca parece conter o problema de implicar uma certa negatividade à questão. Numa versão um tanto crítica à ideia inicial de Lévi-Strauss de "guerra como troca falha", Clastres (1980) pensa a guerra como um âmago do "ser social primitivo". Uma das consequências desse movimento é um "retorno ao Estado", agora como um anteparo negativo ao problema da guerra: guerra e Estado são antagônicos entre si, segundo ele. O ponto de partida reside no fato de que a guerra atuaria como força centrífuga na sociedade primitiva, mantendo unidades sociais autárquicas que resistem à troca (aqui ele remete a uma teoria elaborada por Sahlins [1972]), e por consequência à alienação ao outro. A divisão, e o risco de alienação a um poder exterior – que Clastres vê como um protoplasma de Estado –, abririam a possibilidade de emergência de uma máquina estatal; por isso, a imbricação de uma equação guerra = anti-Estado.[23]

---

23 Estou ciente que por serem, então, "sociedades contra o Estado", ao mesmo tempo as sociedades primitivas acabam sendo "sociedades para a guerra", na visão de Clastres. Parece-me, contudo (para podermos voltar aos benefícios de Lévi-Strauss), que a leitura de Clastres, ao considerar a descontinuidade lógica entre guerra e Estado, pode acarretar numa formulação que, a reboque, traga certa descontinuidade sociológica entre "primitivos" e "modernos" (e aí as mesmas barreiras entre guerras verdadeiras e falsas podem voltar com nova roupagem...). Lefort (1999, p. 314-15; 320-24) percebe tal fato quando Clastres constrói sua noção de alteridade sobre o Estado, tomando esta "forma da história" como resolução mais bem-acabada da diferença. Fausto (1999, p. 258-59) entende que a solução de Clastres pode recair numa espécie de paradoxo, sugerindo que ele não escapa totalmente dos modelos ao mesmo tempo do "bom selvagem", para expressar uma "liberdade e igualdade" primitivas, e do selvagem hobbesiano, contra Lévi-Strauss. Deleuze e Guattari (1997 [1980]), por sua vez, entendem que Clastres, ao perceber que algo do mecanismo dessa instituição moderna tem que estar presente nas sociedades primitivas para que elas possam inibi-lo, acaba por produzir um certo "resíduo etnocêntrico", que impõe uma continuidade artificial entre os dois tipos de sociedades.

Assim, "(a) máquina de guerra é o motor da máquina social, o ser social primitivo repousa inteiramente sobre a guerra. Quanto mais houver a guerra, menos unificação haverá, e o maior inimigo do Estado é a guerra. A sociedade primitiva é contra o Estado na medida em que ela é sociedade--para-a-guerra. Eis-nos novamente reconduzidos ao pensamento de Hobbes. Com uma lucidez que depois dele desapareceu, o pensador inglês soube desvendar o laço profundo, a relação de vizinhança próxima que entre ambos estabelecem a guerra e o Estado. Soube ver que a guerra e o Estado são termos contraditórios, que não podem existir conjuntamente, que cada um deles impede a conjugação do outro: a guerra impede o Estado, o Estado impede a guerra. (...). Incapaz de conceber o mundo primitivo como um mundo não-natural, Hobbes, em contrapartida, foi o primeiro a perceber que não se pode pensar a guerra sem o Estado, que devem ambos ser pensados numa relação de exclusão. Para ele, o vínculo social institui-se entre os homens graças a esse 'poder comum que os mantém a todos em respeito': o Estado é contra a guerra. Que nos diz paralelamente a sociedade primitiva como espaço sociológico da guerra permanente? Repete, invertendo-o, o discurso de Hobbes, proclama que a máquina da dispersão funciona contra a máquina de unificação, diz-nos que a guerra é contra o Estado". (Clastres, 1980, p. 44-5; grifos do autor). Como sabemos, Clastres teve uma farta influência na etnologia americanista, especialmente quando ela equacionou o problema da guerra ao da alteridade (Teixeira-Pinto, 2018, p. 231).[24]

Tal panorama pode nos colocar novamente à sombra da metafísica da violência em Clastres (Giannotti, 1983; Viveiros de Castro, 1986), voltando à ideia de que a guerra necessariamente passa por algum nível de exteriori-

---

24 "Em seus próprios méritos, no entanto, a obra Clastres jamais deixou de povoar o repertório das fontes de inspiração para quase todos os americanistas./ De certo modo, não é simplesmente a guerra, a paixão belicosa ou o imaginário guerreiro que, em si mesmos, cativaram a sensibilidade etnográfica dos amazonistas nas últimas décadas. Bem além do foco no estatuto e nas formas variadas de beligerância, inegavelmente inscritas de forma mais ou menos evidente em toda a província etnográfica amazônica, muita atenção foi posta também sobre o mecanismo peculiar de estabelecimento de relações vis-à-vis o exterior, acionado por meio de formas e graus variados de hostilidade, efetiva ou figurada" (Teixeira-Pinto, 2018, p. 231).

dade. Assim, tiramos ela de uma dimensão imanente ao corpo social. Nesse caso, vale a pena pensar em várias análises do campo americanista e em como a própria alteridade reaparece numa ontologia dos grupos amazônicos (Teixeira-Pinto, 2018, p. 247 e ss.), algo que escapa aos propósitos deste livro, pela sua complexidade. Ainda assim, gostaria de salientar como estas análises são tributárias do pensamento de Lévi-Strauss, e deste modo justificar minha opção em limitar esta leitura a algumas consequências de sua teoria. Pegando carona numa sugestão elaborada por C. Fausto (1999, 2001), "poderíamos pensar numa outra leitura, que, de certo modo, vai se valer dessas anteriores, embora retomando um sentido estruturalista posterior à obra de Lévi-Strauss. É possível dizer que há outras consequências do pensamento de Lévi-Strauss (que são de especial interesse para nós), que ultrapassam a equação 'guerra = troca infeliz'". Desse modo, "a crítica [de Clastres] dirigida a Lévi-Strauss atém-se, contudo, a apenas um dos aspectos da reflexão estruturalista sobre a guerra primitiva, aquele que a faz mera contraface da troca e da sociabilidade, não lhe conferindo nenhum valor positivo. Na verdade, há outro movimento no pensamento lévi-straussiano, talvez mais profundo e com um desenvolvimento empírico mais importante, que consiste justamente na operação inversa: não se trataria de pensar a guerra como negativo da troca, mas sim *como troca*" (Fausto, 1999, p. 260).

É preciso deixar bastante saliente esta positividade da guerra em Lévi-Strauss, pois ela pode ter potencial para se superar em parte a dicotomia artificial que a guerra manteria com a política. É verdade que Lévi-Strauss abre uma outra dicotomia a partir dela, e poderíamos supor que a troca seria em princípio uma operação com alguma equivalência ontológica em relação à política. Mas creio que há um fato que se sobrepõe a isto, que é a noção de que a guerra faz parte da sociedade, e em certa medida fabrica ela. Isto não é, de um lado, totalmente diferente da ideia de Tilly (1996), para quem "as guerras fazem os Estados". Mas este é tributário da noção de que há uma eliminação da concorrência e um processo crescente de vínculo entre tributação e corpo guerreiro que faz a guerra, no fim das contas, ser o motor do *Um*. Diga-se de passagem, na própria *Arqueologia da Violência* Clastres nos mostra um Estado que retira a guerra do exterior do *socius* para de alguma forma perpetuá-la na tirania do Um.

Ao contrário de Marx, em Clastres o Estado não emerge para obliterar a divisão: ele é a causa primeira desta, as classes só aparecem porque o Estado eclodiu. O mais impressionante deste insight clastreano não é somente seu paralelismo com algo que Foucault ia enunciar logo depois, mas também a antecipação de um argumento que parece encontrar evidências empíricas que só apareceram nos anos 1990. Estas foram encontradas nos campos de Çatal Hüyük (Anatólia, Turquia) e mostraram que antes das "civilizações hidráulicas" – na região do Tigre/Eufrates, que pressupunham domesticação da plantas e propriedade privada como condição de emergência do Estado – haviam formas protoestatais e hierarquia apenas com a domesticação de Auroques, e sem pressuposição de propriedade da terra (Hodder, 1990).[25]

Voltamos, assim, a La Boétie. Ou, mesmo se quisermos recusá-lo, e objetar Clastres por ele supor a sociedade primitiva como uma "hipóstase autossuficiente" (Deleuze e Guattari, 1997, p. 22),[26] ainda vemos a possibilidade de repensar Clausewitz a partir da guerra primitiva:

---

25 Deleuze e Guattari, que leram o antecessor de Ian Hodder na arqueologia de Çatal Hüyük, J. Mellaart (1967), vislumbraram o problema com a seguinte passagem: "Marx historiador, Childe arqueólogo, estão de acordo sobre o seguinte ponto: o Estado imperial arcaico, que vem sobrecodificar as comunidades agrícolas, supõe ao menos um certo desenvolvimento de suas forças produtivas, uma vez que é preciso um excedente potencial capaz de constituir o estoque do Estado, de sustentar um artesanato especializado (metalurgia) e de suscitar progressivamente funções públicas. É por isso que Marx ligava o Estado arcaico a um certo "modo de produção". Todavia, não terminamos de recuar no tempo a origem desses Estados neolíticos. Ora, quando se conjetura sobre impérios quase paleolíticos, não se trata somente de uma quantidade de tempo, é o problema qualitativo que muda. Çatal-Hüyük, na Anatólia, torna possível um paradigma imperial singularmente reforçado: é um estoque de sementes selvagens e de animais relativamente pacíficos, provenientes de territórios diferentes, que opera e permite operar, primeiro ao acaso, hibridações e seleções de onde sairão a agricultura e a criação de pequeno porte" (1997, p. 117).

26 Esta é uma hipótese que Clastres alinha à ideia de "autarquia" de Sahlins (1972): a "sociedade neolítica" tenderia a restringir a troca para não perder sua autonomia política, e isto explicaria sua recusa em gerar excedente, que só poderia ser apropriado por outrem, ou do "exterior" ou do "interior dividido em classes".

"Em primeiro lugar, essa distinção entre uma guerra absoluta como Idéia e as guerras reais parece-nos de uma grande importância, desde que se possa dispor de um outro critério que não o de Clausewitz. A Idéia pura não seria a de uma eliminação abstrata do adversário, porém a de uma máquina de guerra que não tem justamente a guerra por objeto, e que só entretém com a guerra uma relação sintética, potencial ou suplementaria. Por isso, a máquina de guerra nômade [que em Clastres é chamada de "primitiva"] não nos parece, como em Clausewitz, um caso de guerra real entre outros, mas, ao contrário, o conteúdo adequado à Idéia, a invenção da Idéia, com seus objetos próprios, espaço e composição do *nomos*. (...) mesmo na pureza de seu conceito, a máquina de guerra nômade efetua necessariamente sua relação sintética com a guerra como suplemento, descoberto e desenvolvido contra a forma-Estado que se trata de destruir. Porém, justamente, ela não efetua esse objeto suplementário ou essa relação sintética sem que o Estado, de seu lado, aí encontre a ocasião para apropriar-se da máquina de guerra, e o meio de converter a guerra no objeto direto dessa máquina revirada (por isso, a integração do nômade ao Estado é um vetor que atravessa o nomadismo desde o início, desde o primeiro ato da guerra contra o Estado). A questão, pois, é menos a da realização da guerra que a da apropriação da máquina de guerra. E ao mesmo tempo que o aparelho de Estado se apropria da máquina de guerra, subordina-a a fins "políticos", e lhe dá por objeto direto a guerra. Uma mesma tendência histórica conduz os Estados a evoluir de um triplo ponto de vista: passar das figuras de enquistamento a formas de apropriação propriamente ditas, passar da guerra limitada à guerra dita total, e transformar a relação entre o fim e o objeto" (Deleuze e Guattari, 1997, p. 106-107).

Deleuze e Guattari anteciparam o movimento. Entenderam que a "captura" da máquina de guerra "nômade" (isto é, aquela que tem como vetor principal o *exterior*) pelo Estado conduziria a uma forma "total": "A máquina de guerra se encarregou do fim, da ordem mundial, e os Estados não passam de objetos ou meios apropriados para essa nova máquina. É aí que a fórmula de Clausewitz se revira efetivamente, pois, para poder dizer que a política é a continuação da guerra por outros meios, não basta inverter as palavras como se se pudesse pronunciá-las num sentido ou no outro; é preciso seguir o movimento real ao cabo do qual os Estados, tendo-se apropriado de uma máquina de guerra, e fazendo-o para seus fins, devolvem uma máquina de guerra que se encarrega do fim, apropria-se dos Estados e assume cada vez mais funções políticas. (...) Sem dúvida, a situação atual é desesperadora. Vimos a máquina de guerra mundial constituir-se com força cada vez maior, como num relato de ficção científica; nós a vimos estabelecer como objetivo uma paz talvez ainda mais terrífica que a morte fascista; nós a vimos manter ou suscitar as mais terríveis guerras locais como partes dela mesma; nós a vimos fixar um novo tipo de inimigo, que já não era um outro Estado, nem mesmo um outro regime, mas 'o inimigo qualquer'" (1997, p. 108).

Assim o Estado reencontrou a guerra, realizando esta de forma trágica. Além disso, ao recusarmos a "mitologia ocidental" de que o estado de sociedade corresponde à sociedade do Estado, temos aqui um caminho para se pensar a guerra sem necessariamente cairmos na armadilha de oposições tipo *feud/warfare*. A implicação disso pode ser enorme (e está longe de ser esgotada aqui): recusando a divisão entre guerras de "grupos privados" e "organizações políticas (Estado)", temos acesso à ideia de uma condição inicial do hibridismo, que de certo modo somente foi obliterada pela contínua retroalimentação estatal de seu mito fundador, que é a separação público/doméstico.

g) O Lugar da Guerra Híbrida

Para concluir este capítulo, vou abrir questões que de modo algum conseguirei resolver satisfatoriamente, mas que devem ser levantadas a fim de pelo menos nos tirar do conforto das categorias que naturalizaram uma visão de guerra e de política a partir da sociogênese do Estado. Será que a guerra híbrida é, finalmente, a guerra absoluta de Clausewitz? Não há mais freios para a guerra? Se a guerra é uma relação entre inimigos recíprocos, quem dispara uma guerra híbrida? E contra quem é o ataque? Ou, então, será que ela finalmente emulou uma situação de guerra de todos contra todos *no interior* da vida social? Ou, ao contrário, será que a *vida social* agora está *no interior* da guerra híbrida? Finalmente, será que a guerra híbrida está se tornando uma espécie de "condição final" da guerra, justamente porque reproduz sua característica mais prístina, que é o hibridismo?

Será preciso aqui dar lugar a pelo menos duas concepções de guerra híbrida, que, não à toa emulam as duas perspectivas antagônicas da Guerra Fria que em alguma medida parecem ter lugar de novo nas relações internacionais (Bandeira, 2013; Escobar, 2014). De um lado uma visão norte-americana, que inclusive deu origem ao termo. De outro, uma visão russa, que me parece ter aperfeiçoado os termos americanos e chegado a um entendimento mais claro de sua *metodologia*. Fundamentalmente, estas duas visões são quase que uma troca de acusações: os norte-americanos analisam a guerra híbrida em grande parte como resultado da ação eurasiana em Estados-Satélite, enquanto os russos entendem que esta é uma forma disfarçada de abordagem norte-americana em seu entorno geopolítico. Embora tenda a filiar minha interpretação mais para o modo como a Rússia vê o problema – simplesmente porque os Estados Unidos hoje são a sede do Império e quase todas intervenções têm as suas marcas – gostaria de, ao final, propor uma terceira via, com elementos das duas, para entender o caso brasileiro.

As origens do "hibridismo" na guerra não são novas. Porém, o termo teve algumas instâncias de consagração. Guerra Não-Convencional; Irregular; Assimétrica; Insurgência e Contra-Insurgência, são, de certa maneira, os termos que prepararam o terreno para a ideia de hibridismo vencer no cenário das doutrinas (ver Capítulo 1). Em 2009 este conceito ainda estava no meio de uma concorrência no Departamento de Defesa Norte-Americano [DoD]. Segundo um analista do próprio Departamento, Nathan Freier,

"Como atualmente estruturado, o diálogo híbrido serve a dois propósitos concorrentes no Pentágono. Primeiro, é uma tentativa séria de alguns de explicar novos níveis de complexidade no ambiente operacional. Frank Hoffman - o aluno mais sério do assunto - se enquadra nessa categoria. Outros, no entanto, o usam - conscientemente ou não - para defender mudanças inadequadas ou marginais no status quo da defesa. Aqui os desafios híbridos são todas as coisas para todas as pessoas. Nesse contexto, as ameaças híbridas sustentam a perspectiva de risco zero e recursos velados, quando argumenta 'porque o inimigo pode recorrer a qualquer coisa, o Departamento de Defesa precisa se preparar igualmente para tudo'. Em uma era de recursos de defesa em declínio, essa posição é insustentável. A maioria dos analistas atenciosos concorda que a guerra sempre teve mais ou menos componentes híbridos. Atores hostis têm procurado persistentemente se destacar - dependendo de suas capacidades e nível de sofisticação. Principalmente, eles fizeram isso para gerar assimetrias. Isto não é particularmente novo. Por exemplo, a guerra americana no Vietnã foi claramente uma experiência híbrida. Assim, a solução de importantes desafios operacionais colocados por esses concorrentes mais altos não pode impedir o Departamento de Defesa de responder a perguntas estratégicas mais profundas sobre seu conjunto de demandas e portfólios em expansão. Essas perguntas incluem, mas não se limitam a - Quando a competição se torna conflito ou guerra? Como é a guerra moderna? E como sabemos em que tipo de guerra estamos?" (Freier, 2009, p. 8).[27]

Freier se colocava então contra Frank Hoffman, especialmente porque considerava que uma "ameaça híbrida" não é da mesma natureza de uma "guerra híbrida" – e isto mudaria completamente o cenário dentro da Estratégia Nacional de Defesa (NDS), onde ambos procuravam atuar. A citação acima vem da constatação de que Hoffman teria dado um ponto de partida para uma ideia que estaria se tornando centro dos debates, mas que não deveria caber nas definições da estratégia nacional de defesa.[28] Isto teria

---

27 "Nathan Freier é membro sênior do Programa de Segurança Internacional do CSIS e professor visitante no U.S. Army War College's Peacekeeping and Stability Operations Institute. Freier ingressou no CSIS em 2008, após 20 anos de carreira no exército como oficial de artilharia e estrategista de campo. Durante seus últimos oito anos de serviço militar, Freier foi um participante chave em numerosos esforços de desenvolvimento de estratégia e planejamento estratégico na sede do Departamento do Exército; no Gabinete do Secretário de Defesa; e em duas equipes militares de alto nível no Iraque "(Freier, 2009, p. 8).

28 "O conceito emergente de 'guerra híbrida' é uma das muitas tentativas de esclarecer o ambiente operacional de defesa contemporâneo para os principais tomadores de decisão de Washington e combatentes de campo. Os debates mais intensos que ocorreram dentro da Revisão Quadrienal de Defesa (Quadrennial Defense Review - QDR) se concentraram em ameaças híbridas e seu impacto na estratégia e nos planos de defesa. Assim como nos debates pós-QDR '06 sobre 'guerra irregular' (Irregular Warfare - IW), há um burburinho em torno da guerra híbrida e dos desafios. (...) O debate híbrido arrisca um destino semelhante. Portanto, pode ser prudente para o Departamento de Defesa descrever, e não definir, este ambiente híbrido recentemente apreciado, seus

ocorrido entre os anos de 2005-2007, justamente quando a estratégia de defesa parecia ter dado uma guinada decisiva em relação a uma teoria boydiana da guerra, como vimos que aconteceu com o HTS (cf. Capítulo 1). Hoffman teria feito um primeiro artigo em 2005, junto com o General James Mattis, criticando a excessiva preocupação do Pentágono com as "revoluções em assuntos militares" baseada em superioridade tecnológica nas guerras do Iraque e Afeganistão.[29] Como nota um analista das guerras híbridas, "Embora avaliem que a Estratégia Nacional de Defesa de 2005 identifica quatro desafios emergentes (tradicional, irregular, catastrófico e perturbador), eles sustentam que, ao invés de se tratar de categorias distintas, os Estados Unidos enfrentarão 'uma fusão de diferentes modos e meios de guerra' (Mattis e Hoffman, 2005) que eles chamam de 'Guerra Híbrida'"[30]" (Bahenský, 2016, p. 21).

Esta definição de uma guerra que misturaria vários tipos de conflito teve um substancial desenvolvimento em um artigo de Hoffman, de 2007. Trata-se agora de pensar o conflito a partir de variáveis que dependem de atores privados e concorrenciais em relação ao Estado, voltando assim a uma espécie de cenário "primitivista". Permitam-me reproduzir uma longa citação deste artigo, pois acredito que ela sintetiza bem o que se tornou a definição hegemônica de guerra híbrida no Pentágono:

"A destreza selvagem, a improvisação contínua e a adaptação organizacional desenfreada marcarão essa forma de guerra. (...) Essas guerras híbridas

---

inúmeros desafios híbridos e suas respostas híbridas mais prováveis (e mais importantes) a ambos" (Freier, 2009, p. 1-2; grifos do autor).

29 "Revoluções em Assuntos Militares" (RAM) é um conceito cunhado pelo analista norte-americano Andrew Marshall, em 1993, para explicar o sucesso das novas tecnologias sobre as forças convencionais iraquianas na Guerra do Golfo de 1991. De certa maneira, o conceito deriva de outro, "Revolução Militar", quando uma mudança rápida acontece e muda os fatores da guerra em sentido radical, como uma espécie de "quebra de paradigma". Os conceitos são bastante controversos e cheios de "senões". Ver, nesse sentido, o verbete "Revolução Militar" (Gonçalves, 2018). Em grande parte, a ideia de um "pós-modernismo militar" elaborada, por exemplo, por C. Moskos (2000; ver acima, item "d") deriva de uma "revolução em assuntos militares".

30 O termo "guerra híbrida" foi retirado de uma dissertação de mestrado inédita, de autoria de Robert G. Walker em 1998 (Hoffman, 2007, p. 9).

são polimórficas por natureza, assim como são seus antagonistas. As Guerras híbridas podem ser conduzidas por estados e por uma variedade de atores não estatais. As Guerras Híbridas incorporam uma variedade de modos diferentes de guerra, incluindo capacidades convencionais, táticas e formações irregulares, atos terroristas, incluindo violência e coerção indiscriminadas e desordem criminal. Essas atividades multimodais podem ser conduzidas por unidades separadas, ou mesmo pela mesma unidade, mas geralmente são direcionadas e coordenadas operacional e taticamente dentro do espaço de batalha principal para obter efeitos sinérgicos. Os efeitos podem ser obtidos em todos os níveis da guerra. No nível estratégico, muitas guerras tiveram componentes regulares e irregulares. No entanto, na maioria dos conflitos, esses componentes ocorreram em diferentes teatros ou em formações distintas. Em Guerras Híbridas, essas forças ficam borradas na mesma força no mesmo espaço de batalha. Embora estejam operacionalmente integrados e taticamente fundidos, o componente irregular da força tenta se tornar operacionalmente decisivo, em vez de apenas prolongar o conflito, provocar reações exageradas ou estender os custos de segurança para o defensor. Diferentemente das guerras maoístas ou compostas, o objetivo da abordagem multimodal não é facilitar a progressão da força da oposição por fases nem ajudar a estabelecer uma força convencional para uma batalha decisiva. Os oponentes híbridos, ao contrário, buscam a vitória pela fusão de táticas irregulares e dos meios mais letais disponíveis para atacar e atingir seus objetivos políticos. O componente disruptivo das Guerras Híbridas não vem da tecnologia de ponta ou revolucionária, mas da criminalidade. A atividade criminosa é usada para sustentar a força híbrida ou para facilitar a desordem e perturbação da nação alvo" (Hoffman, 2007, p. 29).

As referências arquetípicas que se aplicam a este modelo são, para ele, as "organizações híbridas" do Hamas e Hezbollah (idem, p. 28). Para ele esta experiência israelense é fundamental para se entender a natureza das ameaças híbridas. Seriam o ponto de encontro entre o tribal e o high-tech, como se viu nas formas de ataque improvisado a Israel com uso de mísseis anti-navio C802 e pedras.[31] Como sabemos, a cooperação entre as forças de defesa isra-

---

31 Me parece evidente a influência do tipo de ataque realizado no 11 de setembro, com uso de aviões civis como mísseis. Voltando à ideia colocada *en passant* no Capítulo

elenses (IDF) e as Forças Armadas norte-americanas é íntima e vem de longe. Aparentemente os comandantes israelenses que lutaram na Intifada de Al-Aqsa no Líbano a partir do fim de setembro de 2000 começaram pela primeira vez a esboçar seu espanto com uma guerra que "era e não era" ao mesmo tempo (Ben-Ari et al., 2010, p. 27 e ss). "Em Hebron (...) tudo é possível... tudo está na faixa cinza, ou, mais precisamente, a parte cinza é relativamente grande; não há uma linha clara, nenhum inimigo claro" (Idem, p. 32). Não à toa, um dos principais comandantes israelenses que formulou um conceito para lidar com as tais "ameaças híbridas", o General Shimon Naveh, o fez a partir de um entendimento sui generis de Deleuze e outros (como Bateson), chamando o conflito no Sul do Líbano de "guerra rizomática" (Weizman, 2006). Numa espantosa entrevista concedida ao arquiteto Eyal Weizman, o General Naveh (SN) volta ao ponto acima esboçado da "cultura entre armas":

"Perguntei a Naveh: 'Por que Deleuze e Guattari?' SN: Vários dos conceitos de Mil Platôs tornaram-se instrumentais para nós... permitindo-nos explicar situações contemporâneas de uma forma que não poderíamos explicar de outra forma. Problematizou nossos próprios paradigmas... Mais importante foi a distinção que eles apontaram entre os conceitos de espaço 'liso' e 'estriado'... o termo 'suavizar o espaço' quando queremos nos referir a uma operação em um espaço como se não tivesse bordas. Tentamos produzir o espaço operacional de forma que as fronteiras não nos afetem. As áreas palestinas podem de fato ser pensadas como 'estriadas' no sentido de que são cercadas por cercas, muros, valas, bloqueios de estradas e assim por diante... operar] com uma suavidade que permite o movimento através do espaço, através de quaisquer fronteiras e barreiras. Em vez de conter e organizar nossas forças de acordo com as fronteiras existentes, queremos passar por elas" (Weizman, 2006).[32]

1, estas são transformações que na guerra tendem a operar em sistema. O 757 da American Airlines pode ser, assim, uma versão ampliada dos *kamikazes* japoneses, somada aos treinos em simuladores como o popular Microsoft Flight Simulator.

32 Nesta mesma entrevista se vê referências parecidas com as que os EUA elaboraram o HTS: "Quando o entrevistei, Naveh explicou: Somos como a ordem jesuíta. Tentamos ensinar e treinar soldados a pensar... Lemos Christopher Alexander, você pode imaginar? John Forester, outros arquitetos. Estamos lendo Gregory Bateson, estamos lendo Clifford Geertz. Não eu – nossos soldados, nossos generais estão refletindo sobre esse

Mas os modelos nos quais Hoffman se baseia vêm de muitos lugares: "Este conceito se baseia em muitas escolas de pensamento. Da escola 4GW [Guerra de 4a Geração], utiliza o conceito de *natureza obscura do conflito* e a *perda do monopólio da violência do Estado*. Os conceitos de *omni-dimensionalidade* e *combinações* foram ideias cruciais adotadas por analistas chineses. De John Arquilla e T.X. Hammes, assumimos o *poder das redes*. Dos proponentes de *Guerras compostas*, o conceito absorve o benefício sinérgico de misturar recursos convencionais e não convencionais, mas em níveis mais baixos e mais integrados. Dos especialistas australianos, aceitamos a *complexidade crescente* e a *natureza desagregada do ambiente operacional*, bem como a *natureza oportunista de futuros adversários*" (2007, p. 30; grifos meus).

Sendo assim, nada mais híbrido do que a própria teoria da Guerra híbrida, e isto parece ter sido particularmente funcional para um Pentágono que se preparava para tantas frentes quanto as "ameaças" que as agências de inteligência como a CIA e a NSA conseguiam detectar. Full spectrum dominance, assim os EUA se preparavam para, de maneira global, realizar sua "geopolítica do excepcionalismo" norte-americana, como bem diz Pepe Escobar (2014).[33]

E como os norte-americanos poderiam estar prontos para este novo conceito? Embora eles não assumam diretamente uma estratégia "híbrida" em sua doutrina (pelo menos na NDS) – e inclusive digam que esta ocorreu em diferentes lugares –, há vários sinais de que sua aplicação não é secundária. Ssorin-Chaikov, inclusive, coloca uma referência que admite a existência de um "programa de formação de guerreiros híbridos" (2018, p. 252). É certo que há um tanto de dissimulação em assumir a guerra híbrida enquanto estratégia, sobretudo porque teoricamente os EUA não poderiam oficializar uma prática que está na margem do legal e ilegal.[34] Sendo assim, desconfio que a maior parte do que está dito acaba se baseando em elementos que já estão nos manuais

---

tipo de material. Estabelecemos uma escola e desenvolvemos um currículo que forma arquitetos operacionais".

33 Ver, também, nesse sentido, como o problema da excepcionalidade e o *nomos* de Carl Scmitt são pensados nas novas formas de "paz híbrida" (Ssorin-Chaikov, 2018).

34 "Ilegal" no sentido de que corre à margem dos pactos internacionais (por exemplo, o Pacto de Varsóvia), mas, sobretudo, porque viola as próprias leis domésticas.

pós-2001, como é o caso do FM 3-34, da contra-insurgência. É isso, pelo menos, que Hoffman diz: a aplicação em termos doutrinários segue, por exemplo, as referências do Tenente-Coronel australiano que co-fabricou o HTS com o General D. Patreus, David Killcullen (ver supra, Capítulo 1). A referência ao HTS pode ser encontrada também de forma subentendida: "Os combates de guerra complexos eram um material para o nosso pensamento na época. [Mas] o conceito-chave do Exército Australiano viu muito além, e capturou a complexidade do terreno em futuros conflitos em termos de terreno físico, terreno humano e terreno informativo. Esse conceito também capturou a difusão, ou confusão, de tipos de conflito, combatentes/não-combatentes e tempo de guerra/tempo de paz" (Hoffman, 2007, p. 27). Tudo isso deveria ser aplicado na doutrina norte-americana prevendo um futuro distópico, em que terreno humano e informacional se mesclariam ao *fogo*: "Mas o Dr. Evans foi excepcionalmente perspicaz, observando: ... que especialistas em defesa britânicos, franceses e russos agora falam do surgimento da guerra multivariada. Eles falam de um espectro de conflitos marcado por guerras irrestritas tipo Mad Max, nas quais guerras simétricas e assimétricas se fundem e nas quais a Microsoft coexiste com facções e tecnologia furtiva é enfrentada por homens-bomba" (idem, p. 27).

Este é, em suma, o cenário perfeito para aparecer as teorias de Boyd, que já encontravam sua aplicação em pontos da doutrina dos Marine Corps (Idem, p. 49).[35]

Como a aplicação da guerra híbrida teoricamente não poderia acionar os mesmos meios que ela visa como os dos "inimigos", tenho a impressão que foi aí que eles começaram a adesivar na doutrina todo aparato de inteligência que estava sendo desenvolvido nos fronts que se seguiram às teorias de Boyd, especialmente os da *guerra informacional, cyberwar* e, principalmente, a *guerra psicológica de espectro total* (que depois viria a ser pensada também como *guerra neocortical* pelo Coronel Richard Szafranski).[36] Aqui há farto material

---

35 Nos Estados Unidos os Fuzileiros Navais são uma Força (tal qual Marinha, Exército e Força Aérea); aqui são uma Arma da Marinha.

36 Vide, no Capítulo 1, as considerações de Costa (2014).

produzido: dos protocolos e formulários de "operações psicológicas", passando por manuais de interrogatório até manuais em quadrinhos elaborados pela CIA.

Exemplos de sabotagem/ Fonte: CIA (1979, p. 4)

A figura acima é do "Manual de Sabotagem da CIA para a Nicarágua", de 1979. As páginas finais dedicam-se à provocação de descarrilamentos em estradas a coquetéis molotov, mas na sua maior parte elas indicam uma forma de provocar uma constante sabotagem com elementos cotidianos. Essa é uma das formas mais centrais das operações de guerra psicológica, que por motivos legais e éticos não vou reproduzir aqui. Mas há nelas algo que vai nos soar bastante familiar: a ideia é induzir o alvo a internalizar um comportamento disruptivo, produzindo divisões entre os círculos mais próximos (familiares, amigos, trabalho, etc). A maneira de se realizar isso é a partir de uma ampla coleta de informações, identificar os valores e *bias* culturais que são determinantes no OODA loop da população, e a partir daí disseminar – através de vários meios, como redes sociais, imprensa e agentes infiltrados – um conjunto de informações que atuam para provocar dissonância cognitiva. Trata-se de um efeito semelhante ao de "bombas de efeito moral", que visam fazer os atingidos perder todas as referências espaciais e assim se tornarem elementos fáceis para um cerco.

Isto, enfim, vai ser a espinha dorsal desta forma de guerra, que não vai mais reconhecer a distinção entre guerra e paz, e entre guerra e política. É notável, neste processo, que uma vez que os agentes são induzidos a realizar a maior parte da ação – ou pelo menos a maior parte antes de que forças militares venham com o *fogo* –, também acabamos por de certa maneira privatizar a guerra e colocá-la numa escala "doméstica". Não há, assim, a percepção de que exista um agente agressor estrangeiro, uma força de fora que está atuando diretamente no conflito. Deste modo, em tese pelo menos, os EUA jamais seriam implicados numa guerra híbrida. Ela dissimula assim seus próprios termos, e empurra para as forças domésticas todas suas implicações. Evidentemente quanto mais recursos semióticos, informacionais e modos de infiltração se tiver, mais exitoso será este processo. Sendo assim, nada impede que qualquer agente do nosso super-*domus* se aproprie desse arsenal e aplique uma operação baseada na sua doutrina. Mas, pior ainda é perceber que os EUA dissimulam que usam a guerra híbrida e acusam outros de fazê-lo, como foi o caso que começou a ser divulgado pela imprensa sobre a atuação russa na Crimeia, Geórgia e na Ucrânia nos meados desta década. Para os norte-americanos era "óbvia" a aplicação prática dos assim chamados "little green-men" – soldados de uniforme sem distintivos e que procuravam não hostilizar a população, mas confundi-la, usando forças militares regulares e irregulares no mesmo espaço – que marcava definitivamente a entrada de uma potência na era da guerra híbrida. Evidentemente este se tornou um jogo de *false flags* de ambas as partes, mas foi com ele que os norte-americanos conseguiram em parte fazer os russos vestirem a carapuça da guerra híbrida como uma *estratégia sua*.

Como o universo militar está intimamente operando por sistema (Leirner, 2001), era esperado que haveria uma contrapartida russa. As teorias migram e se adequam aos pontos de vista nesse sistema em função dos teatros de ataque e defesa, e, de certo modo, diria que elas cumprem também um papel dissuasório. Estamos falando de artilharia e ideias. Por isso mesmo houve contra-ataque acusando o *Império* de fabricar aquilo que ele acusava os outros de fazerem. Não se trata só de uma *teoria russa*, mas antes de uma teoria que, por identificar uma ação geopolítica *contra* a Rússia, acaba sendo um instrumento do centro de gravidade desta. Indo nesta direção, eles classificam os processos de ruptura ligados ao entorno geopolítico eurasiano como produto de uma intervenção indireta norte-americana, com uso de toda a parafernália dos subterrâneos das batalhas informacionais e da guerra psicológica. As teorias da guerra híbrida parecem ter efetivamente entrado no radar da academia militar russa por volta de 2014. Segundo esta matéria da Sputinik (Internacional),

"A Academia do Estado-Maior Geral das Forças Armadas da Rússia trabalha no assunto desde o final de 2014 e agora está preparada para desenvolver um manual complexo de combate às 'revoluções coloridas', relata o jornal diário russo Kommersant. (...) Os especialistas também trabalharão no método do 'soft power' (impacto sem contato com o inimigo em potencial), operações assimétricas e medidas para fortalecer o sistema político da Rússia e a cultura política dos políticos, funcionários públicos, empresários e outros residentes do País".[37]

Um dos principais responsáveis pelo "counter-colored revolution manual" foi o General Valery Gerasimov: "Resposta da Rússia: O potencial político-militar da Rússia deve se encaixar em uma combinação de 'soft power' e 'hard power': você deve poder interagir com estruturas de diplomacia pública, organizações não-governamentais e instituições internacionais que usam as alavancas da política , influência econômica e informacional, incluindo forças de operações especiais. Parte da elite político-militar da Rússia compreende o grau de perigo de ameaças de uma guerra híbrida contra a Rússia. Isso é evidenciado pelo discurso na reunião anual da Academia de Ciências Militares em 27 de fevereiro de 2016, do Chefe do Estado Maior Geral das Forças Armadas da Rússia, General Valery Gerasimov, sobre os aspectos das guerras modernas de natureza híbrida; sua parte integrante são as revoluções coloridas e eventos 'soft-power'. Ele chamou a atenção para o fato de que ações e métodos indiretos e assimétricos de conduzir guerras híbridas tornam possível privar o lado oposto da soberania real sem apreender o território do estado'. As guerras híbridas começaram a afetar todos os aspectos da vida, incluindo a esfera cultural e de informação, e em um futuro próximo não devemos esperar um enfraquecimento desse processo, disse Sergey Naryshkin, diretor de serviços de inteligência estrangeiros na VI Conferência Internacional

---

37 https://sputniknews.com/russia/201506241023776766/.

de Segurança de Moscou, em 27 de abril de 2017. Ao mesmo tempo, deve-se prestar atenção ao fato de que ainda não foram tiradas conclusões sistêmicas das trágicas lições do colapso do Império Russo em fevereiro de 1917 e da URSS em 1991" (Nikolaevich, 2019).[38]

Os resultados de várias dessas discussões podem ser vistos, por exemplo, no livro de A. Korybko (2018), ou nos informativos em inglês das forças especiais russas[39] que sintetizam perfeitamente o passo-a-passo das estratégias de guerra híbrida, fundamentadas sobretudo na publicidade, redes sociais, e nos manuais e aulas realizados pelo cientista político Gene Sharp, que ensina como realizar uma *revolução colorida*.[40] A Sputnik, desde 2014 pelo menos, vem publicando reiteradamente *infográficos* que têm uma "função pedagógica" – lembrando que em princípio a doutrina russa é pensada como uma *contramedida*, como instrumento de dissuasão de uma "revolução local" (gráficos da Sputnik: https://sputniknews.com/infographics/201411211017444407/):

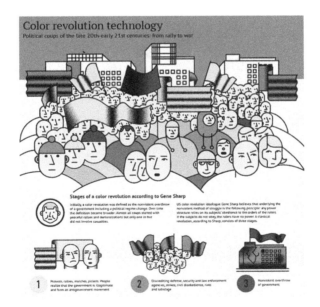

---

38 http://www.infospecnaz.ru/en/2019/03/14/doctrine-of-general-gerasimov-and-hybrid-war/ .

39 http://www.infospecnaz.ru/en/hybrid-war-technology-and-social-media-master-class/ .

40 Por exemplo, este vídeo, "Como começar uma revolução": https://www.youtube.com/watch?v=jpPz3liDGZk .

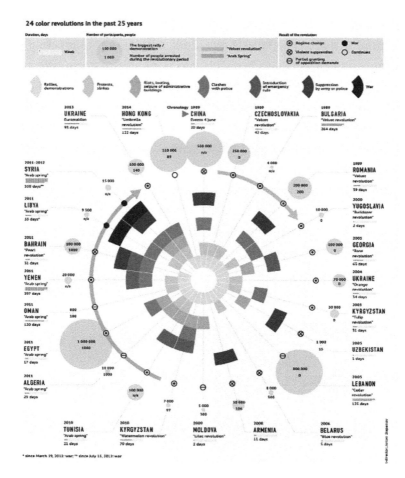

A Guerra Híbrida, seus métodos e incidências/ Fonte: Sputnik

A versão russa difere pouco da norte-americana no fundamental – a ideia de que tudo ocorre em processos mesclados. De fato, todo ponto parece ter sido a leitura feita da própria teoria norte-americana, e sua identificação como algo que se voltava contra si:

"O termo 'guerra híbrida' apareceu na literatura militar americana há mais de 10 anos. Nos Estados Unidos, em 2005, o general americano James Mattis, agora chefe do Pentágono (apelidado de 'Mad Dog'), e o coronel Frank Hoffman publicaram o artigo de referência 'The Future of Warfare: The Rise of the Hybrid Wars' ['O futuro da guerra: a ascensão das guerras híbridas'], no qual eles adicionaram à doutrina militar dos anos 90 dos três blocos de guerra, do general Charles Krulak, um quarto bloco. Os três blocos de Krulak são a condução direta de operações militares, operações de manutenção da paz para dividir os lados opostos e fornecer assistência humanitária. O quarto, um novo bloco de Mattis e Hoffman - operações psicológicas e de informação e trabalho com o público. / Em 2010, o conceito da OTAN introduziu o termo 'ameaças híbridas'. / Na declaração final da cúpula da OTAN realizada na Escócia em setembro de 2014, pela primeira vez em nível oficial, foi declarado que era necessário preparar uma aliança para a participação em guerras de um novo tipo – guerras híbridas. / E em dezembro de 2015, na cúpula dos ministros das Relações Exteriores dos países da OTAN, uma nova estratégia para conduzir uma guerra híbrida foi adotada e aprovada na cúpula da OTAN em Varsóvia, em julho de 2016".[41]

Muitas das análises russas detectaram padrões na guerra híbrida que foram identificados com ações que começaram principalmente nos anos 1990 (mas até antes, há quem diga que começou na revolução de fevereiro de 1917 e se estendeu durante a guerra fria), com o desmantelamento da União Soviética. Na análise do General Grazimov está colocado que "Antes do colapso da Rússia-URSS, ela experimentou o impacto de um complexo de operações secretas conduzidas por agências de inteligência ocidentais e estruturas civis afiliadas (ONGs) e outros eventos diversos da guerra híbrida, projetados para exercer pressão complexa em nosso país (pressão financeira e econômica, informacional, ideológica, política e diplomática, sanções, colapso de preços e petróleo, etc.)".[42]

Por exemplo, de maneira análoga ao modo que os americanos identificaram o Hezbollah como uma "ameaça híbrida" – que por sua vez é conduzida por interesse russo-iraniano em neutralizar a linha de força representada por

---

41 Cf. http://www.infospecnaz.ru/en/hybrid-war-technology-and-social-media-master-class/, página 2.
42 Citado em http://www.infospecnaz.ru/en/2019/03/ 14/doctrine-of-general-gerasimov-and-hybrid-war/.

Israel e EUA – os russos leram que foi este o papel que os americanos jogaram no Afeganistão, cimentando o caminho para a Al-Qaeda. Nesse sentido, do ponto de vista russo a constituição da fusão entre a CIA, grupos terroristas e o narcotráfico na região era evidente.[43] Como me afirmou numa conversa Pepe Escobar (comunicação pessoal, 2018), no Oriente Médio a estratégia ameri-

---

43 Segundo o historiador Alfred McCoy as conexões entre a CIA e o narcotráfico vêm de cedo: "PD: Como as políticas da CIA afetam a interdição às drogas? Falei, por exemplo, com o ex-oficial da Drug Enforcement Administration (DEA) Michael Levine, que manifestou raiva por ter sido retirado de casos porque se aproximou demais de alguém que, apesar de ser um grande traficante, também era um ativo da CIA. / AM: Mike Levine fala por experiência própria. Em 1971, Mike Levine estava no sudeste da Ásia, operando na Tailândia como um agente da US Drug Enforcement Administration [DEA]. Ao mesmo tempo, eu estava conduzindo a investigação para a primeira edição do meu livro. / Mike Levine disse que queria atravessar o país para Chiangmai, a capital de heroína do sudeste da Ásia naquele momento, o eixo financeiro e de processamento e centro de um empreendimento. Ele queria fazer algumas grandes apreensões. Por meio de uma série velada de tramas na embaixada dos EUA em Bangcoc, as instruções foram passadas a seus superiores na DEA, que lhe disseram que ele não poderia ir e fazer a batida. Ele foi retirado do caso. / Ele disse que só depois de ler meu livro alguns anos depois que ele entendeu a política do que estava acontecendo e percebeu por que havia sido retirado. Todos os traficantes latitude acima que estavam produzindo o narcótico, a heroína, eram de fato ativos da CIA. Agora ele entende isso. / Não é apenas um incidente, então vamos voltar ao básico. Qual é a relação institucional entre o DEA e a CIA? O Federal Bureau of Narcotics (FBN) foi criado em 1930 como um instrumento da proibição de narcóticos, a única agência dos Estados Unidos que tinha uma capacidade de ação secreta com agentes trabalhando disfarçados antes da Segunda Guerra Mundial. Durante a guerra, quando o OSS [Office of Strategic Services] foi estabelecido, que é o precursor da CIA, o pessoal-chave foi transferido do Federal Bureau of Narcotics para treinar os oficiais do OSS nas artes clandestinas. / Essa estreita relação institucional entre o DEA [descendente direto do FBN] e a CIA continua até os dias atuais. O chefe de longa data do Bureau Federal de Narcóticos, um homem chamado Harry Anslinger, que chefiou o escritório de 1930 até sua aposentadoria em 1962, era um anticomunista militante que passava muito tempo em operações de contra-inteligência. Existe uma relação muito estreita entre as duas agências. / Durante a Guerra Fria, a principal prioridade no exterior para o governo dos Estados Unidos era o anticomunismo, e sempre que a CIA montava uma operação, todas as outras agências americanas eram subordinadas às suas operações secretas" (http://bearcave.com/bookrev/nugan_hand.html). Ver também nesse sentido

cana tem se resumido a procedimentos em sequência: 1) ataque baseado no "choque e pavor" (*shock and awe*,[44] prática experimentada pela primeira vez na campanha do Iraque de 1991, consiste em bombardeios em série com munições guiadas a fim de provocar principalmente o completo desnorteamento da população, no que eles chamam de "Operações Baseadas em Efeitos");[45] 2) instalação de base e 3) contratação de grupos locais financiados pela CIA, com posterior subcontratação de grupos por parte destes grupos. Para os russos, isso foi lido como um desdobramento da estratégia de balcanização que os EUA procuravam estabelecer como sua frente geopolítica: desestabilização da periferia russa (ou todo *rimland* eurasiano, conforme colocava a teoria de N. Spykman [1944]) em fragmentos étnicos visando um "efeito imitativo" no seu centro. As *revoluções coloridas* podem ser vistas, assim, como uma espécie de efeito colateral dessa prática de longa data – basta lembrar como os EUA patrocinaram movimentos étnicos em vários lugares procurando jogar nas costas russas o peso de uma ação imperialista.

E por aí vai, em reação a tudo que os americanos dizem ser uma associação russa para desestabilizar o Oriente Médio e outras regiões, os russos identificam – ou procuram identificar – as pontas soltas que associam os norte-americanos como os agentes por trás das "abordagens indiretas" no seu entorno geopolítico. E este é um movimento de constante troca de acusações e *false flags*. Por exemplo, é notável que em reação à denúncia (hoje disseminada, mas podemos ver a agência *Sputnik* falando de uma ação americana contra a Rússia o começo dos anos 2000),[46] de

---

    o excelente artigo de Romulus Maya, "Geopolítica da droga, os EUA e os golpes na América Latina": (https://duploexpresso.com/?tag=guerra-as-drogas).

44 Ver a este respeito, acima, a referência ao ensaio de C. Ginzburg (2014).

45 Sobre a incorporação do OODA no "choque e pavor", ver Costa (2014, p. 38 e ss.).

46 Por exemplo aqui, neste artigo de agosto de 2014 publicado na versão em inglês do jornal: https://sputniknews.com/zinovyev_club/201408261021531720/ "Para a Rússia, o fenômeno das revoluções coloridas começou e se tornou parte da agenda política e social com a Revolução Laranja em Kiev em 2004. Foi precisamente a Revolução Laranja que formou a imagem de uma revolução colorida para a sociedade russa e que muito tempo determinou sua atitude em relação a esse fenômeno. / Embora revolu-

que os EUA estariam usando redes sociais para manipular revoluções coloridas em ex-Repúblicas Soviéticas, de que a RAND[47] tenha produzido o conceito de *firehose of falsehood* para dar cor ao modo russo de atuação no seu entorno: "Desde a sua incursão em 2008 na Geórgia (se não antes), houve uma evolução notável na abordagem à propaganda da Rússia. Essa nova abordagem foi exibida durante a anexação da península da Crimeia pelo país em 2014. Continua a ser demonstrada em apoio aos conflitos em curso na Ucrânia e na Síria e na busca de objetivos nefastos e de longo prazo no 'cinturão' da Rússia e contra aliados da OTAN. (…) Nós caracterizamos o modelo russo contemporâneo de propaganda como 'the firehose of falsehood' [mangueira de fogo da falsidade]" (Paul & Matthews, 2016, p. 1; ver também acima, Introdução, item "e").

Não à toa, RAND, Wilson Center, USAID, Open Society, Freedom House e tantas outras ONGs e think tanks são parte de *covert operations* que analistas identificam como parte da "estratégia de domínio total" do deep state norte-americano (Engdahl, 2018). Interessante notar, nesse sentido, que já estamos falando de um Estado que aparece, ele próprio, imbricado a corporações e entes privados, sendo então constituído pelos e constituindo os fundamentos da guerra híbrida.

ções coloridas tenham ocorrido antes da Revolução Laranja (a Revolução das Rosas na Geórgia em 2003), e depois dela (duas revoluções no Quirguistão: a Revolução Tulipa - ou Limão ou Melão - em 2005 e a Segunda Melão - ou Popular - Revolução em 2010), foi Kiev que deu à Rússia a largada para o uso de novas técnicas políticas, sociais e humanitárias. Foi então que a ideia de natureza universal e onipotente das revoluções coloridas foi formada. / A marca não-violenta de 'veludo' das revoluções coloridas é coisa do passado. Os nomes simbólicos que estão sendo baseados em símbolos e cores usados em manifestações de protesto se tornaram uma formalidade. Muitas vezes, as revoluções não compartilham uma identidade única. / A revolução de 2010-2011 na Tunísia tinha vários nomes, como "jasmim", "encontro", "fome", "baguete". A revolução egípcia foi apelidada de "melão", "Twitter", "juventude", "mostarda", "resort", "revolução das pirâmides" e "encontro". A mídia os confunde, o que é indicativo de uma atitude cínica em relação a esses marcadores em nome daqueles que estão por trás dessas revoluções".

47 Ver nota 40, Introdução.

Creio que os russos conseguiram identificar de maneira precisa as principais características da guerra híbrida que estão apenas subentendidas nas referências nos manuais de operação norte-americanos. Sendo assim eles produziram um material que explica melhor seus mecanismos, e é nesse sentido que em parte nos aproximamos da análise de Korybko (2018) para entender o caso brasileiro. Mas, mais do que qualquer outra coisa, são os *resultados* que indicam que aquilo que aconteceu aqui ressoa alguns elementos produzidos por *ataques coloridos* típicos da guerra híbrida produzida pelos norte-americanos. E quais são esses resultados? Uma clara aproximação incondicional aos EUA no Governo Bolsonaro, com constante afastamento da aliança que compreendia os BRICS.[48] Em agosto de 2014 isto já era previsto por agências russas: "A desestabilização da situação na Rússia é de natureza global e o golpe será direcionado aos países do EAEU (Bielorrússia e Cazaquistão) e do BRICS. A mídia e os agentes de investimento da elite atuam como condutores; portanto, entender as técnicas acima é extremamente importante para analisar eventos futuros".[49]

Tenho certo receio de juntar o que foi nosso tipo de revolução colorida, iniciado em junho de 2013, com a tomada de poder por parte do consórcio governista atual, embora alguns analistas tenham vistos indícios disso inclusive em documentação coletada com grupos que estavam na vanguarda das "jornadas", contando inclusive com transferências de recursos, manuais e aportes financeiros vindos de fora (Souza Neto, 2018). Não cabe aqui retomar todo este processo, demasiado complexo e passível de outra tese. Independente disso, como disse na Introdução, acho que vários processos funcionaram como uma tempestade perfeita, e tomando qualquer um isoladamente não conseguimos explicar de maneira satisfatória o que ocorreu. No entanto, gostaria de levantar sumariamente alguns pontos no intuito de justificar o caminho que estou tomando aqui. Como veremos no próximo capítulo, as noções de guerra

---

48 Brasil, Rússia, Índia, China e África do Sul.
49 (https://sputniknews.com/zinovyev_club/201408261021531720/).

híbrida e, principalmente, uma certa guinada "boydiana" começaram a ocorrer no Exército brasileiro antes de 2013. De certa forma, há um conjunto de elementos que se plasmaram criando as condições para que eles agissem como força insurgente contra os Governos Dilma e Temer, e depois aplicassem as técnicas "Opsi" com Bolsonaro. Há aqui elementos para se perceber como houve uma "transferência de conceitos" para alguns militares daqui, mas, ao mesmo tempo também perceber que a teoria foi "tropicalizada". Falando em uma frase, diria que a singularidade do caso brasileiro está no fato que a guerra híbrida começou no Estado, provocou rupturas nele e depois procurou unificar a população – o que ainda está em suspenso.

Diferentemente de revoluções coloridas "tradicionais", que começam tirando da inércia pautas étnicas ou identitárias para no fim desestabilizar governos, o que ocorreu no Brasil parece ter começado com a instituição de contradições e dissonância no núcleo permanente do Estado. As pautas identitárias foram jogadas nas costas do próprio Governo, colando a imagem de que ele estaria produzindo "divisões" na sociedade; em um segundo momento, acionou-se um outro nível de identitarismo, fundado na armadura de uma "identidade nacional", que de certa maneira reverteu a frustração do 7 a 1 contra a Alemanha: não à toa, o principal protagonista do nacionalismo hoje são as camisetas da CBF desenterradas do fundo das gavetas das classes médias e altas (Toledo, 2019). Bolsonaro e o Exército entraram, assim, em um segundo momento como elementos de reunificação. No entanto, a dissonância já havia sido realizada por eles próprios, na filigrana das instituições, e delas para a armadura geral do Estado. Como não poderia deixar de ser, mais uma *false flag* foi realizada: quem carregou a bandeira de toda desgraça brasileira foi, no fim das contas, a esquerda, o PT. Este é o processo que no início chamei de *grande inversão*. Retomando a discussão de todo este capítulo, o ponto que pretendi chegar, ao tentar desnaturalizar a concepção estadocêntrica da guerra, é mostrar que a guerra é um estado permanente e que ocorre de maneira implícita. A guerra híbrida, assim, é uma espécie de síntese de um processo latente que o Estado procurou apagar de seu registro ao inventar a idealização da dicotomia público/doméstico. Mas, por não negar completamente seu ponto de origem, esta forma de guerra ocorre sem que seja percebida como tal. Vejamos assim, nos próximos capítulos, quais foram os movimentos efetivos que nos levaram a esta situação.

3. A cismogênese Dilma — militares e além

Este capítulo trata de como, afinal, os militares se envolveram na guerra híbrida no Brasil. Como disse antes, foram muitos os fatores que levaram ao quadro político atual. Há diversas análises muito boas que explicam vários fatores da guinada reacionária brasileira. De como pautas morais foram irradiadas pelo conservadorismo religioso para um plano de valores laicos (Almeida, 2019), até a ação pragmática de setores da burguesia que se aparelharam para um processo de tomada do Estado, de maneira muito semelhante a que se viu em 1964 (Casimiro, 2018).[1] Além disso, em muitos aspectos foi produzida uma galvanização entre patriotismo e pautas anticorrupção, algo que, a meu ver, está intrinsecamente ligado aos militares. Nas ruas, depois de 2014, viu-se uma série de "grupos que se decepcionaram com o desfecho das eleições presidenciais. Seis dias após a reeleição de Dilma, reagiram: "Fomos roubados nas urnas". No aniversário da República, o estilo patriota se firmou, carregando símbolos nacionais, artistas e 10 mil pessoas

---

1 A tese de Ronaldo Almeida (2019) mostra com precisão como setores evangélicos (e católicos conservadores) conseguiram capturar pautas morais para ressignificá-las e devolvê-las como uma espécie de "corpora" que se galvanizaram graças à noção de que haveria uma espécie de "inimigo comum" a ser combatido – a esquerda libertária, o identitarismo, o laicisismo, o anarquismo e o feminismo. O livro de Casimiro apresenta uma considerável massa de dados que mostra uma montagem muito semelhante àquela que René Dreifuss (1986) viu se organizar para instalar o regime militar: construção de aparelhos visando vertebrar o Estado, produção de alianças com setores estrangeiros e internacionalização da burguesia, produção de ação doutrinária e de consenso visando hegemonia.

para a Paulista, embalados por novo escândalo, o Petrolão. O Reaçonaria, autoapresentado como 'o maior portal conservador do Brasil', listou 'gritos de ordem contra a corrupção, o PT, a inflação, em defesa do juiz federal Sérgio Moro, pelas investigações do Petrolão e a favor da PM. Uma tônica era o conservadorismo moral, com ataque a minorias e proposição de políticas autoritárias, via intervenção militar ou judicial. Outra era a corrupção ('Lula, pai do Mensalão. Dilma, mãe do Petrolão'). Nas faixas, a crítica se afunilou no impeachment de Dilma e emergiu líder alternativo à política profissional: 'Somos todos Sérgio Moro'" (Alonso, 2017, p. 54).

Como já disse, para pensar este quadro político, poderíamos trata-lo no contexto de uma "tempestade perfeita"; mas, tal como Limongi advertiu, não vou *apenas* "sugerir que a crise foi causada por múltiplos fatores associados entre si, que se trata de uma crise complexa, que quem se arriscar a explicá-la estará sempre cometendo o pecado da simplificação" (Limongi, 2017, p. 5). Por isso, não é exatamente do "quadro político" que estou querendo tratar aqui.

O conceito que estou associando à guerra híbrida neste livro, e que vai servir de pano de fundo para o modo como penso que os militares conduziram suas *opsis* aqui, é o de *cismogênese*, de Gregory Bateson (que carrega com ele pelo menos outros dois, o de *feedback* e o de *double bind* ou *duplo vínculo*). Em sua definição (tomada de sua monografia *Naven*, de 1936), trata-se do seguinte:

"Definirei cismogênese como um processo de diferenciação nas normas de comportamento individual resultante da interação cumulativa dos indivíduos. (...) Temos não apenas de considerar as reações de A ao comportamento de B, mas ir adiante e considerar como estas afetam o comportamento posterior de B e o efeito disso sobre A. Muitos sistemas de relacionamento, seja entre indivíduos, seja entre grupos de indivíduos, contêm uma tendência para a mudança progressiva. Se, por exemplo, um dos padrões de comportamento cultural, considerado apropriado no indivíduo A, é culturalmente rotulado de padrão assertivo, enquanto de B se espera que responda a isso com o que é culturalmente visto como submissão, é provável que esta submissão encoraje uma nova asserção, e que essa asserção vá requerer ainda mais submissão. Temos então um estado de coisas potencialmente progressivo, e, a não ser que outros fatores estejam presentes para controlar os excessos de comportamento assertivo ou submisso, A precisará necessariamente tornar-se mais e mais assertivo, e B se tornará mais e mais submisso; e essa mudança progressiva ocorrerá, sejam A e B indivíduos separados ou membros de grupos complementares. /Podemos descrever mudanças progressivas desse tipo como cismogênese complementar. Mas há um outro padrão de relacionamento entre indivíduos ou grupos de indivíduos que contém igualmente os germes da mudança progressiva. Se, por exemplo, encontramos a bazófia como padrão cultural de comportamento em um grupo, e o outro grupo responde a isso com mais bazófia, uma situação competitiva pode se desenvolver na qual a bazófia leva a mais bazófia, e assim por diante. Esse tipo de mudança progressiva pode ser chamado cismogênese simétrica" (2008, p. 219-220).

Embora em *Naven* Bateson mostre que a "criação da separação" possa acarretar equilíbrio em outros planos, e portanto é um processo que em princípio pode ocorrer em termos do equilíbrio entre forças agregadoras e desagregadoras de uma sociedade (no caso, os Iatmul da Nova Guiné), fica claro em momentos posteriores que os processos de ruptura podem levar a uma irreversibilidade. Isso se dá em noções como a de *duplo vínculo* (*double bind*, tal como está em *Steps to na Ecology of Mind*, de 1972), uma contradição na comunicação em que se recebe duas mensagens conflitantes, e uma nega a outra. Isso cria uma situação na qual uma resposta bem-sucedida a uma mensagem resulta em uma falha na resposta à outra (e vice-versa), levando a uma aporia, independentemente da resposta; e *feedback positivo* (também em *Steps*...). Como ele mesmo coloca, a corrida armamentista pode ser um bom exemplo de como o feedback positivo alimenta a cismogênese:

"Tanto as relações complementares quanto as simétricas são suscetíveis a mudanças progressivas do tipo que chamei de 'cismogênese'. Lutas simétricas e corridas armamentistas podem, na frase atual, 'escalar' (...). Esses desenvolvimentos potencialmente patológicos são devidos a feedback positivo represado ou não corrigido no sistema e podem - como indicado - ocorrer em sistemas complementares ou simétricos. No entanto, em sistemas mistos, a cismogênese é necessariamente reduzida. A corrida armamentista entre duas nações será desacelerada pela aceitação de temas complementares como domínio, dependência, admiração etc. entre elas. Isso será acelerado pelo repúdio a esses temas. / Essa relação antitética entre temas complementares e simétricos é, sem dúvida, devido ao fato de que cada um é o oposto lógico do outro. Em uma corrida armamentista meramente simétrica, a nação A é motivada a maiores esforços por sua estimativa da força maior de B. Quando estima que B é mais fraco, a nação A relaxará seus esforços. Mas o exato oposto acontecerá se a estruturação do relacionamento de A for complementar. Observando que B é mais fraco que eles, A seguirá em frente com esperanças de conquista" (Bateson, 1972, p. 234-235).

De maneira sugestiva, Neiburg (1999), analisando alguns pontos que N. Elias toma de empréstimo da teoria do duplo vínculo batesoniano, mostra que ela "(...) permite completar a sua demonstração da relação constitutiva entre violência e pacificação; por outro [lado], ela é fundamental para a compreensão dos processos nos quais o uso da força física é crescente – aquilo que o senso comum reconhece como 'espirais de violência' e que alguns analistas do nacionalismo e do terrorismo político têm qualificado como processos de autonomização da violência. (...) Sem dúvida poderíamos identificar processos semelhantes em universos sociais mais próximos, como na América latina dos anos 70, no confronto entre grupos de inspiração marxista, que achavam legítimo fazer política de forma violenta, e formações militares estatais, e para estatais, que reivindicavam a necessidade de manter o monopólio da violência que supostamente seus inimigos ameaçavam" (Neiburg, 1999, p. 60-61).

Pois não se trata de algo assim que estamos revivendo hoje? Só que, me parece, agora que houve uma atualização, tanto teórica quanto prática...

Como vimos no Capítulo 1, as noções de feedback de Bateson, carregando a cismogênese em seu interior, foram centrais na teoria boydiana e no que se desenvolveu depois em termos de ciência militar. Como bem coloca A. Geiger, "Feedback, traduzido como 'realimentação' ou 'retroalimentação', designa a condição básica dos sistemas auto-regulados, cujo funcionamento não é uma causação linear simples, mas em ciclos: aquilo que foi produzido 'retorna' como novo dado ou nova condição inicial de um novo ciclo, ou como modificador etc. Se a sucessão de ciclos se dá de tal modo que os efeitos se acumulam ou se intensificam, isto é, se há reforço ou ampliação de determinada tendência ou estado, diz-se que o feedback é positivo. Feedback negativo é aquele em que há atenuação ou equilíbrio, em que mais acarreta menos, em que certo tipo de resultado provoca modificações posteriores na direção inversa. Sem feedback negativo, acaba havendo o que Bateson, no vocabulário de então, denomina *runaway*: a desestabilização, a ruptura do funcionamento" (Geiger, 2008, p. 35).

E afinal, por que estou usando a cismogênese como um eixo de explicação deste processo de guerra híbrida? Diria que: a) as conexões entre o conceito e a prática foram, para usar um termo de Roy Wagner (1981), "obviadas" (como se viu no Capítulo 1); b) sendo assim, o conceito de cismogênese está para teoria da guerra híbrida assim como a prática da guerra híbrida induz à cismogênese; c) como a cismogênese é um processo, ela precisa ocorrer sobre aspectos que já estavam colocados e pode atualizá-los intensificando-os, modificando-os, ou levando-os para uma outra condição. Considerando isso, a leitura do contexto a partir da guerra híbrida vai supor que: i) ela pode acionar elementos que estavam em estado latente que começam a entrar em feedback; ii) esses elementos não vão se resumir a um único evento, como por exemplo o *impeachment* de 2016; iii) eles começam antes e continuam depois; diria que ainda estão em curso; iv) eles foram e são resultados de uma *relação* que se retroalimentou e ainda se retroalimenta, portanto dependem de atores distintos para funcionar. Por tudo isso, talvez fique mais claro porque me distancio aqui da noção de golpe – tal qual elaborada por Luttwak (1991) e apropriada por alguns para analisar o caso brasileiro (ver Introdução) –, uma vez que este supõe uma ação unilateral de um grupo e um começo, meio e fim. Por esses motivos, já adianto que a equação "golpe em 2016, eleições dentro das regras do jogo em 2018" não me convence. E, como veremos agora, não se tratou nem de um nem de outro porque isto foi apenas o efeito colateral da guerra híbrida. Uma guerra que, enfim, depende de conceitos, ideias e processos mentais para se efetivar.

a) Bases Ideológicas e Organizacionais das Células Militares

Um tanto do que estamos observando hoje em relação aos militares – sua atuação política imbricada à galvanização que ocorreu em torno de um projeto que levou Bolsonaro à Presidência – se assenta sobre bases antigas. Como foi público e notório, vários militares começaram desde meados da década atual a usar novamente um vocabulário que relembra uma "conspiração comunista" para dominar o mundo, e a necessidade de se proteger dela. "Revolução gramscista" e "Foro de São Paulo" foram dois desses elementos muito disseminados, e, como bem já mostrava Rodrigo Sá Motta (2000) antes disto, o anticomunismo foi persistente, permaneceu como uma potente ideologia de fundo nas Forças Armadas. Numa entrevista recente, ele mostra que "A base argumentativa das denúncias atuais sobre o perigo vermelho é essencialmente a mesma dos anos 1920-30, que, por sua, vez foi reapropriada e reciclada nos anos 1960 e no golpe de 1964. Penso que o quadro atual confirma o acerto da tese central de 'Em guarda contra o perigo vermelho' [sua tese de doutorado: Motta, 2000], qual seja, o anticomunismo havia se enraizado na sociedade brasileira e se constituído em tradição política reapropriada e reconstruída em diferentes momentos históricos" (Motta, 2018, p. 2).

O que pretendo mostrar agora – ainda que de maneira sumária, ou pelo menos suficiente para que se possa ver o que liga certos pontos – é que embora o anticomunismo seja de fato uma base para que certos elementos da guerra híbrida tenham operado, ele não é suficiente para entender o que esta põe em jogo no novo papel que os militares estão desenhando para si daqui para frente. De outro lado, é preciso entender que a guerra híbrida não cai no colo dos militares daqui como um pacote fechado que eles desembalam e colocam em prática, como se fosse uma "Revolução em Assuntos Militares" (cf. nota 29 cap. 2). A guerra híbrida aqui é uma operação que põe em marcha uma série de elementos doutrinários e ideológicos pré-existentes e que nela se atualizam.

Como já é possível notar, falo aqui um tanto sobre doutrina e outro tanto sobre ideologia. Embora reconheça que são elementos diferentes – e que sua mistura pode levar a equívocos, como já bem sinalizou Martins Filho

(2008, p. 40) –, estou assumindo o risco de pensar ambas em níveis de englobamento (cf. Dumont, 1995). Poderia dizer que em certo sentido a ideologia é algo que ocorre em um plano simétrico ao que Clausewitz chamaria de política, e que portanto tem sua linha de contato na guerra com o plano da estratégia; já a doutrina estaria cumprindo a função de articular os planos da estratégia (guerra em sua modalidade conceitual) e tática (a guerra em sua práxis). No entanto, há algo a ser levado em consideração: uma vez que a guerra híbrida funde os planos táticos e estratégicos, e mais, a guerra à política, então talvez estejamos também operando na fusão de horizontes entre doutrina e ideologia.[2] Por isto, se aqui houver alguma confusão, ela é proposital. Nesse sentido, se estiver certo, o anticomunismo foi mais uma peça a ser usada numa mobilização para um projeto de aparelhamento do Estado do que propriamente um inimigo concreto a ser prontamente combatido como na época da Guerra Fria. E com isso não estou dizendo que não devemos levar a sério a ideia de Bolsonaro, colocada em mais de uma ocasião em que ele falou para às massas, de que "vamos metralhar a petralhada". Como tenho colocado desde o começo deste livro, para uma ideia funcionar perfeitamente ela tem que de um ou vários modos ser testada na prática, se tornando uma "estrutura da conjuntura", nos termos de Sahlins (1990).

Por estas razões, pretendo mostrar como o problema do comunismo, mais do que uma alavanca para criar coesão no consórcio militar, também serviu de parâmetro para espelhar um modo de conceber a organização da guerra híbrida que agora vemos em curso. E isto ocorre justamente na ligação orgânica que ocorre entre sentimento corporativo, a cadeia de comando e as formas estratégicas e táticas de organização de um sistema militar na ofensiva contemporânea. Ou seja, tudo isso só pode ser compreendido se for tomado de forma interligada e sistemática. Por isso, peço para que se compreenda que não estarei fazendo um estudo histórico minucioso de como o anticomunismo

---

2   Aqui no Brasil a doutrina é tomada como algo que ocorre no "sistema de doutrina militar terrestre", que envolve (para resumir), "formulação, evolução, teste, avaliação e aplicação". Estas etapas são basicamente realizadas pelo Comando de Operações Terrestres e pelas Escolas Militares (bem como em níveis mais específicos por Organizações delimitadas), como mostra Kuhlmann (2007, p. 113)

foi visto e tratado pelos militares em diversas das suas instâncias, por exemplo, na ESG (Escola Superior de Guerra), variando alguns modos de se colocar uma resistência a ele (Lima Filho, 2011); ou como a "Doutrina Monroe" retornou aos nossos militares (Ortega e Marin, 2019, p. 41 e ss.).[3] Há textos e artigos especialmente interessantes mostrando uma quantidade inacreditável – ou melhor, uma qualidade surreal – de textos militares que fazem verdadeiros malabarismos para adaptar Marx e Gramsci aos seus interesses (veja especialmente o capítulo "Os militares lêem Gramsci, mas publicam Thatcher", sobre a Biblex [Editora do exército], de Ortega e Marin, 2019). Por exemplo, em relação ao famoso livro do General Sergio Avellar Coutinho, *A Revolução Gramsciana no Ocidente*, Ortega e Marin, resumindo o argumento (2019, p. 49), mostram que ele chega a dizer que "[...] quase que a Constituinte [de 1988] é levada a aprovar um projeto parlamentarista e nitidamente socialista [...] mesmo assim, a Constituição promulgada em 1988 caracterizou-se pela complexidade, revanchismo, nacionalismo xenófobo, paternalismo, permissividade 'democrática' e pelas contradições conceituais.' A obra também conta com um quadro explicativo em que PCdoB, PCB, MR-8, PSTU, PCO - e pasmem - PPS e PSB constam como partidos marxistas-leninistas. 'MST e outros' são movimentos 'maoístas ou foquistas.' O PT é 'socialista-heterodoxo', 'nasserista'. O PSDB é colocado na aba da 'esquerda fabianista', 'social-democracia inglesa', e o PDT 'internacional socialista', 'social-democracia da II internacional'".

Como mencionei na Introdução, não é difícil que essas ideias tenham vindo a partir das palestras que Olavo de Carvalho fez na ESG e ECEME nos anos 1990. O General Coutinho fez sua leitura de Gramsci, e a adaptou. E os militares têm um jeito especial de ler os autores. A maior parte de suas

---

3   "A Doutrina Monroe foi anunciada em 1823 pelo então presidente norte-americano James Monroe, e consistia em fazer avançar a ideia da América Latina como um protetorado norte-americano frente às tentativas europeias de retomar o controle colonial da região. Foi só no começo do século seguinte, no entanto, que a Doutrina Monroe chegou ao seu ápice prático, pelas mãos do presidente Theodore Roosevelt, que estabeleceu a política do "big stick" (grande porrete), que, partindo da doutrina ideal de Monroe, estabelecia agora uma plataforma prática para aplicá-la" (Ortega e Marin, 2019, p. 41).

leituras se dá através de resenhas e comentadores. Então é bem provável que eles leiam Gramsci via General Coutinho. Vivi uma situação particularmente ilustrativa disso em minha pesquisa de campo, em 1993 ou 1994. Eu estava no CPEAEx (Curso de Política, Estratégia e Alta Administração do Exército) – provavelmente a instância mais alta de estudos do Exército) – quando foi convidado para falar lá Celso Castro, até então o único antropólogo que já havia feito uma monografia sobre militares (supostamente eu seria o segundo). Depois de expor seu livro (Castro, 1990), nas perguntas, um oficial se dirigiu a ele (vou tomar aqui suas próprias palavras, ao revivermos o assunto):

"*Como o professor, que se pretende um especialista no espírito militar, não dedica uma página sequer ao que considero mais importante na AMAN: os espíritos das Armas? Respondi calmamente, sugerindo que ele lesse o livro, pois o maior capítulo, e o que mais me tinha dado prazer escrever, era justamente intitulado 'os espíritos das Armas'. Ao final ele foi me pedir desculpas, disse que tinha lido só uma resenha*" (Caderno de campo, 1993; retomado em agosto de 2019).

Este é um processo que inclusive vai além. Quando estava na ECEME e era solicitado a ler textos e a produzir resenhas e quadros sobre eles (cartolinas mesmo, os "powerpoints" da época), me diziam que aquilo poderia virar material de estudo. Vários foram os "textos-resumo" e "apostilas", com "informação, autor e fontes desconhecidas" (já falei sobre isso no Capítulo 1). Esta prática, pelo que me contou um Coronel na época era disseminada em "todas as OMs" (Organizações Militares). Na época, bem antes da internet ser algo popular, a maioria dos oficiais lia os resumos diários dos grandes jornais feitos pela 2ª Seção (Informações); as resenhas de livros eram dispostas em ampla divulgação; e, também, as publicações da Biblex tinham ampla precedência em termos de distribuição e divulgação frente àquelas que eram feitas por "editoras civis". Quando um livro destas "interessava" (na avaliação de um comandante), ele poderia ser "recomendado" e a sua divulgação vai adiante, com maior ou menor intensidade. Note-se que estou falando de algo que vale tanto para livros e artigos como o de Celso Castro e mesmo o meu quanto para textos mais clássicos, como Clausewitz, Huntington ou esquemas em slides adaptados de Lind ou Boyd. Nesse sentido, querendo entender se esta era uma prática que havia mudado desde então, perguntei a um coronel ainda em 2019 se eles liam muito Boyd, ao que ele me respondeu: "só indiretamente, através de alguns de seus slides ou de apostilas, muitas vezes até sem citar a referência".

De certa maneira, creio que isto reforça a percepção de que o modo como a informação – conceitual, teórica, mas também sobre a conjuntura – circula nas Forças Armadas se dá de forma que favorece versões parciais e em grande medida concentradas nas mãos de agentes-chave que dominam este processo. Mesmo um livro, como o de Coutinho, que pode ser lido por qualquer um, precisa ser aprovado em alguma instância do comando para poder se tornar fato concreto. Nesse sentido, não é difícil supor que o desenho ideológico-doutrinário do Exército tenha de fato passado a sofrer uma forte ingerência de certos generais a uma determinada hora, que passaram a espalhar ou represar certos conteúdos, bem como a obliterar e distorcer outros tantos. No limite, isto é bastante compreensível quando tratamos de uma organização hierárquica, que tem que fazer a informação ser repassada na forma C3I (ver nota 38 cap. 1). De fato, quem está abaixo das hierarquias dos generais só tem acesso muito parcial das informações, embora as recebam de forma "holista", depois de seu processamento e "autorização" vindos de cima. Por isso mesmo eles não cansam de dizer coisas a respeito da importância de seu sistema educacional, e de como ele é exemplar. Note-se, nesse sentido, que desde um cadete até um General se ouve regularmente comparações entre as academias militares e as universidades, sendo que as últimas são tomadas como antros de anarquia e desonestidade.[4]

---

4   Por exemplo, a fala deste cadete para Castro (2004[1990], p. 51-2): "Eu acho que têm certas coisas que o militar tem que ter mais firme do que o civil, certas coisas que a carreira exige mais. Como, por exemplo, a cola. A cola em prova, aí fora o pessoal todo... é normal. E se eu estivesse estudando aí fora naturalmente eu estaria colando, assim como eu colava antes de entrar pra cá. Aí, quando você tá entrando [na Aman] o pessoal: "Não, colou é desligado." Entendeu? Um troço assim ... um senso de honestidade que tem que ser levado a sério". A comparação entre Aman e Universidades também segue o mesmo padrão na fala de Heleno, como nessa entrevista ao jornal Valor Econômico (28/05/2019): "Valor: Quando o governo fala da doutrinação nas salas de aula, há pesquisas sobre isso, levantamentos, relatórios?/ Heleno: Nossa senhora!

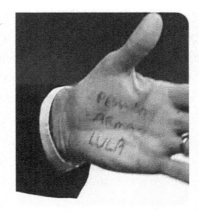

O problema da Cola/
Fonte: https://twitter.com/BeatleJohn_/status/1030846987028054016/photo/1

Estou mencionando este processo para que se entenda como a leitura que equaciona o anticomunismo de agora a fenômenos como o "marxismo cultural" chega de forma apostilada para a maioria dos militares. No limite, se fizermos uma engenharia reversa, trata-se de uma cola institucionalizada. Por isso mesmo, é preciso pensar no tipo de "valor estrutural" que estas informações têm. Imagine que alguém lê uma dessas apostilas enquanto está, digamos, na AMAN, durante sua formação de cadete. 40 anos depois, já General,

> Tem muita coisa, só WhatsApp e vídeo no YouTube tem uns 300. Recebi várias fotos de várias universidades mostrando o estado de depredação em que elas se encontram, depredação que não foi fruto de vendaval ou furacão, foi depredação por livre e espontânea vontade dos alunos. Agora, vai na academia militar sem avisar, cada papel no chão que você encontrar, eu te dou R$ 100. Você não vai encontrar nenhum papel no chão. E essa doutrinação... o professor bota o aluno em sala de aula e conta a história que ele acha que é história. Se entrar outro professor ali, de outra linha de pensamento, vai contar outra história. Os dois estão absolutamente errados. O livre pensar é fundamental no nível superior. Tem que ter o livre pensar. Valor: Mas o livre pensar vem também do ensino de filosofia, sociologia.../ Heleno: Claro! Mas você não tem que ser comunista, nem fascista. Pode estudar isso ao longo da sua vida inteira e não adotar nenhuma posição extrema. O livre pensar é exatamente você deixar que cada um adote a postura que for mais conveniente. Agora, se eu boto um professor ou vários para doutrinar um adolescente, eu levo ele para esse lado. Adolescente de direita hoje não consegue nem falar nas universidades...".

é possível que esta informação ainda esteja disponível sob "forma mnemônica", e uma nova apostila – dirigida aos cadetes de agora – não vai agregar mais informação, mas simplesmente recondicionar aquilo que já estava lá. É muito difícil se ver – aliás, eu mesmo nunca vi – um militar dizer: "aquilo que falávamos estava errado". Isso se estende das informações aos conceitos, das ações às gerações. E, claro, períodos históricos não estão fora desta conta, como podemos ver em manifestações recentes sobre o Regime Militar.

Mesmo quando tratamos de algo puramente técnico – que geralmente diz respeito ao nível tático, mas também na sua associação com uma leitura da história – não é impossível se ver uma contínua readequação da realidade para se caber no propósito presente. Isso pode se dar, por exemplo, adequando o passado ao presente (veremos à frente um exemplo disso em relação à Guararapes), e "chapando" a realidade em função daquilo que necessita imediatamente ser empregado, como no exemplo a seguir, retirado do "Manual de Campanha/ Operações Psicológicas", C45-4, Ed. 1999:

"As Op Psico constituem uma parte essencial do poder. Os chefes militares e políticos das nações têm utilizado, quer na paz, quer na guerra, as OpPsico como forma de persuasão ao longo da história. Caxias possuía essa visão e empregou as Op Psico de modo planejado e intencional, em apoio às operações militares, favorecendo sua ação de comando e contribuindo para a pacificação nacional...." (p. 1-1) E mais à frente: "Um modelo de propaganda é a carta enviada por Caxias ao bravo e competente Maj Francisco Galvão de Barros França, comandante dos rebeldes que marchavam sobre PINHEIROS-SP, na Revolução Liberal de 1842. Esta carta, pelo seu conteúdo psicológico e pela influência que exerceu no ânimo desse Oficial, merece ser transcrita em seus trechos mais importantes: 'Amigo Sr. Major Galvão. Que pretende? Quer, com efeito, empunhar armas contra o governo legítimo do nosso Imperador? Não o creio, porque o conheço de muito tempo, sempre trilhando a carreira do dever e da honra. Eu aqui estou, e não lhe menciono minhas forças para que não julgue que exagero. Responda-me e não se deixe fascinar por vinganças alheias. Acampamento de Pinheiros, 26 de maio de 1842. Seu amigo e camarada - Barão de Caxias.' Essa simples carta de Caxias constitui um precioso exemplo de OpPsico. O objetivo evidente é influir no espírito do seu antagonista, levando-o, se possível, a abandonar a causa rebelde ou, no mínimo, defendê-la com menor ímpeto. Note-se o cuidado, a sutileza, a técnica de propaganda, com que foi elaborado esse documento. Conhecendo perfeitamente a psicologia militar, Caxias seleciona os temas do dever, da honra e do respeito à autoridade legitimamente constituída do Imperador. Apesar de estar frente a um adversário com armas na mão, declara não acreditar que um homem correto e brioso, como o Major Galvão, se preste a tamanho absurdo e alerta para não servir de instrumento de 'vinganças alheias'. Além do apelo à razão, toca-lhe na sensibilidade e, através da emoção, chama a atenção para as mútuas afinidades, tratando-o de 'amigo e camarada', reconhecendo o seu valor profissional e os serviços prestados à legalidade. A parte mais importante, todavia, é quando se refere ao seu efetivo: insinua que possui um grande contingente mas não o revela, deixando o adversário corroído de dúvidas. Se o Major Galvão possuísse um bom serviço de inteligência, constataria, porém, que a situação era bastante diversa. Ante suas tropas, descansadas, bem armadas e municiadas, estavam as de Caxias, inferiorizadas em número, com pouca experiência de combate e esgotadas por marchas forçadas e noites sem dormir" (p. 2-1-2-2).

Não se trata somente de um movimento de "invenção da tradição". Cada vez que se escreve um documento como um "manual de campanha", por exemplo, instrui-se como deve se agir em relação ao inimigo, *mas também se está falando como o próprio Exército deve se espelhar*. Uma descrição de uma propaganda dentro de "OpPsico" é, ela mesma, uma "OpPsico" que funciona "para dentro". É assim que pretendo introduzir o problema que vai perpassar boa parte da leitura que tenho feito dos militares atualmente: geralmente, um tanto das descrições que eles fazem do mundo são, afinal, descrições deles mesmos. Não tenho certeza em que medida isso vale para todos e qualquer um, e por isso mesmo preciso deixar claro que todo este processo cognitivo não representa de forma alguma uma limitação na leitura que os militares fazem da realidade. Se assim é, cabe ressaltar que ninguém seja isento de vieses. Nem este livro, inclusive; porém, uma outra coisa é dizer, como constantemente se ouve de militares, que só os "outros" são "ideológicos". Independente do que achamos disso, é preciso dizer *como* eles chegam a esse tipo de formulação se quisermos entender porque a guerra híbrida foi também uma operação interna nas Forças Armadas.

Seus "métodos cognitivos" tem um lado bastante próprio, e enunciam o imperativo de transformar o pensamento em ação. Assim é que conceitos estão em doutrinas e manuais, e ordens são feitas para se obedecer. Como o inimigo é o horizonte imediato que se visa, é preciso pensar na sua descrição como sendo parte de uma *relação* (Leirner, 2001), e por isso mesmo cada vez que ouvimos a ideia de uma "hegemonia gramscista" ou um "aparelhamento" podemos esperar que é exatamente este o projeto deles próprios. A atual retomada das comemorações da Intentona de 1935 e do 31 de maço de 1964 – autolouvando o Exército como o paladino da libertação nacional de um comunismo que estava prestes a tomar conta do Brasil – não é outra coisa senão um eterno retorno, uma retroprojeção que insiste em dizer que estávamos há poucos meses prestes a se tornar uma Coreia do Norte: "Essa celebração foi usada não apenas para construir uma versão repulsiva sobre o significado do comunismo, mas, também, para unir os militares em torno de inimigo comum. Essa análise não implica reduzir a seriedade da insurreição liderada por comunistas e aliancistas em 1935, que tentaram derrubar o governo de Getúlio Vargas. O ponto é que as versões construídas sobre o episódio geraram uma caricatura grotesca, que apagava as semelhanças do movimento com as anteriores revoltas tenentistas e investia no tema do comunismo intrinsecamente malvado e sanguinário, como na versão – sem comprovação empírica – de que os comunistas mataram soldados legalistas enquanto dormiam" (Motta, 2018, p. 8-9).

Segundo Motta (2000), o anti-comunismo começa a existir de maneira sintomática após a Revolução de outubro de 1917, e isso não é um fenômeno exclusivamente brasileiro. No entanto, aqui ele assume uma forma própria e de maneira contundente ainda durante o Governo Vargas, tendo como evento que impulsiona sua disseminação a Intentona de 1935: "Surgiram elaborações originais, relacionadas às singularidades da dinâmica política brasileira. É o caso do imaginário construído em torno do levante de 1935, a 'Intentona Comunista', que forneceu boa parte do arsenal propagandístico usado pelos anticomunistas do Brasil. A forma como o episódio de 1935 foi explorado dificilmente encontra similar em outros países. A 'Intentona' deu origem não somente à construção de um imaginário, mas ao estabelecimento de uma celebração anticomunista ritualizada e sistemática. Outrossim, contribuiu para solidificar o comprometimento da elite militar com a causa anticomunista, por via da exploração da sensibilidade corporativa do grupo" (Idem, p. 18).

Pelo que vemos no livro de memórias do Gen. Sylvio Frota (2006) – um dos mais notórios anticomunistas que já passaram pelo Exército –, foi este evento que produziu a primeira grande divisão institucional em torno de campos ideológicos antagônicos. Desde então a Intentona passou a ser anualmente rememorada, e acionou uma série de símbolos, rituais e práticas que visaram acentuar uma tomada de posição muito clara por parte de certas coteries militares, geralmente hegemônicas (Castro, 2002). É preciso novamente estar atento ao fato de que se esta divisão pode operar como um polo regulador do modo pelo qual se estrutura a chave da *relação amigo/inimigo*, isso vai ter efeitos duradouros para pensar o campo de maneira sub-reptícia.

É possível dizer assim que o "nosso modo" de ver o problema do comunismo esteve latente e já tinha uma fórmula militar (que tem consequências ainda hoje) antes de 1964. Como bem coloca J. Martins Filho, "se marcarmos a data de nascimento da era kennediana da contra-insurreição em 18 de janeiro de 1962, quando o presidente promulgou o Memorando de Ação de Segurança Nacional 124 (NSAM-124), podemos afirmar que, nessa data, alertar os militares argentinos e brasileiros para a urgência de desenvolver uma doutrina de combate à guerra subversiva seria o mesmo que ensinar o Padre-Nosso ao vigário. Antes mesmo do triunfo da Revolução Cubana, os oficiais daqueles países tinham buscado, por conta própria, uma doutrina de guerra mais adaptada às suas necessidades, que os Estados Unidos não pareciam em condições de oferecer" (2008, p. 40).

Trata-se da doutrina francesa da *Guerre Revolutionaire*, que, conforme conta o General Octávio Costa, "(n)esse momento, estávamos profissionalmente perplexos, sem saber que direção tomar. (...) Então começamos a tomar conhecimento de novas experiências (...). Nessa ocasião, a literatura militar francesa (...) começa a formular um novo tipo de guerra. Era a guerra infinitamente pequena, a guerra insurrecional, a guerra revolucionária. (...) Isso entrou pelo canal da nossa ESG, e foi ela que lançou as idéias sobre as guerras insurrecional e revolucionária e passou a nelas identificar o quadro da nossa própria possível guerra. Para nós ainda não havia guerra nuclear, a guerra convencional já estava ultrapassada. Mas havia uma *guerra que nos parecia estar aqui dentro*. (...) Isso tudo contribuiu para a formulação da nossa própria doutrina da guerra revolucionária, que resultou no movimento militar de 64" (D'Araújo *et al.*, 1994, p. 77-78, citado por Martins Filho, 2008, p. 41; grifos meus).

E, incrivelmente, é na "Guerra Revolucionária" que está a base de muito do que estamos falando aqui: "A principal característica desta forma de conflito era a indistinção entre os meios militares e os não militares e a particular combinação entre política, ideologia e operações bélicas que ela proporcionava" (Martins Filho, 2008, p. 41). É assim que se decantou para as Forças Armadas os conceitos de guerra revolucionária a partir de sínteses de autores franceses (mas não só, como veremos logo abaixo). No Manual FAE-01/61 (de 1961, editado pelo Estado-Maior das Forças Armadas [EMFA] para o público interno[5]), "Conceituação de – Guerra Insurrecional; - Guerra Revolucionária; - Subversão; - Ação Psicológica; - Guerra Psicológica e Guerra Fria" se considera as doutrinas francesa, norte-americana e russa, porém se adequa a nossa perspectiva a partir da literatura francesa. Trata-se de um manual de 44 páginas que resume ideias dos diferentes autores (ao modo descrito acima; ver fac-símile abaixo) e a partir da página 26, em suas "conclusões", reelabora o material no sentido de fornecer uma instrução para o entendimento do problema.

---

5   A distribuição deste manual ocorreu para os Estados-Maiores das 3 Forças, para o Conselho de Segurança Nacional e para a Escola Superior de Guerra.

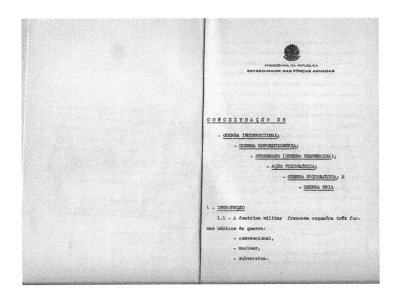

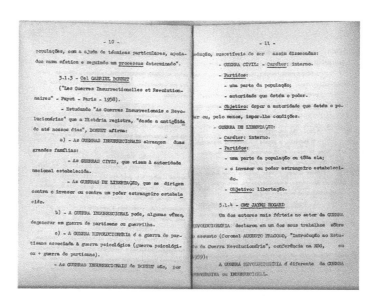

Fac-Símile de Manual de tipos de guerras./ Fonte: Estado-Maior das Forças Armadas (EMFA), FA-E-01-61, p. 7-11

Uma das coisas que mais chama a atenção é o fato de que em seguida ao conceito de "guerra revolucionária" aparece um item sobre "ação psicológica e guerra psicológica". Tal como no manual C45-4 (Manual de Campanha/Operações Psicológicas), de 1999, estas são definidas como subsidiárias às outras formas de guerra. No entanto, já o manual de 1961 a prevê como uma "4ª Força" (ao lado da Aérea, Naval e Terrestre), evidenciando seu potencial dali para frente. Muito deste material veio e "emplacou" a partir da leitura feita por uns poucos oficiais em posições estratégicas. No caso da literatura francesa, ela teve na apresentação do Coronel Augusto Fragoso na ESG, em 1959, a matriz do que está colocado neste Manual, seguindo a lógica que descrevi acima. Digo isso para evidenciar o fato de que estar em posições-chave pode representar uma tremenda vantagem no sentido de canalizar suas ideias para toda a Força, se o contexto favorecer. Assim, "(e)m exércitos como os da Argentina e do Brasil nos anos de 1950, envolvidos cada um à sua maneira na criação de uma ideologia militar abrangente e ambiciosa, caía como luva o exemplo francês dos intelectuais militares que pensavam por conta própria, em pé de igualdade com seus colegas e aliados civis, que de resto nunca faltaram. Não menos importante, o romantismo e a mística quase religiosa que acompanhavam a doutrina francesa também funcionaram como atrativo adicional para oficiais em busca de uma missão para seus exércitos, no apogeu da Guerra Fria. Enfim, a doutrina militar francesa oferecia aos militares de nossos países uma definição flexível e funcional do inimigo a enfrentar, ao mesmo tempo em que, no plano geopolítico, valorizava o Terceiro Mundo como cenário do confronto mundial da Guerra Fria. Afinal, ocupava o centro dessa doutrina a idéia de que, 'enquanto os Estados Unidos e seus aliados estavam hipnotizados pela perspectiva da guerra nuclear, o comunismo flanqueava as defesas do Ocidente a partir do Sul, e se não fosse contido destruiria, ao fim, a civilização ocidental' (Shy e Collier, 1986, p. 852)" (Martins Filho, 2008, p. 42).

Mais ainda, estas ideias vão se sofisticando, e ganhando "parentesco" com as de outros oficiais, como é o caso do Tenente-Coronel Hermes Araújo de Oliveira, do Exército de Portugal, que publicou *Guerra Revolucionária*, em 1960, que foi republicado como tema "urgente" no Brasil em 1965, pela Biblex. O autor atuou em missões na Argélia (daí a evidente influência francesa), Guiné (atual Guiné Equatorial), Angola e Moçambique, oferecendo em português uma descrição que adensa as considerações de Fragoso, que, como dito, funcionam como cartilha. Nesse outro caso trata-se de quase 350 páginas completas de platitudes, reflexões sobre o "Homem", a "Cultura", "o Trabalho", a "Sociedade" e por aí vai. Ele monta um punhado de teorias de como a guerra revolucionária opera numa frente ampla de divisão de pilares do Ocidente, aproveitando-se de uma fragilização de nossas instituições centrais – a ligação do indivíduo aos grupos orgânicos naturais pelo processo de atomização da sociedade, sobretudo suas duas "células centrais", a "família e a Pátria" (H. Oliveira, 1965, p. 152). É neste momento que o inimigo vê a possibilidade de provocar uma crise no alvo, através de ações psicológicas que visam o comando dos corpos e mentes, através de sucessivas ações "em pinça", onde a "cidadela do cérebro humano está sujeita, nos nossos dias, a múltiplos assaltos: o cinema, a imprensa e a rádio-televisão conduzem a um cerco importante" (Idem, p. 219).

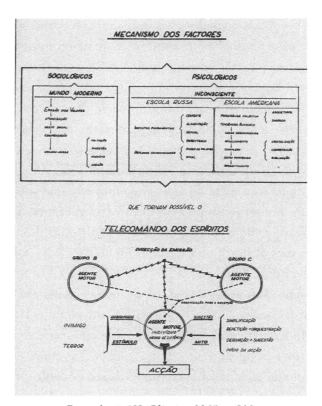

Reprodução/ H. Oliveira, 1965, p. 218

No Prefácio a este livro, algumas considerações me parecem bastante elucidativas. Vou citá-las por entender que elas colaboram com o debate atual: "A guerra revolucionária é uma expressão nova da violência, como instrumento de conquista e divisão de povos e Estados, a serviço de uma nova forma de imperialismo, e que vem do Oriente. (...) O instrumento fundamental da guerra revolucionária é a 'psicologia', muitas vezes mais eficiente que as armas tradicionais. Por isso mesmo, não se pode pretender a vitória completa sobre os revolucionários mediante o simples emprego de forças militares, ocupação de terreno, nós de comunicação, centros vitais, etc. (...) A luta contra tais adversários impõe outras regras, novas táticas, armas adequadas. Os países do Ocidente, fiéis aos valores que informam a sua civilização, ao princípio ético de respeito à dignidade humana, *insistem* 'em permanecer agarrados às normas do direito por lhes repugnar, como é natural, levar avante qualquer iniciativa que lhes pareça ilegal ou desprezível'. *Mas os interesses da Pátria, a defesa de sua soberania e de suas instituições, estão a exigir que as Forças Armadas se preparem para enfrentar, com técnicas próprias, decorrentes dos novos processos de luta, esse tipo de guerra, em que se dão as mãos os modernos conhecimento de psicologia, a astúcia e a mais nefanda crueldade.* (...) A luta (...) contra o comunismo não admite pausa" (General Décio Escobar, Chefe do Estado-Maior do Exército, *apud* H. Oliveira, 1965, p. 9-11; grifos meus).

Pois bem, aqui está admitido, com todas as letras: saiu na chuva, é para se molhar.

Foi nesta chave, creio, que se construiu o "inimigo interno" numa nova estruturação do campo militar, mobilizando uma nova forma "paralela" à cadeia de comando ainda durante a ditadura. Todos sabemos das histórias da máquina repressiva, inclusive já tornada réu confesso em depoimentos dados ao CPDOC nos anos 1990 (D'Araújo *et al*, 1994). Mas é exatamente isso que estou querendo focar aqui. A formação de "células" semi-independentes, cujas ligações podem ser tomadas como um protoplasma dos fenômenos que estamos vendo hoje. Várias das pessoas que as compunham estão ou estavam vivas até agora pouco, e, sobretudo, este movimento começou quando os generais de hoje estavam em plena formação e depois atuando como oficiais. Vou voltar ao ano de 1969, mas sabendo que é esta ideia de que o *"mas..."* suscitado pela guerra revolucionária representou a abertura "categorial" para esta forma de organização emplacar, e que até chegou a ser lida como uma espécie de "golpe no golpe" (cf. Casali, s/d). Foi nessa época que um grupo mais radical, o "Centelha Nativista", apareceu no meio dos paraquedistas. Sua proposta era radicalizar a repressão contra a esquerda revolucionária com ações armadas independentes. Curiosamente, eles passaram a ficar mais conhecidos a partir de sua "logomarca", que é o brado "Brasil, acima de tudo!", inventado por um coronel que participava do grupo e remetia à ideia de "Deutschland uber alles" [id., *ibid*.]). No seu ápice tentaram uma ação de tomada do Governo e radicalização da repressão, aproveitando a doença do então Presidente [General] Costa e Silva (15 de março de 1967 – 31 de agosto de 1969). Mas a tentativa falhou, especialmente por falta de adesão do topo da hierarquia (id., *ibid*.), e os próprios serviços de informações mapearam seu raio de atuação para providenciar sua "dissolução". Esta foi realizada "movimentando" os oficiais da Centelha para várias unidades no país. O que por hora parecia resolver o problema acabou criando outro: agora diversas unidades militares começaram a abrigar protoplasmas de "células" em seu interior.

Durante os anos 70 e em diante esses grupos começam a proliferar, e com eles publicações, jornais, palestras. Ainda em 1971 há registro de alguns generais se vinculando à Centelha Nativista, que neste momento passava a atuar mais como "grupo de pressão" do que como "célula insurgente". É preciso fazer um salto no tempo aqui; não há informação precisa – ou pelo menos ela não chegou até a mim – se os oficiais da Centelha passaram a operar no sistema de informações e repressão da ditadura. É verdade que tudo se encaixa para eles receberem o rótulo de "filhos do Frota", numa alusão à derrota do General Frota em relação à sucessão de Ernesto Geisel, que o demitiu do cargo de Ministro do Exército em outubro de 1977. Fato é que Frota enxergava comunistas até dentro do Governo, e de certa maneira encontrou eco em grupos como o Centelha – e aqui, arrisco a dizer que esta ligação se dá, também, pela afinidade que a "dobra" da guerra revolucionária permitia entre a política e a guerra naquele momento. Curiosamente, Frota enviou aos jornais, em novembro de 1977, uma lista com supostos 98 comunistas infiltrados no serviço público (entre eles, a terceira da lista era Dilma Rousseff), tentando aumentar o coro de que haveria, por parte de Golbery e Geisel, uma tentativa de acobertar comunistas e trair o "processo revolucionário". E, como vimos na Introdução deste livro, não foi à toa que Olavo de Carvalho acionou novamente essa história de Golbery em sua fala no Clube militar. Como veremos, este movimento não cessou com a abertura política, e todos os personagens parecem se reduzir a um número que poderia caber numa peça de Shakespeare.

No começo dos anos 1980, um tanto por conta do reflexo do que aconteceu com os militares argentinos depois da Guerra Malvinas – que os enfraqueceu a ponto de permitir dar sequência a um amplo processo de julgamento dos crimes cometidos por agentes da ditadura –, vimos no Brasil uma intensa articulação dos militares em relação a uma política anti-revisionista. A anistia, nesse sentido, funcionou mais para os próprios militares do que para os civis, visto que estes, em diferentes momentos, já tinham sido punidos pelo Estado. Segundo Eduardo Heleno dos Santos (2009; 2018), os militares antes ligados aos setores de informação e repressão começam a se alinhar em "células" como a Centelha, que se tornam espécies de grupos de pressão junto à Instituição Militar quando eles passam para a reserva. Um pouco mais tarde, mas ainda nos anos 1980, já eram vários; hoje deve haver centenas. Tenho a impressão que assim como ocorre em diversas organizações que se comportam como "células" (replicando o modelo de "Forças Especiais"), houve um intenso movimento de "cópia criativa" da Centelha. É no âmbito deste tipo de "tecnologia sociológica" que, em meados dos anos 1980, muitos oficiais ligados ao CIE (Centro de Informações do Exército) começaram a costurar uma conspiração contra Tancredo Neves antes de sua posse. Foi aí que começou o verdadeiro problema.

Segundo a dissertação de Sandra Frederici (2003), que estudou as promoções durante o regime militar, bem como o ótimo trabalho de Maud Chirio (2012), podemos ver esclarecido o que foi uma suspeita de muito pouca gente até pouco tempo atrás: os militares começaram eles mesmos a produzir um certo corte nas promoções em relação ao pessoal das informações/repressão. Aqueles que estão citados no livro de Dom Paulo E. Arns[6] como parte da "comunidade da repressão" não chegaram ao posto de general. Para não me alongar nesta história, é preciso notar que o compromisso que começou a haver nesse fim dos anos 1970/começo dos anos 1980 foi o de justamente garantir que essa "comunidade repressiva" não fosse parar em tribunais civis. Nesse sentido, a anistia civil foi um contracheque político para a anistia militar. Aliás, é bem possível que após passar para a reserva muitos desses agentes começaram a atuar em Polícias Militares, segurança privada e esquadrões da morte. Não me surpreenderia se um esquadrinhamento das atuais "milícias" do Rio de

---

6   *Brasil: nunca mais*, de 1991.

Janeiro chegasse a nomes que participaram da repressão durante os "anos de chumbo". Seja como for, o que posso afirmar com alguma segurança é que vários desses militares se encastelaram em grupos como o Centelha, e tinham intensa participação na "vida social" que existia nas inúmeras sedes do "Clube Militar" espalhadas pelo Brasil. Não é a troco de nada que o Clube Militar começa ele próprio a fazer um intenso trabalho de galvanização dos militares que ainda estavam operando no registro da guerra revolucionária, mesmo com o fim da União Soviética.

Em 1990 o então Presidente Fernando Collor (1990-1992) decreta o fim do SNI (Serviço Nacional de Informações, que coordenava todo setor de inteligência, infiltração, informação e contra-informação do regime militar, e que, pelo visto, ainda mantinha sólidas ligações com os "filhos de Frota"), e desagrada profundamente os militares com a extinção de vários projetos (como o de testes nucleares na Serra do Cachimbo). Esses grupos de pressão começaram a radicalizar ainda mais. Eles ganharam mais corpo e começaram a agregar uma série de militares que passavam para a reserva e não conseguiam qualquer outra ocupação. Testemunhei isso ao longo de minha etnografia: conheci dois coronéis que não conseguiram chegar ao generalato, e, bastante frustrados, dedicaram-se a atividades (que chamavam de "culturais") no Clube Militar, no Rio de Janeiro. Vi discussões que equacionavam os governos civis (Tancredo, Sarney, Collor e, depois, Fernando Henrique) à rubrica "esquerda", retomando inclusive ideias do General Frota de que teria havido uma certa "traição" na abertura, isso sem falar na aproximação que Geisel promoveu com a China e o reconhecimento de Angola independente. Era notável que estava falando com pessoas que, enquanto na ativa se mostravam um tanto moderadas, depois se pautavam por uma leitura do mundo bem mais à direita. Sendo que hoje as designações de "esquerda" chegam até mesmo à Rede Globo, ao jornal O Estado de S. Paulo e a grandes conglomerados internacionais.

De outro lado, é preciso ter em mente que os anos Collor/Itamar representaram uma notável guinada entre os militares. Como mencionei no Capítulo 1, o começo dos anos 1990, marcado pelo final da Guerra Fria e, aqui, pela posse de Collor, também significou uma reestruturação dos papéis dos militares brasileiros (Martins Filho e Zirker, 2000). Como disse antes, militares se queixavam de ter perdido uma janela de oportunidade na Guerra Fria: o Brasil saiu estagnado deste processo; os EUA, aliados preferenciais de outrora, claramente não se empenharam em ajudar o Brasil a se tornar uma potência regional aos moldes que era pensado. Definitivamente o Brasil não se deslocou para o Hemisfério Norte. De certa forma espremidos na configuração do mundo pós-União Soviética e sem papel claro, os militares brasileiros acionaram a Amazônia como o cenário que mais cabia no repertório que já estava dado – aquele mesmo da guerra revolucionária. O terreno era fértil, pois havia literatura antiga e fatos históricos para a "invenção de uma tradição": a Amazônia sempre foi cobiçada.[7] É bem verdade que esta visão da cobiça já vinha de antes. Uma noção não muito bem elaborada, do "integrar para não entregar" vinha da ditadura, que manifestava a noção de que a não ocupação da Amazônia era um impedimento ao destino "manifesto" do Brasil-potência; a ideia do "vazio" que permitiu ações guerrilheiras no Araguaia, enfatizando a vulnerabilidade daquela zona; a ideia de uma geopolítica pan-amazônica, tal como o General Meira-Mattos a percebia; o Projeto Calha Norte, que viria a cumprir a ideia de uma "vivificação das fronteiras" na década de 1980. No entanto, essas coisas sozinhas eram pontos periféricos até o redesenho da geopolítica mundial, com o final da Guerra Fria.

Depois disso, mais elementos começaram a se agregar: uma conferência na OTAN, em 1990, onde aparecia um "teatro de operações" na Amazônia; versões de mapas que mostravam uma "área internacional" lá; Sting; livros de geógrafos e cientistas políticos "demonstrando" como ONGs eram organizações de fachada; a fala do então Senador e depois Vice-Presidente americano Al Gore, em 1989, dizendo que, "ao contrário do que os brasileiros acreditam, a Amazônia não é propriedade deles, ela

---

[7] Para uma história de como os militares "fabricaram" o "problema da Amazônia" de três décadas para cá (e antes), ver os seguintes trabalhos: Castro (2002); Castro (Org) (2006, esp. cap 2 [Castro e Souza, 2006]); Marques (2007).

pertence a todos nós"; e por aí vai. Mas nada disso é mais potente do que o sentido que foi dado a uma identidade própria para os militares daqui (e, Adriana Marques [2007] mostra como a questão simbólica foi vital nesse processo). Eles pareciam ter achado uma vocação singular. Nada de ser uma Força subordinada, atuando em segundo plano contra um inimigo que vinha de longe, atuando em um terreno secundário. A cobiça dava um motivo mais "direto" e "nacional": o único ponto é a defesa de uma parte importante de nossa integridade, e não participar de uma guerra por procuração – ainda que, como vimos, a ameaça comunista jamais tenha saído do radar militar.

Mas houve dois outros ganhos aqui. O primeiro diz respeito à possibilidade de se efetuar um *deslocamento* do corpo ideológico-doutrinário da guerra revolucionária para o de uma guerra assimétrica, típica de resistência: diante de potências invasoras, temos a expertise própria e um campo de conhecimento militar genuinamente brasileiro que nos torna ímpares nesse teatro de operações. E some-se a isso o fato de que já haviam se formado uma experiência doutrinária a partir dos conflitos do Araguaia (que ainda se plasmam ao anti-comunismo), desdobrados em um certo "padrão Curió" (cf. E. Diniz, 1994, p. 98-99): baseando-se nas ações do Major Curió, ex-combatente do Araguaia e ex-Comunidade de Informações que foi designado por João Figueiredo, em 1982, a "por ordem" no Garimpo de Serra Pelada, o Exército enxergou um precedente que reunia 3 pontos fundamentais para se pensar uma mudança estratégica para a Amazônia: 1) a experiência de combate em um ambiente semelhante, com todo um direcionamento posterior para atuação de "Forças Especiais" e "atividades de inteligência/repressão"; 2) a organização sociopolítica numa área de controle (para)militar; 3) o controle econômico dos acordos de mineração e toda a atividade paralela que decorreu do controle político e social tanto das populações trabalhadoras como das elites locais, determinando ações que iam de sindicatos à transações bancárias, por exemplo. Estava aqui formado o protoplasma de uma forma de governo indireta, fora do padrão intervencionista tal como usual em golpes.

Tudo isso aparece blindado pela noção de que os militares passaram a se tomar como uma nova referência no campo da "resistência", colocando o Brasil na projeção de um plano de "potência não-alinhada", bem de acordo com as necessidades de suprir a frustração gerada pelos resultados locais da Guerra fria. Não faltaram livros que se constituíram em verdadeiros manuais – diga-se de passagem, usados até hoje. É o caso, por exemplo, de "A Farsa Ianomami" (Menna Barreto, 1995), que se pretende ser um manual etnológico, político e militar demonstrando toda a manipulação internacional para impedir nosso desenvolvimento e fragmentar nosso território, utilizando como pretexto os "supostos" ianomamis. O segundo ganho foi a nítida abertura ao desenho de uma nova identidade, com a revisão de vários aspectos históricos que fazem, novamente, uma "opsi para dentro" e galvanizam os próprios militares em torno de um sentimento corporativo. Ambos os ganhos têm consequências interessantes para o que estou pensando aqui, pois refletem profundamente no que está acontecendo agora.

Capa do Livro "A Farsa Ianomâmi" (Mena Barreto, 1995)

Em um primeiro plano, a aposta numa Força que se baseia na guerra assimétrica casa com a ideia de que precisaríamos ter uma expertise e competência únicas nesse campo - a guerra na selva. Comandar na Amazônia, fazer o curso no Centro de Instrução de Guerra na Selva (CIGS) etc, passaram a ser elementos de status e prestígio dentro da Força. Isso é algo que atinge não somente os coletivos militares (algumas Armas e Unidades passam a ter mais prestígio, como por exemplo as Forças Especiais), mas atinge também indivíduos que passam a ter na Amazônia uma porta aberta para alavancar suas carreiras. Agora, o padrão "faca na caveira" tem uma via legítima de ascensão, e estar na Amazônia representa também uma espécie de rito de passagem em que todo militar tem a chance de chancelar o discurso do "sacrifício" pelo bem do Brasil. Durantes os meses que morei em São Gabriel da Cachoeira (AM), no ano de 2013, ouvi essa conversa toda semana: como as dificuldades de se estar lá valiam a pena. Comparava isso, de modo contrário, ao que ouvi numa entrevista que fiz com o General Gustavo Moraes Rego (1920-1997, ex-chefe do Gabinete Militar no governo Ernesto Geisel), que disse que foi enviado para a Amazônia, em 1968, como forma de punição.[8] Hoje, como estamos vendo, isso mudou (ver imagens ilustrativas disso, elaboradas em Kuhlmann [2007] a seguir).

---

8 Embora na história dos comandantes militares da Amazônia haja personagens ilustres, entre eles Castello Branco e Leônidas Pires Gonçalves.

O Brasil no espectro de uma Guerra Híbrida

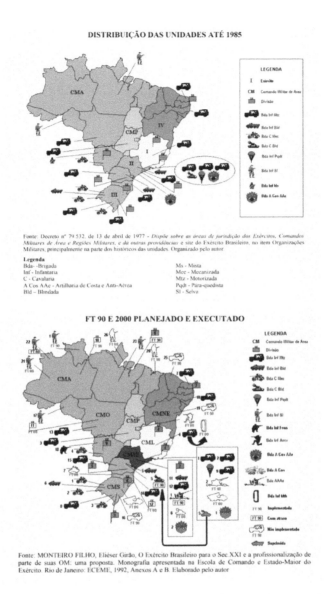

Distribuição das OMs/ Imagens elaboradas por Kuhlmann (2007, p. 116 e 119)

Em um segundo plano, esta nova identidade produziu uma leitura do quebra-cabeças amigo/inimigo que reposiciona as peças e demanda uma atualização das modalidades ideológicas para o Exército. Estou pensando aqui na própria "refundação" da ideia de Exército, com seu renascimento recuado para Guararapes, em 1648. Como bem mostra Celso Castro: "diferentemente das comemorações da Intentona e de 1964, Guararapes é uma luta contra estrangeiros. Nas comemorações de 1935 e de 1964 sempre se fez referência a 'ideologias exóticas', mas o apelo da luta em condição de inferioridade contra um poderoso invasor estrangeiro é, hoje, muito mais mobilizador e 'politicamente correto'./ Finalmente, vale a pena assinalar que a vitória foi obtida contra um inimigo considerado militarmente mais poderoso. O Davi caboclo abate o Golias estrangeiro após uma longa guerra de 'resistência', baseada principalmente em táticas de 'guerrilha'. Será fácil associar essa representação com a da luta contra a 'cobiça internacional' sobre a Amazônia e a recente 'doutrina da resistência' desenvolvida pelo Exército. O estudo oficial que serviu de base para a criação do Dia do Exército Brasileiro, feito pelo Centro de Documentação do Exército em 1994, já destacava o fato de que a vitória contra 'um inimigo muito superior' teria sido alcançada 'combinando táticas de guerrilha e emboscada'. Com isso, além de 'modeladores da nacionalidade', os bravos de Guararapes teriam sido também inovadores na arte militar, dando nascimento à doutrina militar brasileira" (Castro, 2002, p. 73-74).

Isto não é pouco, mas também não é tudo. Como mostrarei, em qualquer que seja o cenário é possível "desengarrafar" uma boa dose de anti-comunismo.

É aqui que entramos numa rota que nos conduz aos dias de hoje, e este é um ponto que vou sugerir ainda de forma algo especulativa (e como parêntese aqui, pois vou voltar a isto mais a frente). A imbricação entre essas novas modalidades ideológicas com a expertise necessária para tocá-las – que resumidamente podemos chamar do "padrão forças especiais", tomando carona na dica do Coronel Heraldo Makrakis (comunicação pessoal) – possibilitou a entrada posterior a uma nova readequação à estratégia das grandes potências (especialmente dos EUA), de aposta na "guerra de 4ª Geração": C3I, C4ISR, "inteligência cultural", Opsis, Boyd e Human Terrain, abordagem indireta etc. Enfim, os elementos da guerra híbrida daqui estavam apenas esperando para serem atualizados em cima de todo material anterior que tinha ficado como "sobra de campanha" da guerra revolucionária do período anterior. Aqui não se desperdiça nada, a reciclagem é 100% garantida. Para terminar esta chave, vale a pena lembrarmos mais um aspecto que esteve envolvido no "problema da Amazônia" desde seu começo. Quando Collor trouxe para o Brasil a Conferência das Nações Unidas sobre o Meio Ambiente e o Desenvolvimento, também conhecida como Eco-92, em junho de 1992 (note-se que o tema atinge o âmago da sensibilidade dos militares de então), coube ao Exército realizar a sua primeira GLO (operação de garantia da lei e da ordem), patrulhando o Rio de Janeiro – um balão de ensaio para o que estamos vendo acontecer nos últimos anos. E, evidentemente, passados quase 30 anos, toda essa parafernália que aparece com essa "virada ontológica" amazônica teve consequências também no modo como o Exército pensou seu papel em outros "teatros". A porta para a intervenção estava aberta. Na década de 1990 era uma fresta, hoje me parece que seu ângulo aumentou e estacionou em um "trava-portas" na parede.

Mas, para entendermos isso será preciso novamente voltar à ideia de que no Exército não há desperdício ideológico. As coisas se somam umas às outras, e o que parece estar morto apenas fica em stand-by, para ser re-acionado assim que preciso. Isso explica em parte como o consórcio de generais mais próximos de Bolsonaro hoje em dia mobiliza frequentemente, como uma "chave de comutação", a Amazônia e o Comunismo como problemas para nossa soberania. Assim, parece que sempre voltamos à estaca zero. Durante os anos de 1987/1988, ainda durante o Governo Sarney, o então Ministro do Exército, General Leônidas Pires Gonçalves, colocou como uma de suas missões principais preparar o Exército para ser uma Força profissional, com os quartéis recolhidos. Com a anistia já (quase) consolidada, ele não queria ver aqui as mesmas quarteladas que se observavam especialmente na Argentina (comunicação pessoal, entrevista realizada em 1994). Um dos movimentos que atrapalhou este rumo foi sem dúvida o protagonizado pelo então Capitão Bolsonaro, que pretendia ações no "padrão Centelha" para pressionar o comando por demandas das patentes mais baixas do oficialato. Cabe lembrar que Bolsonaro realizou isto quando ainda estava na Brigada Paraquedista, portanto não se trata de mera coincidência seu protagonismo. Tenho a impressão que foi muito mais um paraquedista falando através de Bolsonaro do que Bolsonaro falando pelos paraquedistas. Insisto no fato de que este padrão das "Forças Especiais" ainda tinha – e tem – muito da guerra revolucionária. Como está bastante divulgado hoje, Leônidas tentou expulsá-lo retirando sua patente, mas ele passou para a reserva remunerada depois de um julgamento bastante questionável pelo Superior Tribunal Militar. Nessa época, Bolsonaro se aproximou bastante desses grupos que começavam a se espalhar, e passou a atuar no Congresso como uma espécie de "cabeça de ponte" deles (fecha-se o parêntese).

É preciso notar que, oficialmente, o anticomunismo arrefecia no Exército durante os anos 1990. Volto à história narrada por Celso Castro, quando foi possível ver como as comemorações públicas da Intentona e do 31 de março começaram a esvaziar: "Abandonada pelos chefes militares, a comemoração passou a ser promovida pelo Clube Militar. Em 1998, além de membros da diretoria do Clube compareceram à cerimônia não mais que meia dúzia de oficiais da ativa e um deputado estadual. Ao final, um dos diretores confidenciou a meus assistentes de pesquisa, 'infiltrados' na comemoração, que o Exército havia 'esvaziado' o evento desde o governo Collor. A situação teria se agravado quando "os comunistas chegaram ao poder", disse, referindo-se ao governo FHC! Ainda segundo esse diretor, o desinteresse pela solenidade, refletido no reduzido número de presentes, devia-se a uma suposta campanha movida contra as Forças Armadas pelos meios de comunicação. Os eventos comemorativos do 31 de março, realizados pelo Clube Militar em 1999, também demonstraram a mesma combinação de radicalismo no discurso e reduzido comparecimento" (Castro, 2002, p. 65).

Apesar de reduzido em importância, é notável que o Clube tenha ficado em stand-by esse tempo todo reiterando o "eterno retorno" da guerra revolucionária. Nesta época em que aparentemente murchava, foi eleito como Presidente em 1996, depois de uma primeira tentativa, o General Helio Ibiapina. Ele fazia parte de um desses grupos que Eduardo Heleno dos Santos descreve, o Grupo Estácio de Sá. Em sua posse afirma: "Há muitos fatos acontecendo nos dias atuais, sobre os quais, não é aceitável nossa omissão, ou deixar passar esta oportunidade sem marcar nossa posição. Alguns de nós tem lutado em torno do grupo Guararapes (CE), Estácio de

Sá (RJ), Inconfidência (MG) entre tantos outros, há mais de dois anos, contra investidas injustas e de elementos apátridas que buscam o descrédito e o isolamento das Forças Armadas". (...) vencimentos aviltados, obsolescência dos equipamentos e armamentos, degradação de suas missões, constantes tentativas de as indispor com a sociedade a que servem e defendem, estimulando dúvidas quanto à necessidade de sua existência, quanto às suas dimensões as incríveis indenizações de famílias de 'vítimas da repressão' constituem outro aspecto injusto e de enfoque totalmente equivocado" (...) Que pensam os membros do 'Tortura Nunca Mais' quando praticam torturas contra Newton Cruz, Ávila Neto, Ustra, Avólio e tantos outros?" (*apud* Santos, 2009, p. 43).

Estas referências a Ustra e ao pessoal da tortura tinham eco em outros lugares e grupos. Na edição de julho de 1996 do jornal Ombro a Ombro, um artigo assinado pelo Coronel Sillas Bueno (que vai ser um dos primeiros a se referir ao grupo Ternuma – Terrorismo Nunca Mais – em cujos quadros estavam o Coronel Ustra, e posteriormente o General Heleno), diz: "Desde o início de 1995 decidi desencadear uma campanha pessoal contra a ação nefasta de Dom Evaristo Arns e acólitos. Passei a colocar no topo dos envelopes de minhas correspondências a expressão Terrorismo Nunca Mais. (...) A ideia desabrochou em minha mente após a leitura de um documento circular do grupo Estácio de Sá, que me foi remetido pelo general Hélio Ibiapina. Nele era sugerida a organização, no maior número de líderes, de grupos patriotas, com o objetivo de levantar informações sobre subversivos em altos postos do governo e preparar matéria para a difusão na imprensa. A ideia foi e é notável. Permite combater os comunas com as mesmas armas. Não podemos deixar a peteca cair..." (*apud* Santos, 2009, p. 47).

Em 1999 o então Presidente Fernando Henrique Cardoso promove uma política de "direitos humanos e de revisão da memória militar", que, de forma bastante sutil reativa a visão que estes grupos estavam atiçando de novo para dentro da ativa. Como mostra a dissertação de Aline Atássio (2009), uma série de movimentos de reação daqueles que seriam tomados como os protagonistas da "memória militar" começa a tomar corpo, com a publicação de 14 volumes pela Biblex (editora do Exército; portanto chancelados pelo comando). Tratou-se não só de uma reação à "política" de FHC, mas também ao fato de na trilogia do CPDOC/FGV (D'Araújo, Soares e Castro, 1994a, 1994b e 1995) terem aparecido depoimentos de militares que certificavam pela primeira vez que houve tortura e mortes sem resistência durante a ditadura. A relevância desta série da Biblex está menos no tom laudatório e em seu valor histórico, mas mais no fato de que ela evidencia que o comando militar sempre fez um certo jogo duplo: de um lado, oficialmente e institucionalmente se colocava como fiel aos princípios democráticos e subordinados ao poder civil, esvaziava as cerimônias da Intentona, afrouxava o tom nas mensagens da Ordem do Dia nos dias 31 de março; mas internamente dava corpo e não bloqueava as iniciativas que alimentavam uma certa porosidade entre esses "grupos político-militares" e a instituição. Como de praxe nas publicações oficiais, é notável que esses volumes foram distribuídos para praticamente todas as unidades militares do Brasil; e, atente-se ao fato de que nas academias e escolas militares geralmente são os volumes da Biblex que compõem a maior parte da bibliografia sobre história que é lida. Como notou Casali (s/d), as últimas menções ao Centelha datam de 2001, mas seus filhotes já operavam em abundância. Com a eleição de Lula, esses grupos, especialmente o Ternuma, o Inconfidência e o Guararapes começam a ganhar mais adeptos e organicidade. Mas, ainda antes disso, durante o Governo Fernando Henrique, o Clube Militar começa a promover diversos debates e se articular com juristas, empresários, "intelectuais". Entre eles, quem começa a frequentar o Clube, e depois ganha espaço dentro das escolas militares (Escola Superior de Guerra [ESG], Escola de Comando e Estado-Maior do Exército [Eceme]), é, como disse na Introdução, Olavo de Carvalho, figura atualmente em destaque. Diga-se de passagem, já nessa época o próprio falava, dentro de estabelecimentos militares, sobre uma hipotética conspiração do "Foro de São Paulo" com as "narcoguerrilhas" como as FARC (colombianas), visando à implementação de um "projeto gramsciano" de tomada do poder. Como veremos, adiante, esta é a engrenagem que atualizou a guerra revolucionária em um motor que move a estrutura atual.

De fato, pelo que pude reparar, com base em uma "intuição etnográfica", é que durante os dois Governos Lula seguiu-se um padrão muito parecido com o que havia se instalado com Fernando Henrique: institucionalmente o Exército estava "recolhido", mas internamente os poros andavam bem abertos para a política. A maior novidade, talvez, foi algo que comecei a detectar mais recentemente, uma intensa formação de "grupos de estudo", "turmas", "colaborações" e "sinergias" entre militares, desembargadores, juízes, procuradores e delegados de polícia. Chamou-me a atenção o fato de que no fim dos anos 2000, e intensificando bastante a partir de 2012, começam a aparecer textos assinados por membros do judiciário em publicações militares, como "apostilas da ECEME" e da "ESG", além de sites especializados como o defesanet.com.br. Fui verificar os formandos de um dos principais cursos da ESG – o CAEPE: Curso de Altos Estudos de Política e Estratégia. Tal curso tem como objetivo "Preparar civis e militares do Brasil e de Nações Amigas para o exercício de funções de direção e assessoramento de alto nível na administração pública, em especial na área de Defesa Nacional", e como "público-alvo" "oficiais-generais e oficiais superiores das Forças Armadas, Forças Auxiliares e de Nações Amigas e civis indicados por instituições convidadas". As listas de formandos incluem os "títulos" e "nomes" dos formandos. A esmagadora maioria é de militares, no entanto é notável que dentre os civis listados quase todos pertencem às categorias apontadas acima. Ainda não compilei um quadro completo dessa "sinergia" (a expressão foi manifestada pelo General Villas Bôas em seu Twitter, em 2017 [veremos isto novamente à frente]), mas dos nomes de desembargadores, juízes e procuradores que vi, percebi que quase todos são oriundos dos TRF-1, 2 e 4, respectivamente Brasília, Rio de Janeiro e Sul. Não é o caso de se estender demais nessa aliança, mas gostaria de deixar registrado o fato de que a tal "sinergia" começou a adquirir feições de formação de um "bloco histórico" – no sentido gramsciano – mais consistente ainda durante os anos Dilma. Evidentemente nenhuma dessas forças estava imune ao anti-comunismo que se plasmou lá atrás.

b) Dilma e a Ressonância: Cismogênese, *mode on*

Com Dilma essas forças latentes vão explodir. Como se sabe, ela é uma ex-guerrilheira, e do "polo civil" dos anistiados. Já perto da eleição de 2010, grupos como o Ternuma começam a se manifestar publicamente. Isto foi alegadamente impulsionado ainda em 2010 pelo fato de que o Estado passou a agenciar uma política de revisão histórica e de tentativa de revogação da lei da anistia. No começo daquele ano, Dilma Roussef, ainda como Ministra-Chefe da Casa Civil, articulou a instituição do Programa Nacional de Direitos Humanos, que previa uma "comissão da verdade" – o embrião da Comissão Nacional da Verdade (CNV), que se concretizaria em fins de 2011, já sob a presidência de Dilma. Nesta época, o General (4 estrelas) Maynard Santa Rosa (que assumiu a Secretaria de Assuntos Estratégicos do Governo Bolsonaro, sendo exonerado em novembro de 2019) circulou um documento, onde dizia que

"*A História da inquisição espanhola espelha o perigo do poder concedido a fanáticos. Quando os sicários de Tomás de Torquemada viram-se livres para investigar a vida alheia, a sanha persecutória conseguiu flagelar trinta mil vítimas por ano no reino da Espanha./ A "Comissão da Verdade" de que trata o Decreto de 13 de janeiro de 2010, certamente, será composta dos mesmos fanáticos que, no passado recente, adotaram o terrorismo, o seqüestro de inocentes e o assalto a bancos, como meio de combate ao regime, para alcançar o poder./ Infensa à isenção necessária ao trato de assunto tão sensível, será uma fonte de desarmonia a revolver e ativar a cinza das paixões que a lei da anistia sepultou. Portanto, essa excêntrica comissão, incapaz por origem de encontrar a verdade, será, no máximo, uma 'Comissão da Calúnia'*".[9]

Isso custou a Santa Rosa a chefia do DGP – Departamento Geral de Pessoal –, do qual foi exonerado pelo então Ministro da Defesa de Lula, Nelson Jobim. Além disso, segundo matéria de então, de O Globo, também foi razão para ter sido colocado em um "limbo". Mas a mesma matéria lembrou que os

---

9   https://homemculto.com/2010/02/10/maynard-mainard-marques-de-santa-rosa-general-de-exercito-apareceu-militar-com-coragem-de-chamar-comissao-da-verdade-e-pndh-iii-3-de-comissao-da-calunia-jobim-exonera-general-demite-pune-punicao/

atritos e manifestações políticas vinham de antes: "Esta não é a primeira vez que Santa Rosa entra em choque com decisões do presidente e da ministra da Casa Civil, Dilma Rousseff. Numa entrevista ao *Globo*, em 2007, Santa Rosa atacou a demarcação da reserva indígena Raposa Serra do Sol em terras contínuas, defendida e decidida por Lula. Ele chegou a dizer que o Exército não deveria participar da retirada dos não índios da reserva./ Depois do mal-estar provocado pelas críticas, foi afastado da Secretaria de Política, Estratégia e Assuntos Internacionais do Ministério da Defesa e mandado de volta ao Exército. General de quatro estrelas, é um dos representantes da linha dura das Forças Armadas. Agora, ficará sem cargo de chefia no Exército".[10]

Quem ele estava ecoando antes? A posição do então General da ativa Augusto Heleno, que justamente começou sua carreira de "líder" a partir do atrito público com Lula por conta da demarcação da Raposa serra-do-Sol (voltarei a isto logo a seguir). De certa maneira essas manifestações/manifestos inauguram este "padrão", de generais da ativa batendo de frente com Presidentes e Ministros. Vejo em Heleno um protoplasma desta fórmula, e minha hipótese é que em parte isso explica o fato dele ter sido o articulador "off records" de todo esse processo de impulsionamento de militares na política (parte, enfim, disso que chamo aqui de guerra híbrida). Hoje em dia fica clara sua posição, às vezes bem explícita, de "homem-forte" do Governo, se colocando como a última voz em reuniões e solenidades. Mas não somente isso: como veremos no próximo capítulo isto está amparado por um desenho institucional que coloca o GSI – Gabinete de Segurança Institucional –, como uma espécie de "Central" por onde todas as ações de Governo são avaliadas e de alguma forma recebem – ou não – a "chancela". Mas, para chegarmos até aqui, é preciso ver como estas coisas foram sendo encaixadas ao longo da última década.

Nesse sentido, quero começar aqui com o que considero como a "gota d'água" dos fatos que transbordaram do mundo militar para os agenciamen-

---

10 (https://oglobo.globo.com/politica/jobim-pede-exoneracao-de-general-que-atacou-comissao-da-verdade-3054585; a matéria ainda mostra que Maynard foi signatário de um documento contra a Estratégia Nacional de Defesa, e do sistema de compras que Jobim queria instituir em 2008)

tos do impeachment de 2016. O fato é que a Comissão da Verdade, que de início incomodaria muito mais ao setor da "comunidade repressiva", acionou o gatilho corporativo e inflou uma mobilização geral. É preciso ter em mente algo muito sério. Se por um lado houve essa "limpeza" da comunidade da repressão nos anos 1980, é notável que desde o começo dos anos 1990, pelas poucas pesquisas que temos, houve um aumento progressivo da taxa de endogamia entre os militares que ingressavam na carreira (Ana P. Oliveira, 2016). A grande maioria de novos militares é filho ou parente próximo de militar da ativa e/ou da reserva. A "comunidade repressiva" provavelmente continuou por meio de filhos e parentes, além de efetivamente estar presente nas associações e clubes militares. Não é de se estranhar que a CNV teve repercussão tão rapidamente. O paiol de pólvora estava montado. 2012 foi o ano em que se resolveu "riscar o fósforo", no meu entendimento. Em fevereiro deste ano, o Clube Militar lançou um manifesto contra a CNV. Houve uma interferência da Presidência da República para que o manifesto fosse retirado da internet e das paredes de todas as unidades de clubes militares do Brasil. Os clubes são uma entidade que depende das Forças, mas são da reserva, portanto, tecnicamente autônomas e civis. Isso provocou uma reação em cadeia. Um segundo manifesto foi feito em favor do primeiro, e hospedado na página da internet dedicada ao Coronel Ustra, "A Verdade Sufocada". Foi assinado maciçamente. Fiz a contagem em março de 2018: só de generais foram 130; coronéis, 868. Isso é muito.[11]

Como vimos acima, o jogo duplo sempre permitiu que os poros entre a ativa e a reserva se mantivessem bem abertos. Quando estive em São Gabriel da Cachoeira pela primeira vez, em 2010, durante um almoço um Major comentou comigo que o General Heleno se constituía num dos principais líderes militares do Brasil. Isso me soou um tanto estranho à época, pois estava convicto que a política não afetava mais a instituição, e a figura de um "líder" definitivamente não tem lugar na figura de um general, que

---

11 Mais para frente ainda houve uma série de embates entre a CNV e militares. Entrou na conta uma acusação infundada contra o pai do General Sergio Etchegoyen, e, depois, a que resultou em outra reação coletiva, que foi a recusa de se pedir desculpas pela repressão na ditadura. Voltarei a este fato.

supostamente deve ser tomado como um "comandante". *Líderes* são parte de uma categoria nativa que é aplicada para oficiais em começo de carreira: "Com efeito, os regulamentos do Exército referem-se a uma 'mudança gradual de ênfase' — de comando para liderança — de modo que, embora o comandante de um batalhão ou companhia seja chamado de 'comandante', o comandante de uma seção de pelotão ou de um destacamento é denominado 'líder' (Janowitz, 1967, p.45). Similarmente, o Exército brasileiro também tem esse tipo de denominação. Em grandes unidades, como as escolas ou unidades de comando, o superior hierárquico é denominado comandante, como 'comandante da Eceme' ou 'comandante militar da Amazônia'; em subunidades, é denominado líder, como 'líder de pelotão', ou 'líder azul', num exercício simulado" (Leirner, 1997, p. 79).

Heleno tem uma carreira notável, ele conquistou a chamada "Medalha Marechal Hermes" com passador de três louros, significando ter sido o primeiro da turma na AMAN, ESAO e ECEME. Este é um feito de poucos; mas, como se sabe, sua carreira no final sofreu revezes, com problemas relativos ao seu comando na Missão de Paz no Haiti e depois, no Comando Militar da Amazônia, pelas discordâncias em relação à demarcação da Reserva Indígena Raposa-Terra do Sol que mencionei acima. Justamente numa palestra no Clube Militar, Heleno declarou que a política indigenista "era lamentável, senão caótica",[12] e assim acabou terminando sua carreira na ativa no Departamento de Ciência e Tecnologia – relativamente longe do Comando do Exército –, em 2011. No seu discurso de passagem para a reserva, ele disse: "Quando fui nomeado, ouviram que eu estava sendo colocado na geladeira profissional. Sem dúvida, o DCT nada tinha a ver com meu perfil e minhas aptidões. Por decisão do comandante supremo, eu me tornara o exemplo típico do homem errado no lugar errado"; além disso, aproveitou e defendeu o Golpe de 1964,[13] o que me parece, mostra bem um

---

12 https://www1.folha.uol.com.br/poder/2008/04/393029-politica-indigenista-e-lamentavel-e-caotica-diz-general.shtml

13 https://www1.folha.uol.com.br/poder/2011/05/913533-general-heleno-volta-a-defender-golpe-de-64-ao-passar-para-reserva.shtml .

movimento que já ocorria como padrão bem antes. Seja como for, se é fato que Heleno era tomado como um líder, isso mostra como a linha que dividia a política da caserna estava estreita, já no começo da década de 2010. Seu acionamento de 1964 não foi gratuito, ele ocorreu logo depois da instalação oficial da CNV por Dilma. Assim, a linha estreita, depois da CNV, ficou mínima, para dizer pouco. Não era à toa que Heleno andava frequentando o Ternuma, segundo me disseram à época. É possível dizer, então, que a CNV acentuou uma cismogênese simétrica: quanto mais Dilma "atacava" de um lado (e que fique claro que não é "ela", mas assim foi lido por "eles"), mais os militares contra-atacavam de outro. A corrida armamentista da guerra híbrida estava montada.

Mas é um erro pensar que o único problema com os militares foi a CNV. Isto não foi suficiente para dar conta do porquê os militares da ativa, especialmente os oficiais superiores, produzissem uma adesão tão dramática ao abandono do Governo e à candidatura de Bolsonaro, a partir de 2014. Há mais de um fator para isso, comprometendo definitivamente Dilma, como tem me chegado aos ouvidos através de militares da reserva que não aderiram ao bolsonarismo.

De certo modo, é possível se perguntar se a vitória da China no leilão do Campo de Libra no pré-sal (e matérias, por exemplo, em O Globo alardeando que a China estava comprando o Brasil), sua participação em Belo Monte e nos linhões da Eletrobrás, além da ideia de parcerias comerciais entre os BRICS feitas em Yuan e não em Dólar no fundo não alimentaram as ideias que vinham dos grupos anti-comunistas que orbitavam a ativa. Segundo me disse um Coronel com quem conversei, já havia um "sinal amarelo", detectado pela inteligência do Exército desde o final do Governo Lula, de que haveria um lobby chinês montado dentro da Casa Civil (na época, em 2010, ocupada por Dilma), realizado por um influente membro do PT com ligações no país asiático. Era inegável que a China estava amarrando no Brasil diversos contratos de obras públicas, ganhando licitações, e, some-se a isso o crescente interesse russo em instalar campos de exploração de petróleo na Amazônia (o que se deu efetivamente a partir de 2014 com a empresa Rosneft). Ou seja, o cenário começou a ficar propício para que certos roteiros pudessem ser lidos como uma "certa coincidência com a realidade" (trata-se de algo como antropólogos tal qual M. Sahlins [1990] chamam de "mitopraxis").

Nesse movimento, com a ideia de que a CNV era um compósito de (ex) comunistas querendo vingança, encontrou-se espaço para reativar a tese de um "novo comunismo internacional" que agora se plasmava nesse esforço geral das "potências invasoras", vis-à-vis a China, Rússia e suas ambições mineralistas e energéticas.[14] Além disso, a situação deixava o cenário "ainda mais claro" a partir do movimento de aproximação militar que os russos estavam realizando na América Latina desde meados dos anos 2000, com memorandos assinados no Peru, Equador, Nicarágua, e, claro, com a incontestável aproximação com a Venezuela.[15] Dilma e seus aliados nos BRICS reavivariam, assim, do ponto de vista de militares que estavam no topo da cadeia de comando e de outros da reserva, um comunismo 2.0 disposto a colocar a ordem internacional de ponta-cabeça, com o Brasil numa

---

14 Conforme escrevi no Duplo Expresso, "Nesse sentido, "tudo que estava disfarçado mostrou sua cara", e se hoje vocês se perguntam por que as FFAA não reagem ao assalto que fizeram ao Pré-sal, é porque eles certamente pensam: "antes isso a nosso petróleo ser tomado pela estatal russa Rosneft (podem dar risada, mas ela começou a perfurar na Bacia do Solimões) e pela estatal chinesa Sinopec (podem dar risada 2, mas no Globo, em 2013, lia-se: "São quatro os tentáculos chineses que avançam sobre o petróleo brasileiro")" (https://duploexpresso.com/?p=106113).

15 Segundo Dall'Agnol *et Al* (2019, p. 53), "tanto os presidentes Vladimir Putin e Dmitri Medvedev quanto o ministro Sergey Lavrov e o general Sergey Shoigu realizaram viagens oficiais a países da América Latina entre 2000 e 2017 afim de discutir laços políticos, defesa conjunta, operações militares, expansão e fortalecimento do comércio entre os países e desenvolvimento econômico mútuo através de projetos de investimento. Diante disso, destacaram-se no ativismo dos oficiais de alto escalão da Rússia no período discussões acerca de exercícios navais contra o tráfico de drogas no Caribe, potenciais bases navais russas na região e aumento dos negócios militares para modernizar as forças armadas latino-americanas". Vamos lembrar (cf. Capítulo 2), que o problema do tráfico passou a ser associado às ações da CIA em várias partes do mundo, entre elas Américas do Sul e Central. Os russos que se colocarem neste "mercado de inteligência" têm, do meu ponto de vista, um certo indício de estabelecimento de uma rede de contra-inteligência.

posição de "capacho sul-americano da Eurásia". Nesse caso, embora dizer isso com todas as letras demandaria ter acesso à documentação que sequer sabemos se existe, posso sugerir que há aqui todos os ingredientes para que o Pentágono tenha passado inúmeros sinais para a cúpula militar brasileira enviesando esse argumento – e tornando a nova "invasão comunista" uma profecia autorrealizável. Estamos muito além de Snowden e a espionagem na Petrobras: isso pode ter sido apenas uma operação de "limited hangout"[16] para encobrir o fato de que os EUA estavam abastecendo militares brasileiros com material para uma teoria da conspiração.

Desta política de Governo os militares até poderiam discordar, mas não teriam exatamente o que fazer a não ser conspirar, e motivos iam se somando. A essas alturas, o vazamento dos grampos na Petrobras (em 2013) talvez possa ser percebido como proposital: foi um recado de que a área de defesa (do Estado) estava totalmente escancarada, pronta para sabotar o Governo. Os militares passaram seu recado, e Dilma não veio a público acertar as contas. Mas houve reações, lembre-se que estamos em "cismogênese: *mode on*". Imagino que Celso Amorin tenha terminado seu mandato como Ministro da Defesa, na passagem dos Governos Dilma 1 para Dilma 2, no meio da fogueira causada pelo aumento da tensão entre a Comissão da Verdade e militares. Em 19 de setembro de 2014 Amorin enviou um ofício à Comissão da Verdade admitindo pela primeira vez que o Ministério da Defesa, a Aeronáutica, o Exército e a Marinha não tinham elementos suficientes para contestar a existência de violações aos direitos humanos durante a ditadura. Sete dias depois 27 Generais-de-Exército assinaram um manifesto, onde se dizia que "*O que nós, militares, fizemos foi defender o Estado brasileiro de organizações que desejavam implantar*

---

16 O limited hangout é, de acordo com o ex-assistente especial do Diretor Adjunto da Agência Central de Inteligência, Victor Marchetti, "o jargão dos espiões para um favorito e usado frequentemente pelos profissionais clandestinos. Quando seu véu secreto é rasgado e eles podem não contar mais com uma história de cobertura falsa para desinformar o público, eles recorrem a admitir - às vezes até voluntariamente - um pouco da verdade, enquanto ainda conseguem reter os fatos chave e prejudiciais no caso. O público, no entanto, geralmente fica tão intrigado com a nova informação que nunca pensa em investigar mais o assunto" (https://pt.wikipedia.org/wiki/Hangout_limitado).

regimes espúrios em nosso país. Temos orgulho do passado e do presente de nossas Forças Armadas. Se houver pedido de desculpas será por parte do ministro. Do Exército de Caxias não virão! Nós sempre externaremos a nossa convicção de que salvamos o Brasil!".[17]

Além disso, apareceu no meio do manifesto aquilo que depois vai ser amplamente explorado na "teoria brasileira" da guerra híbrida, que é a ideia de que uma organização criminosa aparelhava o Estado visando atingir as Forças Armadas: *"A credibilidade dessa comissão vai gradativamente se esgotando pelos inúmeros casos que não consegue solucionar, tornando-se não somente um verdadeiro órgão depreciativo das Forças Armadas, em particular do Exército, como um portal aberto para milhares de indenizações e 'bolsas ditadura', que continuarão a ser pagas pelo erário público, ou seja, pelo povo brasileiro".*[18] Entre os Generais que assinam, há aqueles que particularmente nos interessam aqui: há ex-Comandantes do Exército, ex-Comandantes Militares da Amazônia, atuais Ministros e Secretários que estão no Governo Bolsonaro, e, principalmente, um personagem que nos é particularmente importante: O General Augusto Heleno. Além dele, me chamou particularmente a atenção o nome de Carlos Alberto Pinto e Silva – o General que frequentemente escreve sobre guerra híbrida (ver Capítulo 1).

Somado a tudo isto, também é verdade que militares não viram com bons olhos um diplomata assumir o comando da pasta a qual eles estavam subordinados (Amorin foi Ministro desde 2011). O que militares me diziam é que o Itamaraty é tomado por eles como uma espécie de "instituição rival", não só pela condição fronteiriça entre diplomacia e guerra, mas por conta de um certo "espelho" que faz a organização da vida de um diplomata ser muito parecida com a de um militar, só que com mais glamour e sem o sentido de "sacrifício" que os últimos procuram se auto-atribuir. Segundo me contou o Professor Licio Monteiro (da UFF, que pesquisava relações civis-militares e teve oportunidade de transitar entre militares em cursos, eventos e trabalhos de campo até 2016),

---

17 http://g1.globo.com/politica/noticia/2014/09/cnv-critica-manifesto-em-que-generais--se-negam-pedir-desculpas.html .

18 Idem nota anterior.

"*[militares] também falavam que o Celso Amorim ficava andando pelo MD com um monte de diplomatas, fazendo sua agenda de relações exteriores. Realmente a Dilma parecia não entender nada do plano simbólico na relação com os militares*" (comunicação pessoal). Confirmei esta informação com um oficial com quem tenho interlocução, que ainda acrescentou que "*havia uma percepção de arrogância por parte dos diplomatas que tinham contato conosco, tanto no MD (Ministério da Defesa) quanto no Palácio do Planalto*" (Comunicação pessoal, agosto de 2019).

Mas custa-me crer que da parte de Dilma só houve desdém. Mesmo sabendo (ou não?) que em 2014 setores do Estado estavam atacando-a sem parar, incluindo-se aí oficiais da ativa que, depois de 25 anos mantendo-se em silêncio extramuros, passaram a abertamente criticar o Governo – entre eles o General Mourão, que ainda em 2014 começa a dar palestras falando do PT e do Foro de São Paulo – Dilma empossa Jaques Wagner no MD em 1º de janeiro de 2015 e avaliza uma série de tensões produzidas a partir dali.

Há elementos menores que se espalhavam pelos corredores das Forças Armadas. Segundo, novamente, o Professor Licio Monteiro me disse,

"*Jacques Wagner no MD parece ter sido um desastre [do ponto de vista militar], não nutria nenhuma empatia. Ouvi de um oficial certa vez sobre um episódio fortuito, mas bastante ilustrativo, de uma visita de Jacques Wagner a Washington: 'o Jacques foi lá em Washington como Ministro da Defesa, o pessoal militar do Brasil que estava em Washington agendou um jantar num restaurante para que ele fosse jantar com os militares brasileiros. Quando ele chegou no restaurante, ele não quis sentar pra comer, achou o restaurante muito vagabundo, se levantou e foi jantar em outro lugar. Imagina só a cena! Isso em pleno 2015! Ele disse pra mim: 'porra! o Brasil em crise, cortando gastos de tudo e o cara quer comer em restaurante de luxo!' Então me lembrei disso quando você escreveu aquela história da Eva*". (Comunicação pessoal, agosto de 2019).[19]

Pois bem, "Eva" foi o centro de uma questão.

---

19 Segundo me contou um coronel – para quem contei esta história – este é o tipo de fato que tem um potencial enorme de se espalhar como fofoca. "*Foi direto para os corredores, e de lá já viu né?*". Ver, inclusive, adiante, o papel da fofoca na "guerra não-convencional".

Há um fato concreto que me permitiu "fechar a conta" das pontas soltas que a relação Dilma-Militares deixava. Trata-se do pouquíssimo discutido Decreto n° 8.515, de 3 de setembro de 2015, que "Delega competência ao Ministro de Estado da Defesa para a edição de atos relativos a pessoal militar". Na prática, tal decreto tirava das mãos dos Comandantes das três Forças as promoções, exonerações, transferências, agregações, nomeações etc., dos militares. Isto agora ficaria a cargo do Ministro da Defesa (na época, Jaques Wagner), um cargo político. Para se entender o que isso significa, um paralelo interessante seria este que estamos vendo agora, com todos os atos de Instituições Federais de Ensino Superiores, como por exemplo a escolha de chefes, diretores e reitores, estarem exclusivamente dependentes da caneta do Ministro da Educação. E iria além: as simples promoções de carreira passariam a depender da caneta do Ministro. É claro que houve reação imediata. E não somente nos meios mais esperados, como este:

Bolsonaro comenta o decreto 8515/ Fonte: Facebook/Jair Messias Bolsonaro, 8 setembro de 2015

A narrativa crítica deste processo merece ser retomada, pois se não houve uma sucessão de elementos estapafúrdios, assim eles ficaram descritos pelos meios militares. Em um artigo escrito pelo Almirante-de-Esquadra Roberto de Guimarães Carvalho (Ex-Comandante da Marinha do Brasil, 2003-2007), alguns trechos resumem parte do processo:

"Chegamos a setembro de 2015. No dia 04, às vésperas do feriado de 07 de setembro, os Comandantes Militares e, de uma maneira geral, os militares da ativa e da reserva, foram surpreendidas com a publicação no DOU do Decreto

n° 8515, assinado no dia anterior, que delegava competência ao Ministro da Defesa para baixar atos relativos ao pessoal militar./ Pelas notícias, mais surpreso ainda havia ficado o Comandante da Marinha, Almirante Leal Ferreira, ao ver o seu nome constando no texto de Decreto sem que o tivesse assinado, na qualidade de Ministro da Defesa Interino, cargo que exercia naquele dia cumulativamente com o de Comandante da Marinha, já que o titular estava ausente do país, em viagem oficial à China. O Almirante teria afirmado que nunca tinha visto aquele documento (…)./ Voltemos à cronologia dos fatos. Segundo o noticiário, na parada do 07 de setembro os três Comandantes teriam manifestado ao Ministro da Defesa a surpresa e o descontentamento com o ocorrido, principalmente o Comandante da Marinha, pelo problema do seu nome como se tivesse assinado o tal decreto. O Ministro teria dito que desconhecia que o decreto seria levado para a assinatura da Presidente, e que iria verificar o que tinha ocorrido. Bastante estranha essa declaração. Mesmo com ele ausente do País, praticamente até às vésperas da parada, o descontentamento na área militar já era público e notório desde a publicação do decreto, e os seus assessores poderiam e deveriam alertá-lo de todo o ocorrido, mesmo com ele no exterior. Custo a crer que eles não tenham feito isso, daí estranhar a alegada surpresa do Ministro./ Entre os dias 08 e 10 de setembro novas notícias são vinculadas na mídia: a Casa Civil, chefiada pelo Ministro Aloizio Mercadante (PT), teria declarado que a assinatura e publicação do decreto teria sido por ação direta da Secretária-Geral do MINDEF, a Sra. Eva Chiavon (PT). A Sra. Eva acompanha o Ministro Jaques Wagner (PT) desde a época em que ele era o Governador do Estado da Bahia. Trata-se, portanto, de pessoa de sua total confiança, e que o conhece muito bem. Acho difícil, portanto, que ela tenha enveredado por caminhos tão "sensíveis", sem a aquiescência do seu chefe./ Outro dado é que ela é esposa do Sr. Francisco dal Chiavon, também conhecido como Chicão que, pelo que consta, é o segundo nome na hierarquia atual do MST. Por essa posição talvez ele seja o Subcomandante do tal Exército do Stédile, ao qual se referiu, há alguns meses atrás, o ex Presidente Lula. Isso não pode passar despercebido pelos brasileiros".[20]

---

20 http://www.defesanet.com.br/crise/noticia/20453/Dec-8515--Nota-do-Alm-Guimaraes-Carvalho--Recomendada/ .

Foi assim que se colocou o "problema" de Eva Chiavon. Na época de sua nomeação para a Secretaria Executiva do Ministério da Defesa algum barulho se produziu nos meios militares. O site ligado a grupos militares *Sociedade Militar* fez uma matéria bastante ambígua sobre ela, onde colocaram que:

"– Antes de ir para a Defesa Eva exerceu a função nos Ministérios do Trabalho; Secretaria de Relações Institucionais; Conselho de Desenvolvimento Econômico e Social; e Planejamento, Orçamento e Gestão. /Militares estariam 'irados' com a indicação de Eva Chiavon para a defesa? Será mesmo? Não há qualquer base para se afirmar isso. Faz pouquíssimo tempo que a referida secretária foi condecorada pelo Exército, recebendo então a medalha do PACIFICADOR e pelo Ministério da Defesa, com a Medalha do Mérito Desportivo Militar (fev/2015)./ A medalha do PACIFICADOR foi concedida ainda pelo Comandante Enzo Peri, quando a atual Secretária-Geral ocupava cargo no Ministério do Planejamento".[21] Mas não concluíram isso sem que antes tivessem retratado, na mesma matéria, isso:

> Dados: – Além de ser enfermeira, a atual secretária-geral é graduada em Planejamento Estratégico Público Participativo.
>
> – Eva ocupa cargo de mesmo status que o Chefe do Estado Maior conjunto das Forças Armadas. Mas, com atribuições bem diferentes. É um cargo de natureza especial, 40 horas semanais e possui um salário de R$ 14.289,00.
>
> Mas, Eva Maria, como secretária de Jaques Wagner, participa também do Conselho de Administração de empresas públicas, como a quase desconhecida da sociedade Amazônia Azul Tecnologias de Defesa S.A e a Empresa Brasileira de Administração De Petróleo E Gás Natural S.A. Portanto, em junho de 2015 a secretária-geral recebeu, além do salário do MD, JETONS de R$ 13.690

O "problema" Eva Chiavon/
Fonte: https://www.sociedademilitar.com.br/wp/2015/09/servico-de-informacoes-eva-chiavon-quem-e-e-o-que-faz.html

---

21 https://www.sociedademilitar.com.br/wp/2015/09/servico-de-informacoes-eva-chiavon-quem-e-e-o-que-faz.html .

É notável como esta informação amarra pontas desconexas. Muito do que temos ouvido ultimamente da boca de militares diz respeito ao modo como eles concebem o que seria o "maior aparelhamento da história", realizado pelo PT. Evidentemente a nomeação de um quadro sensível do "aparelho comunista" fazendo a ponte entre a Defesa e a empresa administradora do Pré-Sal se constituía num "indício" das ligações que militares faziam entre o "plano comunista de aparelhamento" e a "real intenção" de se estabelecer um pêndulo geopolítico com a China-Rússia. Vai, assim, bem além da mera formalidade de um acordo comercial entre BRICS. E, aqui, há necessidade de se fazer um parêntese para entender como os militares viam esta relação entre o PT e a Odebrecht, tocando, sobretudo, as empresas que atuavam na área de defesa e tecnologia, óleo e gás (mais petroquímica) e nuclear – três áreas muito sensíveis do ponto de vista militar.[22] Conforme li em ótimo artigo do antropólogo Marcos Otávio Bezerra, ("Corrupção e Produção do Estado", de 2017) de fato houve uma hora em que a expertise da Construtora era tão grande que eles eram os próprios "oficiais de ligação" entre instâncias diversas do Estado: "Um aspecto importante dos documentos [que Bezerra pesquisou] a ser ressaltado é que eles remetem a práticas e formas de interação dos empregados da CNO [Construtora Norberto Odebrecht] com integrantes dos poderes Executivo e Legislativo e dos governos federal, estadual e municipal. Eles apontam para a compreensão adquirida pela empresa a respeito do funcionamento da burocracia estatal e das relações políticas. Falam das dificuldades, dos trâmites que os processos percorrem, das exigências técnicas e legais que devem ser atendidas, dos interesses e valores políticos e dos agentes públicos que podem colaborar. Mas

---

22 Sobre a Odebrecht: "Em 1971, é a Petrobras que promove sua primeira obra fora da região: a construção do edifício sede da empresa na cidade do Rio de Janeiro. Outras grandes obras se seguem como a construção do Aeroporto do Galeão no Rio e as obras da Usina Nuclear de Angra dos Reis, o que a aproxima da Marinha e a habilita para a realização de empreendimentos relacionados à segurança nacional. Em 1979, a empresa passa a atuar no exterior e amplia seus negócios para o ramo de petróleo, o que culmina, em 2002, com a criação da empresa Braskem, que passa a deter o monopólio do setor de petroquímica no Brasil" (Bezerra, 2017, p. 102).

indicam, igualmente, as estratégias e práticas utilizadas pela empresa para assegurar que seus negócios sejam viabilizados no âmbito da administração pública. As ações e percepções da empresa registradas na documentação a respeito da burocracia estatal e das práticas políticas revelam também o modo como a empresa concebe e contribui para a produção de um funcionamento específico do Estado e da política" (Bezerra, 2017, p. 104).

Conversando sobre isso com Romulus Maya em um dos programas do Duplo Expresso que participei, ele se lembrou de algo do seu tempo de atuação em um grande escritório de advocacia no Brasil. Segundo ele relatou, presenciou a reunião em que foi consultado por representantes da Marinha sobre a estrutura societária mais adequada para a formalização da joint venture a ser estabelecida entre a União (Marinha), a estatal naval francesa detentora da tecnologia do submarino com propulsão nuclear, a DCNS [antes DCN - Direction des Constructions Navales; atual Naval Group], e a... Odebrecht. Associação essa de capitais públicos e privados, nacionais e estrangeiros, para a construção e operação do estaleiro que montaria oito submarinos convencionais e um nuclear. Dado o estágio inicial, ainda informal, das tratativas e o fato de se tratar de uma contratação pela União, o que em princípio exigiria licitação, Romulus indagou:

"como já poderia haver, àquela altura, a indicação — 'informal' — de que a Odebrecht tocaria o projeto pelo lado brasileiro. O representante da Marinha informou então, em off, que essa escolha — política — já tinha sido tomada. E que seria viabilizada com dispensa de licitação para a contratação de quem incontestavelmente detinha a tecnologia, a DCNS. E que a estatal francesa que ficaria de apresentar — em público — a associação com a Odebrecht como condição para aceitar o negócio. Ou seja, na narrativa oficial, quem teria escolhido a Odebrecht seria a DCNS — e não o Governo brasileiro. Em realidade, naquele 2007/2008, a determinação da escolha da Odebrecht, sem licitação, vinha do contratante. Ou seja, do Governo Lula" (Comunicação Pessoal, agosto de 2019).

Este tipo de fato se tornou particularmente sensível nos projetos em que militares estavam envolvidos – nos setores Nuclear, de Óleo e Gás e Defesa (associada ao Pré-sal e Energia). Foi assim que a ODT – Odebrecht

Defesa e Tecnologia – se tornou "sócia" de vários projetos, entre os quais o Prosub – de desenvolvimento dos submarinos brasileiros –, cuja empresa estatal responsável era justamente a Amazul – esta mesma em que Eva Chiavon era funcionária. Portanto, não descartaria a hipótese de que o 'Pré-sal', de todo o processo de tomada de setores do Estado por parte de grupos militares hoje seja, no fundo, a entrada no vácuo daquilo que eles dizem ser o 'desaparelhamento do PT' – mas que na verdade passava pela tomada de rédeas dos projetos que envolviam a associação entre Defesa e recursos naturais. Isso, aliás, é uma boa pista para que se entenda por que, do ponto de vista militar, não se trata de "entreguismo" o que está acontecendo. Obviamente não precisamos comprar essa versão (nem aquela): o fato de se achar que uma coisa deve funcionar de outro jeito não justifica fazerem--se as coisas do jeito que estão sendo feitas – uma engenharia reversa de aparelhamento, com uma séria possibilidade de trazer prejuízos às Forças Armadas por "desvios de função".

Diante disso, é preciso se perguntar se todo mundo não cruzou o rubicão ao mesmo tempo. O problema de fato ocorre quando Dilma resolve "entrar na Caserna", e daí me pergunto também se eles "prospectaram" que até as Forças Armadas poderiam ser alvo de "aparelhamento" – algo que eles vinham detectando na Venezuela. Isso sem contar que havia o que se entendia como um sério problema de definição de competências e hierarquia naquilo que eles enxergavam como resultado do "aparelhamento" petista. Jaques Wagner voltou atrás no referido decreto, mas, o estrago já havia sido feito. Em reportagem do *O Estado de São Paulo* de 08 de setembro de 2015 foi dito que "este problema se soma a outro que já vem sendo comentado no meio militar: o desconforto que vem causando por causa das inúmeras delegações dadas por Wagner à secretária-geral, Eva Chiavon, que acaba obrigando os Comandantes a terem de se reportar a ela, para discutir temas de suas áreas. Criou-se, assim, uma nova barreira na hierarquia, quando os militares sempre tiveram um canal direto com o ministro da Defesa. Acostumados com hierarquia, os militares entendem que o relacionamento direto e corriqueiro deles tem de ser com o Ministro e não com outros secretários da pasta. A Presidente foi surpreendida pela reação negativa do

Decreto, que foi levada a ela como uma coisa burocrática, que já havia sido combinada com os Comandantes militares, conforme a secretária-geral da Defesa, Eva Chiavon, informou à Casa Civil. Os ministros da Defesa e da Casa Civil, Aloizio Mercadante, alegaram desconhecer o texto. Os dois foram procurados pelos Comandantes assim que o decreto foi publicado, questionando por que não foram, pelo menos, informados e disseram que iam apurar o ocorrido".[23]

Ainda que Jaques Wagner tenha tentado relativizar o decreto produzindo, dias depois, uma portaria que supostamente sub-delegava aos Comandantes os poderes de nomear, promover etc., isto não foi suficiente. Como notou o mesmo Almirante Roberto de Guimarães Carvalho, *"estar autorizada não significa ordem para subdelegar"*. Impossível saber quem dissimula mais nessa reportagem citada acima, que tem claro viés de fonte. Dilma diz que não sabia de nada, pois já havia combinado com os Comandantes. Eles negam. Quem diz que eles sabiam foi Eva Chiavon, que passa essa informação à Casa Civil. Casa Civil e Ministro da Defesa alegam não saberem do que se trata... Alguém aí está errado, claramente. Custa-me crer que foi tudo uma "pegadinha" da Secretária Executiva do Ministério da Defesa. Fato é que Dilma estava há tempos em guerra com os militares, e parece ter apostado na sua popularidade. Por isso mesmo, e com tudo assim ocorrido, ela resolveu dobrar a aposta no período que se sucedeu. Um mês depois, Dilma assinou o Decreto que praticamente extinguia o GSI, retirando dele o status de Ministério e subordinando-o à Casa Civil, na época ocupada por Aloizio Mercadante (curiosamente, no mesmo dia [02/10/2015] em que substituiu J. Wagner por Aldo Rebelo no Ministério da Defesa). O então Ministro do (extinto) GSI, General José Elito, publicou uma nota lamentando que o GSI tenha sido incluído na reforma administrativa, e lembrando a ela que o Ministério existia desde 1938.[24] Seria esse o momento em que o setor de informações ganhou força

---

23 https://politica.estadao.com.br/noticias/geral,apos-polemica--ministro-da-defesa-devolvera-competencias-aos-militares,1758642 .

24 http://g1.globo.com/politica/noticia/2015/10/ex-ministro-lamenta-perda-de-status-ministerial-de-gabinete-de-seguranca.html.

para uma rebelião? De fato, com a tese da conspiração na frente dos militares, vendo que de um lado Dilma tentava retirar suas prerrogativas, de outro tentava domesticá-los, nada poderia ter sido pior do que aquilo que eles depois viram aparecer no interior do próprio PT.

A "prova factual" que eles precisavam apareceu quando veio à tona um "documento sobre resolução de conjuntura" elaborado pela Executiva Nacional do PT, de maio de 2016, onde se colocava que o "PT falhou em não mexer nos currículos militares e nas promoções".[25] A "conspiração petista" foi assim fechada na cabeça dos militares; logo após, o General Villas Bôas, ainda como Comandante do Exército, declarou à jornalista Eliane Cantanhêde, no Estado de São Paulo, que *"com esse tipo de coisa, estão plantando um forte antipetismo no Exército"*.[26] Meses depois, numa outra entrevista do General Villas Bôas à Revista Piauí, em 2018, junto com alguns assessores, registrou-se a seguinte conversa:

"Estavam na mesa os generais Otávio Rêgo Barros, chefe do CCOMSEx, o Centro de Comunicação Social do Exército; Tomás Ribeiro Paiva, chefe de gabinete, e Ubiratan Poty, chefe do Centro de Inteligência do Exército, além dos coronéis Alberto Fonseca, assessor do gabinete do comandante responsável por análises de conjuntura, e Alcides de Faria Junior, chefe da Divisão de Relações com a Mídia do CCOMSEx. Foi a eles que Villas Bôas perguntou *se deveria falar 'em off ou em on'* naquele trecho da entrevista. Todos sugeriram que o comandante abordasse o assunto 'em on'./*Isso nos preocupa porque, se por um lado, nós somos instituições de Estado e não podemos participar da vida partidária, indica uma intenção de partidos interferirem no Exército'*, iniciou o comandante. O general Tomás o seguiu: *'Isso para mim foi o maior erro estratégico do PT, foi uma coisa burra.' 'Essa é uma coisa que não é admitida pelas Forças Armadas, a intervenção em nosso processo educacional. Esquece'*, emendou o coronel Fonseca. *'Isso nos fere profundamente. Está na nossa essência, no nosso âmago'*, concordou Villas Bôas".[27]

---

25 https://pt.org.br/wp-content/uploads/2016/05/Resolu—es-sobre-conjuntura-Maio-2016.pdf.

26 https://politica.estadao.com.br/blogs/eliane-cantanhede/pt-irrita-exercito/.

27 https://piaui.folha.uol.com.br/materia/mal-estar-na-caserna/

Fato é que Dilma simplesmente perdeu toda a área de segurança, defesa e inteligência como apoio, assim como é certo, portanto, que ela bem conhecia o quão ciosos são os militares dos protocolos e prerrogativas concernentes à hierarquia (caso Eva Chiavon/Decreto) bem como o valor dado no Exército ao - histórico - GSI. Para terminar este item, volto às palavras do próprio Almirante Guimarães Carvalho:

"*A esse respeito, recordo-me de uma conversa que tive, há alguns anos, com um colega de uma marinha amiga da América do Sul. Segundo ele, houve um tempo em que os oficias superiores daquela marinha, principalmente nos postos mais antigos, tinham por hábito se filiar a um partido político. Isso não era um requisito obrigatório, mas quase todos faziam isso. Se o partido ao qual ele havia se filiado estivesse no poder na época das promoções aos postos de Capitão-de-Mar-e-Guerra e de Contra-Almirante, suas chances eram bastante ampliadas, já que os políticos participavam do processo das promoções. Em suma, era a prevalência do critério político ideológico sobre o dos méritos profissionais. Algo semelhante ao que vem ocorrendo em alguns países vizinhos. Politizar as Forças Armadas, ou como se diz, 'bolivarianizá-las', conforme defende o receituário ideológico de parcela considerável dos políticos que apoiam o governo atual, pode ser um sério risco. É bom que a sociedade brasileira perceba isso*".

Que se lembre disso cada vez que um General da ativa assume um cargo, e deixa seus colegas produzirem horizontes...

c) Bolsonaro e a "Janela de Oportunidade"

Precisamos voltar ao ano de 2014. Já em plena cismogênese, tudo no Brasil passa a ser visto como uma "divisão em classes" operada pelo PT, levando a uma reação dos setores mais interessados em um novo ciclo. Também a ativa das Forças Armadas começa a se politizar de maneira sistemática e intensa, com o comando entrando em um jogo perigoso, que ao mesmo tempo envolveu a tentativa de apagar o fogo com balde de gasolina e manter a unidade da corporação. Nessa época começam a aparecer publicamente atos como os do General Mourão, com suas falas incensando a tropa contra Dilma. Ao mesmo tempo, o Gen. Enzo Peri, que comandou o Exército de 2007 a 2015 começou a ser ameaçado por alguns de seus pares.[28] Com esta pressão, Peri parece ceder aos grupos que mais se opunham a Dilma – e não por acaso, justamente vinculados às células "padrão Centelha" de que falamos –, e com efeito algo absolutamente notável acontece: no final de 2014, poucos dias após as eleições, Bolsonaro, na formatura dos Cadetes da AMAN (Academia Militar das Agulhas Negras), foi filmado com estes ovacionando-o, chamando-o de "líder".

Bolsonaro na AMAN, 2014./
Fonte: (https://www.youtube.com/watch?v=MW8ME9S87SI

Não achei registro de qualquer fato similar anterior a este, mas acho sintomático que isto tenha sido realizado pouco tempo após a conturbada eleição, que, como sabemos, foi vencida por Dilma Rousseff. Trata-se da

---

28 https://veja.abril.com.br/blog/augusto-nunes/ate-no-quartel-general/. Como é francamente conhecido por todos brasileiros, nos últimos 5 anos "corrupção" se tornou uma palavra-chave sempre que há uma disputa política em qualquer um dos poderes constituídos; nas Forças Armadas não seria diferente.

abertura dos portões da caserna para a política. Para se ter uma noção, note-se neste trecho o que Bolsonaro fala aos cadetes:

"... *Alguns vão morrer pelo caminho, mas estou disposto em 2018, seja o que Deus quiser, tentar jogar para a direita esse País...*".

A campanha continuou, explicitamente, com ele afirmando que se diferencia dos outros políticos, que "apanha" há 28 anos em Brasília, e outras coisas mais. Uma brecha se criou, em um caminho sem retorno. Vamos entender o que é a formatura da AMAN e qual a sua relevância para o caso. Trata-se de um ritual de consagração dos 4 anos em que 380 jovens passam pelo conjunto de práticas e ações mais radical de socialização e inserção de uma vida fechada na Instituição. É uma vitória cultural, tanto da Instituição sobre os indivíduos, quanto deles sobre sua tendência em ser "livres" (Castro, 1990). Neste evento confirma-se que seus corpos e almas não são mais deles, bem como suas relações: sabem bem que suas esposas, filhos, amigos, são e vão ser, para sempre, parte da "família militar" (Castro, 2018). Mas não é só isso. Lá eles recebem o "espadim" de outro militar, que vai ser uma espécie de padrinho de cada um. Assim se monta a carreira, com mérito e com redes de relações. Um padrinho também tem um padrinho, tem círculos próximos. Não é à toa que podemos dizer que a formatura das escolas e academias militares é o maior momento de auto-identificação que existe nas Forças Armadas. Esse momento é tão significativo que os Presidentes da República estão lá (sintomaticamente, Dilma não ia mais à Formatura). E, claro, o Alto-Comando, representando a linha toda. Além disso, nas Escolas os militares estão com os contatos mais intensificados, sujeitos às influências de colegas e de um corpo de comandantes maior do que em unidades de tropa. Daí sua importância e centralidade, por exemplo, quando falamos que é nelas que não só a ideia de guerra híbrida pode ter se solidificado, como a própria guerra híbrida pode ter se realizado. Guerra híbrida na guerra híbrida, portanto.

Em 2015, 2016, 2017 e 2018 Bolsonaro repetiu a dose. Tudo isso numa situação em que ele já era (pré)candidato. Aliás, é preciso ver certas dimensões simbólicas que estavam implícitas neste ritual dali para frente. Vendo a formatura de 2017, notei algo bastante inusitado: Bolsonaro estava na primeira fileira do palanque reservado às autoridades (ao lado de seu filho, que estava filmando), ao lado dos comandantes da Marinha, Aeronáutica e Exército, e à esquerda dos generais mais graduados do Alto-Comando. Nos protocolos militares, quanto mais próximo da autoridade central, mais alta a hierarquia (Leirner, 2001). Estar na 1ª fileira não é pouco. Mas digamos que isto tenha sido aleatório (o que é muito difícil). Algo ainda me surpreendeu mais: ao lado de Bolsonaro estava o General Mourão, que viria ser seu Vice depois de uma sucessão de sondagens que "não deram certo". Pois então, se há algo que é certeiro afirmar é que nesses protocolos militares nada é, ou deve ser, por acaso.[29] Tendo a acreditar que a candidatura de Mourão "de última hora" foi mais uma construção narrativa premeditada, como veremos à frente.

Bolsonaro na AMAN ao lado de Mourão, 2017./
Fonte: (https://www.youtube.com/watch?v=agDo5SfYPSE)

Não houve mais, por parte do Exército, qualquer constrangimento em assumir para dentro tal partidarismo. Evidentemente esses detalhes passaram longe dos olhos da maioria das pessoas, mas qualquer militar sabe o que isto significa. É preciso ressaltar também que a partir de 2014, as PMs de vários Estado do Brasil copiaram o modelo e transformaram Bolsonaro em

---

29 Ver o caso narrado por Cristina Silva (2010, p. 31), sobre o aparecimento inusitado de um cão na formatura da AMAN. Nos anos seguintes foi designado um soldado apenas para lidar com tal situação, que não poderia ocorrer novamente.

convidado de honra. Sabendo que os protocolos militares têm uma função central em suas vidas – trata-se do que eles entendem como a "resposta prospectiva e disciplinada frente aos imponderáveis da guerra" –, do meu ponto de vista Bolsonaro não foi mais um candidato qualquer com apoio de militares. Não é só alguém que atraiu simpatia de um segmento. Ele passou a ser uma peça central de um movimento que começou a ser realizado a partir de um consórcio de generais que tiveram as experiências necessárias para dirigir o processo de guerra híbrida – no caminho de um processo de transformação no Exército que "plugou" na guerra assimétrica a guerra híbrida. Lembrando que a guerra assimétrica foi já resultado de um desdobramento da guerra revolucionária. Tentarei ser o mais sucinto possível para descrever esta passagem, pois creio que os mecanismos são muito parecidos com as outras anteriormente vistas, e repeti-los seria excessivamente redundante, além de cansativo.

Como mencionei acima, o problema da Amazônia deixou as portas abertas para um esquema boydiano se implantar no Exército: *Forças Especiais* e *Operações Psicológicas* me parecem ser as palavras-chave que indexam tal processo. Há dois pontos essenciais que se conectam a estes, que foram os fundamentos práticos e programáticos em que o Exército se voltou para o "download" de todo arsenal que iria depois fechar a estratégia da guerra híbrida. O primeiro foi a combinação do "problema" da Amazônia com a Missão de Paz no Haiti (Minustah); o segundo foi o desenho para a Força Terrestre que começou a ocorrer a partir de 2010. Não tenho como falar a respeito da Marinha e da Força Aérea, muito pouca coisa saiu delas para que se possa dizer que efetivamente elas estavam no centro de gravidade do consórcio. Para se entender melhor do que estou querendo tratar aqui, vou adiantar a hipótese: o tipo de panorama teórico/doutrinário/ideológico que a Amazônia abriu – tendo no horizonte a ideia de assimetria e carregando seus filhotes, como Forças Especiais, Operações Psicológicas, etc. – quando combinado com a experiência de intervenção no Haiti – em um processo no qual não ficava claro o papel do comando brasileiro, força de pacificação e/ou força política – foi potencialmente explosivo quando se voltou para um desenho interno de projeto para a Força Terrestre nos próximos anos. Se fosse resumir em uma única frase, diria que o Haiti abriu a janela para algo maior: a "mobilização" para a guerra híbrida.

Vou começar a partir de algo que me chamou a atenção, o comentário – irônico, com uma lista de "ceticismos" – do Coronel Heraldo Makrakis sobre o "problema da Amazônia", feito já em 2019. Diz ele:

"*Ceticismo Militar. A compreensão equivocada das doutrinas guerrilheiras foquianas, da guerra prolongada maoísta-giapiana ou americana rambônica search and destroy que consolidam o senso comum militar brasileiro. Não se pode elaborar uma Doutrina de Defesa Amazônica baseado em Béazout – um catadinho de cada coisa.*[30] *Não dá para acreditar que realizando exercícios tipo 'reality shows' comendo tapuru e marcha do avião se garante projeção de poder ou dissuasão* [aqui imagino que ele está se referindo ao treinamento do CIGS, que é parte de sua própria experiência]. *Vão estudar vai... melhor praticar Kriegsspiel.*[31] *Quem sabe não descobrem que para defender a Amazônia deva se antecipar com a presença no Caribe... um colar de pé-*

---

30   Imagino que ele estava se referindo a isto: "O teorema de Bézout é uma afirmação na geometria algébrica referente ao número de pontos comuns, ou pontos de interseção, de duas curvas algébricas planas que não compartilham um componente comum". https://en.wikipedia.org/wiki/B%C3%A9zout's_theorem. Mas também pode simplesmente estar falando de "bizu", gíria militar para "dica", aproveitando o duplo sentido fonético.

31   "Kriegsspiel é um gênero de jogo de guerra desenvolvido pelo exército prussiano no século 19 para ensinar táticas de campo de batalha a oficiais. A palavra Kriegsspiel significa literalmente 'jogo de guerra' em alemão, mas no contexto do idioma inglês refere-se especificamente aos jogos de guerra desenvolvidos pelo exército prussiano no século XIX. Kriegsspiel foi o primeiro sistema de jogos de guerra a ser adotado por uma organização militar como uma ferramenta séria para treinamento e pesquisa. Após a impressionante vitória da Prússia sobre a França na Guerra Franco-Prussiana, outros países começaram rapidamente a projetar jogos de guerra do tipo Kriegsspiel para seus próprios exércitos. / A maioria das formas de Kriegsspiel envolve pelo menos duas equipes de jogadores e um árbitro reunidos em torno de um mapa. O mapa representa um campo de batalha. Cada equipe recebe o comando de um exército imaginário, representado no mapa usando pequenos blocos pintados. Cada bloco representa algum tipo de formação de tropas, como uma bateria de artilharia ou um esquadrão de cavalaria. Os jogadores comandam suas tropas escrevendo suas ordens em papel e entregando-as ao árbitro. O árbitro lerá essas ordens e moverá os blocos pelo mapa de acordo com a forma como ele julga que as tropas imaginárias interpretariam e executariam suas or-

rolas de infraestrutura dual como tem feito a China no Índico para defender o seu espaço" (Comunicação pessoal, setembro de 2019).

Vou partir do final de sua constatação, pois é algo assim que sempre me chamou a atenção sobre o cruzamento entre a operação no Haiti e a Amazônia.

Não é novidade, e desde os anos 1960 se fala disso – Meira Mattos e Golbery são os dois autores de referência – que a ocupação da Amazônia só tinha sentido "para dentro" se fosse complementar a uma "projeção de poder" para os Andes e para o Caribe. Quando a Minustah começou, em 2004, o Brasil logo assumiu seu comando. Em 2008, ao encontrar um General após um seminário e comentar sobre vários assuntos, ele me disse claramente em relação a este: *"Olha, essa Missão no Haiti... O ponto é o seguinte: Cuba, Venezuela, Caribe, tem toda infraestrutura desses lugares que é um potencial para a gente. É projeção de poder"*. A primeira coisa que me veio à cabeça é que se tratava de uma versão "humanitária" para aquilo que os EUA faziam no Oriente Médio: pegavam uma infraestrutura arruinada (por eles mesmos; o que não foi definitivamente o nosso caso no Haiti) e colocavam suas empresas lá para reconstruir. E, o fato é que estávamos mesmo levando as empreiteiras – Odebrecht em especial, voltamos a ela – para estes lugares. Mas junto com "projeção de poder" vem outras coisas. No caso, veio toda uma atualização da parafernália teórica e doutrinárias das *MOUT – Military Operations in Urban Terrain,* elaborada nos EUA. Embora não possamos desprezar o fato de que os militares brasileiros levaram ao Haiti toda uma experiência de Operações de Garantia da Lei e da Ordem daqui, está claro, pelos depoimentos dos comandantes que recentemente foram publicados (Castro e Marques, 2019) que o Hati provocou uma inflexão no modo como se via a estruturação de uma força de "estabilização".

Segundo o manual *MOUT* (MCWP 3-35.3) dos EUA, as projeções populacionais para o futuro indicam que praticamente todos os conflitos no mundo irão ocorrer em ambiente urbano. Mesmo os ambientes não ur-

---

dens. Os resultados do combate são determinados por cálculos matemáticos" (https://en.wikipedia.org/wiki/Kriegsspiel) ..

banos estariam de tal forma conectados que seria impossível distinguir um de outro. Na versão de 1998 de sua edição já se colocava que "Operações em áreas urbanas [nota: ou urbanizadas] são normalmente realizadas para capitalizar sobre o significado operacional ou tático de uma cidade específica. Nos países em desenvolvimento, o controle de apenas algumas cidades é frequentemente a chave para o controle dos recursos nacionais. O lado que controla uma grande cidade geralmente tem uma vantagem psicológica, que pode ser suficiente para afetar significativamente o resultado de um conflito em todo o país. / A abundância de operações de guerrilha e terrorismo realizadas em áreas urbanizadas (por exemplo, Santo Domingo, Caracas, Belfast, Manágua e Beirute) demonstra a importância que muitos grupos insurgentes atribuem à guerra urbana".

Muitas coisas estão aí colocadas, mas basicamente a análise do tipo de conflito leva a duas constatações básicas: 1) que as forças insurgentes (inimigas) tendem a se misturar à população civil e principalmente à criminalidade; e 2) com esta mistura é impossível conduzir o cenário em direção a táticas convencionais, e mesmo de guerra assimétrica em ambiente de selva ou rural (como na Indochina). Agora, todo cenário tem que convergir para um tipo de operação que atinja o inimigo causando o mínimo de dano, e por isso as operações tem que ser realizadas preferencialmente por: a) pequenas unidades táticas, de preferência com amplo conhecimento da população local e com a ajuda desta e; b) utilizando-se ao máximo "operations other than war", isto é, inteligência, propaganda e operações psicológicas.

Mais do que tudo isso, e ainda tomando os valiosos depoimentos dos comandantes (Castro e Marques, 2019), é notável que a experiência do Haiti, além de *bélica*, foi de *governo*. Não se tratava de apenas "pacificar" (o que alguns comandantes tendiam a ver como uma operação de combate à criminalidade comum, outros como de combate de forças insurgentes em guerra assimétrica), mas também de coordenar inúmeras agências, ONGs, setores da administração, relações com as elites locais, com o Governo incipiente, elaborar eleições, cuidar de catástrofes naturais, promover alocação de recursos, administrar o "cenário psicossocial", além, é claro, de comandar uma tropa multinacional. Tudo isso somado foi um verdadeiro laboratório, onde os comandantes experimentaram a expertise de ser o *centro do Estado* e da *nation-bilding* hatiana.

"To make a long story short", esse é o resumo do que se colocava no Haiti. Foram 11 comandantes brasileiros (2 dos quais morreram enquanto comandavam, um por suicídio e outro devido a um ataque cardíaco). Outros de destaque são:

- Augusto Heleno Ribeiro Pereira: de 2004 até agosto de 2005: atual Ministro do GSI

- Urano Teixeira da Matta Bacellar: de setembro de 2005 até janeiro de 2006. (falecido).

- José Elito Carvalho Siqueira: de janeiro de 2006 até janeiro de 2007: ex-Ministro GSI (Dilma)

- Carlos Alberto dos Santos Cruz: de janeiro de 2007 até abril de 2009. Ex-Ministro Secretaria de Governo (Bolsonaro).

- Floriano Peixoto Vieira Neto, Brasil: de abril de 2009 até abril de 2010. Ex-Ministro-Chefe da Secretaria-Geral da Presidência da República (Bolsonaro) e atualmente preside a empresa dos Correios.

- Luiz Guilherme Paul Cruz: de abril de 2010 até março de 2011 (sem cargo).

- Luiz Eduardo Ramos Batista Pereira: de março de 2011 até março de 2012. Atual ministro-chefe da Secretaria de Governo do presidente Jair Bolsonaro

- Fernando Rodrigues Goulart: de março de 2012 até março de 2013. (sem cargo)

- Edson Leal Pujol: de março de 2013 a março de 2014. (atual Comandante do Exército)

- José Luiz Jaborandy Junior: de março de 2014 a agosto de 2015. (falecido)

- Ajax Porto Pinheiro: de outubro de 2015 até outubro de 2017. (atual assessor do STF).

Ou seja, o que vemos aqui? Quase todos os ex-comandantes da Minustah assumiram posições-chave em Ministérios ligados às informações e à articulação política. O que nos leva a refletir sobre algo, pois no mundo militar as coincidências não devem existir.[32] Não creio que isso se trata somente de uma coterie baseada em camaradagem. Como aventei acima, acho que o Haiti foi um rascunho para um desenho mais complexo que passou a ser pensado antes. Aliás, mesmo aquilo que não foi exatamente pensado também não deixa muito espaço para coincidências: a rede dos comandantes pode ser destrinchada a partir de relações muito próximas que conectam geração e posições na cadeia de comando. É comum perceber que estes postos que hoje militares ocupam no Governo de alguma maneira encontram ecos no passado: uma chefia de gabinete, um sub-comando, um apadrinhamento, uma experiência em *Forças Especiais* como, por exemplo, os Paraquedistas. Isso funcionou no Hati, e depois foi transferido para o consórcio que se montou para se chegar ao poder em 2018/2019. E, como vimos, não era de hoje que a cismogênese estava na mesa: se atingiu um, tende a se espalhar para o resto. Vou voltar aqui a um elemento que abordei no Capítulo 1 – e que para mim é uma imagem excelente de um dispositivo da guerra híbrida –, que é a estratégia *good cop/bad cop*. É preciso ter em mente que isso é o desdobramento de um insight etnográfico, e que provavelmente jamais veremos documentos que descrevam o tipo de ação que estou construindo na arquitetura da hipótese de que isto é uma guerra híbrida. Vamos então à dupla.

O bad cop. Como vimos, Heleno voltou do Haiti, assumiu o Comando Militar da Amazônia e se atritou com Lula, até ir para a reserva em 2011. Assumiu desde então o tom mais conflitivo possível, e, como me disse um oficial, passou a fazer política intensa pelo Clube Militar e em células como o Ternuma. Já falamos um tanto dele aqui, bastando agora associá-lo ao *bad cop*. Da reserva, ele foi o responsável pela articulação de muitos disparos, bem como pela articulação de militares que mais adiante iam formar um

---

32 Isto não é uma anedota, trata-se de um desdobramento da hierarquia; nada, nem ninguém, está no mesmo plano que outro (Leirner, 1997).

consórcio. Não creio que Bolsonaro estava de início nos planos de ninguém, mas há dois elementos que devemos levar em consideração: 1) Bolsonaro era figura carimbada nessas células militares, eles eram parte de seu público-alvo nas eleições em que se candidatava (ou seja, todas, desde 1988); 2) eles tinham planos de voltar ao poder, mas, agora, introduzindo sua expertise no interior do campo político. Ou seja, já se programava algo como o uso de uma "ofensiva psi". É sintomático que Heleno casou esta capacidade com toda uma experiência que tinha nas "áreas de contato" das "Opsis" que são as "relações públicas" e "comunicação social". Este trecho de uma entrevista que concedeu é revelador:

"Em 1990, fui nomeado adjunto do Gabinete Militar da Presidência da República. Coordenei dezenas de viagens presidenciais e mantive contato quase diário com jornalistas bastante qualificados, que cobriam o Palácio do Planalto. Cultivei ótimos relacionamentos e aprendi muito, inclusive sobre a importância de não se furtar a ser "fonte" e como se comportar nesse papel. Tornei-me um autodidata e aliei a observação frequente à compulsiva leitura de documentos e livros sobre comunicação e jornalismo. Continuei meu aprendizado em Campinas, quando assumi, em 1994, o Comando da Escola Preparatória de Cadetes. O elevado prestígio da Escola na cidade me obrigava a um intenso trabalho de relações públicas e a uma especial atenção com a imprensa local. A nomeação para a Chefia do CComSEx, em 2002, me permitiu desfrutar, por dois anos, de uma experiência fantástica. A necessidade de atualizar meus conhecimentos, levou-me a descobrir o quanto ainda precisava aprender sobre esse ramo fascinante das ciências humanas. Quando me voluntariei para o Haiti, só lamentava o fato de deixar uma equipe maravilhosa e interromper um trabalho que me realizava a cada dia. Mal sabia que essa vivência seria valiosa no Haiti, onde a estrutura oferecida pela ONU não atendia as exigências da imprensa brasileira e internacional. Além das tarefas internacionais, eu me vi compulsado a funcionar como um verdadeiro CComSEx, atendendo pessoalmente, quase todas as solicitações feitas pelos jornalistas nacionais e estrangeiros. Quando voltei ao Brasil, assumi a Chefia do Gabinete do Comandante do Exército e, devido a meus laços

Promovido ao último posto da carreira, em julho de 2007, fui premiado com o Comando Militar da Amazônia, área que esbanja mistérios, lendas e realidade incríveis, e que se transformou, para mim, em um novo laboratório de experiências. A partir de uma polêmica entrevista, com inesperada repercussão nacional, fui novamente instado a gerenciar inúmeras solicitações da imprensa. Ao ser transferido para a reserva, aceitei o convite para ser consultor de segurança e defesa do Sistema Bandeirantes e recebi, pela primeira vez, orientação específica de profissionais da mais alta qualidade. Conheci o estressante ambiente da redação, a frenética busca de notícias, a corrida incessante contra o tempo, os limites do espaço valioso da televisão. Fiquei ainda mais apaixonado pelo assunto. No Comitê Olímpico do Brasil, sigo aprendendo a cada dia".[33]

Vamos também guardar na cabeça esse dado final, sua atuação no COB (Comitê Olímpico do Brasil). Ele foi contratado como Diretor de Comunicação, Cultural e do Instituto Olímpico. Há duas peças que engatam isso numa engrenagem da guerra híbrida – mas que não terei espaço para elaborar aqui. A primeira trata da inserção das Forças Armadas como parte considerável da delegação olímpica brasileira: isto sem dúvida passou por uma estratégia de "comunicação social", inclusive rebatendo no amplo uso da continência militar nas cerimônias de recebimento de medalhas.[34] O segundo elemento foi a designação das Forças Armadas para fazer a segurança do evento, em mais uma GLO.[35] Não sei o quanto Heleno esteve diretamente envolvido nessas ações subsidiárias – pelo menos enquanto seu desenho ideológico. No entanto, ele participou de uma experiência em que a linha divisória entre a intervenção militar e a política desapareceu, e o Haiti pode ter se tornado um laboratório para, por exemplo, as GLOs no Rio de Janeiro. Mas, mais do que qualquer outra coisa, Heleno volta de lá e começa a consolidar

---

33 "Entrevista: General Heleno: do Comando da Amazônia à comunicação do COB, por Mariângela Haswani". Revista ALTERJOR Grupo de Estudos Alterjor: Jornalismo Popular e Alternativo (ECA-USP), Ano 07, Volume, 01 Edição 13, Janeiro-Junho de 2016.

34 Uma tese sobre o envolvimento de militares nos esportes – na Olimpíada do Rio de Janeiro particularmente – está bem descrita por D. Thomaz (2019).

35 Sobre isto falarei um pouco mais adiante.

no público interno a tal imagem de "líder", e isto foi algo que ele soube explorar através da relação com a imprensa na Minustah. Segundo ele próprio,

"(p)recisávamos proporcionar a uma das sociedades mais miseráveis e instáveis do planeta, um ambiente seguro e estável, essencial para que as instituições nacionais voltassem a funcionar. Só assim, aconteceriam eleições diretas, livres e transparentes capazes de, no prazo de dois anos, fazer do Haiti um país democrático, independente e soberano. A inexistência de um setor, na estrutura da MINUSTAH, para atender as inúmeras solicitações da mídia internacional, me proporcionou a experiência gratificante de assumir pessoalmente essa responsabilidade. Ali pude vivenciar intensamente, em vários idiomas, todos os aspectos que cercam as atividades de Comunicação Social em uma situação de crise, envolvendo órgãos de imprensa motivados por diferentes interesses".[36]

Heleno, assim, voltou do Haiti apto a conduzir uma *guerra psicológica de espectro total*, e alavanca sua posição. Enfim, de todo jeito, como veremos, isso tudo vem em um pacote no qual o Exército (mais que as outras Forças, que foram muito mais periféricas) realizou um balão de ensaio onde se testou a ideia de "intervenção". Há, aqui, um claro componente de "Opsi". Como é possível perceber, nada disso funciona se não estiver amparado em algum nível de legalidade e institucionalidade. E é aqui que entra o segundo personagem de nossa dupla.

O *good cop*. Trata-se do General Villas Bôas. Ele saiu do Comando Militar da Amazônia em 29 de setembro de 2014. Por um breve período ficou no cargo de Comandante do COTER (Comando de Operações Terrestres do Exército, se não me engano o 3º posto mais importante do Alto-Comando, seguido do próprio Comandante e do Estado-Maior), e logo depois assumiu o Comando da Força, passando pelos Governos Dilma, Temer e pelo começo de Bolsonaro. De certa maneira, foi ele quem lidou com tudo que diz respeito ao *público interno* do Exército no processo da guerra híbrida brasileira, e para realizar isto seu papel não foi nada desprezível. O *good cop* sempre procurou traçar a imagem 1) de que a Força estava

---

36 Entrevista "General Heleno: do Comando da Amazônia à Comunicação do COB" (cf. nota 33).

absolutamente comprometida com a legalidade e com a institucionalidade; e 2) de que o Exército está longe da política, que é uma instituição de Estado e não de Governo. Ao mesmo tempo, internamente ele franqueou o livre acesso de Bolsonaro a instalações militares para fazer campanha desde 2015 (o que nos faz perguntar onde estavam os Ministros da Defesa então?), e comandou e viabilizou o desenho elaborado por Heleno e outros das Opsis que foram testadas ao longo desse tempo, que, do meu ponto de vista, foram o principal fator de condução de Bolsonaro ao poder, inclusive produzindo efeitos jurídicos e eleitorais.

Para entender isso temos que recuar um pouco, e ver também como Villas-Bôas teve um papel importante no processo de conversão do "problema da Amazônia" em um novo desenho de Força que provocou um "giro de 180° graus", daquele "colar" no Caribe que falava o Coronel Makrakis para uma "ação interna" voltada principalmente para segurança. E tudo isso diante de um processo que evidentemente contemplava a ideia de um Exército voltado à defesa externa, conforme consta em *todos* os documentos que foram elaborados a partir da metade dos anos 2000 e que deveriam orientar a Força para os próximos 30 anos: o Livro Branco de Defesa Nacional (LBDN), a Política Nacional de Defesa (PND) a Estratégia Nacional de Defesa, e, especificamente no Exército, a Estratégia Braço Forte (EBF), o Manual de Transformação do Exército, e o Projeto PROFORÇA. Assim abre-se, por exemplo, o Documento da Política Nacional de Defesa (nas versões de 2005 e de 2013): "A Política Nacional de Defesa (PND) é o documento condicionante de mais alto nível do planejamento de ações destinadas à defesa nacional coordenadas pelo Ministério da Defesa. Voltada essencialmente para ameaças externas, estabelece objetivos e orientações para o preparo e o emprego dos setores militar e civil em todas as esferas do Poder Nacional, em prol da Defesa Nacional. Esta Política pressupõe que a defesa do País é inseparável do seu desenvolvimento, fornecendo-lhe o indispensável escudo. A intensificação da projeção do Brasil no concerto das nações e sua maior inserção em processos decisórios internacionais associam-se ao modelo de defesa proposto nos termos expostos a seguir."[37]

Sabemos que o binômio *segurança/defesa* sempre deixou uma possibilidade para leituras ambíguas do papel das Forças Armadas; que na Constituinte os militares atuaram para que ficasse uma porta aberta para intervenções internas; que as Operações de Garantia da Lei e da Ordem (tal como na lei [13260/2016] sancionada por Dilma) deixam este processo mais ambíguo e abre ainda mais possibilidades para um intervencionismo.[38] Segundo Fuccile (2001), foi recorrente o uso da força militar em eventos desde a Constituição de 1988, que estão resumidos nesta imagem (que abrange até o ano de 2000):

---

37 https://www.defesa.gov.br/arquivos/2012/mes07/pnd.pdf .

38 E, como bem notou Kuhlmann (2007, p. 98), isso ficou particularmente claro em se tratando da Amazônia. Segundo uma auto-descrição das funções da 2ª Brigada de Infantaria de Selva (São Gabriel da Cachoeira-AM), ela deve "Atuar como Força de Vigilância Estratégica no quadro de segurança externa em sua área de responsabilidade, compreendendo os Municípios de São Gabriel da Cachoeira, Santa Isabel do Rio Negro e Barcelos. Atuar também de forma preventiva e repressiva no quadro de Garantia de Lei e da Ordem (GLO) em sua Sub-área de Segurança Integrada. Como atividade complementar, cooperar com o desenvolvimento econômico e social, nas atividades de apoio à Defesa Civil e aos órgãos públicos dos diversos níveis, em ações de parceria". E também "Decorrente da Missão Constitucional do Exército (Art. 142 da Constituição) a 17ª Bda Inf Sl tem por missão "Defender a Pátria, garantir a manutenção dos Poderes Constitucionais, da Lei e da Ordem, através de *ações complementares*".

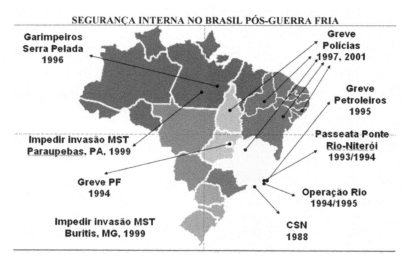

Uso de militares em operações internas até 2000./Fonte: Fuccile 2001 *apud* kuhlmann (2007, p. 104)

De certo modo, a tese de Paulo Kuhlmann (que foi oficial do Exército, paraquedista e fez seu doutorado na USP) agrega a hipótese de Suzeley Mathias de que o "inimigo interno" ainda tinha um papel para os militares no Brasil democrático (Mathias, 2003). No seu material há uma representação que o Comando do Exército fez, imagino, em meados dos anos 2000, sobre as ameaças que acionam o "ponto de vista do Exército":

O Brasil no espectro de uma Guerra Híbrida 255

LEVANTAMENTO DO EXÉRCITO DAS NOVAS AMEAÇAS

Fonte: Palestra do Comandante do Exército, s/d

Novas ameaças, Exército Brasileiro, anos 2000/ Fonte: Kuhlmann (2007, p. 103)

Para Kuhlmann, já havia (meados dos anos 2000) no Exército uma "percepção de que a estrutura da segurança pública no Brasil é disfuncional. Essa percepção abre o caminho para que toda a problemática que envolve a segurança pública, a defesa interna e a defesa fiquem ainda em uma enorme zona cinzenta" (2007, p. 107). Como ele mostra, em termos da distribuição de unidades militares pelo País, mesmo com um certo aumento de *poder de fogo* na Amazônia, era patente que o Sul ainda concentraria (e concentra) a maior parte do contingente. Do panorama da organização do emprego das forças em meados dos anos 2000 apresentado por Kuhlmann em sua tese, algo, particularmente, chama a atenção. Em 2005 foi criada uma estrutura de forças de contingenciamento[39] que deveriam servir às operações de

---

39 Trata-se da FOCON: "No espírito da garantia da lei e da ordem, foi criada por diretriz do Comando de Operações Terrestres uma força, de dimensões de uma brigada em cada Comando Militar de Área, direcionada para missões de GLO, denominadas forças de contingência - FOCON. Essa força é montada com grupamentos (batalhões, esquadrões, companhias) de diversas brigadas, ou seja, não há uma brigada específica

GLO, as mesmas que vislumbravam os efeitos de toda a sorte de ameaças que o Comando mapeou (cf. imagem acima). No entanto, "apesar de vários exercícios realizados com as FOCON nos anos de 2005 e 2006, há rumores de que esse tipo de organização e de exercício será colocado em 'banho maria'. Como se pode verificar, não houve o direcionamento do EME, nesse caso e não constava de planejamento de SIPLEX, nem mesmo os mais atualizados" (Kuhlmann, 2007, p. 142). Então, fica agora a pergunta: o que teria acontecido para, a partir de 2010, as GLOs terem voltado para o centro das atenções do Exército? Volto, assim, ao nosso *good cop*, Villas Bôas.

Logo após a elaboração da Estratégia Nacional de Defesa (END), em 2008, o Comando do Exército chegou à conclusão de que deveria iniciar um processo de transformação do Exército, pensando-o para os próximos 30 anos. A END tinha uma vocação para defesa externa, mas nem por isso deixou as pontas soltas da segurança de lado. Para realizar este novo desenho da Força, foi criada uma Subchefia, que seria ocupada por Villas Bôas. A história está resumida aqui: "Com a aprovação e publicação, pelo Governo Federal, da Estratégia Nacional de Defesa (END), elaborada sob a coordenação do Ministério da Defesa, em dezembro de 2008, o Comandante do Exército determinou ao EME a preparação de um planejamento para atender às demandas da END, inclusive, contendo os projetos de interesse da Força sobre articulação e equipamento. /Após a conclusão desse planejamento, denominado Estratégia Braço Forte, em dezembro de 2009, a 7ª Subchefia do EME identificou a necessidade de uma estrutura no Exército que pudesse avaliar, propor, coordenar e integrar as ações e esforços, de modo a viabilizar de forma efetiva a consecução dos projetos do Exército, com características de grande porte associadas à complexidade tecnológica e financeira./ Com essa finalidade, foi criada a Assessoria Especial de Gestão e Projetos (AEGP), em 7 de abril de 2010, sob a Chefia do então General de Divisão Villas Bôas, para trabalhar, principalmente, com quatro projetos: Guarani, SISFRON, Defesa Antiaérea e RECOP./ A Portaria nº 134-EME, de 10 de setembro de 2012,

---

que componha a FOCON. Os militares que dela fazem parte não podem ser recrutas" (Kuhlmann, 2007, p. 138).

implantou o Escritório de Projetos do Exército (EPEx), por transformação da AEGP assumindo, sob sua coordenação, os Projetos Estratégicos do Exército: Astros 2020, Defesa Antiaérea, Guarani, PROTEGER, SISFRON, RECOP, Defesa Cibernética e Parceria Público-privada (PPP)".[40]

Segundo a tese do Major Fernando Valentini da Silva (Silva, 2013), que entrevistou Villas Bôas para entender o contexto de criação do "projeto de transformação do Exército", um tanto da urgência em que ele foi pensado deveu-se a algo que parecia contingente: "por ocasião da elaboração da END, houve a determinação de que cada Força Singular deveria apresentar seu planejamento em um prazo de 6 meses, ficando claro para o Exército que a instituição não dispunha de estrutura adequada para realizar um trabalho daquela magnitude". E foi assim que "Essa conjuntura precipitou a execução da ideia já existente de criar uma Subchefia do EME que agregasse a Seção de Estratégia, o Centro de Estudos Estratégicos do Exército, e o Escritório de Projetos do Exército, surgindo assim a 7ª Subchefia (SCh) do EME". Mas, "Coincidentemente, ao término dos trabalhos de elaboração da EBF [Estratégia Braço Forte], ocorreu o terremoto no Haiti (janeiro de 2010), e a ONU solicitou que o Brasil cedesse mais um batalhão para a MINUSTAH. O país atendeu a esse pedido após 3 semanas, sendo necessário empregar 147 unidades tributárias para mobilizar esse batalhão, e o prazo somente não foi maior porque a Força já possuía experiência em mobilização de efetivos para a missão de paz no Haiti. Essa situação evidenciou a baixa capacidade do Exército em gerar força em um curto espaço de tempo, e foi a 'gota d'água' para o Processo de Transformação" (p. 129).

No processo de procura de referências para realizar este trabalho, "durante a busca por outras experiências de transformação para serem adotadas como referência, foram selecionados os Exércitos de três países: Chile, Espanha, e Estados Unidos. Foi constatado que o Chile usou o modelo espanhol, que por sua vez utilizou o americano" (p. 130). Finalmente, "per-

---

[40] http://www.defesanet.com.br/terrestre/noticia/30668/Escritorio-de-Projetos-recebe-General- Villas Bôas-para-discutir-futuros-desafios-do-Portfolio-Estrategico-/ .

guntado sobre quais fatores levaram à escolha dos modelos chileno, espanhol, e estadunidense, que possuem realidades distintas de segurança e defesa, como por exemplo a questão da territorialidade, o general [Villas Bôas] destacou dois fatores principais: *a extensão dos contatos com os países escolhidos, por intercâmbio, cooperação militar, e outras atividades; e pela óbvia razão de os Estados Unidos da América serem referência militar, e terem realizado uma transformação. A escolha não recaiu sobre países com problemas geoestratégicos de segurança e defesa similares, como por exemplo Índia ou China, devido ao relativamente reduzido contato com os mesmos, problemas de idioma, limitações de recurso, e mesmo de tempo para proceder uma pesquisa mais aprofundada, fator que foi definitivamente poupado pela escolha dos países arrolados anteriormente*" (p.132; grifos meus).

Temos poucas pistas sobre o que de fato aconteceu nos meandros do processo de criação de uma instância que tornaria Villas Bôas o *designer* de uma nova configuração do Exército dali para frente. Mas, na entrevista acima surge algo bastante "estranho": *buscou-se o caso chileno que era igual ao espanhol que por fim era igual ao americano; e por fim justifica-se o caso americano porque não haveria tempo para mais nada!* Qual seria esse sentido de urgência que comprometeria todo o desenho da Força dali para frente? Por que o Haiti aguçou esse sentimento? Não há nenhuma evidência minimamente plausível no cenário posto que demandasse algum sentido de organização imediata para a defesa externa. Resta-nos a hipótese central, que está obliterada na entrevista que Villas Bôas deu: todas as ameaças são aquelas que quem está olhando o Exército desde a redemocratização já mapeou, as famosas ameaças "internas", acrescidas do fluxo "criminoso-terrorista" que vem a partir das nossas fronteiras, duplicando assim aquilo que já se falava desde o Calha Norte e do deslocamento da questão para a Amazônia. A partir daí, ver todo problema escoar para uma junção de "novas ameaças" com aquelas que estavam sendo mapeadas pelos Estados Unidos (guerras não convencionais e híbridas) é um passo. Some 2 + 2 neste processo e se verá que logo, logo, achou-se um "inimigo interno" onde essas ameaças grudam. Note-se que aqui estamos falando de algo que depois vai ser totalmente consolidado coma ida de Villas Bôas para o comando do Exército. A teoria vai virar prática, enfim.

Uma das poucas evidências que reforçam o sentido geral da incorporação das doutrinas norte-americanas associadas ao *HTS* e às operações urbanas foi a notícia de um intercâmbio que ocorreria plasmando as experiências norte-americanas e brasileiras no âmbito daquilo que se desenhava para o projeto de transformação do Exército Brasileiro. A base disso pode ser considerada uma tropicalização das Operações em Terreno Urbano (MOUT) que os EUA realizaram no Afeganistão e Iraque – sendo um dos protoplasmas, como vimos, o hibridismo israelense no Sul do Líbano e Faixa de Gaza típico das teorias de Shimon Naveh – e aquilo que o Brasil trazia assimilado do Haiti, como se vê pela entrevista de Villas Bôas. Esta "notícia" – garimpada pelo colega Airlon Lucas Heck – foi justamente objeto do "Noticiário do Exército" de 26 de agosto de 2011. Nele se lê:

"Exército realiza Conferência Bilateral Brasil – Estados Unidos da América.

Brasília – No dia 26 de abril, teve início a programação da XXVII Conferência Bilateral de Estado-Maior Brasil – Estados Unidos da América (EUA), cuja finalidade é a troca de experiências profissionais entre o Exército Brasileiro e o Exército dos EUA. A cerimônia de abertura ocorreu no Quartel-General do Exército e foi *presidida pelo General-de-Divisão Eduardo Dias da Costa Villas Bôas*, acompanhado pelo Chefe da Delegação Brasileira, General-de-Divisão Gerson Menandro Garcia de Freitas, e pelo Chefe da Delegação Americana, General Simeon Trombitas. Tradicionalmente, o primeiro dia do evento destina-se à realização de palestras sobre temas de interesse para ambas as delegações. *Coube à representação do Exército dos EUA apresentar 'As lições aprendidas no combate urbano nos conflitos do Iraque e Afeganistão'*, palestra ministrada pelo Coronel da Reserva Brice Johnson, analista sênior do Centro de Lições Aprendidas do Exército dos EUA, com sede no Forte Levenworth (Kansas). *A delegação brasileira apresentou o tema 'O processo de transformação do Exército Brasileiro'*, conduzido pelo Coronel Paulo César Leal, da 7ª Subchefia do Estado-Maior do Exército. Dentre outras finalidades, a Conferência Bilateral estabelecerá os entendimentos para a realização de exercícios e visitas de instrução entre os dois Exércitos amigos." (Fonte: www.eb.mil.br: Noticiário do Exército: Exército realiza Conferência Bilateral Brasil – Estados Unidos da América. 26/08/2011. Grifos meus).

Não deixa de ser curioso que o autor da apresentação do lado brasileiro, Coronel Paulo César Leal, seja também um dos primeiros militares brasileiros a publicar um texto completo sobre guerra híbrida em um periódico militar ("A Guerra Híbrida: reflexos para o sistema de defesa do Brasil" [Leal, 2016]). O texto, diga-se de passagem, é uma boa assimilação das teorias norte-americanas que se desenvolveram a partir de 2014, que basicamente tomam como paradigma de guerra híbrida a ação russa na Criméia, tomada como "lição" para preparar o País para produzir um "envolvimento do poder nacional em todas as suas expressões" – referindo-se sobretudo à "política" (p. 12). Um militar brasileiro citado neste mesmo texto é o General Luiz Eduardo Rocha Paiva – membro ativo da campanha de Bolsonaro e um dos maiores propagadores da teoria de que a esquerda produzia uma ameaça "gramscista" ao País. –, que produziu em 2015 o artigo "Tensões sociais, "revoluções coloridas" e "guerras híbridas": histórico, métodos, reflexos para o Brasil e ensinamentos", cujo acesso é restrito (Paiva, 2015). Finalmente, cabe dizer que Rocha Paiva é um dos membros fundadores e do Conselho Superior do Instituto Villas Bôas. Voltemos assim ao criador deste.

De maneira geral, o embrião realizado por Villas Bôas que resultou nos projetos que atuavam em cada área como um "download" de teorias e processos norte-americanos acabaram sendo resumidos pelo PROFORÇA (cujo lançamento oficial foi em março de 2012) – o grande projeto que estrutura o Exército dali para frente – ou seu "processo de transformação". Este Projeto é assim definido em sua primeira edição: "O Projeto de Força do Exército Brasileiro (PROFORÇA), fiel à metodologia de planejamento, programação e orçamentação, apresenta as diretrizes para a concepção e a evolução da Força para 2031, com marcos temporais em 2015 e 2022. É dinâmico, interativo, inovador, permeia todo o Exército e é adaptável às incertezas que os conflitos do futuro impõem. Orientará o Processo de Transformação por meio de diretrizes para os Vetores de Transformação

(VT): Ciência & Tecnologia; Doutrina; Educação & Cultura; Engenharia; Gestão; Recursos Humanos; Logística; Orçamento & Finanças e Preparo & Emprego. Alinhado com a Estratégia BRAÇO FORTE (EBF/2009), o PROFORÇA prioriza os principais projetos do Exército, a exemplo do Sistema Integrado de Monitoramento de Fronteiras – SISFRON".[41]

Do mesmo modo que as leituras anteriores sobre a *guerra revolucionária*, o Exército quer passar a ideia de que todo este projeto é endógeno, produto 100% brasileiro. No entanto, é preciso um pouco de cautela aí. O que se tem de mais nacional é a constante reclamação de que as Forças Armadas são desprezadas no Brasil (o que muitas vezes é ouvido em conversas informais com oficiais sob a forma de ataque ou complô), e que as ameaças "etéreas" exigem certas medidas:

"na cena mundial, são esperados crescentes fatores de instabilidade, como a disputa por escassos recursos naturais, a migração descontrolada e a degradação ambiental. A esses fatores se associam 'novas ameaças', como terrorismo, narcotráfico, crime organizado, proliferação de armas de destruição em massa, ataques cibernéticos e a temática do meio ambiente, as quais afetarão, ou continuarão a afetar, a conjuntura da segurança e da defesa no futuro próximo. Questões relativas a etnias, movimentos sociais e de cunho revolucionário ou ideológico, que extrapolem o território de um país, podem ser focos de tensão entre Estados. A moldura das guerras do futuro estará relacionada a esses fatores de risco. O PROFORÇA incluiu a aquisição de capacidades relacionadas às chamadas 'novas ameaças'. (...) A tendência de a opinião pública (população) integrar o centro de gravidade dos conflitos será acentuada. A versão da notícia deverá permanecer decisiva para a conquista da opinião pública e para o êxito das operações. A batalha pela comunicação (mídia, operações psicológicas etc), será primordial para o sucesso das campanhas. Os conflitos tendem a ter menor número de baixas, tanto pela atual característica das operações como, principalmente, devido ao impacto negativo que tais perdas provocam no seio das sociedades organizadas. Portanto,

---

41 Aqui o extrato resumido: http://www.eb.mil.br/c/document_library/get_file?uuid=b8f-d062b-d6c0-431f-a931-1d7ad6facccc&groupId=1094704 .

salvaguardar recursos humanos com um sistema de proteção – composto por: defesa antiaérea, defesa química, radiológica, biológica e nuclear, saúde em campanha, meio ambiente, assuntos civis, engenharia e polícia do exército, dentre outros – deve ter ainda maior atenção nos conflitos futuros, o que torna esse sistema uma exigência de caráter estratégico. (...) Os estudos indicam que os conflitos do futuro continuarão a exigir elevado grau de autonomia, com planejamento centralizado e execução descentralizada, e terão de considerar novos fatores, como a influência das redes sociais na liberdade de ação dos exércitos" (Extrato PROFORÇA, p. 7-8).

Se isso não é a descrição de guerra híbrida feita por Hoffman e o pessoal do Pentágono, então realmente não tenho ideia do que estamos falando. E, como disse Villas Bôas na entrevista para o Major Fernando Silva, "*o Gen Villas Bôas visualizou que a primeira grande tarefa foi 'vender a ideia' para o público interno, particularmente para o Alto Comando*" (2013, p. 129; grifos meus). Pelo visto, a ideia foi tão bem vendida que rendeu todo um projeto – que como eles mesmos colocam, foi talvez o mais ambicioso – que deveria ser o equivalente, para o Exército, do que foi o submarino nuclear para a Marinha e os caças Gripen para a Força Aérea. Trata-se do SISFRON: O Sistema Integrado de Monitoramento de Fronteiras (SISFRON) é descrito como um "sistema de sensoriamento, de apoio à decisão e de atuação operacional, cujo propósito é fortalecer a presença e a capacidade de ação do Estado na faixa de fronteira" (Neves, Silva e Monteiro, 2016, p. 77). Assim, "um fator importante que contribuiu para estimular o SISFRON foi o desenvolvimento de projetos de grande investimento no âmbito da Força Aérea Brasileira e da Marinha do Brasil, como os programas de aquisição de super caças e de submarinos. O SISFRON foi visto então como uma contrapartida para o Exército Brasileiro, que passaria a contar também com um projeto de grande impacto e recursos orçamentários adicionais. Como não se resume somente à função de monitoramento, pois inclui a atuação operacional, através dos recursos do SISFRON tem sido possível melhorar a infraestrutura das unidades do Exército na Faixa de Fronteira" (Idem, p. 76-77).

Pois então, algo de excepcional começa a acontecer. Procurei maiores esclarecimentos com o Professor Licio Monteiro, que havia pesquisado justamente o SISFRON. A resposta também foi esclarecedora:

"*O SISFRON começou com o projeto piloto no sul do Mato Grosso do Sul, pegando Dourados, Ponta Porã, Porto Murtinho, Mundo Novo, na fronteira com Paraguai. Depois de 2015 parei de acompanhar, mas o cronograma foi estendido para finalizar em 2025 e, agora, este ano, com os contingenciamentos, para 2035. Então não deve ter saído do Arco Central da fronteira, chegou no máximo a Rondônia e talvez Paraná. Então vejo assim, o Arco Sul, onde se concentra ainda a maior parte do Exército, é resultado da inércia secular do Exército. A Amazônia foi a principal ganhadora desde o Calha Norte (1986) e nos anos 1990 e 2000, com o discurso ambíguo de enfrentar drogas/guerrilha e prevenir ação de 'grandes potências' - leia-se os EUA. Mas esse discurso antiamericano se desvaneceu nos anos 2010 com o foco no Arco Central, que só trazia a questão das drogas/contrabando/violência como foco. As normas para ação das FFAA mudaram não só levando em conta atuação na fronteira, mas também nas inúmeras GLOs que se intensificaram ainda no governo Dilma; isso foi ao mesmo tempo. Então se juntar combate ao tráfico na fronteira + GLOs + ocupações em favela + Haiti, vamos ver que a grande missão do Exército nos últimos 20 anos foi apontar arma para dentro. O efeito 'psicossocial' - pra usar o termo deles - dessa prática contínua acho que se coaduna com o discurso bolsonarista./ O discurso soberano no SISFRON ficou por conta exclusivamente do desenvolvimento da tecnologia nacional, construir uma indústria de defesa e de segurança (essa que vai também pra segurança pública) modernizada, com empresas nacionais. Mas aí justamente a Embraer, que era a líder do consórcio e que fez o spinoffs pras empresas subsidiárias que estavam desenvolvendo essa tecnologia nacional, vai parar na mão da Boeing, em menos de 5 anos./ Aí se formos pegar a END 2008 [Estratégia Nacional de Defesa], lá tinha como objetivo revitalizar indústrias de defesa, abrindo regime especial para indústrias nacionais que viessem a abrir seus ramos na defesa. A única que fez isso foi a... Odebrecht [a Odebrecht Defesa e Tecnologia foi criada em 2011, com a compra da Mectron. Um ano antes*

(2010) ela estabeleceu uma parceria com a EADS (Airbus). Em dezembro de 2008 (mês de lançamento da END) foi montado o consórcio da DCNS francesa com a Odebrecht pro submarino. Como se vê, um eixo de parceria com Europa, bem diferente do eixo Boeing/Elbit (EUA/Israel) que prevaleceu pós-Lava Jato]. Não sei se você lembra de um livrão azul lançado pela FGV, Segurança Nacional: Perspectivas Brasileiras, organizado por Nelson Jobin, Etchegoyen (!) - então assessor especial do Jobim - e J. P. Alsina, patrocinado pela Odebrecht, em 2010. Lá o Marcelo Odebrecht tinha um artigo propondo construir um cluster da indústria de defesa na América do Sul.[42] Em menos de 5 anos, olha o que deu! Aí no Prosub, Almirante Othon na cadeia, tudo desmantelado na Eletronuclear. Caças Grippen, processo de corrupção contra o Lula. Olhando tudo junto e combinado, ou as elites brasileiras são as mais corruptas e incompetentes do mundo, ou esse lavajatismo todo caiu como uma bomba inviabilizando qualquer possibilidade de o Brasil pisar além da própria sombra na política internacional" (comunicação pessoal; setembro de 2019).[43]

Mas estes dados foram complementados por uma outra conversa, que tive com um Oficial (de Estado-Maior), que me apresentou elementos incríveis. Isto apareceu no meio de uma conversa (por e-mail) que tive sobre a Amazônia, quando eu contava sobre algumas coisas que tinha visto em São Gabriel da Cachoeira. Em dado ponto, chegamos ao SISFRON:

---

42 Jobim *et al*, 2010. O artigo de Marcelo Odebrecht em questão é "É viável a formação de um *cluster* de indústrias de defesa na América do Sul?". Algumas referências sobre Odebrecht Defesa e Tecnologia: http://portalclubedeengenharia.org.br/2018/01/14/um-marco-no-processo-de-construcao-do-primeiro-submarino-do-prosub/; https://www.odebrecht.com/pt-br/comunicacao/releases/eads-defence-securitye-organizacao-odebrecht-unem-forcas-no-brasil-para; https://www.odebrecht.com/pt-br/comunicacao/releases/odebrecht-lanca-empresa-para-atuar-em-defesa-e-seguranca .

43 Essa transição das políticas de segurança e defesa nas fronteiras é aprofundada no artigo no prelo " Segurança de fronteiras no Arco Central: dos espaços de exceção ao Estado securitário", de Licio Monteiro, em livro organizado por Juliana Nunes e Licio Monteiro "Crise e reinvenção dos espaços da política", Rio de Janeiro: Editora Consequência, 2019. Ver Monteiro, 2020.

"[O Programa] foi 'vendido' (pelo Ministério da Defesa ao Governo) como algo que ia ter 'emprego dual', ao mesmo tempo que o dinheiro serviria para melhorar a situação (operacional e administrativa) das OMs (Organizações Militares: Brigadas, Batalhões, etc.) e Comando(s) de Fronteira - aí consideradas cerca de 8 Brigadas,[44] o que equivale dizer, em termos de efetivos, em cerca de 30.000 militares –, serviria também para empregar essas estruturas em segurança de fronteira, do tipo 'combate ao contrabando, tráfico de drogas, tráfico de armas, etc. Como antes isso (o 'combate' aos crimes transfronteiriços) não era próprio das Forças Armadas, criou-se uma série de normas para amparar a atuação delas nessas atividades, Leis ordinárias, Leis complementares e uma infinidade de outras de caráter infra-legal".(comunicação pessoal, agosto de 2019).[45]

Atualmente há quem suspeite que vivemos uma tutela militar porque em 1988 não se fechou de vez a porta da política para os militares, por conta tanto de lobbies no Congresso quanto da Anistia. Mas acho que aqui temos algo que vai mais longe. Continuando a conversa acima:

"Por conta do SISFRON mobilizaram-se bancadas de parlamentares (deputados e senadores) dos estados de fronteira para pressionar o governo a liberar os recursos, para ser implementado em toda a 'faixa de fronteira' terrestre do País. Entretanto foi somente a partir da mobilização de bancadas estaduais

---

44 Os Comandos de Brigadas que estão posicionadas, integral ou parcialmente, em faixa de fronteira (1ª Bda Inf Sl, sede em Manaus/AM; 2ª Bda Inf Sl, sede em Boa Vista/RR; 17ª Bda Inf Sl, sede em Porto Velho/RO; 18ª Bda Fron, sede em Corumbá/MS; 4ª Bda C Mec, sede em Dourados/MS; 1ª Bda C Mec, sede em Santiago/RS; 2ª Bda C Mec, sede em Uruguaiana/RS ; e 3ª Bda C Mec, sede Bagé/RS).

45 Já que os Artigo 142 e 143 não contemplavam explicitamente tais atribuições, depois da Constituição de 1988 se criaram Leis Complementares. Dentre essas leis, as mais importantes são a Lei Complementar nº 97, de 9 de junho de 1999, que regula a organização, o preparo e o emprego das forças armadas; a Lei Complementar nº 117, de 2 de setembro de 2004, que altera a 97 e, aí sim, estabelece claramente as atribuições das Forças Armadas, Exército em particular, em relação aos «crimes transfronteiriços», motivação de uma das «pernas» do SISFRON; e a Lei Complementar nº 136, de 25 de agosto de 2010, que altera a anterior e introduz o Estado-Maior Conjunto das Forças Armadas e regula o Ministério da Defesa.

- RS, SC, PR e, principalmente, MS - que foi possível alocar os recursos para a implementação do projeto pra fazê-lo 'andar' (evidentemente nas OM localizadas nas faixas de fronteira dos Estados das bancadas mais atuantes). Tá bom, liberaram os recursos!!! Alguns oriundos até de outros ministérios, justiça, integração regional, infra-estrutura..., já que havia o tal emprego 'DUAL' (foi até criado um Escritório de Projetos do Exército – EPEx – que tem status de uma 'Subchefia' do EME [Estado-Maior do Exército], chefiado por um General de Brigada/Divisão que coordena dezenas e centenas de militares, da ativa e da reserva.[46] *No caso do SISFRON, foi importante o projeto conseguir recursos orçamentários de outros ministérios* e rubricas para *evitar competir pelo orçamento do Exército/Defesa com os demais projetos, todos ávidos por recursos pelo menos para manter-se e evitar 'fechar'. A crise financeira e orçamentária iniciada em 2015 'feriu' todos os projetos, daí se sobressaiu aquela necessidade de 'influência política' das bancadas federais dos Estados na provisão de recursos. Sabe pra que serviu essa grana até agora? Construíram mais Organizações Militares e melhoraram as existentes, compraram alguns equipamentos de comunicações... Não foi aquele MEGA projeto, ficou bem longe de dar um salto de capacidade, operacionalidade, logística, C3I, A2/AD, etc"* (comunicação pessoal, agosto de 2019).

Diante do quadro de desembolsos do SISFRON, estava conjecturando sobre o tamanho da Brigada de São Gabriel, e dizia para ele que achava que ela tinha um componente importante na fronteira, mas que todo mundo sabia que, além de insuficiente, sempre permanecia com um discurso ambíguo em relação a "funções policiais". Sempre achei que havia muito mais uma "Opsico" do que uma frente de defesa contra ameaças externas de fato, com toda uma propaganda que o Exército realiza a partir de lá – enunciando as teses do "sacrifício", de que se cumpre um papel de suprimir a "ausência de Estado", que se "leva a civilização aos indígenas", que, enfim, se "domestica o Brasil" (Leirner, 2013). Talvez isso seja ainda mais interessante quando comparamos, por exemplo, com o Exército no Sul do País. Para meu interlocutor,

"*observa-se que há Comandos de Brigadas instalados na Faixa de Fronteira que ainda não dispõem das estruturas de pessoal, material e siste-*

---

46   Que trabalham nos vários projetos.

mas operacionais que lhes dê capacidade plena de emprego, muitas vezes, até, a capacidade de emprego fica muito limitada a um escalão que apenas simboliza tal emprego. Ressente-se, especialmente, de capacidade 'logística', de 'apoio de fogo' e de 'comando e controle'. Enquanto isso, somente no Estado do RS, há 3 Brigadas super completas em efetivo e OM de Cavalaria Mecanizada, 1 Brigada Blindada (a mais potente do EB, em Santa Maria) e 1 Brigada de Infantaria (Pelotas), totalizando 5. Se contar também os estados de SC e PR, há mais 3 Brigadas, sendo uma delas Blindada. Ou seja, na região sul, há 8 Brigadas e quase 40% do efetivo do EB, sem contar os comandos de Artilharia (AD/3, de Cruz Alta e demais apoios) e demais sistemas. Agora, me explica, como é que isso entra na prioridade do SISFRON? Ainda mais se considerarmos que as possibilidades de conflito entre os países do cone sul, especialmente Uruguai e Argentina, são reduzidíssimas... Só diante do Uruguai (na linha de fronteira), temos 3 Brigadas de Cavalaria Mecanizadas, ocupando quase todas as cidades da fronteira com um país de população menor que a cidade da Grande Porto Alegre..." (comunicação pessoal, agosto de 2019).

O que temos aqui, então, para resumir essa história? Villas Bôas projetou um desenho que produziu as seguintes transformações: 1) incorporação de doutrinas do "terreno humano" como centro de previsão das novas ameaças, com mobilização direta de material e expertise vinda dos EUA. Vale lembrar que isto já estava acontecendo como balão de ensaio no Haiti, onde os militares assimilaram todo aquele material sobre *MOUT* e guerra não-convencional/híbrida; Aqui, minha hipótese é que Heleno vislumbrou este cenário e esta foi uma operação combinada com Villas Bôas; 2) captação de recursos que foram convertidos em melhoras internas; 3) intensificação do contato com parlamentares e designação de pessoal para estabelecer ligação e pontes com o mundo político. Não me surpreenderia aqui se achássemos Bolsonaro e Onyx Lorenzoni envolvidos nos lobbies pró-SISFRON, e assim começou-se uma costura mais efetiva da organicidade do consórcio bolsonarista (manterei isto como um ponto de interrogação); 4) intensificação do contato com empresários e membros de elites financeiras; 5) intensificação do contato com membros da Polícia Federal, Procuradores e Juízes, para projetar e realizar ações combinadas; 6) uso do contingenciamento de verbas para fomentar uma postura anti-governo (Dilma); 7) finalmente, o que me parece mais importante, foi a criação de vários meios de comunicação no campo jurídico para viabilizar toda aquela série de leis que amparam as ações GLOs – e estou pensando aqui sobretudo na caneta do Ex-Ministro da Justiça José Eduardo Cardozo e da própria Presidenta Dilma Rousseff, que agiram sem ter a menor noção do que se passava nas filigranas militares. Ou, se tinham, havia algo de muito errado ali. Como veremos no Capítulo seguinte, tudo isso posto na mesa abriu as portas para que a partir de dado momento se disparasse um processo envolvendo mais gente, e deixando às claras que os militares precisavam entrar em ação pois o Brasil estaria sendo alvo de uma "guerra híbrida". E, coloquei entre aspas aqui de propósito, pois tudo se passa como se tratássemos de um processo de identificação projetiva, uma espécie de *gaslighting* ou *false flag*.

Note-se que é justamente no âmbito de uma política nacional de combate ao crime organizado e ao terrorismo, que eram o objeto propriamente dito do PROFORÇA/SISFRON, que Dilma vai assinar uma série de leis e políticas: compra do sistema Guardião para a Procuradoria Geral da República (instituição daquilo que chamam "Abinzinha da PGR"); liberação das prisões preventivas (Lei nº 12403/2011 com a nova redação do Código de Processo Penal); Lei das Organizações Criminosas (nº 12850/2013, que inclusive libera as delações premiadas); e, finalmente, a Lei Antiterrorismo (nº 13260/2016). A estas alturas, estamos então assistindo mais que a formação de um projeto: estamos também vendo Dilma assinar os meios que vão possibilitar o passo que faltava para a "equação" dos militares que falavam pouco tempo antes, por ocasião da Comissão da Verdade: "O PT é uma organização criminosa que visa desestabilizar as Forças Armadas e com isso causar a divisão e o caos no País". Dilma, enfim, caiu em dissonância cognitiva e o ciclo OODA dela passou a operar em função dos interesses do consórcio militar. E assim nossa dupla, *bad cop/good cop* fabricou a janela de oportunidade para algo maior,[47] que começaria a vir a partir do protoplasma que foi plantado em Bolsonaro.

---

47 Para ambos inclusive, que agora são, respectivamente, os "Números 1 e 2" do poderoso GSI.

Conclusão: Blitzkrieg

Da Turquia, em 22 de junho de 2013, o Presidente Erdogan teria dito: "O mesmo jogo está sendo jogado no Brasil. Os símbolos são os mesmos, Twitter, Facebook, são os mesmos, a mídia internacional é a mesma. Os protestos estão sendo levados ao mesmo centro. (...) Eles estão fazendo o máximo possível para conseguir no Brasil o que não conseguiram aqui. É o mesmo jogo, a mesma armadilha, o mesmo objetivo".[1] Em 19 de agosto de 2015, após um alerta de Vladimir Putin a Dilma sobre a escalada de uma revolução colorida no Brasil, o Pravda publicou a seguinte matéria, que foi traduzida para o português e divulgada nos meios petistas:

"Passo 1: Intoxicar a opinião pública com desvantagens, reais ou imaginadas, usando a mídia-empresa, enfatizando dificuldades que há em todo o mundo capitalista, como se fossem 'exclusividade' de cada país atacado. A mídia-empresa trabalha para promover o descontentamento, enfatizando dificuldades como déficit, crimes, sistema monetário instável, governos 'sem capacidade para governar' e, claro, uma corrupção que só existiria, 'em tal nível', em cada um dos países que esteja sendo atacado. [No Brasil, a coisa já tem até nome – 'Complexo de Vira-lata'. Quer dizer: aqui já fomos completamente convencidos de que somos nós, os brasileiros pobres, os culpados pelas desgraças que nos afligem (NTs)]./ Passo 2: Demonizar autoridades eleitas, mediante a manipulação de preconceitos, dizendo, por exemplo que todos os brasileiros (russos, chineses; mas nunca, nunca, todos os norte-a-

---

[1] https://operamundi.uol.com.br/politica-e-economia/29582/erdogan-brasil-e-turquia--sao-alvo-de-conspiracao-internacional .

mericanos; ou demonizando todos os pobres; mas nunca, nunca, todos os ricos); mediante 'atos públicos' para defender (i) a liberdade de expressão (que as elites sempre consideram que estaria ameaçadíssima em governos legitimamente democráticos); (ii) direitos humanos e liberdades civis; (iii) contra a 'ditadura' de governo popular democraticamente eleito (que as elites sempre consideram 'autoritário'); e, em geral, reescrevendo a história a favor das forças que anseiam por voltar ao poder./ Passo 3: Trabalho nas ruas. Canalizar conflitos, promovendo a mobilização de qualquer oposição; desenvolver plataformas de combate que englobem todas as demandas políticas e sociais, 'unificar' todos os tipos de protestos, jogar habilmente com erros e dificuldades do estado/governo; organizar manifestações que impeçam a ação das instituições do estado; capturar as instituições do estado, para forçar a radicalização dos confrontos./ Passo 4: Combinar diferentes formas de luta: organizar piquetes e capturar simbolicamente as instituições do estado; guerra psicológica conduzida pela mídia-empresa, com promoção de confrontos com a polícia, para criar a impressão de que o governo nada controla, desmoralizar o governo legítimo e suas agências de serviços policiais./ Passo 5: Encenar um golpe institucional, movido a protestos de rua, sempre 'exigindo' a renúncia do(a) presidente(a)./ Em que estágio está a revolução colorida em andamento no Brasil hoje? Cabe ao leitor decidir".[2]

Em junho de 2017, o ex-Prefeito de São Paulo, Fernando Haddad, publicou em um artigo na Revista Piauí o seguinte trecho: "Durante os protestos de 2013 no Brasil, a percepção de alguns estudiosos da rede social já era de que as ações virtuais poderiam estar sendo patrocinadas. Não se falava ainda da Cambridge Analytica, empresa que, segundo relatos, atuou na eleição de Donald Trump, na votação do Brexit, entre outras, usando sofisticados modelos de data mining e data analysis. Mas já naquela ocasião vi um estudo gráfico mostrando uma série de nós na teia de comunicação virtual, representativos de centros nervosos emissores de convocações para os atos. O que se percebia era uma movimentação na rede social com um padrão e um alcance que por geração espontânea dificilmente teria tido o

---

[2] http://port.pravda.ru/news/cplp/19-08-2015/39293-revolucao_colorida_brasil-0/

êxito obtido. Bem mais tarde, eu soube que Putin e Erdogan haviam telefonado pessoalmente para Dilma e Lula com o propósito de alertá-los sobre essa possibilidade. (...). Tenho para mim que o impeachment de Dilma não ocorreria não fossem as Jornadas de Junho."[3]

Houve alertas e pelo menos Haddad, que foi o candidato à Presidência da República pelo PT em 2018 atesta que viu algo "na ocasião". Não é minha intenção aqui explicar o imobilismo do Governo petista em relação a 2013; ou sequer se de fato *foi 2013*, como diz Haddad. Há consequências em dizer isso, e a primeira delas é atestar que – mesmo manipulado – houve um levante popular, e que os atores do topo somente aproveitaram o clamor das ruas. Há uma notável convergência quando "golpistas" e Haddad (pelo menos) aceitam a mesma tese, com a divergência apenas assentada no fato de que o segundo traz uma suspeita que muita gente tem, mas ainda não encontrou um tribunal eficiente para julgá-la. Fazemos isso o tempo inteiro: há trabalhos acadêmicos e não-acadêmicos que mostram claramente como se produziu toda a semântica das ruas nos protestos (Solano e Rocha, 2019; Pinheiro-Machado e Freixo, 2019; ver também o excelente blog "cinegnose", de Wilson Ferreira, e o site Duplo Expresso, de Romulus Maya). Chegamos até a dados incríveis, como a heterogeneidade dos grupos que acabaram compondo toda a rede conservadora que levou Bolsonaro à Presidência (Kalil, 2018). Isabela Kalil identificou pelo menos 16 grupos diferentes. Em nenhum deles o discurso de Bolsonaro se encaixa 100%, porém todos, de alguma forma, "editam" o material para operar a seu propósito. Como ela mesma me disse (comunicação pessoal, 2019), é um processo de *"dissonância cognitiva e viés de informação"*. Já sabemos que é disso que trata uma Opsi, afinal. Ninguém aqui está dizendo que não houve "rua". Nem que não houve manipulação. Os processos que produziram as interações entre Bolsonaro e os bolsonaristas são complexos e se realizam em várias camadas; dependem de manipulação de significantes vazios para conseguirem emplacar versões da realidade (Laclau, 2013; Solano, 2019). Em um texto (*draft*) de Letícia Cesarino vi algo que surpreendentemente

---

3   https://piaui.folha.uol.com.br/materia/vivi-na-pele-o-que-aprendi-nos-livros/

vai de encontro aos argumentos centrais que estou tentando desenvolver aqui. Já em relação ao ápice do processo que chamo de guerra híbrida, ela percebeu como a polaridade (agora consolidada) entre Bolsonaro e Haddad (o PT) já estava totalmente presa a um circuito de feedback em processo de cismogênese: "Aquele que foi definido pelo líder como seu antagonista – posição estrutural ancorada na figura do candidato Fernando Haddad mas, como veremos, também fractalizada enquanto PT, comunismo, militância, resistência, globalismo... – participou do mecanismo populista enquanto exterioridade (ou, nos termos de Luhmann, enquanto ambiente ou entorno). Como mencionado, essa exterioridade só entra no sistema mediante sua redução ao código binário amigo-inimigo responsável pela própria existência do sistema líder-povo enquanto tal. Esta era, porém, uma exterioridade ativa, no sentido de que suas reações ao mecanismo populista tendiam a alimentar um tipo de relação que poderíamos entender nos termos da cismogênese de Gregory Bateson. O sistema líder-povo construído dependeu desde o início do inimigo para se formar e se manter enquanto tal, e as reações simétricas do inimigo às ações da liderança populista geraram um escalamento progressivo da divisão entre os dois pólos que foi altamente oportuna para transformar o candidato do PSL de um deputado alegórico e inexpressivo a um novo salvador da pátria (e, às vezes, do mundo). (...) O aspecto simétrico da relação amigo-inimigo é central pois, como se verá, parte da eficácia do mecanismo populista advém da canibalização e inversão dos enunciados e discursos do oponente (o que era definido emicamente como 'jogar o feitiço contra o feiticeiro'). A relação puramente cismogênica entre o sistema líder-povo e seu oponente (a quem vê como o inimigo) toma portanto o lugar de uma relação de feedback positivo entre sistema e entorno através do qual o eleitorado poderia aprender e mudar através da interação com informações vindas do jornalismo profissional, dos especialistas ou de agentes internacionais, por exemplo. Em outras palavras, a cismogênese simétrica entre bolsonaristas e esquerdistas (para a qual esses últimos contribuem ativamente) impede a inovação e o aprendizado, e mantém o eleitorado preso em um ciclo progressivo de feedback negativo auto-referencial onde cada um apenas reforça os códigos através do qual seu próprio sistema (ou bolha) opera, aprofundando assim a divisão e a incomensurabilidade entre os dois lados. Enquanto o modelo do feedback positivo entre sistema e entorno refletiria uma esfera pública democrática ideal, o modelo cismogênico de feedback negativo auto-referencial lembra a dinâmica de uma seita fundamentalista" (Cesarino, 2018, p. 14-15).

Evidentemente não vou contestar o fato de que sem isso provavelmente nada teria acontecido. Ou melhor, talvez tivesse acontecido um golpe, tal como foi nos moldes de 1964, como naquela bela descrição de José Murilo de Carvalho (2005): os tanques foram às ruas, e não houve reação. Hoje vimos que os tanques não foram às ruas, e temos que modular o que seria essa reação: tenho a impressão que ela foi justamente esta descrita por Cesarino, "cismogênese simétrica", retroalimentação de cada lado e profusão de discursos em modo "double bind". Vemos isso operar no dia-a-dia: do #elenão às "mulheres às armas!"; do "identitarismo" à "Amazônia é nossa!"; agora, com Greenwald e as denúncias do Intercept, quanto mais vemos as armações dos procuradores, mais os bolsonaristas têm certeza que eles agiram "pelo bem", como Mel Gibson agiria em "Máquina Mortífera", fazendo *qualquer coisa* para colocar os bandidos na cadeia (ou eliminá-los mesmo).[4] Vivemos este inferno, quanto mais percebemos absurdos que foram e estão sendo feitos, mais a base convertida intensifica sua ligação com o consórcio bolsonarista.

Mas, como estamos vendo também, está difícil definir exatamente o que é este "consórcio". "Grupo dos olavistas"; "grupo do Clã Bolsonaro"; "Paulo Guedes"; "Conservadores dos Costumes"; "Militares". Há uma quantidade enorme de analistas na imprensa fazendo um xadrez com essas

---

[4] Série de reportagens feitas pelo veículo (de origem norte-americana) The Intercept, batizadas de "Vaza-Jato", onde supostamente ocorre um vazamento de mensagens entre procuradores da Lava-Jato e o juiz Sérgio Moro. No entanto, o conteúdo das mensagens até agora só produziu efeitos de reforço nos setores mais convertidos: quem suspeitava que a Lava-Jato era uma armação, reforçou suas suspeitas; quem achava a Lava-Jato uma ação de heroísmo, ficou mais convicto ainda que seus membros são capazes de *tudo* para acabar com a corrupção. Esta limitação dissonante nos leva à ideia de que esta foi uma operação do tipo "limited hangout" (cf. nota 16 cap. 3). Para se entender de modo completo esta associação do Intercept a uma operação de "limited hangout", ver https://duploexpresso.com/?p=106203.

peças. O lado mais contundente tem afirmado que Bolsonaro não dura: primeiro foi "100 dias"; depois maio; depois junho; depois "180 dias"; nove meses. Nesse ponto, eu e Romulus Maya temos insistido: a coisa é feita para ser assim. O *Governo da Guerra Híbrida* é o da contradição fabricada, da dissonância cognitiva e do viés de confirmação, da guerra psicológica de espectro total. É isso que mantém todo mundo "paralisado": não há greve, não há "2013 redux". Nosso OODA foi, definitivamente, infiltrado. Como tenho argumentado – e não só aqui –, esta operação começou há tempos, mas, creio, ela somente ocorreu *como ofensiva* a partir do Governo Temer. Não estou dizendo que a Lava-Jato e o impeachment não foram parte deste processo: pelo contrário, eles foram os executores ordinários de tomada do Estado. A Lava-Jato e o Impeachment celebraram um "novo Estado" e a derrota "pacífica" do velho. Em junho de 2017 Dilma disse: "Eu não acho que as Forças Armadas do Brasil, hoje, tenham mancomunado com o golpe. Não acho que isso foi relevante. As Forças Armadas têm mantido uma posição democrática. Você não pode confundir com as pessoas que apoiam esse governo. O ministro que está aí está assumindo um cargo político. Agora, enquanto Forças Armadas, eu não vi nenhum ato de golpe militar no Brasil".[5] Depois disso o que veio é a teoria do *Lebensraum*, espaço vital, guerra total, guerra absoluta, guerra híbrida em sua fase superior.

Para que tudo isso ocorresse, gostaria de retomar o que disse em capítulos anteriores de forma esquemática. A operação militar realizada envolveu três elementos conectados:

1: a camuflagem. Ninguém percebeu que havia militares agindo no sentido de provocar um conjunto de dissonâncias. Primeiramente esta ação ocorreu no interior das próprias Forças Armadas, depois foi sincronizada com outros poderes, especialmente o Judiciário; finalmente adentrou a população, camuflada no interior da campanha eleitoral.

---

5 Em uma entrevista a Valter Pomar e Marcos Piccin: https://www.jornaldonassif.com.br/page/noticia/entrevista-exclusiva-dilma-rousseff-sem-censura-ou-quase-por-pagina--13-pt-parte-2- .

2: a abordagem indireta. Tal qual a *estratégia da abordagem indireta*, os militares "operaram" através de outros agentes na sociedade, que vão desde movimentos populares até o chamado mercado, mas também, e principalmente, a Justiça. É preciso ter este ponto bem ressaltado: a partir do momento em que uma guerra híbrida começa, uma série de agentes atua sem que se tenha uma ligação direta com o centro decisório. A guerra híbrida funciona como um dispositivo que aciona comportamentos, como a cismogênese. Esta, em sua forma simétrica aciona uma *escalada horizontal* do conflito:[6] aumenta seu espectro, envolve cada vez mais pessoas e grupos. Assim, toda estratégia se baseou na ideia de que as fraturas eram produzidas pelo "outro lado" e por "inversões" de papéis, o que em denominação militar são as operações de *false flag*, e este padrão se disseminou por vários agentes sociais.

3: a criptografia. Foram disparadas tantas bombas semióticas que se perderam duas noções muito importantes no processo político: a percepção de quem é aliado e quem é inimigo; e as noções de tempo e espaço: não se tem a ideia de quando os processos foram disparados, eles não coincidem com os eventos; não se sabe o que é o front e o que é a retaguarda, todo o conflito está descentralizado.

Estes três elementos estão imbricados, e de uma forma ou de outra sempre operam conjuntamente. Considerando isto, tentei elaborar um esquema de como foi o passo-a-passo do avanço da guerra híbrida entre e pelos militares. Vejamos, seguindo o que se passou após a abertura dos quartéis à política, descrita acima, como os três elementos acima foram alavancados até o presente momento.

---

6   Aqui uso esta noção de forma diferente (mas talvez complementar) da do jargão militar, em que a "escalada horizontal" é o processo pelo qual os conflitos são intensificados por meio da expansão geográfica com raciocínio, incluindo componentes diplomáticos, econômicos, informativos e militares. Isso inclui também a intervenção internacional, bem como a ampliação geográfica das operações de combate. A escalação horizontal é um contraste direto com a escalada vertical, que emprega tipos de armas não usadas anteriormente no conflito. Esse tipo de escalação também permite atacar novos tipos de alvos, a fim de ter uma vantagem sobre o outro combatente. Ao primeiro tipo podemos então supor "aumento do horizonte de envolvimento" – mais grupos, mais pessoas. Ao segundo tipo podemos supor "aumento da intensidade da diferença".

a) Preparação para as Eleições

Como mostramos ao longo deste texto, uma costura com o Alto-Comando franqueia o acesso de Bolsonaro aos quartéis a partir de 2014. O Exército assume para dentro que está em campanha política. O General Enzo Peri sai e Villas Bôas entra para o comando do Exército. Neste momento, Bolsonaro começa sua campanha nos quartéis, e a brecha se abre igualmente às Polícias Militares de todo o Brasil, que seguem o exemplo das Forças Armadas. Ao mesmo tempo que uma campanha oposicionista por parte de Bolsonaro é impulsionada em certos lugares estratégicos entre militares, Villas Bôas e o Alto-Comando emitem sinais que são "legalistas" e garantem que o Exército é "apolítico".[7] Os generais aparecem como moderados no topo, enquanto a base é incensada por Bolsonaro.

Talvez uma das maiores explicitações deste movimento tenha sido o "atrito" entre o comando e o General Mourão, quando ele ainda estava na ativa. Em 2016 ele começa a incensar a tropa – replicando o movimento de Bolsonaro nos anos 1980, Heleno e Maynard nos anos 2000 e outros, inclusive repetindo os mesmos discursos, que parecem programados. Isto continua em 2017 e 2018, já sob o Governo Temer (que, como veremos, não mudou a rota dos militares, demonstrando que o problema não era só "tirar o PT"), com Mourão aumentando o tom ao falar de "intervenção militar", como fica claro na sua despedida da ativa, no começo de 2018: "Com direito a uma cerimônia anunciada nas redes sociais pelo pré-candidato a presidente e deputado federal Jair Bolsonaro (PSC-RJ), o general do Exército Antonio Hamilton Martins Mourão se despediu nesta quarta-feira do quadro da ativa das Forças Armadas. Em setembro do ano passado, o oficial foi criticado pelos próprios colegas após fazer um discurso em que

---

[7] Por exemplo: durante uma visita em Mato Grosso, diante de manifestações pedindo intervenção militar, ele teria dito: "Não é papel das Forças Armadas fiscalizar o governo, derrubar o governo ou interferir na vida política do país". Ver https://www.ocafezinho.com/2015/05/15/exercito-alerta-golpistas-dilma-e-a-comandante-em-chefe/

falava da possibilidade de intervenção militar diante da crise das instituições no país./ '*Os Poderes terão que buscar uma solução, se não conseguirem, chegará a hora em que teremos que impor uma solução... e essa imposição não será fácil, ela trará problemas*', afirmou à época./ A atitude de Mourão pode sinalizar uma participação do general em uma futura chapa de Bolsonaro. A assessoria de imprensa do Comando do Exército informou que Mourão 'solicitou sua transferência para a reserva remunerada, uma vez que atendeu os requisitos previstos no Estatuto dos Militares (Lei n° 6.880), passando para a situação de agregado (deixando de ocupar vaga na escala hierárquica de seu quadro)'. A cerimônia aconteceu no 8° Grupo de Artilharia de Campanha Paraquedista, no Rio de Janeiro, onde o militar serviu. Também houve um coquetel em homenagem ao oficial".[8]

Ao longo de 2017 Villas Bôas dá várias entrevistas em que reafirma a fidelidade à constituição e o papel exclusivamente militar do Exército. Em dado momento, após outro discurso de Mourão, Villas Bôas, em primeiro lugar o transfere do Comando do Sul para um cargo burocrático em Brasília, para pouco depois vir a exoneração, como colocado acima, em 2018. Foi um jogo de cena, em que a posição do "General de tropa" vai numa direção e o Alto-Comando vai em outra. Note-se que formalmente, até a exoneração, como vimos no Capítulo 3, não houve constrangimentos em colocá-lo lado a lado com Bolsonaro e no mesmo degrau de palanque que os comandantes na AMAN. O que está mais claro hoje é que o estremecimento entre eles parece ter sido superficial; agora estão bem juntos no governo.

Este é um ponto importante, pois este tipo de cisão artificial colabora para a crença de que há uma notável divergência entre Bolsonaro e Mourão, ou entre Bolsonaro e militares. "Ala ideológica" versus "ala militar", por exemplo, é um desses equívocos desdobrados de uma fórmula. Volto a reiterar: se isso é o que estou pensando, baseado nos manuais de guerra híbrida, trata-se de uma contradição fabricada. Todo intuito é deixar Bolsonaro numa posição que permita aos militares (com Mourão na posição

---

[8] Defesanet (replicando matéria do Intercept): http://www.defesanet.com.br/ghbr/noticia/28335/Gen-Mourao-se-despede-do-quadro-da-ativa/ .

de "Vice") blindados – e isso foi um movimento tanto na campanha quanto é no Governo. Eles têm o bônus e dificilmente ficam com o ônus – inclusive quando os militares que estão no Governo tentam se "dissociar" da instituição militar. Para isto funcionar, houve, primeiramente, uma etapa em que o Comandante, com anuência do Alto-Comando, permitiu a produção de um discurso dissonante no interior do Exército. Os próprios militares ouviram o tempo inteiro que as Forças Armadas são instituição de Estado, e não de Governo, ao mesmo tempo em que eram abertas e expostas à campanha eleitoral. A dissonância cognitiva começou a operar, portanto, dentro da caserna. Do "lado de fora" foi evidente o acionamento de familiares de militares para fomentar os grupos adeptos da "intervenção militar", que atuavam como célula avançada nas ruas. O objetivo, se seguirmos os protocolos "Opsi", é deixar o rastro subliminar de que os militares estão dentro do jogo.

Mesmo assim, enquanto Bolsonaro e Mourão mandam recados para a base, na alta oficialidade as coisas se passam de outra maneira. Aqui começa a se abastecer a plataforma que alimenta o OODA Loop da cadeia de comando, a partir de cima. É preciso recuar um pouco e ver um movimento que começou muito próximo a Villas Bôas, com oficiais que são da mesma região dele e de Mourão, o Rio Grande do Sul. Trata-se do papel decisivo do General Sérgio Etchegoyen. Entre 2006 e 2009 ele comandou a ECEME, um lugar estratégico para se testar e disseminar ideias e teorias dentro do Exército. Aparentemente Etchegoyen possuía uma relação estreita com o General Pinto e Silva, que mais tarde viria a ser aquele que justamente mais produz material sobre a guerra híbrida.[9] Ainda em 2007, na ECEME (sob o comando de Etchegoyen), Pinto e Silva faz palestra e assina artigo, que

---

9 Segundo um comentário (alias: "Aurélio Júnior") que vi em um fórum de discussão sobre Etchegoyen no GGN, "Um dado relativamente importante sobre o Gen. (R1) Pinto Silva, que cabe reflexão, é referente a proximidade dele com o atual Chefe do GSI (General Sérgio Etchegoyen), pois quando Pinto Silva era CMO (Comando Militar Oeste) em 2005, nomeou Etchegoyen para o comando da 4ª Brigada Cavalaria Mecanizada em Dourados, e depois quando saiu para assumir o CMS (Comando Militar Sul), Etchgoyen foi para o RJ (ECEME), depois para o Ministério da Defesa (BSB), sempre em contato com Pinto Silva, tanto que quando assumiu o Comando da 3ª Divisão de Exército (Santa Maria - RS)

depois vai ser amplamente reproduzido,[10] chamado de "Guerra Assimétrica: adaptação para o êxito militar" (Pinto e Silva, 2007). Como ele diz no próprio artigo, em uma nota ao final, este artigo foi um extrato adaptado para publicação de três outros textos: "Guerra assimétrica: adaptação para o êxito militar"; "As Gerações da Guerra"; e "Conflitos Assimétricos: 'Estado débil' e 'Estado falido'" (Idem, p. 102). Em um dos "drafts" de um destes *papers* (que foi uma apresentação em Brasília), que na época parou em minhas mãos, ele diz: "A convicção moral e a eficiência militar convencional sozinhas não nos permitirão compreender e combater a ameaça que ataca a sociedade e as suas estruturas operacionais. Portanto, é essencial uma definição diferente de nível de adestramento e unidades com pessoal treinado e equipado para adaptação a novas tarefas operacionais inopinadas. Derrotar estas novas ameaças exige a adequação de nossos sistemas decisórios para operações e a reorganização de nossas estruturas para as necessidades da Inteligência (obtenção e consolidação). Requer equipes híbridas de pensadores, cientistas e profissionais militares escolhidos, trabalhando juntos sob pressão. Depende de combinar a atuação das diversas agências de inteligência, com acesso ao ambiente operacional, considerando isto como assunto de interesse nacional" (Pinto e Silva, 2007, p. 99). Mais à frente, ele diz que é essencial potencializar as Forças com "inteligência cultural", e entra em todos os jargões do Human Terrain.

Cabe um parêntese aqui. Essas doutrinas do "terreno humano" começaram a entrar por vários poros no Exército ao mesmo tempo, portanto não é algo restrito a uma pessoa. Ao mesmo tempo que Pinto e Silva, começamos a ver outras publicações que tratam do mesmo assunto. Um dos maiores especialistas no Exército, o General Álvaro de Souza Pinheiro diz que "o conhecimento cultural tornou-se impositivo porque é, atualmente, um poderoso multiplicador de forças. Significa muito mais que o mero domínio

---

em 2011, Pinto Silva já na reserva compareceu à posse". (https://jornalggn.com.br/coluna-economica/o-xadrez-das-vivandeiras-dos-quarteis/).

10 Literalmente reproduzido por outros autores. Quando analisei monografias de final de curso da ECEME produzidas entre 1980 e 1995 encontrei várias idênticas (Leirner, 1997). Depois vi que isso se deve ao tal mnemonismo militar, conforme discuti no Capítulo 1.

de línguas. Consubstancia-se no conhecimento histórico, costumes sociais e religiosos, valores e tradições. Não raro, esse conhecimento se torna mais importante que o conhecimento fisiográfico do terreno. A empatia transformou-se numa poderosa arma. Soldados são, na atualidade, impositivamente, adestrados na obtenção do apoio da população o que, consequentemente, resultará na obtenção de inteligência humana, imprescindível para a campanha" (Pinheiro, 2007). Este General é considerado uma espécie de "padrinho" ou "guru" das Forças Especiais no Brasil, que englobam em sua estrutura o Batalhão de Operações Psicológicas, hoje sediado em Goiânia. Cabe apenas lembrar que o General Pinheiro foi depoente na CNV, numa sessão considerada "histórica" pelos seus pares, pois ele teria "humilhado" as pessoas que o questionavam. Ele foi um jovem combatente no conflito do Araguaia, foi ferido em combate, e projetou-se a partir daí. Não é demais supor que aqui há uma socialidade onde treinamentos, doutrinas, enfim, visões de mundo comecem a se fechar.

Já no começo da década de 2010 o *Terreno Humano* passa a ganhar peso nos currículos do Exército Brasileiro. Segundo o Titular da Cadeira de Sociologia da AMAN, "em similaridade com o conceito de 'guerra no meio do povo', o Estado-Maior do Exército (EME) faz menção ao 'terreno humano' quando define o campo de batalha contemporâneo mais urbano que rural, com menor incidência de conflitos bélicos entre Estados organizados, sob os olhares da mídia instantânea, repleto de novos instrumentos e vetores de combate – como os cibernéticos – e, destaque-se, a desafiadora e crescente dificuldade de se identificar o oponente. A prevalência desse terreno humano conclama as 'considerações civis' para o novo status de mandatárias no rol dos fatores de decisão do comandante, já que a opinião pública passa a ser objetivo estratégico que deve ser conquistado em todos os níveis de planejamento. As considerações civis que antes eram consideradas apenas dentro do escopo do ambiente operacional e terreno, agora sobem de nível e ombreiam com os fatores de decisão Missão, Terreno e Condições Meteorológicas, Inimigo, Meios e Tempo" (Miranda, 2016, p. 4). E, prosseguindo, "para garantirmos melhor atuação no terreno humano diante de culturas diferentes devemos preparar nossos oficiais para galgarem estágios dos mais simples aspectos da inteligência cultural, que passa pela reprogramação mental voltada para a atenção constante na busca de indícios culturais, evoluindo para a aquisição de conhecimentos culturais diversificados (língua, costumes, religião, história, filosofia...) que já servirão para promover um nível aceitável de confiança diante das situações que se apresentarem. *Para alcançar o estágio mais elevado de inteligência cultural é preciso desenvolver também habilidades comportamentais que possibilitem a pró-atividade onde os indícios culturais são previamente percebidos antes das demais pessoas, premiando o decisor com uma vantagem valiosa que o colocará a frente no posicionamento* comportamental mais adequado para cada situação de interação com pessoas e grupos que se apresentarem no ambiente operacional" (idem, p. 7; grifos meus).

Segundo o artigo citado acima, foi estabelecida uma instrução do Estado-Maior do Exército, de 2012, que indica que o *Terreno Humano* ganhou importância. O que é relevante para o argumento aqui esboçado é o fato de que uma vez que este tipo de teoria/doutrina/ideologia se consolida e é plasmado à cadeia de comando, se tornando parte do C3I, é preciso saber qual conteúdo vai se encaixar nas "potenciais ameaças híbridas" a que estamos sujeitos. E é aqui que voltamos aos textos de Pinto e Silva, pois, segundo me disse um oficial, ele se consagrou como referência sobre guerra híbrida nas Forças Armadas. Uma parte dos seus artigos pode ser lida no site defesanet.com.br, que tem um papel bastante interessante na divulgação do que este grupo de generais põe como diretriz. Mais do que simples divulgação, quando o assunto da guerra híbrida ainda estava engatinhando no Brasil, foi o defesanet que apareceu para falar algo a respeito, como podemos ver no artigo intitulado "Capacidades das Forças Armadas e as Atuais Ameaças".[11] De lá para cá o portal deu volume ao tema da guerra híbrida, que possui uma sessão dedicada à "Guerra Híbrida Brasil". O defesanet é de propriedade de um gaú-

---

11 http://www.defesanet.com.br/doutrina/noticia/21080/Gen-Pinto-Silva---Capacidades-das-Forcas-Armadas-e-as-Atuais-Ameacas/. Se o leitor assim o desejar, vai perceber que parte do artigo é uma cópia de outro, publicado em reportagem do espanhol El País (inclusive replicando um erro, que atribui a [o Coronel] Frank Hoffman o papel de jornalista) que está na bibliografia.

cho, Nelson During, e além de reproduzir conteúdos da grande mídia – e geralmente anexando a estes os "comentários do editor", que desde a eleição de Bolsonaro sintomaticamente vem acusando os maiores veículos de sabotagem como agentes da guerra híbrida –, produz artigos próprios assinados por militares e juristas que se especializaram no tema da guerra.[12] A seção de guerra híbrida tem textos mais programáticos como os de Pinto e Silva, mas há outras referências bastante importantes, como notícias produzidas pelo editor que reproduzem conteúdos e colocações de Villas Bôas, Heleno e Etchegoyen. Depois do advento do Governo Bolsonaro o número de militares que povoa o site aumentou bastante; mas não só, eis que de repente podemos também ver pessoas ligadas ao mundo do direito escrevendo sobre guerra híbrida, assimétrica, etc. Como mostramos (o núcleo dos "Amigos de Romulus") em um artigo que replica várias descobertas sobre o defesanet (https://duploexpresso.com/?p=82883), tudo aponta para o fato de que este portal serve de porta-voz para os bombardeios semióticos de um grupo de generais que ora estamos identificando como um consórcio que está no centro da guerra híbrida brasileira, tanto em termos teóricos como práticos.

É curioso que em 2017, por ocasião da publicização da doença que atingia Villas Bôas, o defesanet tenha publicado um artigo em que mencionava que Villas Bôas, o *good cop*, atuava para conter "intervencionistas": "Comando do Exército – Decisão Política, Pessoal e de Estado/ Cobertura especial: crise militar – terrestre/ 2/5/2017 DEFESANET. Após um período em que o assunto, saúde do Comandante do Exército, era mantido em nível discreto e pessoal passou a ser questão de Estado./ Nelson Düring/ Editor-chefe DEFESANET/ O General-de-Exército Eduardo Villas Bôas tem tido como Comandante do Exército Brasileiro batalhas épicas: manter a ordem institucional, blindar a tropa ao canto dos 'intervencionistas', brigar por verbas e por fim manter o Sistema de Proteção Social dos Militares das Forças Armadas da sanha da área econômica do governo e políticos./ Porém, trava

---

12 Em especial veja-se os artigos de Reis Friede, atual Presidente do TRF/2 (Rio de Janeiro), que mostram que ele possui ligações bastante estreitas com setores militares.

uma batalha pessoal, hora a hora, dia a dia, contra uma doença degenerativa, inexorável, que o atinge".

Mas de que "intervencionistas" ele fala? Para quem lê desavisadamente, parece que está tentando conter ímpetos daqueles que falam em "intervenção militar" e que estão nas ruas – com Bolsonaro. Porém, pouco tempo antes Villas Bôas havia dito, numa entrevista à Veja, que Dilma e "membros da esquerda" haviam sondado a possibilidade de decretação de um Estado de Defesa antes do impeachment:

"No período mais tumultuado pré-impeachment, falou-se que a presidente Dilma chegou a pedir um estudo sobre a possibilidade de decretar no Brasil o Estado de Defesa. O que isso tem de verdade?/ *Esse episódio realmente aconteceu. Mas eu acredito que não nesses termos. Nós temos uma assessoria parlamentar no Congresso que defende nossos interesses, nossos projetos. Esse nosso pessoal foi sondado por políticos de esquerda sobre como nós receberíamos uma decretação do estado de defesa./* Políticos do PT?/ *Não vou discriminar o partido. Mas isso nos alarmou. Percebemos que se poderia abrir a perspectiva de sermos empregados para conter as manifestações que ocorriam contra o governo./* E o que vocês fizeram?/ *Procurei o ministro da Defesa, Aldo Rebelo (PCdoB), o senador Ronaldo Caiado (DEM-GO) e o senador Aloysio Nunes (PSDB-SP). Isso de imediato provocou desmentidos, e o tema nunca mais foi tratado"* (respostas em itálico). Mais adiante, na mesma entrevista, ele assegura: "O surgimento de um líder populista neste momento é um risco?/ *Nitidamente, há um cansaço em relação ao politicamente correto. O perigo é surgir um líder falando determinadas coisas politicamente incorretíssimas, mas que correspondem ao inconformismo das pessoas. Tivemos Donald Trump nos Estados Unidos e temos alguns aqui no nosso país./* O Exército apoia o deputado Jair Bolsonaro em sua pré-candidatura à Presidência?/ Não. Nós não temos ligação institucional com o Bolsonaro. Ele é um ex-integrante das Forças Armadas, tem muita relação com o pessoal do círculo dele e todo o direito de se candidatar, mas quem vai julgá-lo é a população, por intermédio do voto" (respostas em itálico).[13]

É notável aqui que ele já tinha encampado completamente a estratégia de jogar o "intervencionismo" no colo do PT e ao mesmo tempo livrar Bolsonaro de cumplicidade com esta tese, bem como de sua nítida campanha dentro das Forças Armadas. Esta ideia de "intervenção petista", como vimos, começou com a CNV, passou pelo decreto de Jaques Wagner, intensificou com a extinção do GSI e, finalmente revelado *post factum*, veio à tona a história (que já era sabidamente contada nos corredores do *Forte Apache* – o QG do Exército em Brasília) que Dilma queria usar o Exército para reprimir manifestações: calar a "voz das ruas". Consolida-se, assim, a imagem do PT como de um braço bolivariano que pretendia instalar uma ditadura no Brasil. "Libertado" desta possibilidade, o consórcio militar pôde enfim colocar sua estratégia em andamento. Nas primeiras semanas pós-Impeachment, o então Vice-Presidente – ainda apenas em Exercício (provisório) da Presidência – publicou o Decreto nº 8.798, de 4 de julho de 2016, que restitui a delegação da competência para a edição de atos relativos à carreira militar aos Comandantes da Marinha, do Exército e da Aeronáutica. Isto é, desfaz o Decreto anterior. Depois disso, a recriação do GSI, e, finalmente, a condução que levou este órgão a ser hoje o "Ministério dos Ministérios" (voltarei a isto). Começou, assim, a fase de um novo projeto de aparelhamento do Estado, desta vez realizado por militares. É justamente a partir deste momento, com o controle total da inteligência, que os artigos plantados no defesanet dão as maiores pistas do que se estava propagando para os oficiais do Exército. A série de artigos é grande e repetitiva, e se vale de várias apresentações e seminários dos quais há participação de militares. Não vou reproduzir tudo aqui nas minúcias, mas penso que é essencial entender uma

---

13 https://veja.abril.com.br/brasil/exercito-foi-sondado-para-decretar-estado-de-defesa-diz-general/ . Recentemente (dezembro de 2019) essa história foi relembrada por Villas Bôas em uma entrevista ao jornal O Globo, e Dilma agora cobrou esclarecimentos do porque o militar não a teria procurado (nem ao Ministro da Defesa) então, sugerindo que ele havia assim "desrespeitado a hierarquia" (https://noticias.uol.com.br/colunas/josias-de-souza/2019/12/16/dilma-cobra-explicacoes-do-general-villas-boas.htm).

parte do argumento que se baseia (como disse introdutoriamente) em uma espécie de "inversão ontológica". Ela ocorre em dois planos:

1) no plano geopolítico trata-se da ideia de que o nosso sub-continente estaria vulnerável a uma guerra híbrida produzida pela Rússia, e atualizada a partir da Bolívia, Venezuela e replicada aqui pelos governos petistas.[14] Como contrapartida, frequentemente há a sugestão de que o Exército precisa armar suas defesas psicológicas. Trata-se, portanto, de armar uma predisposição que entra em sintonia com tudo aquilo que narramos acima, represado no eterno anticomunismo das Forças Armadas;

2) no plano local, tratou-se de "dar cor" ao problema apontado acima identificando o PT como força local de ataque híbrido. Na visão dele, o plano inicial de desmoralização das Forças Armadas (que deve ser visto como a tentativa da CNV) se desdobrou em ações coordenadas com "satélites", que agem exatamente como os mecanismos da guerra híbrida descrevem: abordagem indireta, terceirização, camuflagem. Basicamente isto ocorreria pelo acionamento petista de grupos minoritários (identitarismo), movimentos indígenas, Igreja,[15] ONGs e ONU! No artigo "Negros Horizontes para o Brasil" (de 10 de junho de 2017) há um resumo da ópera. A partir de uma leitura própria de Marx, Lenin, "especialistas das ciências humanas", teorias da guerra híbrida, chega-se à conclusão que estamos vivendo no campo interno a "Guerra em Rede, a Guerra Psicológica Midiática, e o Letal Terrorismo Urbano", e que "O Brasil vive uma inovação, com o emprego de atividades de Guerra Híbrida, para a tomada do Poder de forma violenta".[16]

---

14 http://www.defesanet.com.br/pensamento/noticia/20260/Guerra-Hibrida—E-a-guerra-de-Putin–Seria-a-guerra-do-Maduro–Seria-a-guerra-do-Evo-Morales-/.

15 Atente-se aqui para a recente acusação do General Heleno sobre as "ameaças" que a Igreja Católica representavam sobre nossa soberania na Amazônia: "Na avaliação da equipe de Bolsonaro, a Igreja Católica é uma tradicional aliada do Partido dos Trabalhadores (PT) e estaria, segundo investigações internas, se articulando para influenciar debates antes protagonizados pelo PT no interior do País e nas periferias". Fonte: Último Segundo (https://ultimosegundo.ig.com.br/politica/2019-02-10/igreja--catolica-governo-bolsonaro.html).

16 http://www.defesanet.com.br/ghbr/noticia/26069/GenEx-Pinto-Silva—Negros-Horizontes-para-o-Brasil/

A partir daí houve uma sucessão de artigos, no site e fora dele, que retomaram esses argumentos. Para além deles, começou-se a especular das ligações do PT com o Hizbollah na Tríplice Fronteira, com as FARCs (Fuerzas Armadas Revolucionárias de Colombia, guerrilha de inspiração marxista-leninista) e, como não poderia deixar de ser, com o PCC (Primeiro Comando da Capital, coletivo surgido nas penitenciárias paulistas que atua no mundo do crime [ver Biondi, 2010]).[17] Como observei numa conversa ainda em 2017, os artigos sbre guerra híbrida no Defesanet geralmente *"não têm o propósito de fazer uma discussão séria a partir dos autores que mobilizam, mas os utilizam sabendo muito bem que eles próprios têm um papel tático na criação da invenção de que estamos numa guerra híbrida. E espalham isso pelas academias militares, para a ESAO e ECEME, para o CPAEx: essas são as instituições de formação e os motores da promoção na carreira dos militares. De repente, a essas alturas, o clima 'lá dentro' deve ser de 'certeza'. É assim que a tese do 'inimigo interno' vai ganhando da tese do 'inimigo externo'. Esse é o dualismo fundamental nas FFAA; o segundo campo quase sempre foi minoritário"*.[18] Trata-se, em termos táticos, do disparo de uma série de informações que configura, a meu ver, uma típica operação de *false flag*.[19] Foi aí que percebi pela primeira vez que, *ao produzir a teoria da*

---

17 Não vou entrar nisso, mas me parece "premonitório" que estão produzindo os mecanismos de clandestinização do PT. Ver o artigo "EXCLUSIVO - PCC tomará o mesmo caminho das FARC, se tornará partido político e anistiado. E continuará traficando", de 17 de dezembro de 2017: (http://www.defesanet.com.br/pcc/noticia/27980/EXCLUSIVO---PCC-tomara-o-mesmo-caminho-das-FARC--se-tornara-partido-politico-e-anistiado-E-continuara-traficando/).

18 https://duploexpresso.com/?p=82883

19 Ver nota 25 da Introdução. No FM 2-22.3 (FM 34-52), Human Intelligence Collector Operations seção 8-69: "False Flag. (Interrogatório) O objetivo dessa técnica é convencer o detento de que indivíduos de um país que não os Estados Unidos o estão interrogando e induzir o detido a cooperar com as forças americanas. Por exemplo, usando um interrogador que fala com um sotaque específico, fazendo com que o detido acredite que ele está realmente conversando com representantes de um país diferente, como um país que é amigo do país ou organização do detido".

guerra híbrida que emplacou nas Forças Armadas, este coletivo de militares estava, ele sim, produzindo uma guerra híbrida.

O ponto mais claro é que tais artigos sugerem estas movimentações a partir de elementos detectados pela ABIN (Agência Brasileira de Inteligência, subordinada ao GSI), então sob comando de Etchegoyen. Neste sentido, talvez seja interessante pensar se fatos que ocorreram durante o Governo Temer não foram também produzidos no âmbito desta "guerra híbrida sobre a guerra híbrida" que estamos tratando (lembrando que a criptografia produz esses elementos em camadas, portanto não há nada fora do script aqui). Fico me perguntando como Etchegoyen não teria pistas através do sistema de informações do GSI sobre as negociações do Ministério Público Federal com a corporação JBS, e como Joesley Batista (o dono desta) teria entrado grampeado no Palácio do Jaburu e vazado o áudio dele com o Presidente Temer (em maio de 2017), gerando uma "crise" incontornável?[20] Evidentemente isto é só uma especulação, mas, afinal, a função do GSI é justamente assegurar a proteção do núcleo do executivo.

Depois disso ficou claro que Temer não teve mais força para nada. Sua popularidade despenca, a base no Congresso se desarticula, mas Temer está longe de cair. Quem sobrevive como "homem forte" do Governo? Justamente aquele que deveria ter zelado pela sua segurança. Vamos dizer que de fato Etchegoyen foi simplesmente omisso no caso JBS. Como então explicar sua permanência no cargo? Vamos dizer que nada disso seja proposital. Mesmo assim, o resultado foi o que mais interessou, todo o grupo que articulou diretamente o impeachment acabou neutralizado: Eduardo Cunha preso, Temer em ruínas, o PSDB pulverizado. E não é uma absoluta coincidência que, a partir deste momento, quando a esquerda já está colocada contra a parede pela Lava-Jato sob acusações de atuar como uma organização criminosa, e quando os atores políticos que produziram o impeachment também são atingidas pela mesma ladainha, que a "opção" "an-

---

20 O episódio gerou um escândalo de proporções gigantescas (https://oglobo.globo.com/brasil/dono-da-jbs-grava-temer-dando-aval-para-compra-de-silencio-de-cunha-21353935). Como todos sabemos hoje, depois disso o Governo Temer se manteve, mas com um porém, como veremos.

ti-sistema" comece a se alavancar? Em maio de 2017 Bolsonaro estava embolado no terceiro pelotão das pesquisas eleitorais; em dezembro ocupava a segunda posição, isolada, atrás de Lula. A equação era tão óbvia que nem precisou maiores malabarismos intelectuais para ser resolvida: a Lava-Jato acelerou seus processos e prendeu Lula. Já sem o menor problema em assumir que a Justiça está sob a mira de um tanque, Villas Bôas dá o sinal para quem quisesse ver no seu famoso "tuíte":

O Famoso "tuíte" de Villas Bôas/ Fonte: Twitter, General Villas Bôas

Posteriormente, em uma entrevista publicada na Folha de S. Paulo em 11 de novembro de 2018 (depois das eleições, portanto), ele colocou que *"eu reconheço que houve um episódio em que nós estivemos realmente no limite, que foi aquele tuíte da véspera da votação no Supremo da questão do Lula. Ali, nós conscientemente trabalhamos sabendo que estávamos no limite. Mas sentimos que a coisa poderia fugir ao nosso controle se eu não me expressasse. Porque outras pessoas, militares da reserva e civis identificados conosco, estavam se pronunciando de maneira mais enfática. Me lembro, a gente soltou [o post no Twitter] 20h20, no fim do Jornal Nacional, o William Bonner leu a nossa nota*".[21] Nada teria fugido do controle se durante os 4 anos anteriores não se tivesse deixado Bolsonaro fazer campanha dentro dos quarteis, como manda o regulamento militar. Mesmo assim, para que não se reste dúvidas, essa não foi a única vez que o Twitter serviu para demonstrar algo:

Sinergia com o TRF-4/ Fonte: Twitter, General Villas Bôas

Como se sabe, o TRF-4 é o Tribunal que está julgando Lula, e que atuou de forma mais rápida que a média no processo que o levou à prisão. Diga-se de passagem, o Exército reconheceu desde seu início que este processo era algo desejável, tanto que em abril de 2017 condecorou Moro na "Semana do Exército". Villas Bôas explicou:

"É uma mensagem de apoio à Operação Lava-Jato. Nós entendemos que a operação é necessária e queremos que ela ande com a maior celeridade possível. O critério dessa condecoração, que é a Ordem do Mérito

---

21 https://www1.folha.uol.com.br/poder/2018/11/bolsonaro-nao-e-volta-dos-militares-
-mas-ha-o-risco-de-politizacao-de-quarteis-diz- Villas Bôas.shtml .

Militar, é de brasileiros que tenham prestado serviços relevantes ao país ou ao Exército, e o juiz Sergio Moro é hoje um destaque".[22]

Ainda assim, julgo estes passos apenas manifestações que vimos sair das profundezas e chegar à superfície. Como vimos, em setembro de 2018, há menos de dois meses da eleição, o General Fernando Azevedo e Silva foi empossado como Assessor Especial de Dias Toffoli, então recém empossado Presidente do Supremo Tribunal Federal. Segundo reportagem da Folha de S. Paulo, "O nome do ex-chefe do Estado Maior, exonerado em julho, foi sugerido a Toffoli pelo general Eduardo Villas Bôas, comandante do Exército. (...) A revista Época revelou que Silva participou de um grupo formulador de propostas para a campanha de Jair Bolsonaro (PSL) e ofereceu almoço ao vice da chapa, general da reserva Antônio Hamilton Mourão. *Foi apenas uma reunião de "velhos camaradas"*, Silva disse à revista".[23] Hoje ele é o Ministro da Defesa do Governo Bolsonaro.

O caminho para a eleição estava assim pavimentado, somente seria preciso garantir a neutralização da concorrência, no campo da direita. Tenho a impressão que aí foi dado o maior passo de todos, em 2018. Em fevereiro daquele ano foi decretada uma intervenção Federal no Rio de Janeiro, com uma GLO, algo que podemos identificar como uma "operação em pinça", típica da Blitzkrieg (ver os slides de Boyd, no Capítulo 1). Vejamos a primeira "perna" da pinça. Quando estes processos são acionados no Brasil ficam decretadas suspensas quaisquer votações no Congresso que impliquem em emendas constitucionais. Ou seja, a reforma da previdência, que era uma bandeira de Temer, foi travada. Com a impossibilidade de executar qualquer reforma demandada pelo "mercado", toda a tensão passa para o jogo eleitoral. Foi neste exato momento, com o campo da direita neutralizado, que o capital começa a produzir uma associação entre a reforma da previdência e a candidatura de Bolsonaro, que aparece como a única

---

22 https://veja.abril.com.br/brasil/exercito-foi-sondado-para-decretar-estado-de-defesa-diz--general/ .

23 https://www1.folha.uol.com.br/poder/2018/10/nomeacao-de-general-por-toffoli-e-alvo--de-questionamentos.shtml

opção para derrotar o campo petista, mesmo com Haddad. Note-se como o tema da reforma da previdência cai entre os tópicos de notícias depois do caso JBS em 2017...

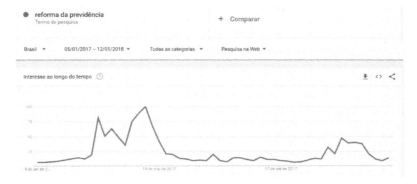

... E em 2018 ele volta com seu pico justamente nos dias entre o 1º e 2º turno das eleições:

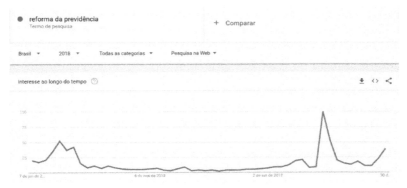

Incidência de "Reforma da Previdência" em notícias/ Fonte: Google Trends.

E qual a segunda "perna" da pinça? O Exército entra como "solução de ordem" no cenário da violência e "anomia" do Rio de Janeiro. Aqui se organizou mais uma Opsi, visando provocar um balão de ensaio junto à população sobre como o Exército é visto enquanto solução de ordem. Não se trata de "funcionar ou não" em relação aos índices de criminalidade – pois estes emergiram naquele contexto quase como puras abstrações –, mas sim de mapear sistematicamente a imagem, coleta de informações e propagação de contra-informações. Nesse sentido, foi sintomático o fato de que oficialmente o Exército "negou" o tempo inteiro sua "vontade" de realizar esta operação, dizendo que só a realizava porque tinha sido convocado para o sacrifício. Tudo isso foi feito realizando o contra-discurso de que os militares tem ética, valores e pureza necessários para resolver os problemas sociais. Em uma entrevista para O *Globo*, Villas Bôas disse que

"*a situação da segurança pública no Rio de Janeiro atingiu um patamar inaceitável e necessitava com celeridade de medidas mais contundentes. A nomeação de um cidadão brasileiro fardado para exercer a função de interventor foi revestida de um simbolismo, na medida em que evidenciou a confiança depositada nas Forças Armadas, baluarte dos valores éticos e morais tão importantes para a sociedade. (...) A frequência com que essas missões vêm ocorrendo é uma questão preocupante, tendo em vista o Exército ser vocacionado, por natureza, à defesa externa da nação. Uma solução exclusivamente militar não irá resolver essa questão. A experiência tem demonstrado que, após a saída das tropas, o crime organizado retorna às suas atividades e recupera o controle tácito local*".[24]

O que ele exatamente quis dizer? Acho que, em outras palavras, que isto deveria ir *além* do Exército. Que aquilo que acontecia ali demandava *mais*. E novamente vemos a repetição da história de que "o Exército não quer, essa não é nossa missão". Aqui há algo a acrescentar. O interventor nomeado foi o General Walter Braga Netto, e quando começamos a ver na filigrana seu papel percebemos que a operação no Rio de Janeiro foi essencial para consolidar a fase *blitzkrieg* da guerra híbrida: ataque relâmpago. Se, como disse Villas Bôas, o Exército "assume com ônus" a intervenção, foi notável que essa "contrariedade" se desdobrou em verbas e novas regras para a "ação militar". Segundo reportagem da Revista Piauí, "Na véspera do anúncio da intervenção federal na segurança pública do Rio de Janeiro, o general Walter Souza Braga Netto, chefe do Comando Militar do Leste, foi dormir contrariado. Naquela quinta-feira pós-carnavalesca, quando o então ministro da Defesa, Raul Jungmann, lhe apresentou a ideia, ele a rechaçou

---

24 https://oglobo.globo.com/rio/solucao-exclusivamente-militar-nao-vai-resolver-diz-general- Villas Bôas-22525870 .

de pronto (...). Ainda na sexta, acompanhado do comandante do Exército, general Eduardo Villas Bôas, Braga Netto rumou ao Palácio do Planalto. Em audiência com o presidente Michel Temer, os dois militares reivindicaram dinheiro para as operações e medidas adicionais ao decreto, com ênfase em dois pontos: o governo deveria solicitar à Justiça mandados coletivos de busca e apreensão, além de assegurar regras mais flexíveis de atuação das tropas, entre as quais a permissão para atirar em civis 'com intenção hostil'".[25]

Talvez a mesma reportagem ainda dê uma boa pista de como essa ligação conecta fatos que aparentemente não têm ligação: "A intervenção nasceu quando o presidente Michel Temer e seus ministros Moreira Franco, da Secretaria-Geral da Presidência, e Jungmann perceberam que uma medida de impacto na área da segurança tiraria do foco a derrota iminente da reforma da Previdência e poderia dar sobrevida a um governo que estava marcado para morrer – dez meses antes do término do seu mandato. *Etchegoyen, o auxiliar de Temer que melhor conhecia o tema e já havia mencionado a intervenção como alternativa de choque à situação no Rio, se juntou à dupla para operacionalizar o plano.* Ao lado de Moreira e de Jungmann, o general da reserva se tornou um dos estrategistas mais influentes do círculo do presidente"(grifos meus).[26] Pois enfim, isso parece reconectar Etchegoyen, agora nesta nova posição no front. Temer não teve a leitura suficiente para entender que a intervenção na verdade não resolveria o problema da reforma da previdência; ao contrário, esta pauta caiu no colo de Bolsonaro.

Depois de 11 meses de intervenção e quase R$ 1 bilhão gastos (em nenhum outro lugar teve-se tal aporte), os números produzidos foram bastante discutíveis. No entanto, na cerimônia de encerramento, Braga Netto afirmou: "*atingiu todos os objetivos propostos*".[27] Mais do que isto, Villas Boas,

---

25 https://piaui.folha.uol.com.br/materia/mal-estar-na-caserna/?fbclid=IwAR0hudH1bT-qG4kmJbcPRfnnxlCKd5dQ1LPAmxbeaH3u9lWRBc_IiQiaJOxU.

26 Idem.

27 https://g1.globo.com/rj/rio-de-janeiro/noticia/2018/12/27/cerimonia-encerra-intervencao-federal-na-seguranca-do-rj.ghtml. A reportagem ainda esclarece que "O regime termina oficialmente na próxima segunda-feira, com 319 dias. O combate ao roubo de cargas foi uma prioridade do novo comando. Comparando os números de mar-

ao se despedir do Comando do Exército, em 11 de janeiro de 2019, colocou algo que parece ser a "digital" que liga a operação no Rio com a eleição. No seu discurso, ele disse:

"*2018 foi um ano rico em acontecimentos desafiadores para as instituições e até mesmo para a identidade nacional. Nele três personalidades se destacaram para que o "Rio da História" voltasse ao seu curso normal. O Brasil muito lhes deve. Refiro-me ao próprio presidente Bolsonaro, que fez com que se liberassem novas energias, um forte entusiasmo e um sentimento patriótico há muito tempo adormecido. Ao ministro Sérgio Moro, protagonista da cruzada contra a corrupção ora em curso e ao general Braga Netto, pela forma exitosa com que conduziu a Intervenção Federal no Rio de Janeiro. Todos demonstraram que nenhum problema no Brasil é insolúvel*".[28]

Há inúmeros pontos que ainda podemos levar em consideração quando pegamos o problema da Intervenção no Rio. Entre eles a ideia de se ter um "teste" da concentração da área de inteligência na Secretaria de Segurança, chefiada pelo General Richard Nunes (que após a Intervenção assumiu a chefia do CCOMSEx – órgão que tem como papel previsto nos manuais de campanha a disseminação de informações e contra-informações nas Opsis),[29] antecipando o desenho institucional do futuro GSI. Aqui fica

---

ço a novembro com o mesmo período do ano passado, houve uma redução de 20%. Também caíram roubos de rua (6%), a pedestre (7%) e de veículos (8%). Homicídios foram reduzidos em 6%. Mas houve índices que subiram: lesões corporais seguidas de morte (33%) e mortes por intervenção policial (38%). E mais de 90 policiais militares foram assassinados este ano. Em setembro, pesquisa Datafolha apontou que que três a cada quatro eleitores fluminenses eram a favor da continuidade da intervenção federal na segurança pública no estado".

28 http://www.defesanet.com.br/eleicao/noticia/31736/GEN-Ex-Villas-Boas---Discurso-de-Despedida/. Agradeço a Manuel Domingos por ter me chamado a atenção para este discurso.

29 O General Nunes assumiu o CCOMSEx no lugar do General Rego Barros, que passou à Porta-Voz da Presidência Bolsonaro. Este último, em seu discurso de despedida do órgão de Comunicação Social do Exército, disse algo notável: "[coube ao Exército] *mergulhar de cabeça no 'submundo' das mídias sociais – Facebook, Instagram, Twitter, WhatsApp, Portal Responsivo, Eblog etc – e se tornar o órgão público com maior influência no mundo digital no Brasil exigiu sangue frio na in-*

claro que o setor de inteligência tinha – ou deveria procurar ter – informações sobre a criminalidade no Rio de Janeiro, bem como sobre as próprias forças de segurança, e também sobre políticos envolvidos com ambos. Mas não só, isto traz vantagens em vários espectros, uma vez que este balão de ensaio visou também continuar a produção da associação do PT com a criminalidade – basta olhar o *defesanet* na época e se verá farto material sugerindo isso. Se a corrupção foi o *index* mais óbvio disso, de outro lado nos círculos militares continuava-se a espalhar a versão de que o PT se aliaria ao PCC para estabelecer uma guerrilha no Brasil. Como estamos vendo, a pinça tem vários tamanhos e age em várias frentes, evidenciando mais uma vez o aspecto "multi-camada" da guerra híbrida. E é aí que entramos de novo na briga com o PT, e em como a dissonância cognitiva vai atuar de vez nas eleições. Fecha-se a primeira etapa com as Forças Armadas dominadas pela manobra realizada pelo consórcio de "generais gaúchos". A partir dela, o que vimos foi uma sincronização com outros agentes – sobretudo da Justiça – agindo de forma "semi-autônoma", seguindo a "estratégia da abordagem indireta", bem como a oposição, respondendo de maneira automática com uma simetria em processo de cismogênese. Trata-se do mecanismo de aumento da "escalada horizontal" do conflito.

b) As Eleições

Sabemos que as eleições foram um processo com muitas variáveis e intercorrências, e por isso mereceria uma análise passo-a-passo. Como não há espaço – nem fôlego –, entretanto, para fazer isto aqui, vou me limitar a elementos que estiveram mais próximos e relacionados ao conjunto de ações que se desenrolaram acima, apenas enunciando eles, de forma a complementar e certificar que a análise desenvolvida aqui possui validade. Fundamentalmente, gostaria de expor alguns dos elementos que associam o Exército ao jogo eleitoral. Como vimos, o tempo todo Villas Bôas afirmou,

---

terlocução sem rosto, típica da internet, suor à frente do teclado e lágrimas de emoções pela conquista do cimo" (http://www.defesanet.com.br/terrestre/noticia/32070/CCOMSEx---Assume-Gen-Div-Richard-Nunes/).

ao longo de 2018, que nada tinha a ver com o processo eleitoral. E, como também vimos, foi o próprio Exército que produziu uma galvanização de suas fileiras em direção à Bolsonaro, que, como é de amplo conhecimento, não economizou no constante bombardeio semiótico o fogo contra Lula e o PT. Lembro que em janeiro de 2018 o Datafolha já dizia o óbvio: que Bolsonaro ocupava um vácuo deixado por Lula.[30] O que depois ficou claro é que não se tratava exatamente de migração de votos, mas sim do fato de que Bolsonaro canalizava as possibilidades de derrotar o petismo, algo que, tenho a impressão, os militares passaram a intuir bem antes do que a maioria de nós. Lula foi preso em 7 de abril, mas mesmo assim liderava com folga, segundo as pesquisas, a corrida eleitoral (em agosto Lula estava com 39%, Bolsonaro com 19%).[31]

Considerando que a guerra híbrida passa a ser um fenômeno estrutural e disseminado, gostaria de lembrar um evento sintomático que operou no registro dela. Podemos chamar, ao modo de Sahlins (1990), de uma "estrutura da conjuntura": aquilo que muda, aciona o que permanece, e vice-versa. Trata-se de um só fio, que uso aqui para exemplificar como uma sequência de fatos durante as eleições transcorreu debaixo de um processo de dissonância cognitiva, consistindo em uma "false flag" que foi determinante na operação como um todo. Aparentemente o problema de Lula era (é, e vai ser) um problema de "justiça" e com a "Justiça". Mas o ponto central não é esse. A essas alturas toda a campanha eleitoral estava modulada por um processo de dissonância cognitiva – como bem aponta Cesarino (2018), alimentando em feedback a cismogênese –, e o então candidato que havia substituído Lula, Fernando Haddad, reagia a reboque das contradições propositais produzidas pela equipe de Bolsonaro. Isto foi algo que detectei durante a campanha, e que me fez postar, no Facebook, um texto dirigido à campanha de Haddad no

---

30 https://www1.folha.uol.com.br/poder/2018/01/1954606-sem-lula-disputa-por-vaga-no-
-segundo-turno-se-acirra.shtml
31 https://g1.globo.com/politica/eleicoes/2018/eleicao-em-numeros/noticia/2018/08/22/
pesquisa-datafolha-lula-39-bolsonaro-19-marina-8-alckmin-6-ciro-5.ghtml

dia 6 de outubro de 2018. Reproduzo ele aqui (com cortes, devido sua extensão), pois há algo que se desdobrou dele que interessa agora:

"*Aí vão algumas dicas de quem está vendo o outro lado agir como uma 'campanha militar', e não exatamente 'política'. Talvez seja tarde para dizer essas coisas, mas no 2º turno essa guerra aumentará sua intensidade. Deixo aqui então uma contribuição para o anti-Bolsonarismo. A tática do Bolsonaro é baseada em mentira e dissimulação. Isso vocês já sabem bem. O problema imediato é o como eles mentem, e não se eles mentem. Já sabemos que não vai ter como desmentir tudo. Tudo que se falar contra Bolsonaro será respondido por eles com sinal trocado. Não adianta acusá-lo de 'roxo' achando que vai forçá-lo a dizer 'amarelo', pois é mais provável que ele responda 'uva'. Por isso, insisto: eles estão usando táticas de Operações Psicológicas que estão em manuais de guerra assimétrica e híbrida. Cansei de ver isso. É a filigrana dos 'Human Terrain Systems' norte-americanos, usam muita psicologia, linguística e antropologia. E não tem marqueteiro, é uma tática de dissipação, e os agentes, ao assimilá-la, dão prosseguimento ao formato. Então vamos lá, alguns pontos interessantes sobre isso: 1) a maior parte da informação deles é passada em rede. Isso não se deveu só aos 8 segundos de TV, mas ao fato de que essa ferramenta desestabiliza os canais tradicionais e traz um 'empoderamento' ao 'cidadão comum'. As teorias da guerra híbrida usam as redes de comunicação descentralizadas para desestabilizar nações; desestabilizar uma campanha eleitoral de adversário é fichinha. Não sei se é eficaz a essas alturas responder apenas no sentido de 'negar as fake news', tem que produzir um contra-discurso (não estou sugerindo fakenews, é claro) que opere na mesma lógica; 2) essa estrutura de rede foi muito bem aprendida pelas FFAA norte-americanas no Iraque e Afeganistão. Não tem cabeça, elas operam de forma mais ou menos autônoma. Não duvido que a essas alturas o bolsonarismo já é um tanto independente do seu emissor central: as redes estão fazendo campanha por si próprias, e agem como estações repetidoras umas das outras. Como a maior parte delas é semi-fechada e independente, e só mantém conexões parciais entre si, isso garante a sua eficácia: se uma 'célula' cai, outras ocupam o espaço; 3) a descentralização e horizontalidade dessas redes criam essa sensação de maior amplitude, indestrutibilidade, resiliência, e, o que é mais importante, resistência à comunicação exterior que venha de um emissor que atua em outra esfera de consagração; por exemplo, a Globo, a campanha eleitoral. Tudo vai ser 'mentira', só se aceita aquilo que está na própria 'célula' e em outras 'confiáveis'. Não adianta dizer que a Veja é de direita e publicou aquela matéria: 'trata-se de uma imprensa suja e esquerdista, toda ela', eles vão responder. É preciso entender que para esse mecanismo funcionar ele precisa abandonar toda emissão de signos 'de fora'. Lembra do Matrix? Pois é. 4) ao mesmo tempo, é preciso perceber que eles não abandonam totalmente uma referência aos centros. No entanto, estes são etéreos: toda essa tática é fundada na ideia de que eles visam um 'bem maior', moral, Deus, família, etc. Por isso mesmo esse pessoal vai bater muito na tecla do identitarismo, trata-se de jogar o adversário para a ideia de que ele só quer representar 'grupos pequenos'. Para cada vez que você falar 'mulher', eles vão responder com uma 'perversão para a família', tipo 'mulher lésbica'. (...) O ponto é esse: quando eles vierem com a 'uva', vocês respondem com 'suco', não com 'banana'. É básico, nessas PsiOps, que sempre se opere com uma 'shifting scale', tirando o pé da referência que o emissor inimigo enviou, e sempre com mensagens subliminares. (...) O que fazer para minar essa tática é realmente um problemão. Certamente há muita coisa para resolver em uma campanha, estou longe de saber como se faz isso. No entanto, se fosse seguir os manuais de contra-insurgência que pensam esses assuntos, sugeriria que se dedique alguns segundos a isto: atuar onde eles menos esperam, usar mensagens subliminares, fugir dos lugares que eles estão associando a vocês. Mostrem várias imagens do Moro com tucanos de black-tie, com militares, em paraísos fiscais. É preciso deixar bem claro que estes são agentes coligados, e que a situação atual de Lula se deve à política, que isso não tem nada a ver com justiça. Não adianta só falar, tem que mostrar imagens que sugiram por A+B essa história. Ela deve ser montada na cabeça das pessoas (e não vir pronta), elas têm que acreditar que chegaram a isso pelas próprias convicções. Outra coisa: é preciso passar, de maneira inconsciente, a ideia de que a 'mudança' que Bolsonaro propõe não é 'reestabelecer a ordem', mas propagar o caos. Use e abuse da imagem de um vice-presidente que não aceita comando do seu chefe, e que Bolsonaro representa um perigo à hierarquia militar. Sugira que ele pode causar instabilidade nas Forças Armadas e que isso pode levar a um golpe (lembrando que é preciso conversar com os comandantes, e mostrar que isso representa um perigo real. Eles sabem disso, mas é bom se deixar claro que o lado de cá sabe também e que está preocupado com isso). Associe ele ao Collor, isso é fácil demais. Não precisa fazer essas coisas diretamente, basta jogar imagens, e deixar a nossa rede funcionar também".*

De fato, esta postagem chegou à campanha de Haddad, que me contatou. Por um período de algumas semanas conversei várias vezes com um de seus coordenadores políticos. Minha insistência foi que se concentrasse a campanha expondo Sergio Moro e a Lava-Jato, eles eram os fundamentos de todas as dificuldades que o PT estava passando. Além disso, atendia à ideia de que jamais se deve voltar o discurso diretamente contra a fonte emissora, é necessário avançar uma volta no ciclo (OODA) deslocando o eixo de referência do outro. E a única maneira de se fazer isto, na minha avaliação, era quebrando o feedback que foi iniciado bem atrás, com o *lawfare* de Lula. Mas foi como falar com as paredes. A dada hora, ouvi "isso eles não vão fazer". Há muitas outras coisas nos meandros entre o PT e a justiça, com particular atenção à Lava-Jato. Chega a soar absolutamente risível quando um membro do próprio Partido diz que *agora* com as revelações do Intercept se sabe que houve manipulação e vício entre procuradores e Sergio Moro. Que *agora* se descobriu que havia muito dinheiro em palestras, etc. Que *depois* que Sergio Moro assumiu um cargo no Governo é que se evidenciou uma intenção política na Lava-Jato. Já havia antes da campanha começar um arsenal de imagens mostrando o então Juiz em Mônaco com banqueiros, na Globo recebendo prêmios, com políticos de outros partidos, no "Forte Apache" recebendo condecorações. Todo mundo que fazia outra coisa que não somente assistir TV sabia disso, a questão é porque obliterar do "povo". Em 16 de maio de 2018, quando ainda se achava que o PT ia sustentar a candidatura de Lula, publiquei o seguinte:

"*Sem pânico, temos 5 minutos.*
Uma coisa está cada vez mais evidente: Lula cresce nas pesquisas, e aumenta a reprovação ao judiciário. Muita gente está nesse momento com ataque de pânico em deixar a candidatura Lula correr solta. O ponto é que

ela é o único movimento que bate no centro da estrutura golpista: o uso da máquina jurídica para eliminação de n projetos para o Brasil. De certa forma, todas outras candidaturas, legítimas em si mesmas, neste momento estão sob suspeita de chancelarem um sistema fraudado. A briga Lula X Judiciário já não é novidade para ninguém, estava até na capa da mais reacionária revista nacional. O que as pessoas que apenas assistem a Globo e leem a grande imprensa não têm certeza, ainda, é que a justiça se tornou um partido, embora aparentemente nas últimas pesquisas o índice de confiança nela não passe de 10%. Ou seja, sem nada, numa situação de normalidade, Lula estaria eleito, hoje. Mas este ainda não é o ponto. Alguma hora o horário eleitoral começa, e com ou sem Lula haverá TV. Aí a Globo vai ter que passar, por 5 minutos que seja, alguma coisa. Basta fazer uma campanha que some traços da de 1989: 'Aqui você vê o que Você não vê na outra TV'. São 5 minutos, todos dias, onde se pode mostrar:

- Moro de black-tie ganhando prêmios em dólar nos EUA (estratégia reversa do 3 em 1).
- Gilmar & cia beneficiando a turma do PSDB.
- As famílias dos procuradores, todas ligadas à ditadura.
- Os elos da filha de Fachin com a JBS, Barroso e Globo, etc.
- A Farsa do triplex.
- As mansões dos juízes e seus auxílios moradia, em contraste com os 30 anos do apartamento de São Bernardo, o isopor de cerveja no sítio, etc (reversão, de novo).
- a quantidade de fotos absurda de Moro com políticos do PSDB em festas e convescotes (...).

Parece que essas coisas são amplamente sabidas, mas esse é o tipo de material que só tem circulado na internet, e pelo que vi em alguma pesquisa, não chega aos olhos nem de 10% dos eleitores. Em uma semana, saberemos se esse caminho vai dar certo: o mercado vai começar a precificar, e o dólar vai começar a disparar. Porque ao contrário do que o senso-comum jornalístico está falando, a insegurança jurídica não é de Lula, mas do judiciário. Já imaginaram se o descrédito deste, que já é grande, for por água abaixo? O mercado vai responder, porque ele já projeta no judiciário o principal problema do tal 'custo Brasil'. Então só com isso, já se produziu o essencial: o contragolpe na guerra híbrida, dobrando a aposta de que vai chegar uma hora que a justiça tem que ser colocada em um impasse. Não é possível que isso não seja o óbvio no campo petista, e que se cogite acionar o plano B e endossar a vitória narrativa armada entre o judiciário e a mídia. Se depois somarmos ainda os resultados do golpe de 2016, com a clara desgraça que se abateu sobre o Brasil, aí fica mais fácil ainda. O ponto então não é Lula ou outro: é se queremos ou não derrotar o golpe, o lawfare, a liquidação do Estado e do patrimônio público. Então vejam a foto abaixo. Como Moro não se importa com mais nada, pois seu objetivo sempre foi crescer às custas da perseguição a outrem, já podemos celebrar com ele: quem, afinal de contas produz nosso material de campanha, é o próprio judiciário".

Resultados de busca na Internet de "Moro e Políticos"/Fonte: Google Images

Os resultados de uma busca no Google Imagens pela foto acima, de Moro com políticos do PSDB, mostram apenas blogs e postagens no Twitter aparecendo nas primeiras 100 posições. A foto saiu na grande imprensa, mas rapidamente foi obliterada nos mecanismos de busca.

É preciso ter em mente aqui que a guerra híbrida opera, em um de seus pilares, com a "estratégia da abordagem indireta". Não precisamos, e não devemos, procurar ver os militares no front. Como bem disse Eyal Ben-Ari, "essa confusão está relacionada ao 'ponto de fuga', porque nos conflitos atuais muitas vezes o nuclear se tornou onde estão a frente e a retaguarda, quem são os guerreiros no 'campo de batalha' e quem são os apoiadores 'casa'" (Ben-Ari et. Al., 2010, p. 8). Sendo assim, mesmo que não tenham sido diretamente induzidos pelos militares, é preciso ter em mente que os agentes da justiça atuavam em favor deles. E, pelo visto, não só eles. Mesmo com todas as evidências de que a Justiça, de ponta a ponta, operava em desfavor do PT, e, implicitamente, a favor de Bolsonaro, decidiu-se que o PT levaria a disputa polarizada até o fim, apesar de inúmeras evidências de que Bolsonaro cometia ilegalidades na campanha e absolutamente nada era objeto da Justiça Eleitoral. Sequer estou falando do que foi conhecido como o "esquema do Whatsapp" – parte absolutamente óbvia do uso de redes sociais que nos EUA foi classificado de *firehosing of falsehood*, mas que eu chamaria mesmo de tática de guerra híbrida.[32] Estou falando das vezes em que Bolsonaro, em plena campanha já oficializada, frequentou repartições públicas, incluindo aí, novamente, em 18 de agosto de 2018, três dias depois do prazo final dos registros de candidaturas no TSE, uma cerimônia (de novo) na AMAN: "O candidato do PSL à Presidência da República, Jair Bolsonaro, participou na manhã deste sábado (18) da cerimônia de entrega de espadins a cadetes em formatura na Academia Militar das Agulhas Negras, em Resende, no sul fluminense. Bolsonaro dividiu o palanque com autoridades do primeiro escalão do governo de Michel Temer, como o ministro da Defesa, general Joaquim Silva e Luna, o ministro do Gabinete de Segurança Institucional, Sérgio Westphalen Etchgoyen, a ministra da Advocacia Geral da União, Grace Mendonça, e a procuradora-geral da República, Raquel Dodge".[33] É exatamente no ponto que toca a convergência entre a Justiça e sua candidatura que ocorreu, do meu ponto de vista, a maior das *false flags*.

Bem no fim de setembro de 2018, em entrevista ao repórter José Luis Datena, Bolsonaro afirmou taxativamente que as eleições tinham indícios de fraude: "É um sistema eleitoral que não existe em nenhum lugar do mundo.

---

32 https://www1.folha.uol.com.br/poder/2018/10/empresarios-bancam-campanha-contra-o-pt-pelo-whatsap.shtml.

33 https://noticias.uol.com.br/politica/eleicoes/2018/noticias/agencia-estado/2018/08/18/bolsonaro-participa-de-cerimonia-militar-ao-lado-de-ministros-de-temer.htm

Eu apresentei um antídoto para isso. A senhora Raquel Dodge [procuradora-geral da República, a mesma que estava ao lado dele dias antes, na AMAN] questionou. O argumento dela, Datena, é que a impressão dos votos comprometeria a segurança das eleições. Pelo amor de Deus. Inclusive estava acertado que em 5% das seções teríamos impressão do voto. (...) Não confiamos em nada no Brasil. Até concurso da Mega-Sena a gente desconfia de fraude. Estou desconfiando de alguns profissionais dentro do TSE".[34] Ele volta a falar em fraude em 08 de outubro, logo após o fim das votações do 1º turno.[35]

Para muita gente essas afirmações de Bolsonaro, logo após sua vitória (e continuaram depois do 2º turno) não faziam sentido algum. Se levarmos a sério a ideia de que se operava um ataque semiótico aqui, fica claro em primeiro lugar porque Bolsonaro foi o escolhido: operava-se com uma figura absolutamente inconciliável – mas tomado como "autêntico", e por isso "anti-político", já que "político" passou a ser sinônimo de "corrupto" –, e, principalmente, *distinto dos próprios militares* que, como vimos, sempre estiveram imbricados ao processo. Isto ficou mais claro ainda quando, ainda durante a campanha, Mourão começa a se destacar como uma "voz ponderada", enquanto Bolsonaro aparece como um tresloucado. Trata-se, enfim, de uma contradição forjada para ser exatamente assim como ela é, nada é "sem querer". Lembremos apenas que meses antes, Mourão não poupava ninguém com falas muito próximas às de Bolsonaro. Sem o menor temor se arrisca em operar "contra o sistema" no meio do processo eleitoral. Ele sabia, Villas Bôas sabia, Mourão sabia, Fernando Azevedo sabia, e todos os militares que estavam lá, na campanha, sabiam que a Justiça estava sob o "espectro de dominação total" (Korybko, 2018). Nesse caso, o discurso produz uma dissonância, cria uma *false flag*, impondo ao outro lado a bandeira de que ele não estava mancomunado com uma justiça parcial e fraudulenta.

---

34 https://g1.globo.com/sp/sao-paulo/eleicoes/2018/noticia/2018/09/28/bolsonaro-diz-que-nao-aceitara-resultado-diferente-do-que-seja-a-minha-eleicao.ghtml .

35 https://www1.folha.uol.com.br/poder/2018/10/bolsonaro-diz-que-foi-alvo-de-fraude-e-pede-mobilizacao-a-eleitores.shtml

Por isso, o que importou mesmo foi a reação do adversário: Haddad reafirmou que confiava plenamente na Justiça e no sistema de votação, semana depois de abandonar o lema "eleição sem Lula é fraude". Posteriormente, quanto mais Bolsonaro aumentava o tom "anti-sistema", mais Haddad procurou se vincular à Justiça: primeiro ao dizer que Sergio Moro "fez um bom trabalho", e que "confiava na justiça" em "corrigir erros processuais"; depois ao procurar Joaquim Barbosa, ex-presidente do STF notabilizado por dar início à "teoria do domínio do fato", talvez a primeira resposta de julgamentos em relação ao PT que se fiava na "opinião pública". Me parece que reagindo assim alimentou o feedback da cismogênese, e Haddad acabou por se constituir no fiador da vitória do adversário. Ao mesmo tempo, também me parece líquido e certo que o próprio PT enterrou de vez a estratégia semiótica que sempre se alavancou no *lawfare* em relação a Lula. No momento decisivo da guerra híbrida, Haddad respondeu ao comando da campanha de Bolsonaro, atuando com seu "OODA loop" infiltrado, por mais que as evidências de que a Justiça estivesse sendo também "operada" pelos militares. Nesse sentido, Haddad e o PT não só endossaram o papel da Justiça, quanto dos militares, levando à frente o discurso de que "as instituições estão funcionando". Como estamos vendo, a posse de Bolsonaro não mudou este padrão. Vou me limitar a finalizar este livro sugerindo como esta estrutura do Governo continua a realizar os mesmos passos anteriores, e, portanto, chegar à conclusão que a guerra híbrida não cessou, e nem deve cessar tão cedo.

c) Dominação de Espectro Total

O modo pelo qual estamos assistindo os desdobramentos de todos processos que vimos acima tem tantos elementos envolvidos que teria que abrir um segundo volume deste livro. Gostaria de chamar a atenção, muito esquematicamente, para apenas alguns pontos que me parecem relevantes:

1. As contradições que eram vistas na campanha continuam, só que os sinais trocaram. Antes havia uma desordem deliberada entre membros da campanha, que em um segundo momento era resolvida pelo próprio Bolsonaro. Agora isso se transferiu para o Governo, mas Bolsonaro entra como o emissor de "bombas de fragmentação" e seus subordinados vêm

apagar o incêndio. Permitam-me recuperar um trecho de entrevista que dei para o *El País* ainda durante a campanha: "Pergunta. A campanha de Bolsonaro frequentemente aparenta bater cabeça, com o capitão tendo que rebater colocações de sua equipe, como no caso da afirmação de um de seus filhos sobre o fechamento do Supremo Tribunal Federal. Isso é uma estratégia eleitoral?/ *Resposta. Tenho a impressão que no primeiro turno isso foi feito muito mais de cabeça pensada do que agora. A estratégia visava a criação de um ambiente de dissonância cognitiva [no qual uma pessoa apresenta simultaneamente opiniões contraditórias entre si], para em um segundo momento Bolsonaro aparecer com um discurso de restauração da ordem. Este é um passo clássico de operações psicológicas [militares], algo que está colocado em manuais de informação e contra-informação, propaganda de guerra e estratégias de dissuasão do inimigo há muito tempo./* P. Qual o sentido de usar esta estratégia?/ R. *O que se podia fazer com oito segundos de TV? Nada. Então houve a apropriação bastante eficaz desse tipo de instrumento de guerra semiótica. Falar e desdizer, e, como você disse antes, 'bater cabeça' com os cabeças de ponte, os subordinados que ocupam uma posição de contato no terreno inimigo. Com isso ele mostrava o seguinte: 'a confusão está fora de mim, mas eu restauro a autoridade aqui'. Todo o tempo esse foi o discurso, de que ele é a autoridade. E assim ele multiplicou o carisma, jogando para o plano que oscilava entre uma autoridade carismática e tradicional. Tenho a impressão que depois isso se tornou um padrão, basta ligar no piloto automático. O que foi repreender o filho [Eduardo Bolsonaro, que falou na possibilidade de fechar o STF] senão a repetição do discurso de que 'tem que levar umas palmadinhas'? Ou seja, mais uma vez ele capitalizou com o erro./* P. Em que medida esta estratégia ajuda o candidato? É possível dizer que, neste cenário, confundir ajuda?/ R. *O padrão é sempre aparecer com uma ordem semanticamente paralela à desordem anterior. Se há uma desordem, digamos hipoteticamente, lançada por meio de uma contradição em um assunto econômico, como por exemplo Paulo Guedes dizendo 'vou privatizar tudo', Bolsonaro reage com um 'não vamos privatizar as empresas estratégicas' e, posteriormente, a questão é resolvida com um 'vou acabar com o problema da violência'. Isso é tão eficaz que até os donos de corretoras, o tal mercado, releva as informações que deveriam realmente interessar e passam a apostar nele. Outro dia assisti em um programa de TV uma mesa com dois donos de corretoras, e um deles disse: 'não é preciso ter plano algum para a economia, isso a gente vê depois. O que interessa mesmo é acabar com o privilégio das minorias que se instalou nesse país'. Acho que nem Wall Street chegaria nesse ponto, de onde se vê que até gente que sabe como a engrenagem funciona caiu em processo de dissonância cognitiva".*[36]

Agora, como disse, toda a tendência de Bolsonaro é produzir a dissonância e deixar os "setores racionais" aparecerem como solução de ordem. E quem seriam basicamente tais setores? Às vezes se atribui alguma racionalidade a Paulo Guedes; às vezes a Moro; mas, fundamentalmente, *o discurso de que os militares aparecem como quadros técnicos e isentos* é o que mais prevalece. Isto é encabeçado por Mourão, mas seguido à risca por outros militares que estão no núcleo duro do Governo. Quando um militar se afasta desse plano, a ideia é afastar sua imagem da Instituição – o que vale inclusive para Mourão. O que aconteceu, por exemplo, quando o General Santos Cruz se demitiu (ou foi demitido)? Amplos setores da imprensa, da grande mídia aos blogs de "esquerda" (GGN, 247, DCM, etc.), ventilaram que um "quadro técnico e racional" teria saído do Governo, e que isto significava uma "vitória" de Bolsonaro, seus filhos e Olavo de Carvalho, e uma lamentável perda para o País. De certa maneira, o que vemos aqui? Apenas a intensificação do papel de racionalidade e tecnicismo recaindo sobre os militares. Novamente operamos aqui por viés de confirmação, procurando alguma coisa positiva no consórcio que tomou o Planalto.

As ações que correm nesse mesmo sentido são praticamente semanais. Provavelmente a mais contundente de todas foi em relação ao "problema da Amazônia", que não somente se apoia na "longa duração" como também amplia a "escalada horizontal", jogando para cena atores em nível global. Vamos nos lembrar que logo no começo do mandato o General Heleno provocou uma preparação de terreno, voltando a atiçar a "alergia nacionalista"

---

[36] https://brasil.elpais.com/brasil/2018/10/24/politica/1540408647_371089.html .

em função do "Sínodo" que o Vaticano ia realizar.[37] Alguns meses depois, todos vimos algo que aconteceu em função do aumento de queimadas na Amazônia. Em primeiro, a demissão do Diretor do Instituto Nacional de Pesquisas Espaciais, Ricardo Galvão. Bolsonaro o acusou primeiramente de divulgar dados falsos sobre queimadas. E mais uma vez substituiu por um quadro "técnico", militar. Poucos dias depois, um dia "escuro" em São Paulo, causado por cinzas de queimadas na Amazônia, veio a denunciar que algo de errado acontecia. Se descobriu um "dia da queimada", realizado por empresários das "frentes de expansão" nos Estados do Norte.

Há muitos elementos imbricados nesta história, mas quero destacar um ponto específico. O modo como as queimadas começaram e o modo como foram sendo controladas. Retomo o que publiquei no Facebook na semana do "céu escuro", em 23 de agosto de 2019:

"Uma floresta de problemas. Há muita coisa ainda a ser dita sobre todo esse problema da Amazônia que se detonou nessas últimas semanas. Não estou falando dos problemas de sempre, mas especificamente daquilo que vem acontecendo pelo menos desde o 'caso INPE' (demissão de seu (então) Presidente, Ricardo Galvão, dia 7). Foi o primeiro 'choque' ou 'pulso' daquilo que se pode chamar de 'escalada horizontal' de conflitos. Afinal, se Bolsonaro não sabe (mas claro que sabe), Heleno, Villas Bôas e todos os militares sabem muito bem que essa é uma questão sensível nas relações internacionais. Há inúmeros protocolos, intercâmbios, memorandos, tratados. Portanto, quando se começa uma coisa dessas, sabe-se onde pode chegar. Portanto, assumir que podemos sair na frente no ataque requer algum cálculo. Tenho a impressão que ele embute uma projeção onde qualquer coisa que se noticie sobre a Amazônia, nesse momento, atiça mais ainda o ambiente alérgico. Portanto foi só abrir a porteira, a boiada passa no piloto automático. Isso sem contar o fato que é para lá de previsível que a turma da frente de expansão ia mesmo tocar o terror, pois agem pensando que agora há um guarda chuva que os protege em macro-escala, tal e qual eles sempre tiveram na mão as PMs,

---

37 https://noticias.uol.com.br/politica/ultimas-noticias/2019/02/12/quem-cuida-da-amazonia-brasileira-e-o-brasil-diz-heleno-sobre-sinodo.htm .

MPs, Judiciário local, Prefeituras, etc. Qualquer um que já foi para lá sabe como é. Por isso talvez não seja surpresa alguma que as queimadas tenham aumentado subitamente. Tanto é que Bolsonaro nem negou, só se prontificou a produzir uma false flag, culpando ONGs por elas. E sabia que esse discurso ia ser mais um "pulso semiótico" na escalada horizontal, visando aumentar a reação. E a reação lá gera uma dissonância programada aqui. (...) Qual era o cenário que estava mais ou menos se delineando logo antes? 1) Muita gente começando a aumentar o tom contra os militares, que passaram a ser classificados como entreguistas. Lula disse isso, até Haddad saiu da toca para repetir. Gleisi [Hoffman, Deputada Federal e Presidenta do PT] já tinha dado um sabão no General Heleno no Congresso. Aquele vídeo do Bolsonaro falando em entregar a Amazônia para os EUA sendo repostado. 2) Tudo isso sendo alimentado pela política de olhos fechados que o Exército está adotando em relação ao garimpo de ouro e exploração de outros minerais por gigantes estrangeiras. Na mesma semana, o absurdo de Alcântara [o acordo fechado para cessão dela para os EUA]. 3) Tudo indica algum reflexo no interior das Forças Armadas. Que, como se sabe, tiveram na Amazônia uma "razão de ser" pós 1989. Do ponto de vista do consórcio de militares que está realizando o processo de conquista do Estado, há alguns motivos, analisando o cenário acima, para disparar esses pulsos. Todos eles estão na chave das inversões e false flags: 1) Como está bem explícito nos textos do General Pinto e Silva lá no defesanet (ontem teve mais um), há uma queda de braço aqui, onde ele quer provar por A + B que tudo isso é um plano engendrado pela esquerda, junto com ONGs, Igreja e ONU.[38] Agora se juntaram todos os governos "comunistas" da Europa (...)".

Um dia depois, um pronunciamento de Bolsonaro me levou ao outro lado desta operação. A solução de ordem estaria, então, nas mãos dos militares:

"Desde a campanha, a tática é a mesma: o Consórcio cria o problema e vem com a solução. Caos controlado. Com essa história da Amazônia a ideia não é diferente. Ficou óbvio no pronunciamento de Bolsonaro ontem:

---

38 Há mais de uma dezena de textos dele falando estas coisas. Para ver basta dar uma busca com o nome dele no defesanet.

usar o Exército numa poli-GLO para combater queimadas. Eles acham que assim, novamente, os militares se apresentarão como 'good guys' e deixam o eterno para-raios espetado no Presidente. A jogada de sempre. Tenho algumas dúvidas se dessa vez vai funcionar. Alguma hora alguém se comporta de forma inesperada, então o controle do caos vai para o brejo. Ampliar a escalada horizontal de 'choque e pavor' para atores externos eleva o grau de incerteza, especialmente para os atores internos. Penso, sobretudo, numa resposta inesperada por parte de setores da burguesia, do agro, do mercado. Será que essa turma vai topar uma intensificação do 'sinal' de tipo 'nacionalista' vindo do Governo? Pode ser de 'mentirinha' em um primeiro momento, mas e se eles tiverem que duplicar, triplicar, quadruplicar a aposta? Aliás, se até agora só havia um nacionalismo de fachada do Consórcio, como é que fica se eles aderirem a um nacionalismo de fato? Vão apostar numa solução 'Geisel' (20 anos em 1?)? Além disso, tudo passa a depender da GLO militar, e aí quem passa a ser o para-raios é o Exército. Será que os militares querem mesmo pagar essa conta? Fico pensando em comandante de Brigada de Fronteira, que até uns 3 meses atrás estava garantindo que 'tô com o ambientalismo'. Se fosse mentira, agora vai ter que mostrar serviço? Se não fosse, agora vai perceber que é o Governo que estava mentindo? Haverá percepção de que Bolsonaro, Heleno, Villas Bôas, Mourão, vão recuar no seu discurso de 'Brasil soberano'? E vão mandar p/ GLO o pessoal que agora está com a faca nos dentes por conta da reestruturação da carreira, que só beneficia de major p/ cima? Tô até vendo a satisfação do Pelotão em botar o pescoço para fora para 1) ser fiel a Bolsonaro porque ele é bacana (já que comando é uma coisa em risco nos dias atuais, graças à interferência de 'carismas' que 'brotaram' por aí) ou, 2), pior, para ver que agora temos que recuar nas propostas de campanha, de por abaixo "tudo isso aí"... Como é que fica essa relação? O fato dos Generais do apocalipse terem tirado a cabeça para fora da janela foi bom. Há exposição, e isso implica riscos para o script. Como tem muita inversão de sinais nessas operações, corre-se o risco de na prática se estar obrigado a aderir ao sinal invertido. É Ho Chi Minh o exemplo? O ponto é sair da certeza que a incerteza funciona sempre" (Facebook, 24 de agosto de 2019).

Esta é uma história ainda em andamento, e tudo indica que a cismogênese continua. Na semana seguinte a todos estes acontecimentos, Bolsonaro partiu para ofensas pessoais ao Presidente Francês Emmanuel Macron, dando mais um feedback no processo de cismogênese. A esquerda em parte foi capturada, novamente, no processo, passando a defender de maneira mais ou menos tangencial uma intervenção internacional na Amazônia. Isto retroalimentou todas as hostes militares que se colocaram como nacionalistas (incluindo aí vários artigos de Pinto e Silva, por exemplo), e escaparam assim, mais uma vez, da acusação de entreguismo que estavam sofrendo. Levantei este exemplo, então, para mostrar como os militares [a] são o elemento de controle estratégico, colocando Bolsonaro numa posição de para-raios e [b] como toda solução de ordem agora passa pelas mãos deles. Este é meu segundo ponto, com o qual pretendo terminar este livro.

2. Afinal, a pergunta que alguém deve ter feito, e que eu mesmo me faço desde que comecei a prestar atenção nos militares novamente: o que eles pretendem com isto tudo? Infelizmente não tenho como responder de maneira satisfatória a isto, seriam necessárias muitas entrevistas, diálogos, depoimentos; coisa que só deve aparecer daqui algum tempo, impossível saber quando. Mas há uma ou outra pista que pode me levar a especular a respeito. A principal está na posição assumida pela nossa dupla, bad cop/good cop, no GSI. Meu palpite é que o centro de nossas atenções daqui para frente deve mirar este órgão. Devemos explicar isto à luz do que ocorreu no final do Governo Temer, com a publicação de um decreto que pouca gente prestou atenção. Como sabemos, quando Temer recriou o GSI – pasta ocupada pelo General Sergio Etchegoyen – toda a área de inteligência e "segurança do Estado" passou a ser centralizada pelo militar. A edição do Decreto nº 9.527, de 15 de outubro de 2018, permitiu ao GSI estabelecer-se como uma espécie de "conselho de guerra". O Decreto define uma "força-tarefa" que no fundo centraliza as seguintes competências: "[Cria uma] Força-Tarefa de Inteligência para o enfrentamento ao crime organizado no Brasil [e] será composto por um representante, titular e suplente, dos seguintes órgãos: I - Gabinete de Segurança Institucional da Presidência da República, que o coordenará; II - Agência Brasileira

de Inteligência; III - Centro de Inteligência da Marinha do Comando da Marinha do Ministério da Defesa; IV - Centro de Inteligência do Exército do Comando do Exército do Ministério da Defesa; V - Centro de Inteligência da Aeronáutica do Comando da Aeronáutica do Ministério da Defesa; VI - Conselho de Controle de Atividades Financeiras do Ministério da Fazenda; VII - Secretaria da Receita Federal do Brasil do Ministério da Fazenda; VIII - Departamento de Polícia Federal do Ministério da Segurança Pública; IX - Departamento de Polícia Rodoviária Federal do Ministério da Segurança Pública; X - Departamento Penitenciário Nacional do Ministério da Segurança Pública; e XI - Secretaria Nacional de Segurança Pública do Ministério da Segurança Pública".[39] Ainda que criado um pouco antes das eleições, já nos estertores do Governo Temer, tudo leva a crer que se tratou de desenhar a armadura para um Governo "amigo", poupando-o do ônus de ter que aprovar superpoderes para o novo militar que ocuparia a pasta (no caso, o general Augusto Heleno).

O que vemos neste decreto é justamente uma síntese de todo o processo buscado no PROFORÇA e que resultou no SISFRON: basicamente agora cabe ao General Heleno o poder de analisar as informações e tomar as decisões sobre todos os aspectos que articulam o binômio segurança/defesa no Brasil. Isto significa que se na leitura dele um partido ou organização é uma ameaça, ele tem poder de acionar uma espécie de "patrioct act" brasileiro (cf. Romulus Maya tem amplamente alertado).[40] Depois disso, houve a edição da Medida Provisória (MP) 870 em 1º de janeiro de 2019, que trata da reestruturação dos órgãos de Estado. Ela expressa uma completa distorção de atribuições e uma nada óbvia associação com outras leis, órgãos e políticas que estão se definindo no âmbito de um projeto que mais parece estabelecer um estado de guerra do que uma política de acordo nacional. Falo isso, pois parto do entendimento não-trivial de que os fatos que levaram a essa "nova estrutura do Estado" delineado na MP dizem respeito a algo de

---

39   http://www.planalto.gov.br/ccivil_03/_Ato2015-2018/2018/Decreto/D9527.htm .

40   Ver, por exemplo, aqui: https://www.youtube.com/watch?v=PUAepjhKkTM&feature=youtu.be. Ver também nota 43, abaixo.

difícil compreensão (e confesso que eu mesmo estou longe de entender o fenômeno como ele mereceria). É notável, inclusive, que até órgãos separados do GSI passaram a duplicar funções. Quando ela foi editada, muito se falou sobre a passagem do COAF (Conselho de Controle de Atividades Financeiras) – passar então sua subordinação do (extinto) Ministério da Fazenda para o Ministério da Justiça e Segurança Pública, chefiado por Sergio Moro (o que não aconteceu; hoje o COAF está em tramitação para ser "Unidade de Inteligência Financeira", subordinado ao Banco Central).[41] Mas, por exemplo, a MP apresenta um ponto muito menos discutido, mas não menos importante. Trata-se de uma linha de um parágrafo do item "G" do Artigo 5º da MP, que define as atribuições da "Secretaria de Governo da Presidência da República" (SGBR). Antes de passar a ela, cabe lembrar das atribuições anteriores de tal órgão: "Secretaria de Governo do Brasil é uma secretaria com status de ministério ligada à Presidência da República. Foi criada em 2 de outubro de 2015, pela presidente Dilma Rousseff, resultado da fusão da Secretaria-Geral da Presidência, Secretaria de Relações Institucionais, Secretaria da Micro e Pequena Empresa e do Gabinete de Segurança Institucional (GSI). Durante o Governo Michel Temer a Secretaria-Geral da Presidência e o Gabinete de Segurança Institucional foram recriados. Com isto a Secretaria de Governo ficou apenas com as atribuições de Relações Institucionais, ligadas à articulação política". Como sabemos, Temer desmembrou a SGBR para, entre outras coisas, devolver ao GSI o status de Ministério. Mas, voltemos a tal "linha" da MP 870 (em itálico, como parte do "artigo g"): na implementação de políticas e ações destinadas à ampliação das oportunidades de investimento e emprego e da infraestrutura pública; *II - supervisionar, coordenar, monitorar e acompanhar as atividades e as ações dos organismos internacionais e das organizações não governamentais no território nacional*". Em boa parte, pode-se dizer o mesmo em relação à várias atribuições do Ministério da Justiça, e até do Ministério Público, que em suas áreas de "inteligência" devem fazer os dados migrarem para o GSI.

---

41 https://www.congressonacional.leg.br/materias/medidas-provisorias/-/mpv/138177 .

Não bastasse isso vimos a criação de dois outros decretos: o nº 9.819, de 3 de junho de 2019, que regulamenta a Câmara de Relações Exteriores e Defesa Nacional do Conselho de Governo, mas que na verdade subordina todas as políticas "críticas" ao GSI – de fronteiras à índios; de crime às atribuições de infraestrutura, e por aí vai; e o Decreto nº 9830/2019, que protege toda a Burocracia Militar contra possíveis atos dolosos em ações de segurança; e o Decreto nº 9794/2019 passa pelo GSI os cargos federais. Há ainda outras leis em tramitação, que tendem a finalmente fechar o desenho de nosso "patrioct act",[42] mas que por não estarem efetivadas neste momento não vou discutir aqui.[43] Ora, o que todo esse desenho institucional está apontando, desta forma, é para o estabelecimento de um "estado de guerra permanente", ou, pelo menos, enquanto aqueles que avaliam a "segurança" julgarem necessário. Isso faz, no meu entendimento, que Augusto Heleno e Villas Bôas tenham o real controle do *input/output* das relações entre o Estado e a Sociedade, controlando a "chave criptográfica" e os ciclos da guerra híbrida no Brasil. Deste modo, para finalizar este livro tentando contemplar a pergunta acima, a única resposta que me ocorre é: os militares pretendem ocupar o centro do Estado e da sociedade, aparelhando aquele e produzindo "hegemonia cultural" nesta, e para isto entenderam que a chave da guerra híbrida é aquela em que eles

---

42 "A USA PATRIOT Act (comumente conhecida como "Patrioct Act") é uma lei do Congresso dos EUA que foi assinada pelo presidente George W. Bush em 26 de outubro de 2001. O título da lei é um inicialismo artificial de três letras (USA - Uniting and Strengthening America [Unindo e Fortalecendo a America]), precedendo um acrônimo de sete letras: PATRIOT - Providing Appropriate Tools Required to Intercept and Obstruct Terrorism, que, em combinação, significa Fornecer as Ferramentas Apropriadas e Necessárias para Interceptar e Obstruir o Terrorismo" (https://en.wikipedia.org/wiki/Patriot_Act). Sua implementação no Brasil é tema de várias exposições de Romulus no *Duplo Expresso*.

43 Especialmente o PL 443/2019, que oficializa a escuta e o grampo pelo GSI com aval da Justiça. Além disso, está em vias de se efetivar todo o comando de "cyberwar" no Brasil no âmbito do GSI: https://www.uol.com.br/tilt/noticias/redacao/2019/09/25/gsi--quer-lei-de-seguranca-cibernetica-no-brasil-e-ensinar-assunto-na-escola.htm. Vamos lembrar que "hacker" tem sido um assunto recorrente nos últimos tempos.

podem fazer isto sem comprometerem sua integridade, isto é, sem que se perceba que este é um processo que partiu deles.

Para terminar, reconstituo dois diálogos que resumem bem ao mesmo tempo de onde parti como "motivação etnográfica" e onde chegamos com a "análise em rede" que se concretizou neste livro. Como muito bem lembrou meu amigo Luiz Henrique de Toledo (comunicação pessoal: maio de 2019), não há incompatibilidade dos militares com um processo em que o resto do Estado "diminui" (em função da atual orientação neo-liberal): quanto menos elementos um Estado se encarregar, mais ao centro os militares estarão. E trata-se de um "centro narcísico", potencialmente domesticador do resto da sociedade. Seus mecanismos podem se resumir em outro diálogo que tive com Romulus Maya por mensagens (em junho de 2019), onde conversamos sobre isto, chegando à ideia de "reboot" do sistema:

"[19:26, 12/06/2019] Romulus: como q eh o nome do evento q possibilita o golpe na guerra hibrida? eh alguma coisa event

[19:26, 12/06/2019] Piero Leirner: Boot

[19:26, 12/06/2019] Romulus: boot event?

[19:26, 12/06/2019] Piero Leirner: Ou reboot

[19:27, 12/06/2019] Romulus: reboot

[19:29, 12/06/2019] Piero Leirner: Trata-se de um reboot, ou 'reinicialização' do sistema? É possível perceber sinais de que tal processo começou?

[19:32, 12/06/2019] Piero Leirner (mensagem de voz): E se se trata de um reboot com 'patch de segurança'. Sempre que computador atualiza tem isso.

[19:33, 12/06/2019] Romulus: e colocar a whole spectrum psy op

[19:44, 12/06/2019] Romulus: O – esperado – 'golpe no golpe' e a 'guerra híbrida' (...) O 'sistema operacional' do 'computador-sociedade' sendo (re-) inicializado no 'modo de segurança'. Aquele em que todo o poder é dado ao administrador do sistema, para que possa 'reparar a vulnerabilidade' que o ameaçava. Para isso, diversas das funcionalidades do sistema, antes autônomas, passam a depender de comendo específico/ autorização do administrador. Troque-se 'computador' / 'sistema' por 'sociedade' e 'administrador' por 'ditadura' que a metáfora fica ainda mais clara".

Referências bibliográficas

Almeida, Ronaldo. 2019. A *Onda Quebrada. Evangélicos e conservadorismo na crise brasileira (2013-2018)*. Tese de Livre-Docência. Universidade Estadual de Campinas.

Almeida, Ronaldo. e Toniol, Rodrigo (Orgs). 2018. *Conservadorismos, fascismos e fundamentalismos: Análises conjunturais*. Campinas: Edunicamp.

Alonso, Angela. 2016. O 13. http://www1.folha.uol.com.br/colunas/angela--alonso/2016/05/1768619-o-13.shtml. (acesso em 08/05/2016).

Alonso, Angela. 2017. "A Política das Ruas. Protestos em São Paulo de Dilma a Temer. *Novos Estudos Cebrap*. No. Especial. São Paulo: Cebrap. Pp 49-58.

Arantes, Paulo. 2019. *O Mundo como Alvo*. Col. Sentimento da Dialética. https://doi.org/10.34024/9786500265262.

Arendt, Hannah. 1985. *Da Violência*. Brasília: Ed. UnB.

Arendt, Hannah. 1992. *Entre o Passado e o Futuro*. São Paulo: Perspectiva.

Arns, Paulo Evaristo. 1991. *Brasil: nunca mais*. São Paulo: Paz e Terra.

Arquilla, John e Ronfeldt, David. 1996. *The Advent of Netwar*. Santa Monica: RAND.

Atássio, Aline. 2009. *A Batalha pela Memória. Os militares e o golpe de 1964*. Dissertação (Mestrado em Ciências Sociais). Universidade Federal de São Carlos.

Bahenský, Vojtěch. 2016. *Hybrid Warfare, Wars, and Threats: a conceptual analysis*. Master Thesis (Political Studies). Charles University in Prague.

Baran, Paul. 1962. *On Distributed Communications Networks*. Santa Monica: RAND.

Bateson, Gregory. 1942. Comment. In *Science, Philosophy, and Religion: Second Symposium*. New York: L. Bryson and L. Finkelstein, eds.

Bateson, Gregory. 1972. *Steps to an Ecology of Mind: Collected Essays in Anthropology, Psychiatry, Evolution, and Epistemology*. Chicago: University Of Chicago Press (2nd Ed. 2000).

Bateson, Gregory. 2008. *Naven: Um Esboço dos Problemas Sugerido por um Retrato Compósito, Realizado a Partir de Três Perspectivas da Cultura*. São Paulo: Edusp.

Ben-Ari Eyal. 1998. *Mastering Soldiers: Conflict, Emotions, and the Enemy in an Israeli Military Unit*. Oxford: UK: Berghahn Books.

Ben-Ari, Eyal., Lerer, Zeev., Ben-Shalom, Uzi e Vainer, Ariel. 2010. *Rethinking Contemporary Warfare*. New York: State University of New York.

Bendix, Reinhard. 1962. *Max Weber: an intellectual portrait*. New York: Doubleday.

Bendix, Reinhard. 1996 [1964]. *Construção Nacional e Cidadania*. São Paulo: Edusp.

Benveniste, Émile. 1995. *O Vocabulário das Instituições Indo-Européias*, 2 Vols. Campinas: Ed. Unicamp.

Beviláqua, Ciméa. 2008. *Consumidores e seus Direitos: um estudo sobre conflitos no mercado de consumo*. São Paulo: Humanitas.

Beviláqua, Ciméa. e Leirner, Piero. 2000. "Notas sobre a análise antropológica de setores do Estado brasileiro". *Revista de Antropologia*. vol.43, n.2. São Paulo: PPGAS/USP. p. 105-140.

Bezerra, Marcos Otávio. 2017. "Corrupção e Produção do Estado". *Repocs*, v.14 n. 17. Jan-jun. 2017.

Bianchi, Alvaro. 2016. *O Que é um Golpe de Estado?* http://blogjunho.com.br/o-que-e-um-golpe-de-estado/. Acesso em 15 setembro de 2019.

Biondi, Karina. 2010. *Junto e Misturado. Uma etnografia do PCC*. São Paulo: Terceiro Nome.

Blum, William. 1995. *Killing Hope: U.S. Military and C.I.A. Interventions since World War II*. Monroe, Maine: Common Courage.

Boudon, Raymond. 1991. *Theories of Social Change*. Cambridge: Polity Press.

Bourdieu, Pierre. 1996. "Espíritos de Estado: gênese e estrutura do campo burocrático", in *Razões Práticas*. Campinas: Papirus.

Bourdieu, Pierre. 2014. *Sobre o Estado*. São Paulo: Companhia das Letras.

Boyd, John. 1995. *Essence on Winning and Losing*. Disponível em: http://bit.ly/essencewinninglosing . Acesso em 02 de fevereiro de 2019.

Brasil (Exército Brasileiro). 2010. *O processo de Transformação do Exército Brasileiro*. 3ª Edição. Brasília: Estado-Maior do Exército.

Brasil (Exército Brasileiro). 2010. *O processo de Transformação do Exército Brasileiro: extrato*. Brasília: Estado-Maior do Exército.

Brasil (Ministério da Defesa). 1999. *Manual de Campanha: Operações Psicológicas*. C45-4. 3ª Edição. Brasília: Ministério da Defesa.

Brasil (Ministério da Defesa). 2015. *Glossário das Forças Armadas*. MD35-G-01. Brasília: Ministério da Defesa.

Caforio, Giuseppe. (Ed.) 1994. "The Military Profession in Europe". *Currennt Sociology*. V. 42 N. 3. London: Sage.

Carlson, John, Yeomans, Neville. 1975. Wither Goeth the Law: Humanity or Barbarity. In Smith, Margareth, Crossley, David. *The Way Out: Radical Alternatives in Australia*. Melbourne: Landsdowne Press

Carneiro. Robert. 1970. "A Theory of the Origin of the State". *Science*. 469:733-738.

Carneiro. Robert. 1978. "Political expansion as an expression of the principle of competitive expansion". In R. Cohen and Elman Service. (eds). *Origins of the State: The Anthropology of Political Evolution*. Philadelphia: Institute for the Study of Human Issues. p. 205-223.

Carneiro. Robert. 1988. "The Circumscription Theory: Challenge and Response". *American Behavioral Scientist*. 31(4). p. 497-511.

Carreiras, Helena. e Castro, Celso. (Eds). 2013. *Qualitative Methods on Military Research*. London: Routledge.

Carvalho, José Murilo. 2005. *Forças armadas e Política no Brasil*. Rio de Janeiro: Jorge Zahar Editor (2ª Ed.).

Casali, Cláudio Tavares. S/d. *Brasil, Acima de Tudo!*. Disponível em http://www.cipqdt.eb.mil.br/download/trabalhos_cientificos/o_brado_brasil_acima_de_tudo.pdf . Acesso em 25 de outubro de 2018.

Casimiro, Flávio, Calheiros. 2018. A *Nova Direita. Aparelhos de ação política e ideológica no Brasil contemporâneo*. São Paulo: Expressão popular.

Castro, Celso. 1990 *O Espírito Militar: Um Estudo de Antropologia Social na Academia Militar das Agulhas Negras*. Rio de Janeiro: Jorge Zahar Editor (2ª Edição 2004).

Castro, Celso. 1995. *Os Militares e a República*. Rio de Janeiro: Jorge Zahar Editor.

Castro, Celso. 2002. *A Invenção do exército Brasileiro*. Rio de Janeiro: Jorge Zahar Editor.

Castro, Celso. 2009. "Em Campo com os Militares". In Celso Castro e Piero Leirner (Orgs). *Antropologia dos Militares. Reflexões sobre pesquisas de campo*. Rio de Janeiro: FGV.

Castro, Celso. (Org). 2018. *A família Militar no Brasil*. Rio de Janeiro: FGV.

Castro, Celso. e Leirner, Piero. 2009. *Antropologia dos Militares. Reflexões sobre pesquisas de campo*. Rio de Janeiro: FGV.

Castro, Celso e Marques, Adriana. 2019. *Missão Haiti: a visão dos Force Commanders*. Rio de Janeiro: FGV.

Castro, Celso. e Souza, Adriana B. 2006. "A Defesa Militar da Amazônia: entre história e memória". In Celso Castro (org.). *Amazônia e Defesa Nacional*. Rio de Janeiro: FGV.

Cesarino, Letícia. 2018. *Populismo digital: roteiro inicial para um conceito, a partir de um estudo de caso da campanha eleitoral de 2018 (Parte I: metodologia e teoria)*. Florianópolis: Mimeo.

Chamayou, Gregoire. 2015. *Teoria do Drone*. São Paulo: Cosac & Naify.

Chauí, Marilena. 1990. "Laços do desejo". In Adauto Novaes (Org). *O Desejo*. São Paulo: Cia das Letras.

Chirio, Maud. 2012. *A política nos quartéis: Revoltas e protestos de oficiais na ditadura militar brasileira*. Rio de Janeiro: Zahar.

Christopher, Paul and Matthews, Miriam. 2016 *The Russian 'Firehose of Falsehood' Propaganda Model: Why It Might Work and Options to Counter It*. Santa Monica: RAND Corporation. https://www.rand.org/pubs/perspectives/PE198.html.

CIA (Central Intelligence Agency). 1979. *The Freedom Fightes Manual*. Mimeo.

Clastres, Pierre. 1980. "Arqueologia da Violência". In *Guerra, Religião e Poder*. Lisboa: Ed. 70.

Clastres, Pierre. 2004 (1980). *Arqueologia da Violência*. São Paulo: Cosac & Naify.

Clausewitz, Carl. 2008. *On War*. Princeton: Princeton University Press.

Coelho, Edmundo C. 1990. "A Instituição Militar no Brasil: um ensaio bibliográfico". *BIB*. Especial No. 3. São Paulo: Anpocs.

Cohen, Ronald. 1984. "Warfare and State Formation: wars make states and states makes wars". In R. Brian Ferguson (Ed.). *Warfare, Culture and Environment*. Orlando: Academic Press.

Cohn, Gabriel. 1979. *Crítica e Resignação: estudo sobre o pensamento de Max Weber*. São Paulo: T.A. Queiroz Editor.

Coram, Robert. 2002. *Boyd: The Fighter Pilot Who Changed the Art of War*. New York: Little, Brown & Company.

Costa, João G. Burmann. 2014. *Boyd e Szafranski: elementos de estudo da guerra psicológica de espectro total*. Trabalho de Conclusão de Curso, FCE/RI. Porto Alegre: UFRGS.

D'Araujo, Maria C.; Soares, Glaucio A. D. & Castro, Celso. 1994a. *1964: visões do golpe*. Rio de Janeiro, Relume-Dumará.

D'Araujo, Maria C.; Soares, Glaucio A. D. & Castro, Celso. 1994b. *1964: visões do golpe. Os anos de chumbo: a memória militar sobre a repressão*. Rio de Janeiro, Relume-Dumará.

D'Araujo, Maria C.; Soares, Glaucio A. D. & Castro, Celso. 1995. *1964: visões do golpe. A abertura*. Rio de Janeiro, Relume-Dumará.

Deleuze, Giles. 2005. *Foucault*. São Paulo: Brasiliense.

Deleuze, Giles e Guattari, Felix. 1997 [1980]. *Mil Platôs (Vol. 5)*. São Paulo: Ed. 34.

Dent, Alexander S. e Pinheiro-Machado, Rosana. 2013. *Protesting Democracy in Brazil. Hot Spots*. Cultural Anthropology website, December 20, 2013. https://culanth.org/fieldsights/426-protesting-democracy-in-brazil.

Department of Army. 2001. *FM 3-0 Operations*. Washington D.C.

Department of Army. 2008. *FM 3-0 Operations*. Washington D.C (Atualizado).

Detienne, Marcel. 1988. *Os mestres da verdade na Grécia Arcaica*. Rio de Janeiro: Jorge Zahar.

Detienne, Marcel. 2008. *Os Gregos e Nós: uma antropologia comparada da Grécia Antiga*. São Paulo: Edições Loyola.

Diniz, Eugenio. 1994. "Um Diálogo de Surdos: o Projeto Calha Norte". *Lua Nova*. No. 34. São Paulo: CEDEC.

Dreifuss, René A. 1986. *1964: A Conquista do Estado: Ação Política, Poder e Golpe de Classe*. Petrópolis, Vozes.

Dumont, Louis. 1985. *O Individualismo: uma perspectiva antropológica*. Rio de Janeiro: Rocco.

Dunlap, Charles. 2001. *Law and Military Interventions: preserving humanitarian values in 21st century conflicts*. Working Paper. Cambridge: Harvard Universiy (John F. Kennedy School of Government.

Dunlap, Charles. 2008. "Lawfare Today: a perspective". *Yale Journal of International Affairs*. p. 146-154 (Winter 2008).

Elias, Norbert. 1990 [1939]. *O Processo Civilizador, Vol. 1*. Rio de Janeiro: Jorge Zahar Editor.

Elias, Norbert. 1993 [1939]. *O Processo Civilizador, Vol. 2*. Rio de Janeiro: Jorge Zahar Editor.

Engdahl, F. William. 2018. *Manifest Destiny: democracy as cognitive dissonance*. Wiesbaden: Minebooks.

Engdahl, William. 2009. *Full Spectrum Dominance: Totalitarian Democracy in the New World Order*. Wiesbaden: Edition.Engdahl.

Escobar, Pepe. 2014. *Empire of Chaos*. Ann Arbour: Nimble Books.

Escobar, Pepe. 2016. *O Brasil no epicentro da Guerra Híbrida*. https://jornalggn.com.br/analise/o-brasil-no-epicentro-da-guerra-hibrida-por-pepe-escobar/. Acesso em 25 de março de 2019.

Fausto, Carlos. 1997. *A Dialética da Predação e da Familiarização entre os Parakanã da Amazônia Oriental*. Tese (Doutorado em Antropologia Social). PPGAS/Museu Nacional/UFRJ.

Fausto, Carlos. 1999, "Da Inimizade: forma e simbolismo da guerra indígena". In Novaes, Adauto (Org.). *A Outra Margem do Ocidente*. São Paulo: Cia. das Letras.

Fausto, Carlos. 2001. *Inimigos Fiéis: história, guerra e xamanismo na Amazônia*. São Paulo: Edusp.

Fausto, Ruy. 1987. "Sobre a Modalidade em Pierre Clastres". In *Marx: lógica e política*. V. II, São Paulo: Brasiliense.

Favret-Saada, Jeanne. 2005. "Ser afetado". *Cadernos de Campo*. nº 13, São Paulo: USP.

Feltran, Gabriel. 2019. *Luta de Classes sem Classes?* Paper apresentado na VII Reunião da APA – Associação Portuguesa de Antropologia. Lisboa. Mimeo.

Ferguson, R. Brian. 1984. "Introduction: studying war". In *Warfare, Culture and Environment*. Orlando: Academic Press.

Ferguson, R. Brian. e Whitehead, Neil. 1992. *War in the Tribal Zone: expanding states and indigenous warfare*. Seattle, Un. f Washington Press.

Ferguson, R. Brian.; Farragher, Leslie. 1988. *The Anthropology of War: a bibliography*. New York: Harry Frank Guggenheim Foundation.

Ferreira, Oliveiros S. 1988. *Forças Armadas Para Quê?*. São Paulo: GRD.

Ferreira, Wilson. 2017. *Bombas Semióticas Brasileiras (2013-2016): por que aquilo deu nisso?* http://cinegnose.blogspot.com/2017/07/bombas-semioticas-brasileiras-2013-2016.html. Acesso em 20 fevereiro de 2018.

Ferreira, Wilson. 2018. *Bomba Semiótica!* https://jornalggn.com.br/midia/bomba-semiotica-2/. Acesso em 20 fevereiro de 2018.

Fiori, José L (Ed.). 2018. *Sobre a Guerra*. Petrópolis: Vozes.

Fleischmann, Eugène. 1977. "Weber e Nietzsche". In Gabriel Cohn (Org.), *Sociologia: para ler os clássicos*. Rio de Janeiro: LTC.

Ford, Daniel. 2010. *A Vision So Noble: John Boyd, the OODA Loop, and America's War on Terror*. Durnham: War Bird Books.

Forte, Maximilian C. (2010). *Bibliography: The Military, Intelligence, and Academia*. Zero Anthropology. https://openanthropology.files.wordpress.com/2010/02/militanthrobiblio1.pdf. Acesso em 08 de fevereiro de 2015:

Foucault, Michel. 1999. *Em Defesa da Sociedade*. São Paulo: Martins Fontes.

Foucault, Michel. 2008. *O Nascimento da Biopolítica*. São Paulo: Martins Fontes.

Frederici, Sandra Maria. 2003. *Instituição militar e política, uma abordagem antropológica (1964-1974)*. Dissertação (Mestrado em Ciências Humanas). São Carlos: Universidade Federal de São Carlos.

Freier, Nathan. 2009. "Hybrid Threats and Challenges: Describe... don't define". *Small Wars Journal*. https://smallwarsjournal.com/jrnl/art/hybrid-threats-and-challenges-describe-dont-define. Acesso em 2 de maio de 2018.

Frese, Pamela R. e Harrell, Margaret C. (Eds.). 2003. *Anthropology and the United States Military. Coming of age in the twenty-first century*. New York: Palgrave McMillan.

Frota, Sylvio. 2006. *Ideais Traídos*. Rio de Janeiro: Zahar.

Fuccile, Alexandre. 2001. *A Segurança Interna no Brasil Pós-Guerra Fria*. REDES/2001. Washington DC.

Gat, Azar. 2006. *War in Human Civilization*. Oxford: Oxford University Press.

Geiger, Amir. 2008. "Apresentação". In Gregory Bateson. *Naven*. São Paulo: Edusp.

Gezari, Vanessa. 2013. *The Tender Soldier*. New York: Simon and Schuster.

Giannotti, José A., 1983, *Trabalho e Reflexão. Ensaios para uma dialética da sociabilidade*. São Paulo, Brasiliense.

Ginzburg, Carlo. 2014. "Medo, Reverência, Terror: ler Hobbes hoje". In *Medo, Reverência, Terror*. São Paulo: Companhia das Letras.

Gonçalves, Leandro Clemente. 2018. "Revolução Militar". In Hector Saint-Pierre e Marina Vitelli (Eds). *Dicionário de Segurança e Defesa*. São Paulo: Editora da Unesp.

González, Roberto J. 2007. "Towards mercenary anthropology?". *Anthropology Today*, 23(3). p. 14-19.

González, Roberto J. 2008. "'Human terrain': Past, present and future applications". *Anthropology Today*, 24 (1) January: 21-26

González, Roberto J. 2009. *American Counterinsurgency: human science and the human terrain*. Chicago: Prickly Paradigm Press.

Goody, Jack. 1977. *The Domestication of the savage Mind*. Cambridge: CUP.

Graham, Stephen. 2016. *Cidades Sitiadas: o novo urbanismo military*. São Paulo: Boitempo.

Gusterson Hugh. 2016. *Drone: Remote Control Warfare*. Cambridge, MA: MIT Press.

Gusterson, Hugh. 2007. "Anthropology and militarism". *Annual Review of Anthropology*. 36: 155-175.

Haraway, Donna. 2013. "Manifesto Ciborgue". In D. Haraway, H. Kunzru e T. Tadeu (Orgs). *Antropologia do Ciborgue. As vertigens do pós-humano*. Belo Horizonte: Autêntica.

Hardt, Michael e Negri, Antonio. 2005. *Multidão*. Rio de Janeiro: Record.

Harries-Jenkies, Gwyn. e Moskos, Charles, C. 1981. "Armed Forces and Society". *Current Sociology*. Vol. 29 N. 3. London: Sage.

Hart, C. W. M. e Pilling, Arnold. R. 1960. *The Tiwi of North Australia*. New York: Holt, Rinehart and Winston.

Herzfeld, Michael. 1997. *Cultural Intimacy: Social Poetics in the Nation-State*. London: Routledge.

Hobbes, Thomas. 1974 [1651]. *Leviatã ou Matéria, Forma e Poder de um Estado Eclesiástico e Civil*. São Paulo: Ed. Abril (col. "Os Pensadores").

Hodder, Ian. 1990. *The Domestication of Europe*. Oxford: Blackwell.

Hoffman, Frank. 2007. *Conflict in the 21st Century: the rise of the hybrid wars*. Arlington: Potomac Institute for Policy Studies.

Horowitz, Irving L. 1967. *The Rise and Fall of Project Camelot*. Cambridge: The MIT Press.

Huntington, Samuel P. 1957. *The Soldier and the State*. Cambridge: Harvard Un. Press.

Iubel, Aline, 2015, *Transformações políticas e indígenas: movimento e prefeitura no alto rio Negro*. Tese (Doutorado em Antropologia Social). São Carlos: Universidade Federal de São Carlos.

Janowitz, Morris. 1960. *The Professional Soldier*. New York: The Free Press.

Jaspers, Karl. 1977. "Método e Visão de Mundo em Weber". In Gabriel Cohn (Org.), *Sociologia: para ler os clássicos*. Rio de Janeiro: LTC.

Jefferys-Jones, Rhodi. 1989. *The C.I.A. amd American Democracy*. New Haven: Yale University Press.

Jobim, Nelson., Etchegoyen, Sergio., e Alsina, João P. 2010. *Segurança Internacional: perspectivas brasileiras*. Rio de Janeiro: FGV.

Kalil, Isabela. 2018. *Quem São e no que Acreditam os Eleitores de Jair Bolsonaro*. São Paulo: Fundação Escola de Sociologia e Política.

Kant, Immanuel. 2006. *Para a Paz Perpétua*. Galizia: IGESIP.

Kazdhan, Alexander Petrovich. 1991. *The Oxford Dictionary of Byzantium*. Oxford: Oxford University Press.

Keegan, John. 1995. *Uma História da Guerra*. São Paulo: Companhia das Letras.

Keeley, Lawrence W. 1986. *War Before Civilization: the myth of the peaceful savage*. New York: Oxford Un. Press.

Kelly, John D., Jauregui, Beatrice., Mitchell, Sean T. e Walton, Jeremy. (Eds.). 2010. *Anthropology and Global Counterinsurgency*. Chicago: The University of Chicago Press.

Kipp, Jacob., Grau, Lester., Prinslow, Karl. e Smith, Don. 2006. *The Human Terrain System: A CORDS for the 21st Century*. Fort Leavenworth Ks: Foreign Military Studies Office (Army). http://oai.dtic.mil/oai/oai?verb=getRecord&metadataPrefix=html&identifier=ADA457490. Acesso 31 janeiro de 2015.

Klein, Naomi. 2008. *A Doutrina do Choque. A ascensão do capitalismo do desastre*. São Paulo: Nova Fronteira.

Korybko, Andrew. 2018. *Guerras Híbridas. Das revoluções coloridas aos golpes*. São Paulo: Expressão Popular.

Kuhlmann, Paulo L. 2007. *Exército Brasileiro: estrutura militar e ordenamento político (1984 – 2007)*. Tese. (Doutorado em Ciência Política). São Paulo: USP.

Laclau, Ernesto. 2013. *A Razão Populista*. São Paulo: Três Estrelas.

Lasswell, Harold .D. 1941. "The Garrison State". *American Journal of sociology*. N. 46. p. 455-468.

Leal, Paulo César. 2016. "A Guerra Híbrida: reflexos para o sistema de defesa do Brasil". *Doutrina Militar Terrestre em Revista*. Brasília: Exército Brasileiro. Janeiro a Junho/2016.

Lefort, Claude. 1999. *Desafios da Escrita Política*. São Paulo: Discurso Editorial.

Leirner, Piero. 1997. *Meia-Volta, Volver: um estudo antropológico sobre a hierarquia militar*. Rio de Janeiro: FGV.

Leirner, Piero. 2001. *O Sistema da Guerra. Uma leitura antropológica dos exércitos modernos*. Tese (Doutorado em Antropologia Social). São Paulo: USP.

Leirner, Piero. 2009. "A Etnografia como Extensão da Guerra por Outros Meios". *Mana*. 12(1). Rio de Janeiro: PPGAS/MN/UFRJ.

Leirner, Piero. 2013. "O Estado como Fazenda de Domesticação". *R@U: Revista de Antropologia da UFSCar*. v.4, n.2, jul.-dez.(2012), p.38-70.

Leirner, Piero. 2013b. "Side Effects of the Chain of Command on Anthropological Research: the Brazilian army". In Helena Carreiras e Celso Castro. (Orgs.). *Qualitative Methods in Military Studies*. London: Routledge, p. 68-84.

Leirner, Piero. 2016. "Irregular Anthropology: researching for the military". In Helena Carreiras, Celso Castro and Sabina Frederic. *Researching the Military*. London: Routledge.

Leirner, Piero. 2017. "Ensaio sobre o Estado Bipolar, ou a 'Síndrome de Barbosa'". *R@U : Revista de Antropologia da UFSCar*, v. 8, p. 33-60.

Leirner, Piero. 2018. "Militarized Anthropology, Controversy and Resistance to". In: Hillary Callan (Ed). *The International Encyclopedia of Anthropology*. 1ed.Oxford: Wiley-Blackwell.

Leirner, Piero. 2019. *Insurgência Estatal, Etapa Superior da Guerra Híbrida? O caso brasileiro*. Paper apresentado na VII Reunião da APA – Associação Portuguesa de Antropologia. Lisboa. Mimeo.

Leirner, Piero. s/d. *Muito Além de um Tuíte: a a sinergia política dos militares e o processo de conquista do Estado*. (mimeo, disponível em: https://periodicos.uff.br/antropolitica/article/view/49832).

L'Estoile, Benoît., Neiburg, Federico e Sigaud, Lygia (Orgs.). 2002. *Antropologia, Impérios e Estados nacionais*. Rio de Janeiro: Relume Dumará/ FAPERJ.

Lévi-Strauss, Claude., 1976 [1942], "Guerra e Comércio entre os Índios da América do Sul", in Egon Shaden. *Leituras de Etnologia Brasileira*. São Paulo: Companhia Editora Nacional.

Lewandowski, Andressa. 2017. *O direito em Última Instância: uma etnografia no Supremo Tribunal Federal*. Rio de Janeiro: Lumen Juris.

Liang, Qiao e Xiangsui, Wang. 1999. *Unrestricted Warfare*. Beijing: PLA Literature and Arts Publishing House.

Liddell Hart, B. H. 1954. "The Strategy of Indirect Approach". https://archive.org/stream/strategyofindire035126mbp/strategyofindire035126m bp_djvu.txt. Acesso em 7 de julho de 2014.

Lima Filho, Sebastião. 2011. *O Que a Escola Superior de Guerra (ESG) Ensinava*. Tese (Doutorado em Sociologia). Fortaleza: UFC.

Limongi, Fernando. 2017. "Impedindo Dilma". *Novos estudos CEBRAP*. Número Especial. p. 5-13 Junho de 2017.

Lind, William S. 2001. "Fourth-Generation Warfare's First Blow: A Quick Look", *Marine Corps Gazette*, Vol. 85, N.º 11, November/2001.

Lorenz, Konrad. 1966. *On Agression*. London. Methuen & Co.

Lucas Jr., George. 2009. *Anthropologists in Arms. The ethics of military anthropology*. Lenham: AltaMira Press.

Lucas, James. 1988. Storming Eagles: German Airborne Forces in World War Two. [S.l.]: Arms and Armour Press.

Luttwak, Edward. 1987. *Strategy: the logic of war and Peace*. Cambridge: Harvard Un. Press.

Luttwak, Edward. 1991. *Golpe de Estado: um manual prático*. Rio de Janeiro: Paz e Terra.

Lutz, Catherine (Ed.). 2009. *The Basis of Empire*. New York: NYU Press.

Lutz, Catherine. 2001. *Homefront: A Military City and the American Twentieth Century*. Boston: Beacon Press.

Machado, Igor. 2019. *Antropologia Ex-Post-Facto*. Tese (Professor Titular). Departamento de Ciências Sociais. São Carlos: UFSCar.

Malinowski, Bronislaw., 1941. "An Anthrpological Analysis of War". *American Journal of Sociology*. N. 46. p. 521-550.

Maquiavel, Nicolau. 2018 [1513]. *O Príncipe*. São Paulo: Companhia das Letras.

Marques, Adriana A. 2007. *Amazônia: pensamento e presença militar*. Tese (Doutorado em Ciência Política). São Paulo: USP.

Martins Filho, João R. 1995. *O Palácio e a Caserna*. São Carlos: Edufscar.

Martins Filho, João R. 2008. "A Influência Doutrinária Francesa sobre os Militares Brasileiros nos Anos de 1960". *RBCS*. N. 23. São Paulo: Anpocs.

Martins Filho, João R. e Zirker, Daniel. 2000. "Nationalism, National Security, and Amazonia: Military Perceptions and Attitudes in Contemporary Brazil". *Armed Forces & Society*. Vol. 27, No. 1. Fall, 2000.

Mathias, Suzeley. 2003. "Brasil: Interesse nacional e 'novas ameaças'". In Samuel Alves Soares e Suzeley Kalil Mathias (Orgs.). *Novas Ameaças: dimensões e perspectivas - desafios para a cooperação entre Brasil e Argentina*. São Paulo: Sicurezza.

Mattis, James N. e Hoffman, Frank. 2005. "Future warfare: the rise of hybrid warfare". Naval Institute Proceedings. November/05.

Mauss, Marcel. 1974. *Sociologia e Antropologia, 2 Vols*. São Paulo: EPU/Edusp.

Maya, Romulus e Leirner, Piero. 2019. *Urgente: EUA planejam derrubar avião brasileiro e culpar Venezuela?* https://duploexpresso.com/?p=104661. Acessado em 18 de maio de 2019.

McNamara, Laura A.; Rubinstein, Robert A. (Eds.) 2011. *Dangerous Liaisons. Anthropologists and the National Security State*. Santa Fe: School for Advanced Research.

Mellaart, James. 1967. Çatal Hüyük. A neolithic town in Anatolia. London: Thames and Hudson.

Menna Barreto, Carlos Alberto. 1995. *A Farsa Ianomâmi*. Rio de Janeiro: Biblex.

Merton, Robert K. 1949. *Social Theory and Social Structure*. New York: Free Press (2nd Ed. 1968).

Miceli, Sergio. 2014. "Sobre o Materialismo do Simbólico". In Pierre Bourdieu. *Sobre o Estado*. São Paulo: Companhia das Letras.

Miguel, Luis Felipe. 2018. *Golpe*. https://grupo-demode.tumblr.com/post/171564606847/golpe. Acesso em 25 agosto de 2019.

Mills, Charles W. 1956. *The Power Elite*. New York: Oxford Un. Press.

Miranda, Denis. 2016. *A Implementação do Ensino de Sociologia para os Cadetes da Aman*. Anais do IX ENABED. Florianópolis: Abed.

Moniz Bandeira, Luiz. 2013. *A Segunda Guerra Fria*. Rio de Janeiro: Civilização Brasileira.

Monteiro, Licio. 2020. "Segurança de fronteiras no Arco Central: dos espaços de exceção ao Estado securitário", In Juliana Nunes e Licio Monteiro. *Crise e reinvenção dos espaços da política*. Rio de Janeiro: Editora Consequência.

Montes, Maria Lucia. 1983. *Lazer e Ideologia*. Tese (Doutorado em Ciências Sociais). São Paulo: USP.

Morgan, Lewis. 1985 [1877]. *Ancient Society*. New York: Henry Holt and Company.

Moskos, Charles. 2000. "Toward a Postmodern Military: the United States as a Paradigm". In Charles Moskos, John Williams e David Segal. *The Postmodern Military*. Oxford: Oxford University Press.

Motta, Rodrigo de Sá. 2000. *Em Guarda Contra o Perigo Vermelho: o anticomunismo no Brasil (1917-1964)*. Tese (Doutorado em História Econômica). São Paulo: USP.

Motta, Rodrigo de Sá. 2018. *A tradição anticomunista no Brasil, as eleições de 2018 e o início da era Bolsonaro*. https://www.academia.edu/38662012. Acesso em 08 agosto de 2019.

Neiburg, Federico. 1999. "O Naciocentrismo das Ciências Sociais e as Formas de Conceituar a Violência Política e os Processos de Politização da Vida Social". In Leopoldo Waizbort (Org.). *Dossiê Norbert Elias*. São Paulo: Edusp.

Neiburg, Federico e Goldman, Marcio. 1997. "Antropologia e Política nos Estudos de Caráter Nacional". *Anuário Antropológico/97*. Brasília: UnB.

Network of Concerned Anthropologists. 2009. *The Counter-Counterinsurgency Manual, or, notes on demilitarizing American society*. Chicago: Prickly Paradigm Press.

Neves, Alex Jorge., Silva, José Camilo. e Monteiro, Licio Rego. 2016. *Mapeamento das Políticas Públicas Federais na Faixa de Fronteira:*

Interfaces com o Plano Estratégico de Fronteiras e a Estratégia Nacional de Segurança Pública nas Fronteiras. Brasília: Ministério da Justiça.

Nikolaevich, Panarin. 2019. *Doctrine of General Gerasimov and Hybrid War*. http://www.infospecnaz.ru/en/2019/03/14/doctrine-of-general-gerasimov-and-hybrid-war/. Acesso em 20 setembro de 2019.

Nobre, Marcos. 2018. *O Grau Zero da Política*. https://piaui.folha.uol.com.br/o-grau-zero-da-politica/. Acesso em 01 de novembro de 2018.

Nobre, Marcos. 2019. *O Caos como Método*. https://piaui.folha.uol.com.br/materia/o-caos-como-metodo/. Acesso em 02 de abril de 2019.

Nuciari, Marina. 1994. "Rethinking Military Profession: models of change compared". *Current Sociology*. Vol. 42 N. 3. London: SAGE.

Oliveira, Ana A. Penido. 2016. *Notas sobre a Academia Militar das Agulhas Negras Atualmente: perfil dos cadetes e características formais e informais do processo de ensino*. Anais da IX Enabed. Florianópolis: Abed.

Oliveira, Eliézer Rizzo e Soares, Samuel Alves. 2000. "Brasil, Forças Armadas, direção política e formato institucional". In Maria Celina D'Araújo e Celso Castro. *Democracia e Forças Armadas no Cone Sul*. Rio de Janeiro: FGV.

Oliveira, Hermes de Araújo. 1965. *Guerra Revolucionária*. Rio de Janeiro: Biblex.

Ortega, André e Mrin, Pedro. 2019. *Carta no Coturno. A volta do partido fardado no Brasil*. São Paulo: Opera.

Osinga, Frans. 2005. *Science, strategy and war: The strategic theory of John Boyd*. Delft: Eburon Academic Publishers.

Otterbein, Keith. 1968. "Internal War: a cross-cultural studie". *American Anthropologist*. 70: 277-289.

Otterbein, Keith. 1973. "The Anthropology of War", in Honigmann, J. (Ed.). *Handbook of Social and Cultural Anthropology*. New York: Rand McNally and Co.

Otterbein, keith. 2000. "A History of Research on Warfare in Anthropology, *American Anthropologist*. 101(4). Chicago: American Anthropological Association. 794-805

Paiva, Luiz Eduardo da Rocha. 2015. *Tensões sociais, 'revoluções coloridas' e 'guerras híbridas': histórico, métodos, reflexos para o Brasil e ensinamentos.* Brasília: Centro de Estudos Estratégicos do Exército.

Paret, Peter. 2008. "The Genesis of On War". In Carl Von Clausewitz. *On War.* Princeton: Princeton University Press (1a. Ed 1976).

Perissinotto, Renato. 2016. *Por Que Golpe?* https://www.academia.edu/29221192/Por_que_golpe. Acesso em 30 de junho de 2018.

Pias, Claus. 2016. *Cybernetics: the Macy Conferences – 1946-1953.* Zurich: Diaphanes.

Pinheiro, Álvaro de Souza. 2007. "O conflito de 4° Geração e a evolução da guerra irregular". *Revista das Ciências Militares – Coleção Carlos de Meira Mattos.* N.16, p.16-33.

Pinheiro-Machado, Rosana e Freixo, Adriano (Orgs). 2019. *Brasil em Transe: bolsonarismo, nova direita e desdemocratização.* Rio de Janeiro: Oficina Raquel.

Pinto e Silva, Carlos A. 2007. "Guerra Assimétrica: adaptação para o êxito militar". *Padeceme.* No. 15. Rio de Janeiro: ECEME.

Pinto e Silva, Carlos A. 2015. *Capacidades das Forças Armadas e as Atuais Ameaças.* http://www.defesanet.com.br/doutrina/noticia/21080/Gen-Pinto-Silva---Capacidades-das-Forcas-Armadas-e-as-Atuais-Ameacas/. Acesso em 15 de dezembro de 2015.

Pinto e Silva, Carlos A. 2019. *Uma Vitória sem Disparar um Tiro.* http://www.defesanet.com.br/ffff/noticia/34286/Gen-Ex-Pinto-Silva---Uma-Vitoria-sem-Disparar-um-Tiro-/. Acesso em 20 de setembro de 2019.

Pires, Lucas A. 2018. *Com as próprias mãos. Etnografia das artes marciais e da defesa pessoal no treinamento policial militar.* Dissertação (Mestrado em Antropologia Social). São Carlos: UFSCar.

Price, David H. 2008. *Anthropological Intelligence.* Durham: Duke University Press.

Price, David H. 2011. *Weaponizing Anthropology.* Petrolia: CounterPunch.

Price, David H. 2011b. "Counterinsurgency, Vietnam, Thailand and the Political Uses of Militarized Anthropology". In McNamara, Laura A.;

Rubinstein, Robert A. (Eds.). *Dangerous Liaisons. Anthropologists and the National Security State*. Santa Fe: School for Advanced Research.

Proença Jr, Domício e Diniz, Eugênio. 1998. *Política de Defesa no Brasil: uma análise crítica*. Brasília: Ed. UnB.

Rego-Monteiro, Licio. *Esperando os Bárbaros: geopolíticas da segurança no Brasil do Século XXI*. Rio de Janeiro: Consequência. (No prelo).

Ribeiro, Erik Herejk. 2018. "C4ISR". In Hector Saint-Pierre e Marina Vitelli (Eds). *Dicionário de Segurança e Defesa*. São Paulo: Editora da Unesp.

Richards, Chet. 2012. *Boyd's OODA Loop (it's not what you think)*. Disponível em https://www.academia.edu/26030432/Boyds_OODA_Loop_Its_Not_What_You_Think_Introduction_A_Non-school_of_Strategy. Acesso em 19 de fevereiro de 2019.

Riles, Annelise (Ed.). 2006. *Documents: artifacts of the modern knowledge*. Ann Arbor: Un. Of Michigan Press.

Rouquié, A. (Coord.). 1980. *Os Partidos Militares no Brasil*. Rio de Janeiro: Record.

Rubinstein, Robert A., Fosher, Kerry. e Fujimura, Clementine. (Eds.). 2013. *Practing Military Anthropology. Beyond expectations and traditional boundaries*. Sterling: Kumanian Press.

Sahlins, Marshall D. 1972. *Stone Age Economics*. Chicago: Aldine Publishing Co.

Sahlins, Marshall D. 1990. *Ilhas de História*. Rio de Janeiro: Jorge Zahar Editor.

Sahlins, Marshall. 2008. *The Western Illusion of Human Nature*. Chicago: Prickly Paradigm Press.

Sahlins, Marshall. 2009. "Preface". In Network of Concerned Anthropologists. (2009). *The Counter-Counterinsurgency Manual, or, notes on demilitarizing American society*. Chicago: Prickly Paradigm Press.

Saint-Pierre, Héctor L. 2011. "'Defesa' ou 'Segurança'? Reflexões em torno de Conceitos e Ideologias". *Contexto Internacional*. Vol 33. No2.

Santos, Eduardo Heleno. 2009. *Extrema-Direita, Volver! Memória, ideologia e política dos grupos formados por civis e militares da reserva*. Dissertação (Mestrado em Ciência Política). Niterói: UFF.

Schwarcz, Lilia. 2019. *Sobre o Autoritarismo Brasileiro*. São Paulo: Companhia das Letras.

Service, Elman. 1971. *Os Caçadores*. Rio de Janeiro. Zahar.
Shy, John e Collier, Thomas W. 1986. "Revolutionary war", in Peter Paret (org.), *Makers of modern strategy*. Princeton: Princeton University Press.
Silva, Cristina R. 2016. *O Exército Como Família: etnografia sobre as vilas militares na fronteira*. Tese (Doutorado em Antropologia Social). São Carlos: UFSCar.
Silva, Cristina Rodrigues. 2010. *A Casa e o Quartel : uma análise antropológica sobre o exército e a família na Academia Militar das Agulhas Negras*. Dissertação (Mestrado em Ciências Sociais). São Carlos: UFSCar.
Silva, Fernando Valentini. 2013. *O Processo de Transformação do Exército: extensão, fontes e fatores intervenientes*. Dissertação (Mestrado em Ciências Militares). Rio de Janeiro: ECEME.
Singer, André. 2015."Cutucando Onças Com Varas Curtas. O ensaio desenvolvimentista no primeiro mandato de Dilma Rousseff (2011-2014)". *Novos Estudos CEBRAP*, No. 102.
Solano, Esther e Rocha, Camila (Orgs.). 2019. *As Direitas nas Redes e nas Ruas. A crise política no Brasil*. São Paulo: Expressão Popular.
Solano, Esther. 2019. "Quem é o Inimigo? Retóricas da inimizade nas redes sociais no período 2014-2017". In Rosana Pinheiro-Machado e Adriano Freixo (Orgs). *Brasil em Transe: bolsonarismo, nova direita e desdemocratização*. Rio de Janeiro: Oficina Raquel.
Souza Lima, Antonio Carlos. 1995. *Um Grande Cerco de Paz. poder tutelar, indianidade e formação do Estado no Brasil*. Petrópolis: Vozes.
Souza Neto, Manuel. 2018. *Brasil na guerra híbrida: entrevista com o cientista político Manuel J. Souza Neto*. Duplo Expresso. https://duploexpresso.com/?p=94292. Acesso em 01 de junho de 2018.
Souza Pinto, Danilo C. 2007. *A Burocracia Vista do Cartório: uma análise antropológica da burocracia estatal*. Dissertação (Mestrado em Antropologia Social). São Carlos: UFSCar.
Souza, Jessé. 2017. *A Elite do Atraso. Da Escravidão à Lava-Jato*. São Paulo: LeYa.
Spykman, Nicholas. 1944. *The Geography of the Peace*. New York: Harcourt, Brace and Company.
Ssorin-Chaikov, Nokolai. 2018. "Hybrid Peace: Ethnographies of War". *Annual Review of Anthropology*. 47: p. 251–62.

Strathern, Marilyn. (Ed.). 2004. *Audit Cultures. Anthropological studies in accountability, ethics and the academy*. London: Routledge.

Strathern. Marilyn. 2006 [1988]. *O Gênero da Dádiva*. Campinas: Ed. Unicamp.

Stumpf, Valerio. 2013. "Cenários, Operações no Amplo Espectro e Brigadas de Cavalaria Mecanizadas". *Military Review*. Forte Leavenworth: CAC US Army.

Szafranski, Richard. 1994. *Neocortical Warfare? The Acme of Skill*. RAND Corporation. http://www.rand.org/content/dam/rand/pubs/monograph_reports/MR880/MR880.ch17.pdf Acesso: 9 de julho de 2018.

Teixeira-Pinto, Márnio. 2018. "Com o 'Outro' nos Olhos: alguns aspectos da alteridade na etnologia amazônica". *Anuário Antropológico*. 2018/2. Brasília: UnB.

Thomaz, Diego. 2019. *Medalha e Continência: uma etnografia de atletas militares no esporte de representação nacional*. Dissertação (Mestrado em Antropologia Social). São Carlos: UFSCar.

Tilly, Charles. 1996. *Coerção, Capital e Estados Europeus*. São Paulo: Edusp.

Toledo, Luiz Henrique. 2019. *Torcer. Perspectivas analíticas em antropologia das práticas esportivas*. Tese (Professor Titular). Departamento de Ciências Sociais. São Carlos: UFSCar.

Turney-High, Henry. 1942, *The Practice of Primitive War*. Missoula: Montana Un. Press.

Tylor, Edward B. 1888."On a Method of Investigating the Development of Institutions: applied to laws of marriage and descent". *Journal of the Royal Anthropological Institute of Great Britain and Ireland*. 18: 245-270.

Van Creveld, Martin. 1991. *The Transformation of War: The Most Radical Reinterpretation of Armed Conflict Since Clausewitz*. New York: The Free Press.

Vayda, Andrew P. 1976. *War in Ecological Perspective*. New York: Plenum.

Vernant, Jean-Pierre. 2011 [1962]. *As Origens do Pensamento Grego*. Rio de Janeiro: Difel.

Vincent, Joan. 1990. *Anthropology and Politics: visions, traditions and trends*. Tucson: Un. of Arizona Press.

Virilio, Paul. 1997. *Velocidade e Política*. São Paulo: Estação Liberdade.

Virilio, Paul. e Lotringer, Sylvère. 2003 (1983). *Pure War*. Los Angeles: Semiotext(e).

Visentini, Paulo. 2012. A *Primavera Árabe: entre a democracia e a geopolítica do petróleo*. Porto Alegre: Leitura XXI.

Viveiros de Castro, Eduardo. 1986. *Araweté: os deuses canibais*. Rio de Janeiro: Zahar.

Viveiros de Castro, Eduardo. 2002. "O Conceito de Sociedade: um sobrevôo". In A *Inconstância da Alma Selvagem e Outros Ensaios*. São Paulo: Cosac & Naify.

Wagner, Roy. 2010 [1981]. A *Invenção da Cultura*. São Paulo: Cosac & Naify.

Wakin, Eric. 1998. *Anthropology Goes to War: Professional Ethics and Counterinsurgency in Thailand*. Madison: University of Wisconsin Press.

Walker, Charles R. 1945. "Anthropology as a War Weapon". *American Mercury*. Vol. 61. July. pp 85-89.

Weber, Max. 1993. *Ciência e Política: duas vocações*. São Paulo: Cultrix.

Weber, Max. 1994 [1913]. *Economia e Sociedade Vol 1*. Brasília: Ed. UnB.

Weber, Max. 1999 [1913]. *Economia e Sociedade Vol 2*. Brasília: Ed. UnB.

Weizman, Eyal. 2006. *Walking Through Walls. Soldiers as architects in the Israeli–Palestinian conflict*. Radical Philosophy. https://www.radicalphilosophy.com/article/walking-through-walls. Acesso em 20 de Julho de 2020.

Weizman, Eyal. 2007. *Hollow Land: Israel's Architecture of Occupation*. London: Verso.

Wiener, Norbert. 2019 (1948). *Cybernetics, or Control and Communication in the Animal and the Machine*. Cambridge: The MIT Press.

Wilson. Edward O. 1975. *Sociobiology: the new synthesis*. Cambridge. Harvard Un. Press.

Zanin, Cristiano, Martins, Waleska, Valim, Rafael. *Lawfare: uma introdução*. São Paulo: Contracorrente. 2020

Zaverucha, Jorge e Teixeira, Helder. 2003. "A Literatura sobre Relações Civis-Militares no Brasil (1964-2002): uma síntese". *BIB*. 55. São Paulo: Anpocs.

Anexos

a) **Lista de Abreviaturas e Siglas**

A2/AD - Area denial weapon ou Anti Access/Area Denial: dispositivo ou estratégia usada para impedir um adversário de ocupar ou atravessar uma área de terra, mar ou ar.
ABIN – Agência Brasileira de Inteligência
AEPG - Assessoria Especial de Gestão e Projetos (Exército)
AMAN – Academia Militar das Agulhas Negras
ANPOCS – Associação Nacional de Pós-Graduação em Ciências Sociais
AP – Ação Penal
BIBLEX – Biblioteca e Editora do Exército
BSB - Brasília
C3I – Command, Control, Computers and Intelligence
C4ISR - Command, Control, Communications, Computers, Intelligence, Surveillance and Reconnaissance
CA - Cambridge Analytica
CBF- Confederação Brasileira de Futebol
CEBRES - Centro Brasileiro de Estudos Estratégicos
CEP Centro de Estudos de Pessoal (Exército)
CIA – Central Intelligence Agency (EUA)
CIGS – Centro de Instrução de Guerra na Selva (Exército)
CMO – Comando Militar do Oeste (Exército)
CMS - Comando Militar do Sul (Exército)
CNV – Comissão Nacional da Verdade
COAF – Conselho de Controle de Atividades Financeiras

COTER – Comando de Operações Terrestres (Exército)
CPDOC - Centro de Pesquisa e Documentação de História Contemporânea do Brasil/ Fundação Getúlio Vargas
CPEAEx - Curso de Política, Estratégia e Alta Administração do Exército
DCT – Departamento de Ciência e Tecnologia (Exército)
DEM – Democratas (partido)
DoD – Department of Defense (EUA)
DoJ – Department of Justice (EUA)
DOU – Diário Oficial da União
EB - Exército Brasileiro
EBF – Estratégia Braço Forte (Exército)
ECEME – Escola de Comando e Estado-Maior do Exército
EME – Estado-Maior do Exército
EMFA – Estado-Maior das Forças Armadas
END – Estratégia Nacional de Defesa
EPEx- Escritório de Projetos do Exército
ESAO - Escola de Aperfeiçoamento de Oficiais (Exército)
ESG – Escola Superior de Guerra
EUA – Estados Unidos da América
FARC - Fuerzas Armadas Revolucionarias de Colombia–Ejército del Pueblo
FBI – Federal Bureau of Investigation (EUA)
FHC – Fernando Henrique Cardoso, Ex-Presidente do Brasil
FIESP – Federação das Indústrias do Estado de São Paulo. De maneira pejorativa, "Federação dos Importadores do Estado de São Paulo" ou "Federação dos Investidores do Estado de São Paulo"
F-M – Field-Manual. Manual de operações militares (EUA)
FOCON – Forças de Contingência (Exército)
GLO – (Operações de) Garantia da Lei e da Ordem
GPET – Guerra Psicológica de Espectro Total
GSI – Gabinete de Segurança Institucional
GT – Grupo de Trabalho
HTS – Human Terrain System (EUA)
HTT – Human Terrain Team (EUA)

LBDN – Livro Branco de Defesa Nacional
MINUSTAH - Mission des Nations Unies pour la Stabilisation en Haïti
MOUT – Military Operations in Urban Terrain
MP – Medida Provisória
MPF – Ministério Público Federal
MR-8 – Movimento Revolucionário 8 de Outubro
NDS – National Defense Strategy (EUA)
NSA - National Security Agency
OM – Organização Militar (Unidade Militar, integra a estrutura operacional ou administrativa das Forças Armadas.)
ONG – Organização Não-Govenamental (em Inglês: NGO)
ONU – Organização das Nações Unidas (em Inglês: UN)
OODA-Ciclo "Observe–Orient–Decide–Act" (Observe-Oriente-Decida-Aja)
OPSI – Operação (ou Operações) Psicológica(s) (também Op Psi, e em Inglês (Opsy, PsyOp)
ORCRIM – Acrônimo para "Organização Criminosa"
OSS – Office of Strategic Services (EUA, antecessor da CIA)
OTAN – Organização do Tratado do Atlântico Norte (em Inglês: NATO)
OWI – Office of War Information (EUA)
PC do B – Partido Comunista do Brasil
PCB – Partido Comunista Brasileiro
PCC – Primeiro Comando da Capital
PCO - - Partido da Causa Operária
PDT – Partido Democrático Trabalhista
PF – Polícia Federal
PMDB – Partido do Movimento Democrático Brasileiro (hoje MDB)
PND – Política Nacional de Defesa
PPGAS – Programa de Pós-Graduação em Antropologia Social
PRI - Partido Revolucionário Institucional (México)
PROFORÇA - Projeto de Força do Exército Brasileiro
PSB – Partido Socialista Brasileiro
PSDB – Partido da Social Democracia Brasileira
PSL – Partido Social Liberal

PSTU - Partido Socialista dos Trabalhadores Unificado
PT – Partido dos Trabalhadores
PPS – Partido Popular Socialista (hoje "Cidadania")
QCO – Quadro Complementar de Oficiais (Exército)
QG – Quartel General
R1 (R/1) – Reserva de 1ª Classe
S2 – Seção de Inteligência das OMs (Organizações Militares)
SFICI – Serviço Federal de Informações e Contra-Informações
SGBR – Secretaria Geral da Presidência da República
SIPLEX - Sistema de planejamento do Exército
SISFRON - Sistema Integrado de Monitoramento de Fronteiras (Exército)
SNI – Serviço Nacional de Informações
STF – Supremo Tribunal Federal
TEB – The Ethnographical Board (EUA)
TRF – Tribunal Regional Federal (seguido de um número, representa a região de atuação. Por exemplo, TRF4 corresponde à Região Sul do Brasil)
USCENTCOM – United States Central Command (Comando do DoD responsável peloChifre da África, Oriente Médio e partes da Ásia)
USP – Universidade de São Paulo

b) Hierarquia Militar

Marinha:

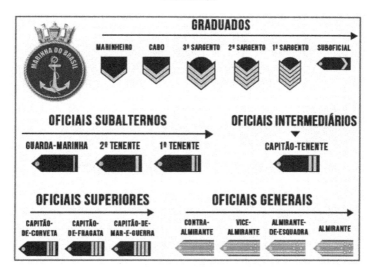

Exército:

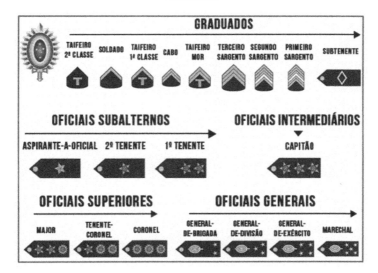

Aeronáutica:

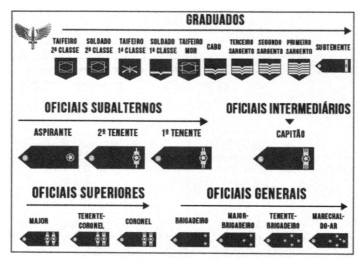

Fonte: Ministério da Defesa, Brasil

Agradecimentos

Este livro é sobre algo que está acontecendo no Brasil hoje, e foi resultado de um texto que escrevi para concorrer ao cargo de Professor Titular na UFSCar. Trata-se de um tema amplo e que pode atravessar muitos outros: política, economia, direito, psicologia. Mas é um livro de um antropólogo vendo esta situação, e vendo sob o ângulo do problema de uma *guerra híbrida*. No final das contas, como se pretende algo etnográfica, isto inclui não somente o autor como parte da observação, mas todo um conjunto de pessoas e instituições que de alguma forma me ajudaram a construir as hipóteses aqui levantadas, não somente durante os últimos anos, mas de todo o tempo que pesquisei militares (já se vão quase 30 anos). A eles e elas quero agradecer aqui, isentando a todos/as da responsabilidade das ideias deste texto, que é minha. Muitas vezes as pessoas nos iluminam coisas sem que se perceba na hora.

Inicialmente gostaria de agradecer ao CNPq, que financia minhas pesquisas através de uma bolsa (modalidade PQ-2) desde 2008. À FAPESP, que me concedeu um auxílio reunião no exterior, onde pude elaborar o primeiro texto mais sistemático sobre o assunto, no Congresso da Associação Portuguesa de Antropologia ocorrido em junho de 2019. Aproveito para agradecer os comentários e a interlocução (que vem de outros tempos e lugares) de Omar Thomaz, Federico Neiburg e João de Pina-Cabral (que também supervisionou um pós-doutorado em 2007/2008). Agradeço a José Guilherme Magnani e Antonio Guerreiro Jr, que supervisionaram pós-doutorados em 2013 e 2018, respectivamente. Gostaria também de agradecer, por conta de outros encontros acadêmicos, os convites e críticas de Nelson Job, Gustavo Lins Ribeiro, João Rickli, Edilene Coffacci, Jean Tible, Isabela Kalil, Susana Durão, Sabina

Federic, Carlos Alberto Jr., Antonio Carlos Souza Lima e Wagner Romão. Agradeço a Joana Monteleone e Haroldo Sereza, pela recepção, diálogo e oportunidade de editar este livro pela Alameda.

Gostaria também de agradecer à UFSCar, Universidade que se tornou uma segunda casa há 21 anos. No DCSo e no PPGAS tenho um ambiente estimulante e amigável, e gostaria de agradecer aos meus colegas, especialmente à Ariane Sutani, Fábio Urban e a Marcos Lanna. Na UFSCar também tive em ocasiões diversas conversas que colaboraram para a construção do meu argumento, e queria aqui mencionar Gabriel Feltran, Luiz Damon, Pedro Floriano, Thales Andrade, Fernando Azevedo e Eduardo Noronha. Dos meus orientandos preciso agradecer especialmente Cristina Silva, Dayana Zdebsky, Danilo César Souza Pinto, Lucas Alexandre Pires, Matheus Holmo, Guilherme de Lima e Julia Marques.

Agradeço muito aos membros da Banca de defesa para Professor Titular, João Roberto Martins Filho (Presidente), Heloisa Pontes, Celso Castro, Márnio Teixeira-Pinto e Marco Antonio Gonçalves, a quem agradeço duplamente, também pelo belo prefácio a este livro. Também agradeço a Marina Cardoso, Federico Neiburg, Lilia Schwarcz, Marcio Silva e Suely Kofes, pela disposição em participar da banca como membros suplentes.

Boa parte dos argumentos trabalhados aqui se desenvolveu no âmbito de discussões que tive pessoalmente e em grupos na internet, muitas vezes críticas às minhas análises. Aos "Amigos de Romulus", no seu "núcleo duro" inicial de 2016, gostaria de mencionar especialmente Marc Nt, e também Mauro Almeida, Dorotea Kremer, Paulo Follador, João Antonio, Valdir Borges, Zeca Lins, Tania Ottoni, Sandra Helena, Gustavo Scheffer, Henrique Cal, Giselle Mathias, Laura Graziela, Marco Antonio Gaveroz, Anderson Fernandes, Thaís Moya, João de Athayde, Fabiana Martinez, Katia Garcia, Renato Aroeira, Fernando Nogueira, Caos Soberano, Luiz Ferreira e Katia Mazzei. Em conversas mais constantes aprendi muito com Heraldo Makrakis, Licio Monteiro e Marcelo Pimentel Souza. Aos amigos/as de "Grupo de Estudos de Defesa", especialmente Manuel Domingos, Ana Penido, Hector Saint-Pierre, Samuel Soares, Gustavo Guerreiro, Alexandre Fuccile, Adriana Marques, Suzeley Mathias, Marcelo Godoy, Francisco Teixeira, Gustavo Guerreiro, Ana Penido,

Paulo Cunha, Eduardo Costa Pinto e Eduardo Heleno, tenho aprendido muito em conversas recentes, posteriores à escrita deste livro. Também se juntaram de diferentes formas e em diferentes épocas Claudio Abreu, Manuela Carneiro da Cunha, Marcelo Besser, Marlon Veloso, Danillo Avellar, Humberto Lourenção, Lorena Avellar, Nilson Figueiredo, Roberto Xavier, Karina Kushnir, Gilberto Maringoni, Alethea Vassoler, Bernardo Lewgoy, Carlos Krebs, Letícia Cesarino, Iracema Dulley, Emmanuel Nazareno, Eduardo Staszowski, Marcia Camargo, Nelson Parente, Lawrence Wahba, André Leirner, Lara Penin, Eric Verhoeckx, Renata Oliveira, Mancada Obom, Maria Cristina Fernandes, Danilo Paiva, Mariana Luz, Jorge Villela, Catarina Morawska, Clarice Cohn, Jessica Reaoch, Cecília B. Camargo, Luiz Abreu, Angela Alonso, Pedro Marin, Airlon Heck, Maud Chirio, Miranda Zoppi, Fabio Keinert, Gladis Almeida, Álvaro Caropeso, Eduardo Camargo, Daniel Laporta, Carolina Marques, Adriana Barreto, André Pinto Pacheco, Soraya Gebara, Marcelo Vargas, Therezinha Lisboa, Gustavo Santos, Pedro Pinho e, especialmente, Pepe Escobar.

Celso Castro foi um dos principais interlocutores que tive desde o começo de minhas pesquisas, muito do que está aqui veio de diálogos de longa data. Devo um agradecimento especial a Romulus Maya, cujo diálogo permitiu construir várias das hipóteses que cá estão. Ele também é o nó desta rede inicial, que depois se juntou no Duplo Expresso.

Do grupo de estudos "República", gostaria de mencionar especialmente Andressa Lewandowski, Artionka Capiberibe, Ciça Malvezzi, Felipe Velden, Geraldo Andrello, Ana Laura Junqueira, Monica Stival, Clarissa Martins, Pedro Lolli, Mariana Fagá, Luiz Henrique de Toledo e Igor Machado. Gostaria de somar a estes amigos Ciméa Beviláqua, Eduardo Simantob, Carlos Eduardo Costa, Ronaldo Almeida, Fernando Pinheiro e Luiz Jackson.

À minha família, meus sogros e cunhados, irmãs, minha tia Olga Camargo; e especialmente meu pai, Nelson Leirner, minha mãe, Candida Camargo, que leu e comentou vários textos que resultaram neste livro; ao Juca e Lalá, e especialmente ao Joãozinho; e, Aline Iubel, que além de todo suporte, discutiu cotidianamente comigo aquilo que escrevia e pensava, além de ter sido a primeira a ler e comentar a tese que se tornou este livro. Devo ele a vocês.

Dedico este livro a Maria Lúcia Montes. Devo a ela a orientação, e ter me colocado na rota deste tema novamente.

Alameda nas redes sociais:
Site: www.alamedaeditorial.com.br
Facebook.com/alamedaeditorial/
Twitter.com/editoraalameda
Instagram.com/editora_alameda/

Esta obra foi impressa em São Paulo no verão de 2024. No texto foi utilizada a fonte Electra LH em corpo 10,8 e entrelinha de 16 pontos.